Kohlhammer

Peter D. Browning/Marco Hofheinz (Hrsg.)

Protestantische Ethik in den USA des 20. Jahrhunderts

Ein kommentierter Reader

Verlag W. Kohlhammer

Die Publikation wurde gefördert von der Evangelisch-Reformierten Kirche, von der Evangelisch-reformierten Landeskirche des Kantons Zürich, vom Forschungsdekanat der Philosophischen Fakultät der Leibniz Universität Hannover, von der Leibniz Universitätsgesellschaft Hannover e.V. und der Schweizerischen Reformationsstiftung.

1. Auflage 2023

Alle Rechte vorbehalten
© W. Kohlhammer GmbH, Stuttgart
Gesamtherstellung: W. Kohlhammer GmbH, Stuttgart

Print:
ISBN 978-3-17-041652-9

E-Book-Format:
pdf: 978-3-17-041653-6

Für den Inhalt abgedruckter oder verlinkter Websites ist ausschließlich der jeweilige Betreiber verantwortlich. Die W. Kohlhammer GmbH hat keinen Einfluss auf die verknüpften Seiten und übernimmt hierfür keinerlei Haftung.

Dieses Werk einschließlich aller seiner Teile ist urheberrechtlich geschützt. Jede Verwendung außerhalb der engen Grenzen des Urheberrechts ist ohne Zustimmung des Verlags unzulässig und strafbar. Das gilt insbesondere für Vervielfältigungen, Übersetzungen, Mikroverfilmungen und für die Einspeicherung und Verarbeitung in elektronischen Systemen.

Vorwort

Wir freuen uns, mit dem vorliegenden Band ein gemeinsames Buchprojekt vorstellen zu können, das aus einer internationalen Kooperation zwischen der Drury University in Missouri und dem Institut für Theologie der Leibniz Universität Hannover (LUH) entstanden ist. Zugleich handelt es sich dabei auch um ein Produkt unserer persönlichen Freundschaft, die vor mehr als zwanzig Jahren begann, als wir uns im Frühjahr 1998 am Lexington Theological Seminary in Kentucky begegneten. Der eine von uns befand sich damals dort als junger US-amerikanischer Hochschullehrer, der soeben an der Drury University „tenure" erworben hatte und sich nun im Forschungssemester („Sabbatical") vertieften Studien zur US-amerikanischen Ethikgeschichte widmen wollte. Der andere war dort mehr oder weniger zufällig als junger deutscher Student im Rahmen eines Auslandssemesters gelandet, das ihm dankenswerter Weise die Studienstiftung des deutschen Volkes ermöglicht hatte.

Uns beide verband bereits damals, an der Jahrtausendwende, das Interesse daran, wie im Land der sog. „unbegrenzten Möglichkeiten" im zu Ende gehenden Jahrhundert theologische Ethik betrieben wurde. Wie waren der Überzeugung, dass es notwendig sei, Bilanz zu ziehen und eine Art Orientierungswissen für den Weg ins 21. Jahrhundert zu generieren. Mit entsprechender Neugierde wandten wir uns bedeutenden Ansätze und Konzeptionen der US-amerikanischen Ethik zu, u.a. der „Social Gospel"-Bewegung (Walter Rauschenbusch), des „Christian Realism" (Reinhold Niebuhr), der schwarzen Befreiungstheologie (James H. Cone), einer radikalen Nachfolgeethik (John Howard Yoder, Stanley Hauerwas) und der feministischen Theologie (Beverly Wildung Harrison). All die führenden Vordenker*innen und Vertreter*innen dieser Bewegungen waren unter Aufbietung all ihrer intellektuellen Ressourcen darum bemüht, wie wir bald merkten, die diversen Krisen des 20. Jahrhunderts je auf eigene Weise zu verarbeiten und gewissermaßen die „Seele" der US-amerikanischen Gesellschaft zu retten.[1] Was

---

[1] Damals war gerade frisch der Band von G. DORRIEN, Soul in Society. The Making and Renewal of Social Christianity, Minneapolis 1995, erschienen, dessen Lektüre uns sehr inspirierte. Vgl. inzwischen von demselben Autor: G. DORRIEN, Social Ethics in the Making. Interpreting an American Tradition, Malden / Oxford 2011. Fernerhin dessen „Trilogie": DERS., The Making of American Liberal Theology. Imagining Progressive Religion, 1805–1900 (Bd. 1), Louisville 2001; DERS., The Making of American Liberal Theology. Idealism, Realism, and Modernity, 1900–1950 (Bd. 2), Louisville 2003; DERS., The Making of American Liberal Theology. Crisis, Irony, and Postmodernity, 1950-2005 (Bd. 3), Louisville 2006. Vgl.

„Sozialchristentum" (Social Christianity) meint, versuchten wir im Gespräch mit diesen Autor*innen des vielfach krisenerschütterten Diskurskontextes der USA zu erfahren.

Dieses „Gesprächsprojekt" hat uns dann, wie wir damals nicht voraussehen konnten, viele Jahre und über manche biographische Station und Wende hinweg begleitet. Mal wurde es intensiv und manchmal über längere Zeiträume hin kaum vernehmbar geführt. Hervorzuheben sind als „Knotenpunkte" der Gesprächsverdichtung das Wintersemester 2016/17, als Marco Hofheinz mit seiner Familie in seinem ersten Hannoveraner Forschungssemester an der Drury University in Springfield (Missouri) zu Gast sein durfte, und dann der Sommer 2018, als Peter Browning für die Lehramtsstudierenden in Hannover eine Lehrveranstaltung zur US-amerikanischen protestantischen Ethik im 20. Jahrhundert anbieten konnte. Er ließ die Texte lesen, die uns bereits vor zwanzig Jahren so sehr elektrifiziert hatten: Texte von Walter Rauschenbusch („Social Gospel"), über die Niebuhr-Brüdern bis hin zu Feministischer (u.a. Beverly Wildung Harrison) und Schwarzer Theologie (u.a. James H. Cone). Die Studierenden waren fasziniert von diesen in Deutschland meist ungekannten Quellen und zeigten sich zugleich in der Veranstaltung höchst engagiert. Dies hat uns ermutigt, den nun vorliegenden Quellenband entlang genau dieser Texte zu konzipieren.

Freilich waren die meisten dieser Texte nicht übersetzt, was doch für die deutschen Studierenden eine größere Hürde darstellte, als wir selbst einzugestehen bereit waren. Diese Erfahrung hatte es in Hannoveraner Seminarveranstaltungen schon zuvor mit englischsprachigen Texten gegeben. In Gesprächen mit den Studierenden und den eigenen Mitarbeiter*innen kristallisierte sich immer mehr der Wunsch nach einer Übersetzung des Readers heraus, den wir erstellt hatten. Mit dem vorliegenden Band versuchen wir, ihn nun endlich zu erfüllen. Uns scheint ein solches Unternehmen gerechtfertigt zu sein, insbesondere dann, wenn die Texte nicht einfach nur übersetzt, sondern zugleich auch didaktisch geschickt eingeleitet werden und den Studierenden darüber hinaus der US-amerikanische Diskurskontext vorgestellt wird. Dies hat Peter Browning mit der Einleitung und dem Ausblick auf das 21. Jahrhundert im vorliegenden Band übernommen. Die Mitarbeitenden am Lehrstuhl für Systematische Theologie der LUH mussten dankenswerter Weise nicht erst überredet werden, bei den Übersetzungsarbeiten mitzuwirken und Einleitungen zu den einzelnen Texten und Autor*innen zu verfassen. Bereits an dieser Stelle sei namentlich Dr. Raphael Döhn, Dr. Kai-Ole Eberhardt und Jan-Philip Tegtmeier ein riesiges Dankeschön ausgesprochen für das hohe Maß an persönlichem Einsatz, mit dem sie

---

schließlich das „Diptychon": DERS., The New Abolition. W.E.B. Du Bois and the Black Social Gospel, New Haven / London 2015, und DERS., Breaking White Supremacy. Martin Luther King, Jr. and the Black Social Gospel, New Haven / London 2017.

die Übersetzungen und Einleitungen zu den in diesem Band dargebotenen Texten erstellt haben.

Die Leser*innen werden gewiss einige der in diesem Band versammelten Stimmen und theologischen Ethikmodelle genießbarer finden als andere. Es geht uns nicht darum, das gesamte Gedankengut der einzelnen Persönlichkeiten möglichst umfassend darzustellen. Vielmehr möchten wir eine Einführung bieten, die die beim Lesen Appetit auf intensivere Lektüre macht. Deshalb geben wir in jedem Kapitel nach der kurzen Einführung, die immer ein Biogramm der Autor*innen, einen Einblick in den theologischen Rahmen und eine Hinführung zum vorgestellten Quellentext umfasst, auch eine kurze Auswahl von weiterführender Lektüre für diejenigen an, die mehr erfahren möchten. Die Übersetzungen der Quellentexte sind, sofern sie uns bereits aus älteren Publikationen vorlagen, behutsam überarbeitet und modernisiert worden. Die Rechtschreibung wurde aktualisiert, in einigen Fällen wurden Begrifflichkeiten an den heute üblichen Sprachduktus angepasst. Größere Eingriffe sind durch Anmerkungen der Herausgeber ausgewiesen, die ebenso wie weiterführende Kommentare mit eckigen Klammern gekennzeichnet sind. Fußnoten und Literaturangaben ohne Kennzeichnung gehören zu den Quellentexten und stammen von den uns vorgestellten Autor*innen selbst. Sie sind damit auf dem Forschungsstand der Entstehungszeit ihrer Beiträge. Eine Aktualisierung wurde in der Regel nicht in den Quellentexten selbst vorgenommen, sondern indirekt durch Peter Brownings Rahmenkapitel sowie die jeweiligen Einleitungen in die Quellen.

Wir haben vielen lieben Menschen sehr zu danken, die uns bei der Realisierung dieses langjährigen Projektes geduldig geholfen haben. Dieser Dank gilt in erster Linie unseren Familien, namentlich unseren Ehefrauen Carol Browning und Dörte Katarina Hofheinz sowie unseren Kindern, die uns bei den Arbeitsprozessen ertragen wollten oder mussten. Daneben möchten wir unseren Kolleg*innen am Department for History, Philosophy & Religion der Drury University und am Institut für Theologie der Leibniz Universität sehr herzlich danken. Sie alle mögen sich hier genannt fühlen. Den großartigen Mitarbeitenden am Lehrstuhl für Systematische Theologie der LUH haben wir bereits gedankt. Fernerhin danken wir Frau Ingrid Kuhn-Wendland, die ebenfalls Übersetzungen und Einleitungen zu diesem Band beigesteuert hat und sie mit uns erprobte. Auch bei den Hilfskräften am Lehrstuhl für Systematische Theologie Franziska Bruns, Lea Guthörl und Simon Krause möchten wir uns herzlich für ihre fleißige Unterstützung bedanken. Unser Dank gilt, wie bereits anklang, in besonderer Weise den Studierenden der LUH, die gewissermaßen unsere „Versuchskaninchen" waren und sich mit großem Eifer im Sommersemester 2018 und im Wintersemester 2021/22 auf die Erprobung dieses Readers eingelassen haben. Persönlich danken möchten wir auch – nicht zuletzt im Rückblick auf die Anfänge dieses Projektes – Prof. Dr. Michael K. Kinnamon, dem damaligen *Dean* am Lexington Theological Seminary, stellvertretend für die gesamte *Faculty* einer Einrichtung, die heute um ihr Überleben kämpft – wie so viele angesichts des „Decline of Mainline Protestantism". Unser Dank schließt auch Prof. Dr. Stanley Hauerwas (Duke University) ein, bei dem wir beide zu ganz unterschiedlichen Zeiten das Privileg hatten, studieren zu dürfen.

Dass wir beide diesen Band in dem vorliegenden Erscheinungsbild herausgeben dürfen, ist nicht selbstverständlich. Dafür, dass sie uns ihre für andere literarische Zusammenhänge z.T. bereits vor Jahrzehnten angefertigten Übersetzungen zur Verfügung bzw. zur Nutzung freigestellt haben, danken wir sehr herzlich: Pfr. Dr. Guy Marcel Cliqué, PD Dr. Florian Höhne, Wolfgang Krauß, Prof. Dr. Dietz Lange und PD Dr. Frederike van Oorschot. Alle genannten kooperieren sehr selbstlos mit uns. Danke! Für namhafte Druckkostenzuschüsse, die das Erscheinen dieses Band ermöglicht haben, möchten wir uns bedanken bei folgenden Institutionen: dem Department for History, Philosophy & Religion der Drury University (Missouri, USA), dem Forschungsdekanat der Philosophischen Fakultät der Leibniz Universität Hannover, der Schweizerischen Reformationsstiftung, der Leibniz Universitäts-Gesellschaft (Hannover), der Ev.-ref. Landeskirche des Kantons Zürich und der Reformierten Kirche mit Sitz in Leer. Hervorragende verlegerische Betreuung wurde uns durch Dr. Sebastian Weigert vom Kohlhammer Verlag zuteil, der unseren Weg bis zur Publikation geduldig begleitet und uns insbesondere bei der Einholung der Rechte zum (Wieder-)Abdruck von Seiten des Verlags sehr unterstützt hat.

Springfield (Missouri) und Hannover im Februar 2023,
Peter D. Browning und Marco Hofheinz

Inhalt

Einleitung 13

    1.   Die „Gründerväter": Walter Rauschenbusch (1861–1918),
Reinhold Niebuhr (1892–1971) und H. Richard Niebuhr (1894–1962) 14

    2.   Die „nächste Generation": Paul L. Lehmann (1906–1994),
James M. Gustafson (1925–2021) und Max L. Stackhouse (1935–2016) 30

    3.   Stimmen der Befreiung: Beverly Wildung Harrison (1932–2012)
und James H. Cone (1938–2018) 48

    4.   Stimmen des Post-Christentums: John Howard Yoder (1927–1997)
und Stanley Hauerwas (*1940) 56

    5.   Fazit 67

**I. Die „Gründerväter": Walter Rauschenbusch (1861–1918),
Reinhold Niebuhr (1892–1971) und H. Richard Niebuhr (1894–1962) 69**

    1.   Die Theologie des „Social Gospel":
Walter Rauschenbusch (1861–1918) 71
        Einführung 71
        Die religiösen Grundlagen der sozialen Botschaft: Das Reich Gottes (1917) 74

    2.   Politik aus der Perspektive des „Christian Realism":
Reinhold Niebuhr (1892–1971) 85
        Einführung 85
        Der moralische Mensch und die unmoralische Gesellschaft:
Einleitung (1932) 88
        Das christliche Zeugnis im Rahmen der gesellschaftlichen
und nationalen Ordnung (1948/53) 94

    3.   Ethik unter typologischem Zugriff:
H. Richard Niebuhr (1894–1962) 102
        Einführung 102
        Typen christlicher Ethik (posthum) 106

II. Die „nächste Generation": Paul L. Lehmann (1906–1994), James M. Gustafson (1925–2021) und Max L. Stackhouse (1935–2016) 123

4. Die christliche Gemeinschaft als Beziehungsfeld ethischer Reflexion:
   Paul L. Lehmann (1906–1994) 125
   Einführung 125
   Ethik als Antwort – Methodik einer Koinonia-Ethik (1963):
      Einleitende Auszüge 128

5. Theozentrische Ethik:
   James M. Gustafson (1925–2021) 142
   Einführung 142
   Theozentrische Ethik – Ist das eine Ethik im traditionellen Sinne? (1981) 146

6. Öffentliche Theologie:
   Max L. Stackhouse (1935–2016) 169
   Einführung 169
   Zivilreligion, Politische Theologie und Öffentliche Theologie (2004) 172

III. Stimmen der Befreiung: Beverly Wildung Harrison (1932–2012) und James H. Cone (1938–2018) 191

7. Feministische Liebesethik:
   Beverly W. Harrison (1932–2012) 193
   Einführung 193
   Die Kraft des Zorns in der Arbeit der Liebe.
      Grundlagen einer feministischen Moraltheologie (1981) 196

8. Schwarze Ethik der Befreiung:
   James H. Cone (1938–2018) 213
   Einführung 213
   Befreiung als Thema der christlichen Ethik (1975) 216

IV. Stimmen des Post-Christentums:
   John Howard Yoder (1927–1997) und Stanley Hauerwas (*1940) 245

9. Messianische Nachfolgeethik: John H. Yoder (1927–1997) 247
   Einführung 247
   Politik Jesu (1972) – „Die Möglichkeit einer messianischen Ethik" 250

10. Die Kirche als Sozialethik:
    Stanley Hauerwas (*1940) 262
    Einführung 262
    Die dienende Gemeinschaft: Christliche Sozialethik (1983) 265

US-amerikanische protestantische Ethik im 21. Jahrhundert:
Ein Ausblick 289
    1.   Einleitung 289
    2.   Auswirkungen des Niedergangs der Kirche 292
    3.   Das Geschenk wachsender Diversität 293
    4.   Spezialisierung und protestantische Ethik 304
    5.   US-amerikanische protestantische Ethik im Dialog mit dem Weltethos 305
    6.   Globalisierung 310
    7.   Fazit 313

Mitarbeiterinnen und Mitarbeiter 315

Einleitung

Verfasst von Peter D. Browning und aus dem Amerikanischen übersetzt von Raphael Döhn, Kai-Ole Eberhardt, Marco Hofheinz und Jan-Philip Tegtmeier

Dieser Sammelband stellt der deutschen Leserschaft zehn der bedeutendsten protestantischen US-amerikanischen Ethiker*innen des 20. Jahrhunderts vor. Ihr im US-amerikanischen-Kontext entwickelte Glaubens- und Moralverständnis bildet die Brille, durch die sie die dramatischen kirchlichen und gesellschaftlichen Veränderungen in der Moderne betrachteten. Ihre Narrative und Theoriebildungen stehen für ein bemerkenswertes Stück Zeitgeschichte. In dieser Zeit partizipierte die Kirche an massiven gesellschaftlichen Transformationen und reagierte auf diese – von den beiden Weltkriegen angefangen, über die wirtschaftlichen Auf- und Abschwünge, bis hin zu den Wachstumsbewegungen an ethnischer und kultureller Vielfalt, die durch die Förderung des Menschrechtsgedankens sowie der Säkularisierungs- und Globalisierungsdynamiken verstärkt wurden.

Als Grundlage für die einzelnen Kapitel, die in die ausgewählten Schriften der zu besprechenden Ethiker*innen einführen, möchte ich ein Schema von vier Entwicklungsstufen darlegen, die das 20. Jahrhundert kennzeichnen. Dazu rechne ich erstens die Gründerzeit zu Beginn des 20. Jahrhunderts (Walter Rauschenbusch und die Brüder Reinhold und H. Richard Niebuhr), zweitens die „nächste Generation" in der Mitte des 20. Jahrhunderts (Paul Lehmann, James Gustafson und Max Stackhouse), drittens die Ära der „identitätsbasierten" protestantischen Ethiker*innen (James H. Cone und Beverly Wildung Harrison) und viertens die Bewegungen einer messianischen Nachfolgeethik (John H. Yoder) bzw. des Post-Liberalismus (Stanley Hauerwas), die am Ende des 20. Jahrhunderts in einer Zeit entstanden, in der die Kirchen innerhalb der US-amerikanischen Gesellschaft zunehmend am Bedeutung verloren.

Jede der vier im Folgenden untersuchten „Phasen" wie grundlegende Fragen auf. Die „Gründerväter" des frühen 20. Jahrhunderts rangen um die Bedeutung des Christentums in einer sich modernisierenden Welt. Sie sahen sich etwa mit Fragen konfrontiert, die aus radikaler Einkommensungleichheit und Kriegserfahrung resultierten. Die „nächste Generation" in der Mitte des 20. Jahrhunderts beschäftigte sich mit Fragen der Intelligibilität und Relevanz des Glaubens in einer zunehmend komplexen Welt, in der die traditionellen Paradigmen der christlichen Lehre und Praxis durch den gesellschaftlichen Wandel auf die Probe gestellt wurden. Die dritte Phase, die der „identitätsbasierten" protestantischen Ethik, entwickelte sich in direktem Zusammenhang mit dem Aufkommen der Bürgerrechtsbewegung in den 1950er und 1960er Jahren und wachsender Bedeutungszuschreibung für die Rolle der Frau in der Gesellschaft, die insbesondere in den 1970er Jahren und darüber hinaus in der feministischen Bewegung zum Ausdruck kam. Schließlich agier(t)en die beiden letztgenannten Protagonisten gegen Ende des Jahrhunderts in einer Zeit, in der die Macht und der Einfluss der Kirche zurückgingen. Ihr Aufruf an die Kirche, eine Alternative zu einer säkularen Welt zu bieten, eröffnete den Christ*innen des späten 20. Jahrhunderts eine „radikale" Möglichkeit, ihren Glauben in einer Zeit des zunehmenden Verlusts an kirchlicher Identität und Einflussnahme neu zu verstehen.

Um der Diskussion einen Rahmen zu geben, werden wir in das allgemeine Denken der Protagonist*innen einführen, auf einige der Stimmen hinweisen, die es beeinflussten, Persönlichkeiten erwähnen, die ihr Denken herausforderten, und aufzeigen, wie sie miteinander interagierten. Keine*r dieser Theolog*innen befand sich in einem Vakuum. Sie alle waren Teil umfassenderer Debatten in Kirche und Gesellschaft. Sie waren sich der Beiträge der jeweils anderen bewusst und entschieden sich oft für eine gezielte Bezugnahme aufeinander in den Kontroversen ihrer Zeit.

1. Die „Gründerväter": Walter Rauschenbusch (1861–1918), Reinhold Niebuhr (1892–1971) und H. Richard Niebuhr (1894–1962)

Walter Rauschenbusch

Der vorliegende Sammelband beginnt mit *dem* Theologen des „Social Gospel": Walter Rauschenbusch. Seine bahnbrechenden Werke *Christianity and the Social Crisis* (1907), *Christianizing the Social Order* (1912) und *A Theology for the Social Gospel* (1917) waren wegweisend für die Entwicklung der US-amerikanischen christlichen Sozialethik sowie für das kirchliche Zeugnis eines Sozialen Protestantismus.[1] Keine Figur in der ersten Hälfte des 20. Jahrhunderts übte in den USA einen

---

[1] Vgl. W. RAUSCHENBUSCH, Christianity and Social Crisis (1907). Foreword by D.F. OTTATI, Louisville 1991; DERS., Christianizing the Social Order, New York 1912; DERS., A Theology for

1. Die „Gründerväter"

größeren Einfluss aus. Wie sein Enkel, der berühmte amerikanische Philosoph Richard Rorty, in seinem Kommentar zum ersten Buch seines Großvaters feststellte,

> „konnten sich amerikanische Politiker*innen, die versuchten, einen Wohlfahrtsstaat zusammenzuschustern, rund fünfzig Jahre lang nach seinem Tod auf die Unterstützung zehntausender christlicher Geistlicher verlassen, die von *Christianity and the Social Crisis* inspiriert worden waren."[2]

Für Rauschenbusch greift das intensive evangelikale bzw. pietistische Engagement für eine persönliche Bekehrung und die Annahme Jesu Christi als Herrn und Retter entschieden zu kurz. Es gehe an der Botschaft des „Vaterunsers" vorbei, das in den meisten Kirchen jeden Sonntag gebetet wird. Wenn Christ*innen beten, dass Gottes Wille „wie im Himmel so auf Erden" geschehen soll, dann sollen sie daran arbeiten, dass dieser Wille nicht nur in ihrem persönlich-individuellen und kirchlichen Leben, sondern auch in der Gesellschaft verkörpert wird.

Die „soziale Krise", auf die Rauschenbusch in seinem ersten Buch anspielt, betraf die wachsende Spaltung zwischen den „Besitzenden" und den „Nichtbesitzenden". Im sog. „vergoldeten Zeitalter" (Mark Twain), das auf den Sezessionskrieg folgte und von großem Reichtum und noch größerer Armut geprägt war, manifestierten sich zunehmende Klassenunterschiede in der mehr und mehr von der Industrialisierung geprägten amerikanischen Gesellschaft. Die Kirchen, die oft die Mittelschicht und darüber hinaus anzogen, predigten zwar Mitleid mit den Armen, taten aber wenig, um die Ursachen für deren Armut zu bekämpfen. Rauschenbusch führt diese Ursachen auf den in einer freien Marktwirtschaft herrschenden Kapitalismus zurück, der die untätigen Wohlhabenden, die Land und Kapital besaßen, belohnte und zugleich die Ausbeutung der verelendenden Arbeiter ermöglichte. Für Rauschenbusch liefert ein Sozialismus, der zu mehr Eigenverantwortung der Arbeitnehmer*innen und einer staatlichen Regulierung der Wirtschaft führt, die adäquate Antwort.

In seinem Buch *Christianizing the Social Order* ging Rauschenbusch über eine Identifizierung der „sozialen Krise" hinaus, indem er den Kirchen ein Ziel für das Gemeindeleben programmatisch vor Augen stellte und ihnen zugleich praktische Mittel zu dessen Erreichung an die Hand gab. Das Ziel wurde im programmatischen Titel fixiert. Christ*innen sollten sich nicht damit zufriedengeben, dass sie Glauben, Gnade und Erlösung für sich in Anspruch nehmen. Es gehe um

---

the Social Gospel, Nashville / New York 1917 [dt. Übersetzung: W. RAUSCHENBUSCH, Die religiösen Grundlagen der sozialen Botschaft, aus dem Engl. übers. von C. RAGAZ. Mit einer Einleitung von L. RAGAZ, München / Leipzig 1922].

[2] Vgl. R. RORTYS „Nachwort" in: W. RAUSCHENBUSCH, Christianity and the Social Crisis in the 21st Century. The Classic That Woke Up the Church, hg. von P. RAUSHENBUSH, New York 2007, 349.

mehr, als „Seelen zu retten". Sie hätten die Verantwortung dafür, die gesamte amerikanische Gesellschaft „christlich" zu machen. Auf der Suche nach Ausgewogenheit benannte er Teilbereiche der amerikanischen Gesellschaft, in denen die „Christianisierung" bereits begonnen habe. Er verwies auf die zunehmende Gleichberechtigung innerhalb von Familien und die zunehmenden Frauenrechte. Er führte zudem die Transformation in der Kirche an, weg von den Ausbeutungspraktiken des Mittelalters und hin zu einer zeitgemäßen, an egalitären Grundsätzen orientierten sozialen Ordnung. Auch konstatierte er das Anwachsen öffentlicher Bildung und die Ausweitung demokratisch-repräsentativer Formen des politischen Lebens.[3]

Rauschenbusch beschwor geradezu „Die revolutionäre Bestimmung des Christentums"[4] und ging dabei weit über das reformistische „Social Gospel"-Programm früherer Denker wie Washington Gladden hinaus, indem er für „Die Sache des Christentums gegen den Kapitalismus"[5] plädierte. Er bekräftigte das Recht der Arbeitnehmer auf Beschäftigung[6], die Bedeutung der „Wirtschaftsdemokratie", in der tatsächlich die Menschen und nicht mehr die Reichen die Sozialpolitik bestimmen[7], und er empfahl, die Zielrichtung der Industrie von privaten Profiten auf eine „Lebensunterstützung" zu verlagern, wobei ihm besonders der Schutz vor Ausbeutung durch Kinderarbeit am Herzen lag.[8]

In seinem letzten Werk *A Theology for the Social Gospel* formulierte Rauschenbusch den systematischen Ertrag seines Programms. Dort fordert er die Christ*innen auf, sich nicht nur auf die persönlich-individuelle Sünde zu konzentrieren, sondern auch auf die soziale, also die systemisch-strukturellen Formen der Sünde zu erkennen, die in eine ungleiche und ausbeuterische kapitalistische Wirtschaft eingebettet seien.

Rauschenbusch schätzte ein Verständnis des christlichen Lebens als Leben in Solidarität, wie es ihm in den Werken von Friedrich Daniel Ernst Schleiermacher und Albrecht Ritschl sowie den britischen christlichen Sozialisten wie Frederick Denison Maurice und Charles Kingsley begegnete.[9] Die christliche Theologie müsse über solche „Sentimentalitäten" hinausgehen, die das Reich Gottes etwa als „wohlwollende Gesinnung"[10] betrachten. Vielmehr solle das Reich Got-

---

[3] Vgl. RAUSCHENBUSCH, Christianizing the Social Order, 128–155: „The Christianized Sections of our Social Struggle."
[4] So die Kapitelüberschrift a.a.O., 40–122: „The Revolutionary Destiny of Christianity."
[5] So die Kapitelüberschrift a.a.O., 311–323: „The Case of Christianity against Capitalism."
[6] Vgl. a.a.O., 347.
[7] Vgl. a.a.O., 360.
[8] Vgl. a.a.O., 413.
[9] Vgl. RAUSCHENBUSCH, Die religiösen Grundlagen der sozialen Botschaft, 64; 66 [engl. Original: RAUSCHENBUSCH, A Theology for the Social Gospel, 27; 29].
[10] A.a.O., 92 [engl. Original: a.a.O., 54: „good will"].

tes in lebensdienlichen Institutionen Ausdruck erhalten, die sich als „brüderlicher und kooperativer"[11] erweisen. Die Abkehr der christlichen Gemeinschaft von der zentralen Bedeutung des Reiches Gottes, ersetzt durch eine heilsindividualistische Ausrichtung auf die persönliche Erlösung, habe dazu geführt, dass die Kirche zu einer konservativen Institution verkommen sei; unfähig zur revolutionären Kraft, die der Glaube an Jesus verlange.

In ekklesiologischer Hinsicht bedeutete dies, dass die Gläubigen Gottesdienst und Gemeindeleben als auf eine Gesellschaftstransformation hin ausgerichtet verstehen sollen. Eschatologisch gesehen, erforderte dies ein Bewusstsein dafür, dass die Hoffnung des Christentums nicht in der Apokalyptik liege, sondern auf die Teilnahme an der Verwirklichung des Reiches Gottes auf Erden gerichtet sei. Das Problem, das er bei vielen seiner kirchlichen Geschwister sah, bestand darin, dass sie stets die persönliche Sünde, Reue und Bekehrung betonten, soziale Sünde und ihre Umwandlung in Gerechtigkeit hingegen ausklammerten. Er beklagte: „Einige mögen vielleicht mehrere Male bekehrt und Gott geweiht worden und dennoch für das Reich Gottes nicht mehr wert sein, als sie es vorher waren. Einige werden auch furch ihre Bekehrungserlebnisse schlimmer, selbstgerechter, verbohrter, phantastischer, den wichtigsten Dingen gegenüber stumpfer, leben mehr als je in bloßen Gefühlen und erfüllen dabei die wirklichen Pflichten nicht."[12]

Diese Ideen entstanden sowohl durch intellektuelle als auch persönliche Beziehungen. Wie Gary Dorrien in seiner Geschichte der amerikanischen liberalen Theologie des 20. Jahrhunderts feststellt, entfernte sich Rauschenbusch, beeinflusst durch mehrere Personen, von der konservativen Theologie seines Vaters August.[13] Während seiner Studienzeit in Rochester wurde er von dem Bibelwissenschaftler William Arnold Stevens unterrichtet, der eine Sichtweise der Bibel vertrat, die historische Kritik mit einbezog. Benjamin True, ein weiterer Professor, lehnte sich an August Neander an und vertrat die Auffassung, dass Christus an der ständigen Umgestaltung der Gesellschaft beteiligt sei.[14] Sein Freund Leighton Williams schrieb 1892 ein Buch, in dem er das Wirken des Heiligen Geistes bei der Entwicklung des Reiches Gottes in der Welt unterstrich.[15]

Rauschenbuschs Ideen bezüglich notwendiger Sozialreformen wurden insbesondere von zwei Ökonomen, nämlich Henry George und Richard Ely, beein-

---

[11] Ebd. [engl. Original: ebd.: „fraternal and co-operative"].
[12] A.a.O., 137 [engl. Original: a.a.O., 96].
[13] Vgl. G. DORRIEN, The Making of American Liberal Theology. Idealism, Realism, and Modernity 1900–1950, Louisville / London 2003, 73–81.
[14] Vgl. a.a.O., 77.
[15] Vgl. a.a.O., 90. Siehe L. WILLIAMS, The Baptist Position. Its Experimental Basis, New York 1892.

flusst. Henry George, ein Journalist, kandidierte 1886, gestützt auf eine Koalition aus Gewerkschaften und Sozialisten, für das Amt des Bürgermeisters von New York City.[16] Rauschenbuschs Biograph, Paul Minus, erzählt, wie Rauschenbusch als junger Mann an einer Kundgebung für George teilnahm und hörte, wie ein katholischer Priester, der George unterstützte, sich auf das „Vaterunser" berief. Die Botschaft: „Dein Reich komme, dein Wille geschehe", beeindruckte ihn nachhaltig. Rauschenbusch las Henry Georges Buch *Progress and Poverty* (1879) mit Begeisterung. Darin wurden die Gefahren eines Zwei-Klassen-Wirtschaftssystems in den Vereinigten Staaten aufgezeigt. Diese Zweiteilung stellte eine kleine, aber mächtige kapitalistische Elite, die von Grundbesitz lebte, einer großen Zahl von Arbeitern und Armen gegenüber, die unter tiefgreifenden wirtschaftlichen Entbehrungen litten. Georges Vorschlag einer „Einheitssteuer", die sowohl den Arbeits- als auch den Grundbesitz einzubeziehen intendierte, fand auch Rauschenbuschs Zustimmung, da er die wohlhabenden Grundbesitzer dazu bringen wollte, mehr von ihrem Vermögen mit der Gesamtgesellschaft zu teilen.[17]

Richard Ely, ein Professor an der Johns Hopkins University, beförderte bei Rauschenbusch eine neue Einsicht, die für seine eigene Theologie grundlegend werden sollte. Durch Ely wurde Rauschenbusch bewusst, dass die Kirche über ein partielles Verständnis des Evangeliums hinausgehen müsse. In Elys Buch *Social Aspects of Christianity* (1889) erklärte dieser: „Was wir brauchen, ist die ganze Wahrheit, und das schließt sowohl ein soziales als auch ein individuelles Evangelium ein."[18]

Als Professor für Kirchengeschichte, der er in den letzten beiden Jahrzehnten seines Lebens war, stellte Rauschenbusch sein Denken in einen historischen Kontext. Er kritisierte frühere Erscheinungsweisen des Glaubens, die „Mystizismus, Pessimismus und Askese" betonten.[19] Der Mystizismus habe auf eine vertikale Beziehung zwischen Menschen und Gott verwiesen, obwohl das primäre Medium, um mit dem Göttlichen in Verbindung zu treten, nicht so sehr vertikal als vielmehr horizontal ausgerichtet sei. Rauschenbusch zufolge kommt man – anders als im mystizistischen Denken – also dem Nächsten in Liebe und Dienst entgegen. Den Pessimismus erachtete er für unvereinbar mit dem von Jesus selbst bekräftigten Anbruch des Reiches Gottes, und die Askese hielt er für eine Form christlicher Selbstdisziplin, die vielfach nicht zu einem sozialen Wandel zum Guten führe. Außerdem stimmte er Adolf von Harnack darin zu, dass jenseitige, asketische Orientierungen eher eine hellenisierte Sicht von Jesus zum

---

[16] Vgl. P.M. MINUS, Walter Rauschenbusch. American Reformer, New York 1988, 61.
[17] Vgl. a.a.O., 61–63.
[18] A.a.O., 63. Siehe R.T. ELY, Social Aspects of Christianity, New York 1889.
[19] Vgl. RAUSCHENBUSCH, Die religiösen Grundlagen der sozialen Botschaft, 202 [engl. Original: RAUSCHENBUSCH, A Theology for the Social Gospel, 158].

Ausdruck bringen als ein hebräisches Verständnis von ihm, wonach dieser in der Welt mehr Mitgefühl, Gerechtigkeit und Leben in Fülle bewirkt hat.

Die erste Reaktion auf Rauschenbuschs Schriften war Aufregung, wenn auch eher bei den Geistlichen als bei den Laien. Sein erstes großes Buch *Christianity and Social Crisis* verkaufte sich mehr als 50.000 Mal – ein Bestseller seiner Zeit.[20] Im Jahr nach der Veröffentlichung übernahm das „Federal Council" der „Churches of Christ", ein Vorläufer des heutigen „National Council of Churches", Elemente des „Social Gospel". Im selben Jahr verpflichtete sich die Methodist Episcopal Church zu einem „Social Creed", das stark vom „Social Gospel" beeinflusst war und in Rauschenbuschs *Christianizing the Social Order* abgedruckt wurde.[21] Seine Theologie des „Social Gospel" prägte die großen US-amerikanischen theologischen Ausbildungsstätten; insbesondere das Union Theological Seminary, an dem vier unserer zehn protestantischen Ethiker*innen später zumindest eine Zeit lang lehren sollten (Reinhold Niebuhr, Paul Lehmann, James H. Cone und Beverly Wildung Harrison). Ein kaum bekannter, gleichwohl aber bemerkenswerter Einfluss betraf einen Doktoranden in den 1930er Jahren an der Divinity School der University of Chicago, T.C. Douglas, der seine Dissertation über Rauschenbusch schrieb. Später ging er in die kanadische Politik, wurde Bürgermeister der kanadischen Provinz Saskatchewan und entwickelte ein provinzweites Krankenversicherungssystem, das bis heute die Grundlage für das nationale Gesundheitsversorgungsmodell bildet.[22] Auch ein gewisser Franklin Delano Roosevelt, der später US-Präsident werden sollte und zunächst ein Studienkolleg besuchte, in dem das „Social Gospel" eine wichtige Rolle spielte, kam in Kontakt mit Rauschenbuschs Ideen.[23] Einige Jahrzehnte später trug dieser Einfluss dazu bei, Roosevelts Ausgestaltung der „New Deal"-Gesetzgebung zu inspirieren, durch die viele von Rauschenbuschs Träumen von einer gerechteren Gesellschaft verwirklicht wurden.

US-amerikanische Evangelikale, darunter viele seiner eigenen Kollegen, sahen in der Hinwendung zu sozialen Fragen eine Pervertierung des Evangeliums, die mehr vom Sozialismus als von der Bibel wissen wolle, und lehnten dies daher ab. Wie William Pitts berichtet, beklagte ein konservativer Rezensent des „Post Express":

---

[20] Vgl. W.L. PITTS, JR., The Reception of Rauschenbusch. The Responses of His Earliest Readers, Macon 2018, 81.
[21] Vgl. a.a.O., 98–100.
[22] Vgl. a.a.O., 326.
[23] Vgl. E.C. MILLER, Franklin D. Roosevelt, a Christian and a Democrat, Religion & Politics, vom 5.11.2019, www.religionandpolitics.org/2019/11/05/franklin-d-roosevelt-a-christian-and-a-democrat (Zugriff: 25.10.2022).

> „Die christliche Religion zielt darauf ab, die Seelen der Menschen zu retten und nicht ihre Körper zu ernähren. Sie versucht nicht, die soziale Ordnung zu verändern. Die Erlösung ist keine soziale, sondern eine individuelle und geistige Frage. Dr. Rauschenbusch will, dass der Prediger des Evangeliums ein Sozialreformer wird. Die Antwort auf seine Forderung lautet, dass dies mitnichten die Aufgabe eines Geistlichen ist."[24]

Reinhold Niebuhr

Die wohl berühmteste Kritik kam von Reinhold Niebuhr, der sich zunächst mit dem „Social Gospel" identifizierte, sich dann aber allmählich distanzierte und zum Anführer der Bewegung des „Christian Realism" wurde. Reinhold Niebuhr stimmte zwar mit dem Kernanliegen des „Social Gospel" überein, wonach der christliche Glaube Konsequenzen für das soziale, politische und wirtschaftliche Leben haben solle. Er urteilte jedoch, dass Rauschenbusch und die liberale protestantische Tradition in drei Bereichen versagt hätten. Erstens sei ihre Annahme naiv gewesen, dass die Liebesethik Jesu und das Reich Gottes in der Gesellschaft vollständig verwirklicht werden könnten. In seinem Buch *Moral Man and Immoral Society* (1932) unterscheidet Reinhold Niebuhr zwischen a) Individuen, die „glauben, dass sie andere lieben und ihnen dienen sollten", und b) „sozialen, wirtschaftlichen und nationalen Gruppen", die „für sich selbst in Anspruch nehmen, was immer ihre Macht gebieten kann."[25] Während Einzelne in ihren Familien und Gemeinschaften altruistisch handeln könnten, würden Interessengruppen immer nur sich selbst dienen. Wer diese Realität nicht erkenne, entwickle eine unzureichende christliche Ethik.

Zweitens stellte Niebuhr den moralischen Charakter des Sozialismus in Frage, den Rauschenbusch als Alternative zum Kapitalismus der freien Marktwirtschaft empfahl. Wie Niebuhr in seinem rückblickenden Essay *Rauschenbusch in Historical Perspective* (1957) feststellte, erwies sich der Sozialismus keineswegs als so befreiend, wie Rauschenbusch und die Verfechter des „Social Gospel" gehofft hatten. Der Sozialismus verleihe der Oligarchie, die das verstaatlichte Eigentum verwaltet, oft eine übermäßige und zuweilen ebenso unkontrollierte Macht.[26] Während Rauschenbusch also zu Recht eine gerechtere Wirtschaftsordnung forderte, konstatierte Niebuhr, dass seine sozialistische Lösung ihre eigenen Grenzen hatte.

---

[24] PITTS, The Reception of Rauschenbusch, 300.
[25] R. NIEBUHR, Moral Man and Immoral Society, New York 1932, 9.
[26] Vgl. R. NIEBUHR, Rauschenbusch in Historical Perspective (1957), in: DERS., Faith and Politics. A Commentary on Religious, Social and Political Thought in a Technological Age, hg. von R.H. STONE, New York 1968, (33–45) 40.

1. Die „Gründerväter"

Drittens stellte Reinhold Niebuhr die Frage, ob Rauschenbusch tatsächlich den Hauptgrund für das Versagen des amerikanischen Christentums zu Beginn des 20. Jahrhunderts, sich neben dem persönlichen Heil auch für das „soziale Heil" zu engagieren, erkannt habe. Rauschenbusch verwies auf den übersteigerten Individualismus als Ursache für das Versagen der Kirche, auf soziale Ungerechtigkeit zu reagieren. Reinhold Niebuhr war sich jedoch nicht sicher, ob Rauschenbusch damit ganz richtig lag. Er behauptete, dass es nicht nur den Individualismus anzuführen gelte, sondern darüber hinaus noch eine andere Erklärung gebe. Diese andere Erklärung sah Niebuhr in der Tatsache, dass „die nationalen Arbeitskräfte aus slawischen, lateinischen und irischen Völkern rekrutiert wurden".[27] Diese verzweifelten neuen Arbeitskräfte waren somit katholisch, während die US-amerikanische Mittel- und Oberschicht überwiegend protestantisch gewesen seien. Die religiöse Diskriminierung habe das Einfühlungsvermögen und die Motivation für eine Korrektur der tiefgreifenden wirtschaftlichen Ungerechtigkeit verringert.

Von zentraler Bedeutung für Reinhold Niebuhrs protestantische Ethik war die Formulierung einer eigenständigen theologischen Anthropologie und Eschatologie. Im ersten Band von *The Nature and Destiny of Man* (1941), welcher die menschliche Natur fokussierte, stellte er das christliche Verständnis des Menschen in eine kontrastierende Position zu klassischen und modernen Anthropologien.[28] Während die klassischen Modelle die Vernunft als Quelle der menschlichen Würde betonen, unterstreiche die christliche Anthropologie, dass der Mensch nach dem Bild Gottes geschaffen ist. Obwohl der Mensch Würde habe, sei er auch sündig und gefallen. Wenn es einen zentralen Fehler in der vorherrschenden modernen Sicht des Menschen gebe, dann bestehe er in dem Versäumnis, diese menschliche Sündhaftigkeit anzuerkennen.

Das Versagen des modernen Denkens, die Vorstellung zu integrieren, dass der Mensch sowohl Schöpfer als auch Geschöpf ist, äußere sich in schädlichen und selbsttäuschenden Entscheidungen. Auf der einen Seite stehe der Idealismus, das menschliche Wesen mit der universellen Vernunft gleichzusetzen, und als Folge ein naiver Optimismus hinsichtlich der menschlichen Fähigkeit, das Gute zu wählen. Auf der Seite stehe ein Naturalismus, der von der zutiefst unrealistischen gesellschaftsbezogenen Annahme ausging, dass die Menschen eine gute und gerechte Ordnung schaffen, wenn sie nur erzogen würden. Durch die Orientierung an der Romantik sei der Mensch auf eine „unfreie Natur"[29] reduziert worden, die keinen Sinn für Transzendenz habe.

---

[27] A.a.O., 35.
[28] Vgl. R. NIEBUHR, The Nature and Destiny of Man. Bd. I: Human Nature (1941), New York 1964.
[29] R. NIEBUHR, The Nature and Destiny of Man. Bd. II: Human Destiny (1943), New York 1964, vii.

Diese Tendenzen fanden auch in Niebuhrs Geschichtsinterpretationen Ausdruck. Er wies auf zwei Gefahren in der Geschichtsbetrachtung hin. Die eine sei die Gefahr eines Fanatismus, der relativen Zielen und Werten „ultimative Bedeutung"[30] beimesse, d.h. zum Götzendienst werde. Die andere sei die des „Messianismus" mit seiner Hoffnung auf einen „Himmel auf Erden".[31] Für Niebuhr verkörperten die Faschisten ein Beispiel für die erste Art von Geschichtsorientierung, die den Wert der eigenen kulturellen oder nationalen Identitäten zum zentralen Wert stilisierten, der über Gott stehe. Letzteres sei auch im Marxismus zu beobachten, in dem auf der Basis einer naiven Sichtweise auf die Auswirkungen von Enteignung und des Triumphs des Proletariats die Schaffung einer perfekten Gesellschaft projektiere. Das Schicksal der Sowjetunion zeige indes die Unhaltbarkeit einer solchen Sichtweise.

Charakteristisch für Reinhold Niebuhrs protestantische Ethik war auch ein von der Machtpolitik geprägter Realismus und die Betonung der Notwendigkeit pragmatischer Lösungen für Gerechtigkeitsfragen. In *Christianity and Power Politics* (1940) kritisierte er die Dialektische Theologie Karl Barths, die eine so dramatische Kluft zwischen der Güte Gottes und der Sündhaftigkeit des Menschen aufmache, dass sie die Fähigkeit des Menschen einschränke, solche „relativen Entscheidungen zu treffen, die für die Ausarbeitung der Gerechtigkeit in den Feinheiten von Politik und Wirtschaft so notwendig sind."[32] Für Reinhold Niebuhr gab es in der Geschichte keine perfekten Lösungen. Um dieses Realitätsverständnis zu anschaulich zu machen, untersuchte er zwei Themen – Tragik und Ironie. Er sah das Hauptversagen der modernen westlichen Gesellschaft darin, dass sie eine fortschrittliche Sichtweise der Geschichte vertrete, wonach das Böse allmählich und unausweichlich vom Guten besiegt wird. Aus biblischer Sicht vertrat er indes die Auffassung, dass die Geschichte in einer dialektischen Weise gesehen werden müsse, derzufolge das Gute und das Böse immer gemeinsam auftreten.

Das Thema der Ironie passt zu dieser Ausrichtung. In seinem 1952 erschienenen Werk über den Kalten Krieg *The Irony of American History* brachte Reinhold Niebuhr das Befremdliche eines Friedens zur Sprache, der auf der gegenseitigen Bedrohung durch Atombomben beruht. Dennoch erachtete er ein solches Szenario für wahrscheinlich unausweichlich. Diese ironische Ausrichtung verortete er zudem in der amerikanischen Wirtschaft, in der sich die Wertschätzung des Individualismus, der aus der christlichen Vorstellung von der Ebenbildlichkeit des Menschen hervorgegangen war, in eine bürgerliche Gesellschaftsordnung

---

[30] A.a.O., viii.
[31] Ebd.
[32] R. NIEBUHR, Germany and the Western World, in: DERS., Christianity and Power Politics, New York 1940, (49–64) 58.

verwandelt habe, in der der Mensch sich selbst zum Mittelpunkt seiner eigenen Existenz mache.[33]

Um inmitten von Tragik und Ironie glaubensgemäß leben zu können, rief Reinhold Niebuhr die amerikanischen Christ*innen dazu auf, die Notwendigkeit eines „Gleichgewichts der Kräfte"[34] zu akzeptieren. Sie könnten weder in den starren Konstruktionen eines „orthodoxen Christentums" leben, welches die Notwendigkeit ignoriere, christliche Überzeugungen in den Kontext moderner, komplexer Gesellschaften zu übersetzen, noch könnten sie die Botschaft eines „liberalen Christentums" akzeptieren, wonach Gerechtigkeit unter den Menschen in dem Moment entstehen würde, wo Menschen sich christusähnlicher verhalten. Macht müsse als eine Dynamik in allen Gerechtigkeitskämpfen anerkannt werden. So sei ein Zugewinn an Rechten für Afroamerikaner nicht ohne den Einsatz von Macht im Kampf gegen die Unterdrücker möglich gewesen.[35]

Reinhold Niebuhrs Pragmatismus, der stark von dem Psychologen und Philosophen William James beeinflusst war, veranlasste ihn dazu, während des gesamten Kalten Krieges eine pro-demokratische und antikommunistische Haltung einzunehmen, wenngleich er den Krieg in Vietnam in Frage stellte.[36] Er räumte zwar ein, dass kein politisches System perfekt sei, erkannte aber die Vorteile der Demokratie. In solchen modernen politischen Systemen würden Anstrengungen unternommen, um das Streben nach Gerechtigkeit zu realisieren und die Konzentration von Macht in Politik und Wirtschaft zu verringern.[37] Moderne Demokratien lassen sich Niebuhrs Ansicht nach am besten mit einem christlichen Verständnis des Menschen als Schöpfer und Geschöpf zugleich in Einklang bringen. Auf diese Weise bot er einen intellektuellen Referenzrahmen zur Unterstützung einer berechtigten Demokratieverteidigung gegen die Tyrannei an. Das galt sowohl für den Zweiten Weltkrieg als auch den darauffolgenden Kalten Krieg.

Vermutlich ist Reinhold Niebuhrs Verteidigung des gerechten Krieges und seine kritische Sichtweise auf den Pazifismus der wichtigste Teil seines Vermächtnisses. In seinem Beitrag *Why the Christian Church is Not Pacifist* (1940)[38] kam er zu dem Schluss, dass Pazifisten die Realität der Sünde in allen Beziehungen –

---

[33] Vgl. R. Niebuhr, The Irony of American History, New York 1952, 13.
[34] R. Niebuhr, Why the Christian Church is Not Pacifist, in: Ders., Christianity and Power Politics, New York 1940, (1–32) 26.
[35] Vgl. R. Niebuhr, An Interpretation of Christian Ethics (1935), New York 1956, 205f.
[36] Zur Diskussion des Einflusses, welchen der Pragmatismus auf Reinhold Niebuhrs Denken ausübte, vgl. R.W. Lovin, Reinhold Niebuhr and Christian Realism, Cambridge / New York 1995, 46–54.
[37] Vgl. Niebuhr, The Irony of American History, 135.
[38] Vgl. oben den bibliographischen Nachweis zu Niebuhr, Why the Christian Church is Not Pacifist.

selbst in den liebevollsten und gutgemeintesten – nicht angemessen berücksichtigen. Dieses unzureichende Sündenverständnis mache sie „unfähig, die Komplexität des Gerechtigkeitsproblems zu erkennen".[39] Obwohl er die Berechtigung des Urteils von Pazifisten anerkannte, dass das Gesetz der Liebe dem Willen Gottes entspreche, argumentiert er, dass ein „Gleichgewicht der Kräfte" das einzige Mittel sei, um Gerechtigkeit zu gewährleisten.[40] Der Aufruf der Pazifisten, sich nicht an einer militärischen Antwort auf die Tyrannei des Nationalsozialismus zu beteiligen, sei in moralischer Hinsicht nicht unschuldig gewesen. Er ließ potentiell schlimmeres Übel zu als das durch den Krieg verursachte Leid. In *War and the American Churches* (1940)[41] setzte er diese Argumentation fort, indem er die Vorstellung hinterfragte, dass Christ*innen „Schuldlosigkeit" als Voraussetzung für die Entscheidung über einen Konflikt anstreben sollten. Diese Haltung sei kein christliches Ideal, sondern ein rationalistisches.[42]

Auch wenn Christ*innen Christus ähnlich sein sollten, sei es wichtig, dass sie sich daran erinnern, dass sie die rettende Gegenwart Christi gerade deshalb brauchen, weil sie sich nicht in einem sündlosen Zustand befinden. Außerdem schätzte Niebuhr die Bedrohung durch die nationalsozialistische Gewalt und Tyrannei als so gravierend ein, dass es keine andere mit dem Glauben vereinbare Möglichkeit zur Durchsetzung einer besseren Gerechtigkeit gebe als den militärischen Gegenangriff. Während des Kalten Krieges mit der Sowjetunion wurde dieselbe Denkweise zur Rechtfertigung des Wettrüstens herangezogen. Die Folgen der Ausbreitung des Kommunismus für die Welt hielt er für so verheerend, dass sogar das Risiko eines nuklearen Flächenbrands einzugehen sei, um eine böse Macht davon abzuhalten, ihre Gewalt und Ideologie zum Schaden anderer Nationen einzusetzen.[43]

H. Richard Niebuhr

Dieses Bemühen um die Legitimierung von Kriegsanstrengungen unterschied Reinhold Niebuhr von einem Netzwerk von Friedenskirchen sowie von „The Christian Century", einer Zeitschrift, für die er regelmäßig schrieb. Es unterschied ihn auch von seinem jüngeren Bruder, H. Richard, der an der Yale Divinity

---

[39] NIEBUHR, Why the Christian Church is Not Pacifist, 14.
[40] Vgl. a.a.O., 26.
[41] R. NIEBUHR, War and the American Churches, in: DERS., Christianity and Power Politics, New York 1940, 33–48.
[42] Vgl. a.a.O., 36.
[43] R. STONE (Reinhold Niebuhr in the 1960s: Christian Realism for a Secular Age, Minneapolis 2019, 35) merkt zu Niebuhrs Position in 1960 an: „Er weigerte sich, seine Kritik am Pazifismus zu dämpfen und lehnte den Nuklearpazifismus ab. Der Frieden zwischen Russland und den Vereinigten Staaten hing von der Strategie der nuklearen Abschreckung ab."

1. Die „Gründerväter"

School lehrte. In einem berühmten Streitgespräch im Zusammenhang mit dem Einmarsch der japanischen Armee in die Mandschurei im Jahr 1931 schrieb H. Richard Niebuhr den Aufsatz *The Grace of Doing Nothing*, worauf sein Bruder Reinhold mit einem eigenen Artikel *Must We Do Nothing?* antwortete.[44] H. Richard Niebuhr berief sich auf die fundamentale Überzeugung des christlichen Glaubens, dass Gott tatsächlich existiere und seine Antwort auf diese Krise real sei und an erster Stelle aller Erwägungen stehen müsse. Christ*innen könnten, während sie militärisch „nichts tun", religiös sehr wohl etwas vollbringen, nämlich Buße tun und Geduld haben. Ein glaubensgemäßes Leben erfordere eine Abkehr von nationalstaatlichen Konflikten hin zu jenem „Ort der Buße", an dem sich Gruppen aus allen Nationen „gemäß einer höheren Loyalität vereinen, die über nationale und klassenmäßige Trennlinien hinausgeht...".[45] Dies sei die Loyalität zu Gott in Christus. Reinholds Niebuhrs Antwort fiel respektvoll, aber bestimmt aus. Das Bekenntnis seines Bruders zur Liebesethik Jesu sei zwar lobenswert, verkenne aber die Tragik menschlicher Geschichte:

> „Wir können uns zwar eine Gesellschaft vorstellen, in der menschliche Zusammenarbeit unter einem Minimum an Zwang möglich ist, aber wir können keine Gesellschaft imaginieren, in der es überhaupt keinen Zwang gibt – es sei denn, der Mensch wird zu etwas ganz anderem, als er jetzt ist."[46]

H. Richard Niebuhrs Betonung des Handelns Gottes und nicht des Menschen ist für seine eigene Ethik von wesentlicher Bedeutung. In einer Reihe von Büchern, die von *The Social Sources of Denominationalism* (1929) bis zu seinen posthum veröffentlichten (und mit einer ausführlichen Einleitung von James M. Gustafson versehenen) Vorlesungen mit dem Titel *The Responsible Self* (1963) reichen, bestand er darauf, dass die christliche Ethik wertbasiert sein müsse, nämlich gegründet in einem „radikalen Monotheismus" als „Wertezentrum".[47] Aus H. Richard Niebuhrs Sicht lag die Hauptgefahr für das christliche Moralleben nicht

---

[44] Siehe H. RICHARD NIEBUHR, „The Grace of Doing Nothing" und REINHOLD NIEBUHR, „Must We Do Nothing?" in: R.B. MILLER (Hg.), War in the Twentieth Century. Sources in Theological Ethics, Louisville 1992, 6–18.

[45] A.a.O., 9f.

[46] A.a.O., 16.

[47] Vgl. H.R. NIEBUHR, The Social Sources of Denominationalism (1929), New York 1975; DERS., The Kingdom of God in America (1937), New York 1959 [dt. Übersetzung: H.R. NIEBUHR, Der Gedanke des Gottesreichs im amerikanischen Christentum, übers. von R.M. HONIG, New York 1948]; DERS., The Meaning of Revelation (1941), New York 1960; DERS., Radical Monotheism and Western Culture. With Supplemental Essays (1943), New York 1970 [dt. Teilübersetzung: H.R. NIEBUHR, Radikaler Monotheismus. Theologie des Glaubens in einer pluralistischen Welt, übers. von F. WEIDNER, Gütersloh 1965]; DERS., The Purpose of the Church and Its Ministry, New York 1956; DERS., The Responsible Self. An Essay in Christian Moral Philosophy with an Introduction by J.M. GUSTAFSON (1963), New York u.a. 1978.

in der von Ritschl bis Rauschenbusch propagierten progressiven liberalen Theologie, der es an jener realistischen Orientierung fehlte, wie sie sein Bruder Reinhold einforderte. Sie bestehe vielmehr in der Tendenz, das Endliche zum ultimativen Wert zu machen.

In *The Social Sources of Denominationalism* nahm H. Richard Niebuhr die Art und Weise aufs Korn, wie sich die Konfessionen dem „Kastensystem der menschlichen Gesellschaft"[48] anpassten. Ähnlich wie Rauschenbusch geißelte er die Kirchengemeinden der Mittelschicht dafür, dass sie die Sünde auf „persönliches Versagen" reduzierten und dabei „das Übel, mit dem das gesamte gesellschaftliche Leben und die gesellschaftliche Struktur infiziert ist"[49], ignorierten. Diese Reduzierung der christlichen Moral auf das Individuum ließ allgemein akzeptierte Vorurteile und Überzeugungen aufblühen, wie etwa die Auffassung, dass Wohltätigkeitsmaßnahmen zugunsten der Armen eine gerechte Sozialpolitik ersetzen können. Sie führte auch zu einem Schweigen und zur Passivität angesichts von Rassentrennung und Vorurteilen.[50]

Während er Rauschenbuschs Sorge um die Armen und seine Konzentration auf die Implikationen der Reich-Gottes-Theologie zwar würdigte, folgte H. Richard Niebuhr jedoch Troeltschs „Sozaillehren der christlichen Kirchen und Gruppen"[51], indem er dieses Konzept des Reiches Gottes in einen konkreteren historischen Kontext stellte. In *The Kingdom of God in America* (1937) vertrat Niebuhr die Ansicht, dass das Zentrum eines wahren Verständnisses dieses Reiches die „Souveränität Gottes"[52] bilden müsse. Unter Berufung auf Jonathan Edwards, der für sein Denken grundlegend war, stellte er fest, dass die Protestanten des 17. Jahrhunderts keine „Utopisten oder Idealisten"[53] waren:

> „Teilten sie doch nicht die Grundauffassung des Utopismus, – den Glauben nämlich, dass die menschlichen Beschwerden schlechten Verfassungen zuzuschreiben seien, dass ein neuer Beginn, gestützt auf gute Rechtseinrichtungen, zu einem vollkommenen Gemeinwesen führen würde".[54]

Sowohl die Hoffnung des Social Gospel auf gesellschaftliche Veränderungen als auch das modernistische Vertrauen in den wissenschaftlichen und wirtschaftli

---

[48] NIEBUHR, The Social Sources of Denominationalism, 6.
[49] A.a.O., 85.
[50] Vgl. a.a.O., 238.
[51] E. TROELTSCH, Die Sozaillehren der christlichen Kirchen und Gruppen, Teilbde. 1 und 2, Neudruck der Ausgabe Tübingen 1912, Tübingen 1994 (engl. Übersetzung: The Social Teachings of the Christian Churches [1931], Bd. I und II, with an Introduction by H.R. NIEBUHR, trans. O. WYON, Chicago / London 1976).
[52] NIEBUHR, Der Gedanke des Gottesreichs im amerikanischen Christentum, 33–63 [engl. Original: NIEBUHR, The Kingdom of God in America, 45–87].
[53] A.a.O., 36 [engl. Original: a.a.O., 49].
[54] Ebd.

chen Fortschritt nehme die Souveränität Gottes und die Sündhaftigkeit des Menschen nicht ernst.

Die Auswirkungen von Niebuhrs Betonung der Souveränität Gottes kommen am deutlichsten in seinen Werken *The Meaning of Revelation* (1941), *Radical Monotheism and Western Culture* (1943) und in seinem letzten Buch *The Responsible Self* (1963) zum Ausdruck. Im Vorwort zu *The Meaning of Revelation* zeigt H. Richard Niebuhr die häufigsten Gefahren auf, die den Menschen daran hindern würden, die Gegenwart Gottes zu erfahren. Dazu gehöre die Tendenz zur „Selbstverteidigung" in der theologischen Argumentation und die Gepflogenheit, Werte, Institutionen und Ideen zu verabsolutieren, die nur relativen und endlichen Charakter hätten.[55] Anstatt die christliche Ethik auf eine formal gehaltene Reihe von Vorschriften oder Bestrebungen für moralisches Verhalten zu gründen, lud H. Richard die Christ*innen ein, sich für eine „‚permanente Revolution' oder *Metanoia* zu öffnen, die nicht diesseitig in dieser Welt, Zeit und diesem Leben zu Ende gehe."[56]

In *Radical Monotheism and Western Culture* argumentiert er, dass sich westliche Christ*innen zwar normalerweise zu einem monotheistischen Glauben bekennen würden, dass es aber nicht ein „radikaler Monotheismus" sei, den sie praktizierten. Unter der Oberfläche würden Christ*innen in westlichen Kulturen dazu neigen, zwei andere Arten von Glauben zu verkörpern – „Polytheismus" und „Henotheismus".[57] Polytheismus, die Verehrung mehrerer Götter, zeige sich in der Tendenz eines nicht integrierten Ichs, von einer Beschäftigung zur anderen zu wechseln. Niebuhr erklärt diesen Zustand wie folgt:

> „In einer Welt, in der man nicht an übernatürliche Wesen glaubt, muß der Nachweis des eigenen Wertes vor anderen menschlichen Wesen erbracht werden, vor den Prestigepersonen in der Umgebung des einzelnen. Sie sind jetzt die Wertmittelpunkte."[58]

Der Henotheismus, eine Form der Verehrung eines einzigen Gottes inmitten einer Vielzahl von Göttern, findet H. Richard Niebuhr im aufkommenden Nationalismus (z.B. in Nazi-Deutschland und im faschistischen Italien) veranschaulicht. Letztgenanntes Phänomen ermutige zur Hypertrophie, zum Selbstbetrug und zu massiver Gewalt.[59] H. Richard warnte jedoch davor, dass es auch einen christli-

---

[55] Vgl. NIEBUHR, The Meaning of Revelation, x.
[56] Ebd.
[57] Vgl. NIEBUHR, Radical Monotheism and Western Culture, 25–28 [dt. Übersetzung: NIEBUHR, Radikaler Monotheismus, 18–21] (Henotheismus) und 29f. [dt. Übersetzung: NIEBUHR, Radikaler Monotheismus, 24–26] (Polytheismus).
[58] NIEBUHR, Radikaler Monotheismus, 24 [engl. Original: NIEBUHR, Radical Monotheism and Western Culture, 29f.].
[59] Vgl. a.a.O., 20f. [engl. Original: a.a.O., 27].

chen Ausdruck des Henotheismus gibt. Dieser habe zwei Formen - eine, die auf einem „kirchenzentrierten" Glauben beruht, und, etwas überraschend, eine andere, die in eine „christuszentrierten" Orientierung eingebettet sei, die sich nicht als radikal monotheistisch erweise.[60] Wenn die Kirche auf sich selbst bezogen sei und sich in dem Bemühen, heilig zu bleiben, von der Kultur abgrenze, könne sie beginnen, ihre eigenen Lehren, Praktiken und (Mit-)Glieder mehr zu schätzen als die Welt. Eine solche Selbstbeschäftigung verkenne, dass Gottes Ruf an die Christ*innen nicht darin bestehe, die Welt zu verlassen, sondern an ihrer Umgestaltung mitzuwirken. Der „christuszentrierte" Glaube scheine zwar das Herz des Christentums zu verkörpern, er breche aber auch auseinander, wenn der trinitarische Charakter des Göttlichen nicht ernst genommen werde. H. Richard wies insbesondere auf die Tendenz einiger Christ*innen hin, alle Theologie in Christologie zu verwandeln, indem sie sich ausschließlich auf die Lehren Jesu konzentrieren würden.[61]

Im Gegensatz zu Walter Rauschenbusch und Reinhold Niebuhr, deren Schriften in erster Linie der christlichen Sozialethik gewidmet waren, verfasste H. Richard Niebuhr Werke explizit *theologischer* Ethik. Zu den praktischen Fragen seiner Zeit äußert er sich kaum. Es manifestiert sich in Niebuhrs Schrifttum jedoch ein ausgeprägtes Bewusstsein für ein sich veränderndes Umfeld, in dem christliche Ethik betrieben werden musste. H. Richard Niebuhrs Charakterisierung von Gott als „Sein" war eine theologische Setzung von sozialer Tragweite.[62] H. Richard Niebuhrs Schriften über die Offenbarung, den „radikalen Monotheismus" und sein letztes Werk, *The Responsible Self*, sind alle in einer Weise verfasst, die nicht nur für Christ*innen, sondern auch für Menschen außerhalb christlicher Gemeinschaften verständlich sind, weil sie alle auf eine tiefere Seinswirklichkeit rekurrieren. Als er von „Polytheismus" und „Henotheismus" schrieb, tat er dies auf eine Weise, die für Menschen innerhalb und außerhalb von Glaubensgemeinschaften symbolisch bedeutsam war. Alle Menschen können ihr Leben in dem gründen, was endlich und nicht absolut ist. Sie können auch versucht werden, Loyalitäten, die nur einen begrenzten Wert haben, wie etwa Familiensinn oder Patriotismus, in törichter Weise auf die Spitze zu treiben und dabei in Tribalismus oder Nationalismus zu enden.

Niebuhrs Werk hat auch einen theologisch apologetischen Charakter, der säkulare Denker dazu bringen soll, ihre Ablehnung religiösen Denkens zu prüfen.

---

[60] Vgl. NIEBUHR, Radical Monotheism and Western Culture, 58-60 [Bemerkung d. Übers.: Das gesamt Kapitel IV („Radical Monotheism and Western Religion", a.a.O., 49-63) wurde leider nicht in der deutschen Übersetzung von „Radical Monotheism and Western Culture" berücksichtigt].

[61] Vgl. NIEBUHR, Radical Monotheism and Western Culture, 60.

[62] Vgl. a.a.O., 41-43 [engl. Original: a.a.O., 42-44].

1. Die „Gründerväter"

So wie sein Bruder Reinhold in seinem ersten Buch behauptete, dass Religion die Persönlichkeit nährt, so betonte H. Richard als wesentlichen Bestandteil der „radikal monotheistischen Zuversicht und Treue [die] Gewißheit [...], daß der eine Gott, der das Sein ist, ein ‚Ich' oder wie ein ‚ich' ist...".[63] Die Vorstellung, dass der grundlegende Charakter der Wirklichkeit personaler Natur ist, entfaltete große Kraft in einer Zeit, in der die sozialen, wirtschaftlichen und kulturellen Muster der Industrialisierung, des Unternehmenskapitalismus und des zunehmend entfremdeten Gemeinschaftslebens dazu führten, dass sich viele Menschen einsam, isoliert und entpersonalisiert fühlten.

Am auffälligsten war vielleicht H. Richard Niebuhrs Urteil, dass „radikaler Monotheismus" eine Offenheit für Gott als Sein in allen Erscheinungsformen meint. Dieses Bekenntnis schloss den Biblizismus aus, weil dieser die Gegenwart Gottes auf eine Form der Offenbarung, nämlich die Schrift, beschränkte, andere Einsichten, wie etwa die der Philosophie und der Naturwissenschaften, hingegen leugnete. Es ist kein Zufall, dass der Untertitel seines posthumen Werks *The Responsible Self* „An Essay in Christian Moral Philosophy" lautet.[64] Wenn Gott Sein ist, dann müssen Christ*innen und alle Menschen offen sein für die Offenbarung, die durch Theologie, Philosophie, Naturwissenschaft und andere Formen des Wissens vermittelt wird.

Diese Ausrichtung hin zur weiteren Welt, verbunden mit dem radikalen Monotheismus in H. Richard Niebuhrs letztem Werk, stellte einer Ethik der Verantwortung oder des „Menschen als Antwortender" zwei Alternativen gegenüber, nämlich den Paradigmen des „Menschen als Bürger", verbunden mit der Deontologie (insbesondere Immanuel Kants), und des „Menschen als Macher", ausgedrückt in Teleologie-Variationen, von der katholischen Moraltheologie angefangen bis hin zum Utilitarismus von Jeremy Bentham und John Stuart Mill.[65] Das Problem mit den konkurrierenden ethischen Methoden der Deontologie und der Teleologie bestehe darin, dass beide den „zeitlichen" Charakter der menschlichen Existenz nicht ernst nähmen. Deontologische Regeln seien unveränderlich. Die Tugendethik könne auch gute Gewohnheiten als zeitlos konstruieren. Während utilitaristische Theorien die Zukunft ernst nehmen könnten, beklagt H. Richard Niebuhr, „dass sie sich der kritischen Gegenwart kaum bewusst zu sein scheinen [...]."[66]

Er stellt fest, dass „an kritischen Punkten in der Geschichte Israels und der frühen christlichen Gemeinde die entscheidende Frage, die die Menschen stell-

---

[63] A.a.O., 44 [engl. Original: a.a.O., 45]. Vgl. auch Reinhold Niebuhr, Does Civilization Need Religion?, 4.
[64] Vgl. oben den bibliographischen Nachweis zu Niebuhr, The Responsible Self.
[65] Vgl. Niebuhr, The Responsible Self, 48–54; 56–60.
[66] A.a.O., 91.

ten, nicht lautete: ‚Was ist das Ziel?' und auch nicht: ‚Was besagt das Gesetz?', sondern: ‚Was geschieht?' Und dann ‚Was ist die angemessene Antwort auf das, was geschieht?'"[67] Anstelle einer Gehorsamsethik, wie sie in den Schriften von Karl Barth und Rudolf Bultmann zu finden sei, einer deontologischen Ethik, wie sie der Kantische kategorische Imperativ nahelege, oder einer Ethik der *eudaimonia*, wie sie Aristoteles und später Thomas von Aquin verträten, sollten Christ*innen offen für angemessene Antworten sein. Gehorsam, Tugend und das Streben nach Erfüllung seien zwar wertvoll, aber sie würde nicht das ganze Selbst in seiner vollen Beziehung zu Gott vermitteln, sondern nur verschiedene jeweils festgelegte Wege zu Gott empfehlen, die aber alle auf eine Objektivierung des Göttlichen hinausliefen. Die moralische Integrität des Menschen ergebe sich aus der Aufmerksamkeit für Gottes Wirken in der Welt und für das göttliche „Wertezentrum", nicht aber aus den Verhaltensweisen, Einstellungen und Handlungen von Menschen, die einer bestimmten ethischen Theorie folgen würden.[68] In *The Responsible Self* bekannte sich H. Richard zu Josiah Royce, der „das moralische Leben in erster Linie als eine Angelegenheit der Loyalität zu verstehen suchte, ein Begriff, der eng mit unserem Begriff der Verantwortung verbunden ist".[69]

Von der Bewegung des Social Gospel Walter Rauschenbuschs angefangen bis hin zum christlichen Realismus von Reinhold Niebuhr und der radikal monotheistischen Verantwortungsethik von H. Richard Niebuhr legten die frühen Vertreter US-amerikanischer protestantischer Ethik im 20. Jahrhundert ein Fundament für die nachfolgenden Arbeiten. Während sich Rauschenbuschs massivster Einfluss auf die ersten beiden Jahrzehnte des 20. Jahrhunderts beschränkte, beeinflusste Reinhold Niebuhrs christlicher Realismus die protestantischen Großkirchen während der gesamten Mitte des Säkulums. Obwohl spätere progressive und liberale Persönlichkeiten die sozialtransformatorische Flamme des Social Gospels am Leben hielten, entstand ein allgemeiner Konsens darüber, dass Rauschenbuschs Vision einer „Christianisierung der Sozialordnung" den gefallenen Charakter der Gesellschaft möglicherweise nicht ernst genommen habe. Der Einfluss von H. Richard Niebuhr hält gleichwohl bis heute an. Das vielleicht bedeutendste Vermächtnis, das über den radikalen Monotheismus hinausgeht, bildet sein typologisches Modell in *Christ and Culture* (1951).[70] Indem er fünf Wechsel-

---

[67] A.a.O., 67.
[68] Für eine konzentrierte Diskussion des Themas vgl. NIEBUHR, Radikaler Monotheismus, 92–105: „Das Wertezentrum" [engl. Original: NIEBUHR, Radical Monotheism and Western Culture, 100–113 („The Center of Value")].
[69] NIEBUHR, The Responsible Self, 83. Siehe auch J. ROYCE, The Philosophy of Loyalty, New York 1908.
[70] H.R. NIEBUHR, Christ and Culture, New York 1951.

beziehungen zwischen Christentum und Kultur untersuchte (und typologisch identifizierte als: Christus gegen die Kultur [„Christ Against Culture"], Christus der Kultur [„Christ of Culture"], Christus über der Kultur [„Christ Above Culture"], Christus und Kultur im Paradox [„Christ and Culture in Paradox"] und Christus, der die Kultur verwandelt [„Christ the Transformer of Culture"]), wurde er zum Kartografen der christlichen Ethik. Seine Unterstützung des Paradigmas „Christus verwandelt die Kultur"[71] beeinflusste auch Generationen von protestantischen Ethiker*innen. Ohne die unterschiedlichen Beiträge jeder dieser Gründungsfiguren wäre die heutige US-amerikanische protestantische Ethik weit weniger entwickelt als sie es ist.

2. Die „nächste Generation": Paul L. Lehmann (1906–1994), James M. Gustafson (1925–2021) und Max L. Stackhouse (1935–2016)

Hinführung

In der zweiten Hälfte des 20. Jahrhunderts wurden bes. drei Personen zu bedeutsamen Einflussfaktoren für die US-amerikanische protestantische Ethik. Paul Lehmann vertrat eine *Koinonia*-Ethik, also eine Ethik der kirchlichen Gemeinschaft, die besonders den kontextuellen Charakter moralischer Urteilsbildung betont.[72] James Gustafson, der in die Fußstapfen seines Lehrers H. Richard Niebuhr trat, setzte die Tradition der typologischen Analyse christlicher Ethik fort. Er entwickelte zudem Niebuhrs Verständnis eines „radikalen Monotheismus" (radical monotheism) zu einem christlichen Ethikansatz weiter, den er „theozentrische Ethik" (theocentric ethics) nannte.[73] Max Stackhouse schließlich konzipierte ausgehend von der durch Rauschenbusch und Reinhold Niebuhr beeinflussten Bundestheologie eine „Öffentliche Theologie" (public theology), die sich einerseits über und gegen den Liberationismus[74] und Marxismus stellte und

---

[71] Vgl. a.a.O., 190–229.
[72] Vgl. für eine Besprechung der *Koinonia*-Ethik P.L. LEHMANN, Ethics in a Christian Context (1963). With new introd. by W.M. ALSTON, Library of Theological Ethics, Louisville / London 2006, 344–347 und die Übersetzung bei P.L. LEHMANN, Ethik als Antwort. Methodik einer Koinonia-Ethik. Aus dem Amerik. von D. LANGE, München 1966, 342–345.
[73] Vgl. J.M. GUSTAFSON, Ethics from a Theocentric Perspective. Bd. 1: Theology and Ethics, Chicago / Oxford 1981 und Bd. 2: Ethics and Theology, Chicago / Oxford 1984.
[74] [Anm. d. Übers.: Liberationismus bezieht sich auf die in Lateinamerika entstandene Befreiungstheologie bzw. Theologie der Befreiung, die sich von einem biblischen Impuls zur Befreiung der Ausgebeuteten, Entrechteten und Unterdrückten getragen sieht.]

andererseits die Trennung der Kirche von der Welt, wie er sie in der täuferischen Tradition vertreten fand, korrigierte.⁷⁵

Jeder von ihnen reagierte auf bestimmte historische Ereignisse und Übergangsprozesse. Lehmann bezog sich vor allem auf die Phase eines Bildungszuwachses in Amerika nach dem Zweiten Weltkrieg, in deren Verlauf höher gebildete Christ*innen begannen, mehr und mehr Fragen über die Verbindung zwischen ihrem Glauben und einer sich modernisierenden Welt zu stellen. Wie sollte man moralisch urteilen, wenn eine immer komplexer werdende Gesellschaft die traditionellen moralischen Vorschriften und Richtlinien manchmal unklarer werden ließ? Auch Gustafson suchte nach den Grundlagen des moralischen Lebens in einer Gesellschaft, die sich immer mehr in Richtung Anthropozentrismus und weg vom Glauben bewegte. Und für Stackhouse ging es um die Fragen, die eine technologisch geprägte Gesellschaft, die Macht der Wirtschaft und der zunehmende Einfluss der Globalisierung aufwarfen. Wie sollte die Kirche auf diese Kräfte reagieren?

Paul L. Lehmann

Um Paul L. Lehmanns *kontextuelle Ethik* zu verstehen, ist es wichtig, sein Denken in der Mitte des 20. Jahrhunderts zu verorten, also in einer Zeit, in der eine hitzige Debatte über normative Ethik und christlich-moralische Lebensgestaltung geführt wurde. Der methodistische Ethiker Paul Ramsey vom Princeton Theological Seminary vertrat in dieser Debatte eine deontologische Deutung des Christentums auf der Grundlage der „Bundestreue" (covenantal fidelity).⁷⁶ In seinem situationsethischen Entwurf zur *Moral ohne Normen?* (im Original: *Situation Ethics*; 1966) vertritt der episkopale Ethiker Joseph Fletcher die Ansicht, dass traditionelle Regeln – sogar die Zehn Gebote – möglicherweise gebrochen werden müssten, um christliche Liebe zu verkörpern.⁷⁷ So könne beispielsweise aktive Sterbehilfe vielleicht richtig sein, wenn sie aus Liebe praktiziert werde, um das Leiden eines sterbenden Patienten zu beenden. Ein Schwangerschaftsabbruch könnte akzeptabel sein, wenn eine Frau gegen ihren Willen geschwängert worden war. In einer Zeit, in der die US-Amerikaner*innen traditionelle Werte in Frage stellten, fand Fletchers kontextbezogene Ethik große Beachtung.

Drei Jahre vor der Veröffentlichung von *Moral ohne Normen?* hatte Lehmann seinen eigenen, heute zum Klassiker gewordenen Entwurf vorgelegt: *Ethik als*

---

⁷⁵ Vgl. M.L. STACKHOUSE, Public Theology and Political Economy. Christian Stewardship in Modern Society, Lanham 1991.
⁷⁶ Vgl. für die Darlegung der Bedeutung des Bundes für menschliche Beziehungen P. RAMSEY, The Patient as Person, New Haven 1970.
⁷⁷ Vgl. J. FLETCHER, Moral ohne Normen?, Gütersloh 1967 [engl. Original: J. FLECHTER, Situation Ethics. The New Morality, Philadelphia 1966].

2. Die „nächste Generation" 33

Antwort (*Ethics in a Christian Context;* 1963).[78] Anstatt sich aber wie seine Kollegen der philosophischen Ethik als Leitfaden für Christ*innen zuzuwenden, forderte er darin eine Rückkehr zur Weisheit der Reformation. Er wies auf einen grundlegenden Fehler in den Schriften über die christliche moralische Lebensführung hin: Christliche Theolog*innen und Ethiker*innen schrieben oft in einer Weise über das moralische Leben, die Gott irrelevant mache. Anstatt sich auf das Wirken Gottes in der Welt durch Jesus Christus und den Heiligen Geist zu konzentrieren, richteten sie ihre Aufmerksamkeit auf das menschliche Handeln und debattierten über richtigen Handlungsweisen und angemessene Werte, die es zu wahren gelte. Ihre Urteile basierten darum häufig eher auf der Philosophie als auf der biblischen Offenbarung.

Lehmann bestand demgegenüber darauf, dass Christ*innen nicht damit beginnen sollten, mehr Aufmerksamkeit auf sich selbst zu richten, sondern auf Gott. Den Grundstein für diese Einsicht hatte er in seinem 1940 erschienenen Werk *Forgiveness: Decisive Issue in Protestant Thought* gelegt.[79] Darin beklagte er, dass man den falschen Weg eingeschlagen habe, als das reformatorische Gottesverständnis Luthers und Calvins der Aufmerksamkeit Schleiermachers für das menschliche Bewusstsein und die Gefühle gewichen war.[80] Denn in Schleiermachers Konzeption beginnt Religion, wie Lehmann feststellt, mit „der Betrachtung, wie der Mensch ist, und erst danach und in zweiter Linie mit der Sorge darum, wie Gott ist."[81] In Anlehnung an Karl Barth empfahl Lehmann den Theolog*innen darum, „das Wirken Gottes in Christus und dessen Auswirkungen auf die göttlich-menschlichen Beziehungen"[82] in den Blick zu nehmen. Eine Rückkehr zu der hohen Lehre von Gott und Christologie gemäß der Reformation sei angezeigt.

Diese Wende hatte dramatische Auswirkungen. An erster Stelle stand nun der Gedanke, dass die christliche Ethik nicht zuvorderst eine Disziplin von Vorschriften („prescription") sei. Vielmehr gehe es ihr um eine „Beschreibung" (description), in deren Rahmen Theolog*innen daran arbeiteten zu erkennen, wozu Gottes Handeln in der Welt die Gläubigen aufruft.[83] Es gehe ihr auch nicht

---

[78] Vgl. oben den bibliographischen Nachweis zu Lehmann, Ethik als Antwort.
[79] Vgl. P.L. Lehmann, Forgiveness. Decisive Issue in Protestant Thought, New York 1940.
[80] Vgl. F. Schleiermacher, Der christliche Glaube. Nach den Grundsätzen der evangelischen Kirche im Zusammenhange dargestellt, 2. Auflage (1830/31), hg. von R. Schäfer, Berlin / New York 2008.
[81] Lehmann, Forgiveness, 44.
[82] A.a.O., 116.
[83] Vgl. P.L. Lehmann, The Decalogue and a Human Future. The Meaning of the Commandments for Making and Keeping Human Life Human, with an Introduction by N.J. Duff, Grand Rapids 1995, 22, wo er erklärt: „Kurz gesagt, Gebote sind keine präskriptiven [„prescriptive"] Aussagen über Pflichten gegenüber Gott und dem Nächsten in einer Welt,

darum, zu bestimmen, ob das moralische Leben hauptsächlich auf Regeln oder auf einer Art von Kosten-Nutzen-Analyse im Sinne des Utilitarismus beruhen solle. Ob man sich nun wie im ersten Fall auf Immanuel Kant oder wie im zweiten Fall auf Jeremy Bentham und John Stuart Mill beruft, beide Ansätze verkennen nach Lehmann, dass es in der christlichen Ethik nicht primär darum gehe, dass einzelne Christ*innen sich ihre individuelle Meinung bilden. Es gehe vielmehr um die *Koinonia*, um Gemeinschaft als Leib Christi, in der man die Wege Jesu erlerne und in der sich Gottes erlösendes Handeln in der Welt entfalte. In Anknüpfung an Eph 4,13 fällt Lehmann sodann ein verblüffendes Urteil: Das Ziel der christlichen Ethik sollte nicht in erster Linie „Moral" (morality) sein, sondern „Reife" (maturity).[84]

Das Geschenk, christliche Lebensführung durch die Linse der Reife und nicht der Moral zu sehen, besteht für Lehmann darin, dass es ein gläubiges Leben besser möglich macht. Der Aufruf von Mt 5,48, „vollkommen [zu] sein, wie euer himmlischer Vater vollkommen ist", scheint als moralische Forderung unerreichbar zu sein. Sowohl die deontologische Ethik (Ramsey) als auch die situative Ethik (Fletcher), die zu Lehmanns Zeit die Debatten beherrschten, wurden von diesem Anspruch der Bergpredigt *ad absurdum* geführt: Die Schwierigkeit bei der Konfrontation von „Ethik der Regeln gegen Situationsethik" besteht darin, dass es so scheint, als ob man das Richtige mit absoluter Sicherheit tun könnte, wenn man nur über das richtige moralische System verfügte. Aber für Lehmann verkennt eine regelbasierte christliche Ethik die Art und Weise, in der Gott in der Welt lebendig ist. Sie schafft eine Vorstellung von Moral, die auf Gottes Gegenwart nicht wirklich angewiesen ist, da Gottes Regeln bereits feststehen. Die jeweilige Neuartigkeit und Komplexität sowie das Bewusstsein für die vielfältigen Beziehungen, die bei einer moralischen Entscheidung relevant sind, werden dabei in einer Weise vermindert, die der menschlichen Erfahrung nicht gerecht wird. Trotz ihrer kontextuellen Ausrichtung ist auch Fletchers Situationsethik für Lehmann ebenso problematisch, weil sie wiederum Christus irrelevant macht. Man müsste ihrer Logik nach nicht von der christlichen Gemeinschaft, der „Koinonia", geprägt sein, um moralisch zu handeln. Stattdessen müsste man lediglich abwägen, welche Reihe von Optionen zu der „liebevollsten" Handlung führt. Die Weisheit der Menschen tritt hier an die Stelle des geoffenbarten Gotteswortes, und „Werkgerechtigkeit" ersetzt ein moralisches Streben inmitten der Gnade. Angesichts der von Lehmann diagnostizierten Geschichte menschlicher Sündhaftigkeit, besonders im letzten Jahrhundert, wird ein solcher Ansatz zu einer Übung in Selbsttäuschung.

---

die Gott geschaffen hat, erlöst hat und neu machen wird. Sie sind ganz im Gegenteil deskriptive [„descriptive"] Aussagen darüber, was in einer Welt, die Gott dafür geschaffen hat, um in ihr Mensch zu sein, in Bezug auf unser Verhalten geschieht [...]".

[84] LEHMANN, Ethik als Antwort, 46 [engl. Original: LEHMANN, Ethics in a Christian Context, 54].

Nach Lehmann wissen Christ*innen bereits, was das Gute ist.[85] Es ist in Jesus Christus offenbart worden. So kann er folgern: „Ethik ist nicht eine Sache der Logik, sondern des Lebens [...]".[86] Sie ist etwas Konkretes und orientiert sich nicht am autonomen Selbst, sondern an dem, „was Gott in der Welt tut, um das menschliche Leben in der Welt menschlich zu machen und zu erhalten [...]"[87] Eine Grundannahme Lehmanns ist besonders wesentlich für dieses Urteil: In Christus ist die neue Menschheit bereits in die Welt gekommen. Der christlichen Ethik geht es darum nicht um eine langsame Bewegung hin zu einem besseren Leben und zu mehr sozialer Gerechtigkeit. Es geht ihr darum, das anzuerkennen, was bereits gegenwärtig ist. Aus dieser Perspektive sind moralische Gebote keine Forderungen. Sie sind vielmehr Einladungen und Hinweise, auf eine möglichst lebensförderliche Art zu leben.

In *The Decalogue and a Human Future* (1995)[88] betrachtete Lehmann dementsprechend die Zehn Gebote weniger als Vorschriften, sondern vielmehr als „deskriptive Aussagen darüber, was in einer Welt, die Gott dafür geschaffen hat, um in ihr Mensch zu sein, in Bezug auf unsere Verhaltensweisen geschieht [...]".[89]

Der Schlüssel zu einem Leben im Glauben liegt für ihn in der Entwicklung von „Apperzeption" (apperception), „der einzigartigen menschlichen Fähigkeit, etwas zu wissen, ohne zu wissen, wie man es erfahren hat, und das, was man auf diese Weise weiß, mit dem in Verbindung zu bringen, was man auf andere Weise erfahren hat, und auf diese Weise zu erkennen, was menschlich gesehen wahr oder falsch ist."[90] Apperzeption (*ad-percipere*) verweist damit auf eine besondere Erweiterung unseres Wahrnehmens und Erkennens. Nach der Interpretation dieses etwas uneindeutigen Begriffs durch Nancy Duff bedeutet Apperzeption bei Lehmann im ethischen Kontext, dass die moralische Urteilsbildung maßgeblich von Gottes Offenbarung abhängt und nicht von der menschlichen Fähigkeit, das Gute zu erkennen. Duff geht davon aus, dass Lehmann „mit Calvin darin übereinstimmt, dass wir Gottes Offenbarung, wie sie in der Heiligen Schrift festgehalten ist, brauchen, um unsere eigene Perspektive (unsere Apperzeption) klarzumachen."[91] Ohne sie werden uns unser unabhängiges Denken, unsere Gewohnheiten und Vorurteile, die von der Sünde und unserer Trennung von Gott geprägt sind, in die Irre führen. Die Apperzeption ermöglicht darum einen Zu-

---

[85] A.a.O., 269 [engl. Original: a.a.O., 274].
[86] A.a.O., 145 [engl. Original: a.a.O., 152].
[87] A.a.O., 109 [engl. Original: a.a.O., 117].
[88] Vgl. oben den bibliographischen Nachweis zu LEHMANN, Decalogue and a Human Future.
[89] LEHMANN, Decalogue and a Human Future, 23.
[90] Ebd.
[91] N.J. DUFF, Introduction, in: P.L. LEHMANN, The Decalogue and a Human Future. The Meaning of the Commandments for Making and Keeping Human Life Human, with an Introduction by N.J. DUFF, Grand Rapids 1995, (1–12) 9.

gang zum moralischen Leben, den die deontologischen und utilitaristischen Modelle der christlichen Ethik nicht bieten. Man kommt dazu, die Welt auf eine Weise zu sehen, die von der Offenbarung geprägt und offen ist für den Kontext nicht nur der „Koinonia", sondern auch der Situation, in der sich eine moralische Handlung entfaltet.

James M. Gustafson

In Anbetracht von Lehmanns Betonung von Gottes Wirken in der Welt ist es klar, dass es Resonanzen zwischen ihm und der nächsten Person, James M. Gustafson, gibt. In seinem Aufsatz *Context Versus Principles: A Misplaced Debate in Christian Ethics* (1965) untersucht Gustafson respektvoll Lehmanns kontextuelle Ethik und unterscheidet dabei zwischen der Barth'schen Betonung der Gebote Gottes und der Lehmann'schen Betonung des Handelns Gottes, dem gegenüber Christ*innen aufmerksam sein müssten.[92] Gustafson verweist auf Lehmanns Beschreibung von „Reife" als, um dessen Worte zu verwenden, „Selbstannahme durch Selbsthingabe".[93] Er beschreibt Lehmanns Ethik als eine Pflege bestimmter Empfindsamkeiten, durch die man tut, was einem das „theonome Gewissen" sagt. Dadurch werde die Handlung in der jeweiligen Situation, die eine moralische Antwort fordert, zu einer Antwort auf Gottes freies Handeln.[94]

Während eines Großteils seiner Laufbahn vertrat Gustafson seine Standpunkte weniger durch direkte eigene Äußerungen als vielmehr dadurch, dass er sich selbst in Beziehung zu den Gedanken anderer theologischer Ethiker setzte. Das Ergebnis war ein bemerkenswerter Beitrag zum Verständnis der inneren Zusammenhänge der Ethik. Durch Gustafson lernten christliche Ethiker*innen die soziologische Dimension ethischer Entscheidungsfindung innerhalb von Gemeinden und Konfessionen kennen.[95] Sie profitierten zudem von seinen Erkenntnissen über die Rolle der Christologie im Denken zahlreicher christlicher Ethiker.[96] Schließlich fanden sie, ob protestantisch oder katholisch, eine Vielzahl von

---

[92] Vgl. J.M. GUSTAFSON, Context Versus Principles. A Misplaced Debate in Christian Ethics (1965), in: DERS., Moral Discernment in the Christian Life. Essays in Theological Ethics, Edited and with an introduction by TH.A. BOER / P.E. CAPETZ, Library of Theological Ethics, Louisville 2007, 1–24.

[93] A.a.O., 20. Vgl. auch LEHMANN, Ethik als Antwort, 12f. [engl. Original: LEHMANN, Ethics in a Christian Context, 16].

[94] Vgl. GUSTAFSON, Context Versus Principles, 9.

[95] Vgl. z.B. J.M. GUSTAFSON, Treasure in Earthen Vessels. The Church as a Human Community (1961), With a new Preface by the Author, Library of Theological Ethics, Louisville / London 2008.

[96] Vgl. J.M. GUSTAFSON, Christ and the Moral Life (1968). With a new Preface by the Author, Library of Theological Ethics, Louisville 2008.

2. Die „nächste Generation" 37

verbindenden Anknüpfungspunkten in seinem klassischen Werk *Protestant and Roman Catholic Ethics* (1978).[97]

Gustafsons Aufmerksamkeit für die moralische Urteilskraft war zugleich auch eine Abwendung von mechanistischen Ansätzen zur moralischen Entscheidungsfindung.[98] In Ablehnung der Barth'schen Theorie vom göttlichen Gebot, wonach Gott moralisches Handeln im Moment der Entscheidung befiehlt, besteht Gustafson darauf, dass moralisches Urteilsvermögen immer auch eine wichtige Komponente menschlicher Beteiligung beinhaltet. Im Gegensatz zu statischen Formen der katholischen Naturrechtstheorie legte er dar, dass christliche Ethiker*innen für die Neuartigkeit der göttlichen Absicht im Kontext neuer Herausforderungen und Umstände offen sein müssen.

Gustafson schrieb auch über die Kriterien zur Beurteilung der Angemessenheit christlich-ethischer Reflexion. Er untersuchte dabei die verschiedenen Sprachebenen (prophetisch, erzählerisch, ethisch und politisch), die christliche Ethiker*innen und Moralphilosoph*innen häufig verwenden, um ihre Argumente zu entwickeln.[99] Durch seine Praxis, das Spektrum der theoretischen Orientierungen zu moralischen Problemen mit ihren jeweiligen Stärken und Grenzen zu untersuchen, wurde er zum führenden Kartographen der theologischen Ethik. In der praktischen Ethik wiederum beteiligte er sich insbesondere an Diskussionen im Bereich von Medizin und Naturwissenschaft. Schließlich entstand in den 1980er Jahren mit der Veröffentlichung des zweibändigen Werks *Ethics from a Theocentric Perspective* (1981; 1984) sein wichtigster eigenständiger Entwurf.[100]

Gustafsons „theozentrische Ethik" forderte die christliche Ethik dazu auf, sich von der Tendenz zu lösen, den Menschen in den Mittelpunkt aller moralischen Überlegungen zu stellen. Gustafson äußerte sich besorgt über die Zunahme der philosophischen Sprache, die von christlichen Ethiker*innen zur Zeit der Debatten über die Situationsethik im zwanzigsten Jahrhundert verwendet wurde. In seinem am häufigsten veröffentlichten Aufsatz *Say Something Theologi-*

---

[97] J.M. GUSTAFSON, Protestant and Roman Catholic Ethics. Prospects for Rapprochement, Chicago / London 1978.
[98] Vgl. J.M. GUSTAFSON, Moral Discernment in the Christian Life (1968), in: DERS., Theology and Christian Ethics, Philadelphia 1974, 99–120 und neu hg. in: DERS., Moral Discernment in the Christian Life. Essays in Theological Ethics, Edited and with an introduction by TH.A. BOER / P.E. CAPETZ, Library of Theological Ethics, Louisville 2007, 25–40.
[99] Vgl. J.M. GUSTAFSON, Moral Discourse about Medicine. A Variety of Forms (1990), in: DERS., Moral Discernment in the Christian Life. Essays in Theological Ethics, Edited and with an introduction by TH.A. BOER / P.E. CAPETZ, Library of Theological Ethics, Louisville 2007, 183–197.
[100] Vgl. oben den bibliographischen Hinweis auf GUSTAFSON, Ethics from a Theocentric Perspective. Bd. 1 und 2.

call (1981) betont er, wie wichtig es sei, dass christliche Ethiker*innen über das Wesen und Wirken Gottes nachdenken und ihre theologische Perspektive nicht aufgeben, wenn sie sich an öffentlichen moralischen Diskussionen mit Philosoph*innen und Expert*innen für bestimmte Fachbereiche der angewandten Ethik beteiligen. Dieser Aufsatz bereitete Gustafsons theozentrische Perspektive maßgeblich vor.[101]

In seiner ethischen Hauptschrift schloss sich Gustafson sodann der reformierten Tradition an. Als selbsternannter „freikirchlicher Theologe", der die Beschränkung theologischer Urteile auf historische Glaubensbekenntnisse ablehnte, bejaht er hier drei Aspekte des reformierten Denkens:

> „(1) einen Sinn für ein mächtiges Anderes [a powerful Other], in den Weiterentwicklungen nach Calvin als die Souveränität Gottes beschrieben. (2) Die zentrale Bedeutung der Frömmigkeit [piety] oder der religiösen Gefühle [religious affections] im religiösen und moralischen Leben. [...] (3) Ein Verständnis des menschlichen Lebens in Bezug zu dem mächtigen Anderen, das es erforderlich macht, dass alle menschlichen Aktivitäten in angemessener Weise auf das hin geordnet werden, was über die Absichten Gottes [purposes of God] erkannt werden kann."[102]

Beeinflusst vor allem von Jonathan Edwards' Diskussion über „Gefühle" (affections), versteht Gustafson die theologische Ethik weniger als eine Anwendung normativer ethischer Modelle oder theologischer Systeme, sondern vielmehr als eine Reihe von Neigungen, Dispositionen, Haltungen und Sinnen.[103] Er lehnt sich zudem an seinen früheren Kollegen an der Yale Divinity School, Julian N. Hartt, an, wenn er feststellt, dass Theologie ein Mittel zur „Konstruktion der Welt" (construing the world) sei.[104] In seiner Diskussion über eine angemessene Frömmigkeit für Christ*innen angesichts moralischer Entscheidungen nennt er als „Sinne mit tiefen affektiven Dimensionen" (senses with deep affective dimensions) unter anderem „Abhängigkeit, Dankbarkeit, Verpflichtung, Reue oder Buße, Möglichkeit und Richtung".[105]

---

[101] Vgl. J.M. GUSTAFSON, Say Something Theological! (1981), in: DERS., Moral Discernment in the Christian Life. Essays in Theological Ethics, Edited and with an introduction by TH.A. BOER / P.E. CAPETZ, Library of Theological Ethics, Louisville 2007, 85–97: „Etwas Theologisches zu sagen, bedeutet, etwas darüber zu sagen, wie die Dinge wirklich und letztendlich sind" (a.a.O., 90). Angesichts der wissenschaftlichen Beweise für ein endgültiges Ende unseres Planeten schlägt Gustafson sodann auch vor, dass traditionelle anthropozentrische Vorstellungen von Gott, die sich primär auf das Wohlergehen der Menschen konzentrieren, in Frage gestellt werden müssen: „[...] Gott existiert nicht, um den Menschen zu verherrlichen" (a.a.O., 94).
[102] GUSTAFSON, Ethics from a Theocentric Perspective I, 163f.
[103] Vgl. a.a.O., 171–176.
[104] A.a.O., 158. Vgl. auch J.N. HARTT, Encounter and Inference in Our Awareness of God, in: J.P. WHALEN (S.J.), The God Experience. Essays in Hope, New York, (51–54) 52.
[105] GUSTAFSON, Ethics from a Theocentric Perspective I, 197.

2. Die „nächste Generation" 39

Während Gustafson sich mit dem Denken von Paul Lehmann sehr wertschätzend auseinandersetzte, bezogen sich einige seiner kritischsten Kommentare auf seinen berühmtesten Schüler, Stanley Hauerwas. In seinem letzten Buch *An Examined Faith* (2004) forderte Gustafson Hauerwas und Peter Ochs, die Herausgeber der Buchreihe *Radical Traditions: Theology in a Postcritical Key*,[106] heraus. Dabei konzentrierte er sich vor allem auf ihr Urteil, dass die Vernunft „unausweichlich der Tradition verhaftet" (inescapably tradition constituted) sei.[107] Aus Gustafsons Sicht mindert dieser Ansatz die Anforderung an christliche Ethiker*innen, dem Wissen von außerhalb der Theologie und der Kirche Beachtung zu schenken. Wenn Gott jedoch der Gott der ganzen Wirklichkeit ist, dann müssen von ihnen alle Formen des Wissens berücksichtigt werden. Gustafson fand es auch problematisch, dass die Autorität der Bibel in der christlichen Ethik, die von diesen Autoren bekräftigt wird, sich auf die Idee einer „‚biblischen Argumentation' im Singular" (‚scriptural reasoning' in the singular)[108] konzentriert, obwohl es mehrere Themen und Anordnungen von Themen gebe, die eine biblisch begründete theologische Ethik prägen könnten.

Gustafsons zweibändige systematische christliche Ethik bleibt umstritten. Ein Zeichen für den Grad der Kontroverse, der mit seinem eigenständigen Ethikentwurf verbunden ist, zeigt sich in dem Umstand, dass eine Konferenz abgehalten wurde, um sein Buch zu diskutieren, nachdem der zweite Band erschienen war. Harlan R. Beckley und Charles M. Swezey veröffentlichten als Herausgeber den daraus hervorgegangenen Sammelband von Beiträgen und Diskussionen.[109] Die Stimmen waren durchweg anerkennend, aber auch kritisch. Gordon Kaufman äußerte sich besorgt über die Art und Weise, in der der Gott, den Gustafson sich vorstellt, „sich scheinbar nicht sonderlich um das menschliche Wohlergehen kümmert und völlig unpersönlich zu sein scheint."[110] John Howard Yoder beklagte die geringe Bedeutung der Christologie in Gustafsons Projekt. Er stellt zudem Gustafsons „Ansichten zu ‚natürlichem' und ‚vernünftigem' Wissen" in Frage, ebenso den „besonders hohen Grad an Vertrauen, den er […] den Beiträgen der Naturwissenschaften […] beimisst", und schließlich, was vielleicht am wichtigsten ist, „die vermeintliche Freiheit eines jeden zeitgenössischen Intellektuellen, seine eigene Auswahl aus den Schätzen der Tradition zu ‚entwickeln'

---

[106] [Anm. d. Übers.: Diese Buchreihe erscheint ab 1998 (Boulder / London).]
[107] J.M. GUSTAFSON, An Examined Faith. The Grace of Self-Doubt, Minneapolis 2004, 37.
[108] A.a.O., 38.
[109] Vgl. H.R. BECKLEY / CH.M. SWEZEY (Hg.), James M. Gustafson's Theocentric Ethics. Interpretations and Assessments, Macon 1988.
[110] G. KAUFMAN, How Is God to Be Understood in a Theocentric Ethics?, in: H.R. BECKLEY / CH.M. SWEZEY (Hg.), James M. Gustafson's Theocentric Ethics. Interpretations and Assessments, Macon 1988, (13–37) 27.

oder zu ,generieren' [...]."¹¹¹ Robert Bellah ergänzte diese Besorgnis, indem er feststellte, dass Gustafson Jesus nicht so sehr als Erlöser versteht, sondern vielmehr als ein Beispiel für die uneingeschränkte Verkörperung theozentrischer Frömmigkeit.¹¹²

Max L. Stackhouse

Während Gustafson in erster Linie als explizit theologischer Ethiker wirkte, war unser nächster Theologe, Max L. Stackhouse, eher sozialethisch orientiert. Stackhouse war eine prominente Persönlichkeit in der „Society of Christian Ethics" und ein führender Vertreter der nationalen Bewegung für eine „Öffentliche Theologie" (public theology).¹¹³ Er gab eine bahnbrechende vierbändige Studie über *God and Globalization* (2000-2007) heraus, die führende Vertreter der christlichen Ethik und Theologie zusammengebracht hatte, um eine theologische Analyse des wirtschaftlichen, politischen, technologischen und kulturellen Phänomens der Globalisierung vorzunehmen.¹¹⁴ Stackhouses Ausformulierung einer „Öffentlichen Theologie" entsprang seiner Besorgnis darüber, dass die theologische Stimme der Kirche in einer zunehmend säkularisierten Gesellschaft, aber auch durch das kirchliche Klima seiner Zeit immer schwächer wurde. Die Kirche war nämlich von einem wachsenden Kulturkampf geprägt, der zwischen den progressiven christlichen Geistlichen und Leitern der großen

---

[111] J.H. YODER, Theological Revision and the Burden of Particular Identity, in: H.R. BECKLEY / CH.M. SWEZEY (Hg.), James M. Gustafson's Theocentric Ethics. Interpretations and Assessments, Macon 1988, (63–89) 75.

[112] Vgl. R.N. BELLAH, Gustafson as Critic of Culture, in: H.R. BECKLEY / CH.M. SWEZEY (Hg.), James M. Gustafson's Theocentric Ethics. Interpretations and Assessments, Macon 1988, (143-158) 150. Bellah fasst an dieser Stelle unter wörtlicher Bezugnahme auf GUSTAFSON, Ethics from a Theocentric Perspective I, 192, dessen christologische Position wie folgt zusammen: „Jesus ist nicht der Gott/Mensch, der gekommen ist, um die Sünden der Welt auf sich zu nehmen, sondern ein Beispiel theozentrischer Frömmigkeit, das uns zur Umkehr aufrufen kann, d.h. zu einer ‚Transformation der Perspektiven derer, die sich endlich auf Gott ausgerichtet haben.'"

[113] Vgl. M.L. STACKHOUSE, Public Theology and Political Economy. Christian Stewardship in Modern Society, Grand Rapids 1987. Vgl. auch DERS., Shaping Public Theology. Selections from the Writings of Max L. Stackhouse, hg. von S.R. PAETH / E.H. BREITENBERG, JR. u.a., Grand Rapids / Cambridge 2014.

[114] Vgl. M.L. STACKHOUSE (Hg.), God and Globalization. Bd. 1: Religion and the Powers of the Common Life, unter Mitarbeit von P.J. PARIS, Harrisburg 2000; DERS. (Hg.), God and Globalization. Bd. 2: The Spirit and the Modern Authorities, unter Mitarbeit von D.S. BROWNING, Harrisburg 2001; DERS. (Hg.), God and Globalization., Bd. 3: Christ and the Dominions of Civilization, Harrisburg 2002; DERS. (Hg.), God and Globalization. Bd. 4: Globalization and Grace, New York / London 2007.

2. Die „nächste Generation" 41

Denominationen und den konservativen, evangelikalen Pastoren und Gemeinden geführt wurde. Während sich erstere an der Befreiungstheologie ausrichteten, beriefen sich letztere offenbar allzu leicht auf „individualistische Wirtschaftskonzeptionen" (individualistic economics)[115] und schienen ihre Einstellungen und Verhaltensweisen eher vom Kapitalismus beeinflussen zu lassen als von dem biblischen Anliegen, eine echte Wirtschaftsgerechtigkeit zu etablieren.

Stackhouse hielt beide Optionen für problematisch. Die Befreiungstheologie sei zwar grundsätzlich sinnvoll, insofern sie wirtschaftliche Ungerechtigkeit kritisiere, aber sie orientiere sich an marxistischen Konzepten, die letztlich keine hilfreichen Lösungsansätze böten.[116] Nachdem er in den 1970er Jahren mehrere Forschungsreisen nach Ostdeutschland unternommen und miterlebt hatte, wie die zentralisierte staatliche Kontrolle der Wirtschaft bei der Befriedigung menschlicher Grundbedürfnisse gescheitert war, konnte er den befreiungstheologischen Ansatz nicht für hinreichend halten.[117] Gleichzeitig ärgerte er sich darüber, dass die konservativen Kirchen sich so unkritisch mit dem Neoliberalismus und der freien Marktwirtschaft solidarisiert hatten. Er kam allerdings zu dem Schluss, dass dieser Ansatz zwar seltsam, aber theologisch konsequent sei. Die ausschließliche Fokussierung fundamentalistischer Christ*innen auf die individuelle Erlösung ging für ihn einher mit einer ebenso ausschließlichen Bejahung der „individualistischen Wirtschaft" und einem uneingeschränkten Bekenntnis zum freien Markt.[118]

Stackhouse glaubte fest an die Trennung von Kirche und Staat. Er war jedoch nicht der Ansicht, dass eine solche Trennung bedeute, dass die Kirche sich darauf beschränken sollte, nur das individuelle Verhalten ihrer Mitglieder zu beeinflussen. Mit seiner Aufforderung zu einer „Öffentlichen Theologie" wollte er darauf insistieren, dass die Kirche die Gesellschaft so beeinflussen muss, dass dadurch Gottes Reich der Gerechtigkeit und des Friedens in der Welt zunehmend

---

[115] STACKHOUSE, Public Theology and Political Economy, 123.
[116] Vgl. dazu M.L. STACKHOUSE, Public Theology and Political Economy, 95, wo er beobachtet: „Die theologische Rechte stützt sich immer noch auf Smith und die theologische Linke wendet sich zunehmend Marx zu. Beide sind in überholten Modellen gefangen, die ihre jeweilige Analyse der Gesellschaft und gerade auch der Theologie verzerren." Vgl. für eine frühere Kritik befreiungstheologischer Ethik auch M.L. STACKHOUSE, Ethics and the Urban Ethos. An Essay in Social Theory and Theological Reconstruction, Boston 1972, 16: „[...] die Vorstellung, dass die Befreiung den Umsturz des strukturierten, institutionellen Lebens beinhaltet, berücksichtigt nicht die historische Tendenz des Menschen, seinen Nächsten spontan zu verschlingen, wenn wirklich reine Spontaneität herrscht."
[117] Vgl. für eine Besprechung seiner Erfahrungen in Ostdeutschland vor der Wiedervereinigung M.L. STACKHOUSE, Creeds, Society, and Human Rights. A Study in Three Cultures, Grand Rapids 1984, 131–166.
[118] Vgl. STACKHOUSE, Public Theology and Political Economy, 123.

stärker zum Ausdruck kommt. Dementsprechend respektierte er den christlichen Realismus Niebuhrs, gab Walter Rauschenbuschs bislang unveröffentlichtes Werk *The Righteousness of the Kingdom* (1968) heraus und wurde zum Fürsprecher einer überarbeiteten Form des „Social Gospel", die er als wesentlich für das christliche Zeugnis verstand.[119]

In seinen Schriften grenzte er sich scharf von zwei Formen der Theologie ab, weil er sie weder für öffentlich noch für glaubwürdig hielt. Bei der ersten handelt es sich um eine Theologie, die auf einer Form des Postmodernismus beruhte und damit die Möglichkeit einer objektiven Grundlage für Glauben und moralische Praxis in Frage stellte. Stackhouse lehnte in diesem Zusammenhang auch den „kulturell-linguistischen" Ansatz ab, den George Lindbeck in seiner Hauptschrift *The Nature of Doctrine* (1984) entfaltet hatte.[120] Für Stackhouse haben christliche Ansprüche an die Moral eine Grundlage. Sie sind nicht einfach als eine Sprachweise aufzufassen, die die Gefolgschaft Christi zufällig bevorzugt.[121] Er wies auch den von Alasdair MacIntyre in *After Virtue* (1981) empfohlenen Appell an Kirchengemeinden zurück, angesichts des sozialen Niedergangs ein eigenes System zur Moralbildung zu schaffen.[122] Er argumentierte, dass beide Ansätze letztlich die Realität der in die Gesellschaft eingebetteten moralischen Systeme, die letztlich theologische Wurzeln hätten, ignorierten. In seinem 1984 erschienenen Buch *Creeds, Society, and Human Rights* wies Stackhouse auf die puritanisch-liberale Synthese hin, die für das US-amerikanische Verständnis der

---

[119] Vgl. W. RAUSCHENBUSCH, The Righteousness of the Kingdom, ed. and introd. by M.L. STACKHOUSE, Nashville 1968, sowie eine spätere Neuauflage mit neuer Einleitung unter dem Reihentitel: Texts and Studies in the Social Gospel, Bd. 2, Lewiston 1999. Für die Diskussion über eine neu akzentuierte Form des „Social Gospel", die Stackhouse vorschwebte, vgl. M.L. STACKHOUSE, Toward a Theology for the New Social Gospel, in: DERS., Shaping Public Theology. Selections from the Writings of Max L. Stackhouse, hg. von S.R. PAETH / E.H. BREITENBERG, JR. u.a., Grand Rapids / Cambridge 2014, 3–20

[120] Vgl. G.A. LINDBECK, Christliche Lehre als Grammatik des Glaubens. Religion und Theologie im postliberalen Zeitalter. Mit einer Einleitung von H.G. ULRICH / R. HÜTTER, übers. von M. MÜLLER, Gütersloh 1994 [engl. Original: G.A. LINDBECK, The Nature of Doctrine. Religion and Theology in a Postliberal Age, Philadelphia 1984].

[121] Vgl. dazu M.L. STACKHOUSE, Apologia. Contextualization, Globalization, and Mission in Theological Education, Grand Rapids 1988, 122. Stackhouses abschließende Bewertung des „kulturell-linguistischen" Ansatzes zur religiösen Lehre kommt hier zu dem Schluss, dass, wenn dieses Modell akzeptiert würde, daraus folgen müsste: „Die Möglichkeit der Theologie eine Wissenschaft, ein Wissen über göttliche Dinge, zu sein, wird in Zweifel gezogen und die religiöse Erziehung verkommt zu einer bloßen Sozialisierung in ein bevorzugtes Bekenntnis hinein [...]." Ebd.

[122] Vgl. A. MACINTYRE, After Virtue. A Study in Moral Philosophy, South Bend 1981 [dt. Übersetzung: A. MACINTYRE, Der Verlust der Tugend. Zur moralischen Krise der Gegenwart, übers. von W. RHIEL, Frankfurt a.M. ²1997].

2. Die „nächste Generation" 43

Menschenrechte grundlegend sei.[123] Die Menschenrechte sind demnach keine präferierte Einstellung bestimmter Gemeinschaften, sondern stellen objektive moralische Phänomene dar, die in der theologischen Realität begründet sind, dass der Mensch nach dem Bilde Gottes geschaffen ist. Ihr Schutz solle nicht durch eine Berufung auf den Kulturrelativismus geschmälert werden, denn, wie die calvinistische und puritanische Tradition betont, stünden die Menschen in einer Bundesbeziehung zu Gott und zueinander.

Stackhouse kritisierte als eine zweite Form problematischer Theologie auch den Postliberalismus und die narrative Ethik, wie sie von Stanley Hauerwas vertreten werden. Für Stackhouse scheitert Hauerwas' Charakterethik, der zufolge Christ*innen getrennt von der Gesellschaft durch die christliche *story* und durch spezifische moralische und spirituelle Praktiken geprägt werden, an ihrem Letztbegründungsverzicht („nonfoundationalism") und ihrer Ablehnung des liberalen Denkens. Den Letztbegründungsverzicht bezeichnete Stackhouse als die „bequeme philosophische Überzeugung, dass religiöse Behauptungen gegen rationale Kritik immun sind, da alle Behauptungen gleichermaßen ohne Fundament [without foundation] sind".[124] Seiner witzelnden Schlussfolgerung nach führe Hauerwas' Ansatz zu einem „*theos* ohne *logos*".[125] Hauerwas' Unterstützung des Pazifismus könne zudem Christ*innen zu einer selbstgerechten moralischen Überlegenheit verleiten, die in einer komplexen Welt von Militär, geopolitischen Machtstrukturen und Atomwaffen nicht hilfreich sei. Frieden sei zwar wichtig, aber wenn man sich auf ein komplexes Gefüge verschiedener Machtsystemen einlasse, müsse man sich auch mit dessen verschiedenen institutionellen Dimensionen auseinandersetzen. In einer seiner ersten großen Schriften *The Ethics of Necropolis: A Theologian Confronts the Military-Industrial Complex* (1971) betont Stackhouse, dass der Komplex aus Militär und Industrien nicht durch einfache Appelle zum Pazifismus überwunden werden, sondern durch die Schaffung anderer Komplexe, die auf Weltfrieden, internationale Zusammenarbeit und gewaltfreie Formen der Konfliktlösung hinarbeiten, kontrolliert und gelenkt werden sollte.[126]

---

[123] Vgl. STACKHOUSE, Creeds, Society, and Human Rights, 70–73.
[124] M.L. STACKHOUSE, Liberalism Dispatched vs. Liberalism Engaged (1995), in: DERS., Shaping Public Theology. Selections from the Writings of Max L. Stackhouse, hg. von S.R. PAETH / E.H. BREITENBERG, JR. u.a., Grand Rapids / Cambridge 2014, (82–90) 84.
[125] Ebd.
[126] Vgl. M.L. STACKHOUSE, The Ethics of Necropolis. An Essay on the Military-Industrial Complex and the Quest for a Just Peace, Boston 1971, 117–131. Er argumentiert a.a.O., 128: „Gegengewichtige Komplexe müssen gegen die übermäßige Macht eines einzelnen dominanten Komplexes mobilisiert werden, um die Möglichkeit einer wirklich pluralistischen Bestimmung menschlicher Bedürfnisse und der Vorgabe von Strategien zu fördern."

Dieses Beharren darauf, dass die christliche Ethik mit den sozialen Systemen zusammenarbeiten muss, anstatt sich über und gegen sie zu stellen, zieht sich durch sein gesamtes Werk. In seinem 1972 erschienenen Buch *Ethics and the Urban Ethos* vertrat er die Auffassung, dass die christliche Ethik sich für die moralische Urteilsbildung mit dem „Ethos" befassen muss, d.h. mit dem sozialen Kernkontext und den ihm zugrundeliegenden Werten, anstatt sich einfach auf die Bibel und die kirchliche Tradition zu stützen.[127] Wie Stackhouse behauptete, müsse das Credo, das das christliche Denken leitet,

> „je nach seiner Beziehung zu den technischen Daten über die Struktur, die Projektionen und die Funktionen des menschlichen Lebens und der Institutionen in einem bestimmten Ethos bestätigt oder widerlegt werden können".[128]

Er lehnte auch die damals lebhafte Debatte in der normativen Ethik über die Anwendung der Deontologie, des Utilitarismus oder des auf dem „Wertezentrum" (center of value) basierenden Modells des „verantwortlichen Selbst" (responsible self) von H. Richard Niebuhr ab, bei dem die richtige Handlung diejenige war, die am „passendsten" (fitting) war. Statt sich für einen einzigen Rahmen zu entscheiden, vertrat Stackhouse die Ansicht, dass man in die Urteilsbildung die Aufmerksamkeit auf das „Richtige" (right), das „Gute" (good) und das „Passende" (fitting) einzubeziehen habe.[129]

Für christliche Kirchen, die verstehen wollen, wie sie in der Welt leben und sich dennoch von ihr abgrenzen können, stellt Stackhouses Appell für eine „Öffentliche Theologie" eine Herausforderung dar. Für diesen Gelehrten kann das Christentum kein Privatleben in einer von der Welt getrennten Gemeinschaft sein. Ebenso wenig kann es in einem Glauben aufgehen, der von apokalyptischen Erwartungen an die Wiederkunft Jesu gelähmt ist. Für Stackhouse muss das christliche Leben utopische Naivität und apokalyptische Passivität vermeiden. Die beste Herangehensweise, um Gottes kommendem Reich zuzuarbeiten, besteht für ihn darin, eine sorgfältige, komplexe und allmähliche Transformation herbeizuführen. Aus dieser Perspektive betrachtet er die Globalisierung nicht einfach als ein plumpes Greifen nach Macht seitens der Entwicklungsländer. Es handelt sich dabei für ihn vielmehr um die Ausweitung einer Reihe von Werten und Praktiken, die potenziell gnadenvoll und nützlich sind, ob es sich nun um

---

[127] Vgl. STACKHOUSE, Ethics and the Urban Ethos, 8. In diesem Band ordnete sich Stackhouse einer theologischen Orientierung zu, die mit der gelebten Erfahrung der Gesellschaft verbunden ist. Er kam zu dem Schluss, dass eine neue Bewegung in der Kirche „die Untersuchung der Relevanz von Theologie und Ethik für das städtische Ethos erfordert" (ebd.).

[128] A.a.O., 67.

[129] Vgl. M.L. STACKHOUSE, Ethics. Social and Christian (1973), in: DERS., Shaping Public Theology. Selections from the Writings of Max L. Stackhouse, hg. von S.R. PAETH / E.H. BREITENBERG, JR. u.a., Grand Rapids / Cambridge 2014, (133–153) 140.

politische und wirtschaftliche Ideen wie den demokratischen Kapitalismus oder um technische und kulturelle Gebilde wie moderne Unternehmen handelt.

Stackhouse war auch daran interessiert, auf die zunehmende Säkularisierung der Kultur zu reagieren. Ein Großteil seiner Schriften war darauf ausgerichtet, den sich säkularisierenden westlichen Gesellschaften zu verdeutlichen, dass ihre moralischen und politischen Wurzeln eigentlich christlich sind. Es ging ihm auch um die Wichtigkeit, klarzustellen, dass religiösöe Appelle nicht einfach private Lebensvorlieben und Überzeugungen bestimmter Personen und Gemeinschaften sind. So schreibt er in *Apologia: Contextualization, Globalization, and Mission in Theological Education* (1988):

> „Religion basiert auf der grundlegenden Annahme, dass es einen metaphysisch-moralischen Bereich gibt, der real ist, der die empirische Welt transzendiert und gleichzeitig für die menschliche Reflexion und Erfahrung hinreichend präsent ist, so dass er als entscheidender Bezugspunkt für das Verständnis und die Orientierung des empirischen Lebens und der geschichtlichen Existenz genommen werden kann."[130]

Ausgehend von den griechischen Begriffen *praxis*, *poesis* und *theoria* rief er die theologischen Seminare dazu auf, die künftigen Pfarrpersonen zu einer Verkündigung anzuleiten, die (gemäß 1Petr 3,15[131]) eine rationale Begründung der aus dem Glauben resultierenden Verpflichtungen bieten kann. Sowohl die Fokussierung der Verkündigung auf das Handeln als ihren Zielpunkt (*praxis*) als auch die Zweckbindung des Handelns auf die Herstellung einer christlich geprägten Gesellschaft (*poesis*) erscheinen Stackhouse als defizitär.

Aus der Sicht von Stackhouse stellen vor allem zeitgenössische Pastor*innen im Mainline-Protestantismus[132] eine Verbindung zwischen christlichem Glauben und der modernen Welt sehr enthusiastisch über die *praxis* her. Während ein dezidiert theologisch fundiertes Engagement gegenüber einer säkular geprägten Öffentlichkeit schwieriger zu rechtfertigen sei, erscheinen christliche Bemühungen um soziales Handeln zur Schaffung einer gerechteren Welt ansprechend und vertretbar. Aus diesem Grund sei die Befreiungstheologie so anschlussfähig. Das Problem, so Stackhouse, bestehe aber darin, dass dieser befreiungstheologische Ansatz oft auf einer Theorie (*theoria*) über die Ursachen von Ungerechtigkeit und Armut beruhe, die zweifelhaft und romantisch sei.[133] Die Befreiungs-

---

[130] STACKHOUSE, Apologia, 143.
[131] „[...] Seid allezeit bereit zur Verantwortung vor jedermann, der von euch Rechenschaft fordert über die Hoffnung, die in euch ist, [...]" (Luther 2017).
[132] [Anm. d. Übers.: Als Mainline Church werden in den USA protestantische Kirchen mit einer moderaten Theologie bezeichnet, die für neue Ideen und gesellschaftliche Veränderungen offen sind. Die Abgrenzung erfolgt hin zu konservativ-traditionellen, evangelikalen oder fundamentalistischen Kirchen.]
[133] Vgl. STACKHOUSE, Apologia, 98–103.

theologie offeriere angesicht andauernder Unterdrückung nur solche politischen Lösungen, die sich nicht nach Auffassung aller als zielführend plausibel machen ließen. Eine andere Gefahr liege darin, dass die Befreiungstheologie ein Verständnis von Theologie als *praxis* erzeuge, das wiederum „Theologie (und Religion) leicht zu einem reinen Machtinstrument machen könnte".[134]

Das Problem der *poesis* verortet Stackhouse im Post-Liberalismus. Die Kirche werde hier primär als eine kulturell-sprachliche Gemeinschaft betrachtet. Wenn die Kirche, und mit ihr die theologische Ausbildung, den Erkenntnissen von George Lindbecks *The Nature of Doctrine* folgen, dann rücke die Grundlegung der Kirche in den Vordergrund. Insofern alles auf die Kirche ausgerichtet werde, sei der Post-Liberalismus mit der Frage der *poesis* beschäftigt. Stackhouse beschreibt Lindbecks Ansatz folgendermaßen: „Die christliche Lehre ist wie die jeder anderen Religion ein kulturell-sprachliches System biblischen Ursprungs, das zwar eine gewisse innere Kohärenz aufweisen mag, aber letztlich konfessionellen Charakter hat."[135] Mit seiner Forderung nach einer *apologia* vertritt Stackhouse die Auffassung, dass die theologische Ausbildung Argumente für die Verständlichkeit des christlichen Glaubens in einer pluralistischen Welt liefern muss. Kurz: Sie müsse *theoria* haben. Die Ausrichtung der theologischen Ausbildung auf die *poesis* (Post-Liberalismus) oder die *praxis* (Befreiungstheologie) habe zwar eine gewisse Plausibilität, bleibe aber letztlich unzureichend.

Das Eintreten von Stackhouse für eine auf den Bundesbegriff gestützte „Öffentliche Theologie" veranlasste ihn nicht nur dazu, sich zu wirtschaftlichen und politischen Fragen im Zusammenhang mit einer für moderne Unternehmen angemessenen Theologie zu äußern, sondern prägte auch seine Überlegungen zum Familienleben. 1997 publizierte er mit *Covenant and Commitments: Faith, Family, and Economic Life* ein Buch über die Familie. Darin betonte Stackhouse, dass ein Verständnis der Ehe als Vertrag den Paaren schade, insbesondere für alleinerziehende Mütter und ihre Kinder Leid bedeute und die Sozialpolitik von ihrer moralischen Verantwortung entbinde, die eigentlich gerade den Armen und ihrem Familienleben zugutegekommen wäre.[136]

Unabhängig davon, ob Stackhouses Charakterisierung des Postliberalismus gerechtfertigt oder übertrieben war, kann man in seinem Werk eine Erneuerung des theologischen Liberalismus, des „Christian Realism" und des „Social Gospel" erkennen, die Aufmerksamkeit erfordert. Es bietet zudem starke Resonanzen für Christ*innen, die ihr Leben nicht nur in Gemeinden, sondern auch in einer Viel-

---

[134] A.a.O., 103.
[135] A.a.O., 120.
[136] Vgl. dazu M.L. STACKHOUSE, Covenant and Commitments. Faith, Family, and Economic Life, Louisville 1997.

zahl von Berufen innerhalb einer technologisch und organisatorisch zunehmend hoch entwickelten Gesellschaft leben. Während Stanley Hauerwas und William Willimon in ihrem populären Buch *Resident Aliens* (1989) darauf bestehen, dass Christ*innen ihre Besonderheit betonen müssen, bevorzugt Stackhouse eine Vision von Christ*innen als moralische Akteure, die sich voll und ganz auf die Komplexität moderner Gesellschaften einlassen, und zwar als demütige, sündige, aber treue Partner*innen bei deren moralischer Transformation.[137]

Zusammenfassung

Von dieser „nächsten Generation" hat die US-amerikanische protestantische Ethik wertvolle Lektionen gelernt. Von Lehmann stammt die Einsicht, dass es im christlichen moralischen Leben weniger um menschliche Entscheidungen und Handlungen geht als vielmehr um die Beachtung des Wortes Gottes, wie es in Gottes Handeln in Christus zum Ausdruck kommt und wie es von der *ekklesia* gestaltet wird. In dieser Konzeption verlagert sich der Schwerpunkt vom moralischen Leben als einer Reihe einzelner moralischer Entscheidungen auf die moralische Kompetenz. Diese setzt wiederum eine Persönlichkeit voraus, die sich ganzheitlich entwickeln kann und in eine Glaubensgemeinschaft eingebettet ist, die es den einzelnen Personen ermöglicht, in ihrer Reife zu wachsen. Durch Gustafson bekam die protestantische Ethik einen Spiegel vorgehalten, in dem sie sich in all ihrer Komplexität und Vielfalt sehen konnte. Sie lernte auch, dass sie in ihren Verpflichtungen und ihrer Hingabe der katholischen Moraltheologie ähnlicher ist, als es oft dargestellt worden war. Gustafson steuerte die kraftvolle Einsicht einer theozentrischen Perspektive in einer modernen Ära bei, die zunehmend durch eine Konzentration auf die individuelle Freiheit gekennzeichnet ist. Stackhouse schließlich verbesserte die Sozialethik, indem er die Christ*innen daran erinnerte, dass sie nicht nur in ihrem privaten und gemeindlichen Glaubensleben leben, sondern auch in fortgeschrittenen Gesellschaften, die von wirtschaftlichen, politischen und technologischen Dimensionen geprägt sind, die die Aufmerksamkeit des Glaubens erfordern. Das heißt, sie leben in der Öffentlichkeit, und daher müssen sie aus Stackhouses Sicht eine Theologie haben, die vollständig öffentlich und im Hinblick auf die Globalisierung, eine der führenden Bewegungen der heutigen Zeit, hochgradig ansprechbar ist.

---

[137] Vgl. S. HAUERWAS / W.H. WILLIMON, Resident Aliens. Life in the Christian Colony, Nashville 1989 [dt. Übersetzung: S. HAUERWAS / W.H. WILLIMON, Christen sind Fremdbürger. Wie wir wieder werden, was wir sind: Abenteurer der Nachfolge in einer nachchristlichen Gesellschaft, eingeleitet und übers. von B. WANNENWETSCH, Basel 2016].

3. Stimmen der Befreiung: Beverly Wildung Harrison (1932–2012) und James H. Cone (1938–2018)

Hinführung

In den mittleren und späten Jahrzehnten des 20. Jahrhunderts wurden Kirche und Gesellschaft durch das Entstehen von Befreiungsbewegungen geprägt. Beverly Wildung Harrison und James H. Cone waren in zwei spezifischen Kontexten der Befreiungstheologie maßgebend. Beide lehrten am Union Theological Seminary und teilten eine befreiungstheologisch-ethische Rahmung für ihre jeweiligen Schriften. Von den anderen Stimmen dieses Bandes unterscheiden sie sich aber auch noch in einem anderen Aspekt. Ihre Beiträge sind die einzigen, die nicht aus der Feder eines weißen, europäisch-amerikanischen, männlichen Theologen stammen. Als sich die amerikanische Gesellschaft diversifizierte und die Bürgerrechts- und Frauenbewegungen Mitte des 20. Jahrhunderts zu ihrem Höhepunkt kamen, begannen auch die protestantischen Seminare in den Vereinigten Staaten mit dem langsamen Prozess einer Diversifizierung ihres Lehrkörpers, um die peinliche Tradition rein weißer und überwiegend männlicher Studenten- und Dozentengemeinschaften an den Hochschulen zu einem Ende zu bringen. Die spezifischen theologischen Perspektiven dieser neuen Gelehrten trugen dazu bei, nicht nur die protestantische Ethik, sondern auch alle anderen Disziplinen der Theologie zu transformieren.

Beverly Wildung Harrison

Harrisons protestantische Ethik konzentrierte sich auf die Befreiung der Frauen, war dabei aber nicht einfach nur eine feministische Ethik. Carol Robb schreibt in ihrer Einleitung zu *Making the Connections: Essays in Feminist Social Ethics* (1985) zu Harrisons Methodik, dass diese nicht nur eine Verpflichtung zu einer christlichen Sozialethik abbilde, sondern zu einer „feministisch-sozialistischen christlichen Ethik".[138] Allein das Ende des vom Kapitalismus beherrschten wirtschaft-lichen und politischen Systems könnte die Rechte von Frauen und anderen Un-terdrückten sichern. Als Neomarxistin war sie überzeugt, dass der Sozialismus der beste Weg zu einer gerechten Gesellschaft sei, da er eine „wirtschaftliche Demokratie" fördere.[139] Den Mittelpunkt ihrer theologischen Ethik machte das Urteil aus, dass

---

[138] Vgl. die Einleitung von C.S. Robb in die Aufsatzsammlung von B.W. Harrison, Making the Connections. Essays in Feminist Social Ethics, ed. by C.S. Robb, Boston 1985, (xi–xxii) xi.

[139] Vgl. B.W. Harrison, Socialism-Capitalism (1996), in: Dies., Justice in the Making. Feminist Social Ethics, ed. by E.M. Bounds / P.K. Brubaker u.a., Louisville / London 2004, (162–165) 164.

3. Stimmen der Befreiung

Gerechtigkeit ein zentraler Bestandteil von Liebe sein müsse. So schreibt sie in *Our Right to Choose: Toward a New Ethic of Abortion* (1983): „Gerechtigkeit ist in einer Befreiungsperspektive keine sekundäre und unmittelbare Norm, eine bloße soziale Norm, die sich einer persönlichen Liebe annähert. Im Gegenteil: Gerechtigkeit und der Kampf für Gerechtigkeit sind die Grundlage der Liebe selbst."[140]

In *Keeping Faith in a Sexist Society* (1983) berichtet Harrison, wie sie in eine Glaubenskrise geriet, als sie in der Zeit der „Gott-ist-tot"-Bewegung Theologie studierte.[141] Durch die Arbeit mit Frauen in den Seminaren der Union Theological School und durch die Beschäftigung mit der aufkommenden feministischen Literatur entdeckte sie jedoch die Kraft der Sozialethik zur Reflexion des Kampfes für Gerechtigkeit. Hierin lag für sie eine besondere Form des Ausdrucks von Glauben begründet. Für Harrison sind es die konkreten, alltäglichen menschlichen Beziehungen, in denen ihr am stärksten die Wirklichkeit begegnet, die sie „Gott/Göttin" (*God/ess*) nannte.[142] Sie distanzierte sich von einem Verständnis der Gebote Gottes, wie sie es bei Karl Barth vorfand, und betonte, dass hierarchische Beziehungen zwischen dem Göttlichen und dem Menschlichen

> „uns lehren, dass heilige Macht keine wechselseitige Macht ist. Im Gegensatz dazu lehren uns Metaphern und Bilder, die Heiligkeit in Schwester/Bruder-Beziehungen finden und beschreiben, uns nach einem ‚Heiligen' zu sehnen, das uns Gefährtin oder Gefährte ist, nach einem Heiligen, das durch unser Wachsen, durch unsere Macht und Erfüllung nicht kleiner wird, nach einer Gefährtin, einem Gefährten, die oder der es nicht nötig hat, durch Diktat zu regieren."[143]

Frauen, so stellte sie fest, würde traditionell beigebracht, dass sie ihre persönlichen Wünsche, Interessen und Perspektiven nicht teilen dürfen. Sie seien zum Schweigen gebracht worden. Unter diesem Vorzeichen stellt sie fest, dass eine angemessene theologische Konzeption nicht von einer Macht ausgehen dürfe, die über den Menschen steht, sondern die „Macht der Beziehung"[144] stark ma-

---

[140] B.W. HARRISON, Our Right to Choose. Toward a New Ethic of Abortion, Eugene 1983, 115.
[141] Vgl. B.W. HARRISON, Keeping Faith in a Sexist Church. Not for Women only (1983), in: DIES., Making the Connections. Essays in Feminist Social Ethics, ed. by C.S. ROBB, Boston 1985, (206–234) 211.
[142] Vgl. B.W. HARRISON, Sexism and the Language of Christian Ethics (1977), in: DIES., Making the Connections. Essays in Feminist Social Ethics, ed. by C.S. ROBB, Boston 1985, (22–41) 39; 41 [dt. Übersetzung: B.W. HARRISON, Kreativität und Wechselseitigkeit statt Gehorsam. Sexismus und die Sprache christlicher Ethik, in: DIES., Die neue Ethik der Frauen. Kraftvolle Beziehungen statt bloßen Gehorsams, übers. von H. SCHNECK, Stuttgart 1991, 31–66, 63; 65f.].
[143] HARRISON, Kreativität und Wechselseitigkeit statt Gehorsam, 62f. [engl. Original: HARRISON, Sexism and the Language of Christian Ethics, 39].
[144] B.W. HARRISON, Restoring the Tapestry of Life. The Vocation of Feminist Theology (1983), in: DIES., Justice in the Making. Feminist Social Ethics, ed. by E.M. BOUNDS / P.K. BRUBAKER u.a., Louisville / London 2004, (102–112) 109.

chen müsse. In einem dialektischen Verständnis, das sowohl Transzendenz als auch Immanenz einbezieht, stellte sie sich Gott als Gott vor, „der uns bindet und uns zu innigem In-Beziehung-Sein auffordert".[145] Anstatt den Gehorsam zu betonen, lädt dieser Gott die Menschen ein, „Verantwortung zu übernehmen, als Mitschöpfertum im Handeln"[146], das durch „[M]utualität, Interdependenz und Relationalität"[147] gekennzeichnet ist.

Harrisons protestantische Ethik stützte sich auf die Heilige Schrift, bezog aber auch vorchristliche und nichtchristliche Quellen mit ein.[148] Wie H. Richard Niebuhr, der über eine „christliche Moralphilosophie" schrieb, war Harrison davon überzeugt, dass eine angemessene christliche Sozialethik aus allen verfügbaren Quellen schöpfen muss, um das Wesen des Seins zu erkennen. Sie schätzte auch das konsequente Verweisen H. Richard Niebuhrs darauf, dass jede christliche Ethik sich in ihrem spezifischen historischen Kontext entwickle. Ablehnend stand sie Niebuhrs radikalem Theozentrismus gegenüber, den sie in seiner distanzierten Sicht auf Gott als zu calvinistisch ansah.[149] Unter Berufung auf Mary Daly schlug sie vor, dass es angemessener sei, das Göttliche als Verb (d.h. „Being") und nicht als Substantiv zu betrachten. Im christlichen Leben gehe es nämlich, wie Daly anmerke, um das „Tun" der Liebe, des Mitgefühls und der Gerechtigkeit.[150]

In ihrem systematischsten Werk *Our Right to Choose* argumentiert Harrison, dass eine legale Abtreibung moralisch notwendig ist. Sie entwickelt ihre Argumentation im Rahmen einer Ethik, die sich weigert, die Kontroverse auf die Frage nach dem Wert pränatalen Lebens zu reduzieren. Dabei versteht sie sich selbst als „gemischte Theoretikerin" und betont, dass keine moralische Frage auf ein „einzelnes moralisches Kriterium, Prinzip oder einen Standard für den mo-

---

[145] HARRISON, Our Right to Choose, 99.
[146] A.a.O., 103.
[147] A.a.O., 109.
[148] Vgl. B.W. HARRISON, Making Connections. Becoming a Feminist Ethicist, Interview by T.C. WEST, in: DIES., Justice in the Making. Feminist Social Ethics, ed. by E.M. BOUNDS / P.K. BRUBAKER u.a., Louisville / London 2004, 5–13. HARRISON, a.a.O., 11, fasst zusammen: „Meiner Meinung nach sollten christliche Ethiker*innen alle Quellen nutzen, die ein soziales Problem beleuchten."
[149] Vgl. B.W. HARRISON, Working with Protestant Traditions. Liberalism and Beyond, Interview by E.M. BOUNDS, in: DIES., Justice in the Making. Feminist Social Ethics, ed. by E.M. BOUNDS / P.K. BRUBAKER u.a., Louisville / London 2004, (79–84) 83.
[150] Vgl. B.W. HARRISON, The Power of Anger in the Work of Love. Christian Ethics for Women and Other Strangers (1981), in: DIES., Making the Connections. Essays in Feminist Social Ethics, ed. by C.S. ROBB, Boston 1985, (3–21) 10 [dt. Übersetzung: B.W. HARRISON, Die Kraft des Zorns in der Arbeit der Liebe. Grundlagen einer feministischen Moraltheologie, in: DIES., Die neue Ethik der Frauen. Kraftvolle Beziehungen statt bloßen Gehorsams, übers. von H. SCHNECK, Stuttgart 1991, 7–30, 12f.].

3. Stimmen der Befreiung   51

ralischen Wert"[151] reduziert werden kann. Verantwortungsbewusst und beziehungsorientiert zu sein, verlange von Christ*innen, die Erfahrung der Abtreibung in ihrer ganzen Komplexität zu erfassen. In dieser Hinsicht gelte zunächst einmal, dass die Abtreibung eine Erfahrung ist, die nur Frauen machen können. (Zu beachten ist bei dieser Annahme, dass sie vor den aktuellen Diskussionen über Transgender-Identität und die Möglichkeit, dass ein sich selbst als „männlich" bezeichnender Mann ein Kind zur Welt bringen kann, schrieb). Diese Tatsache erfordert für Harrison eine Betrachtung der spezifischen Erfahrungen von Frauen in einer patriarchalischen Ordnung, in welcher die Gleichheit, die Arbeit und die Beiträge von Frauen abgewertet werden.

Harrison schrieb wortgewandt über die Heuchelei vieler „pro-life"-Aktivisten, die Frauen die Kontrolle über ihre eigene Fortpflanzung verweigern, zugleich aber oft die Todesstrafe und Militärausgaben befürworten.[152] Mit Blick auf den Umstand, dass der Begriff „Abtreibung" im frühen Christentum vor allem Schwangerschaftsabbrüche jenseits des Stadiums der „Befruchtung" bezeichnete, nachdem eine „Beseelung" des Menschen stattgefunden habe, stellte sie fest, dass das Thema über weite Strecken der Geschichte des Christentums nicht besonders bedeutsam gewesen ist.[153] Die Tatsache, dass Abtreibungen im Neuen Testament angesichts der kulturellen Lage im Römischen Reich, in dem Abtreibungen üblich waren, keine große Rolle spielen, deutet ihrer Meinung nach darauf hin, dass die Aneignung biblischer Texte durch „pro-life"-Anhänger in diesem Zusammenhang problematisch sein könnte.[154] Sie wies auch darauf hin, dass protestantische Geistliche im 19. Jahrhundert oft wenig abtreibungsfeindlich waren, weil sie wussten, wie tödlich die Geburt eines Kindes für viele Frauen war, die keine Möglichkeiten der Empfängnisverhütung hatten.[155] Schließlich plädierte sie nachdrücklich dafür, dass sich die Kirche, wenn sie eine wirkliche „pro-life"-Haltung vertreten wolle, mit den größten Bedrohungen für die Fortpflanzung befassen sollte, nämlich „Armut, Rassismus und kulturelle Unterdrückung".[156]

Harrison bezieht sich sowohl zustimmend als auch ablehnend auf den Einfluss ihres Professors Reinhold Niebuhr, den sie während ihres Studiums am Union kennen gelernt hatte. Ihr Vertrauen in ihn zeigt sich in ihrem Engagement für einen „feministischen Realismus".[157] Für Harrison bedeutet er die kon-

---

[151] HARRISON, Our Right to Choose, 12.
[152] Vgl. a.a.O., 35.
[153] Vgl. a.a.O., 123.
[154] Vgl. a.a.O., 133.
[155] Vgl. a.a.O., 150.
[156] A.a.O., 173.
[157] Vgl. dazu B.W. HARRISON, Feminist Realism (1986), in: DIES., Justice in the Making. Feminist Social Ethics, ed. by E.M. BOUNDS / P.K. BRUBAKER u.a., Louisville / London 2004, 38–44.

sequente Beachtung der Tatsache, dass Frauen, die etwa Entscheidungen über eine Abtreibung – oder andere Angelegenheiten – treffen, in einem spezifischen lebensweltlichen Kontext stehen, der, insbesondere in wirtschaftlicher Hinsicht, durch sich kontinuierlich verschlechternde Bedingungen geprägt ist. Neben dem affirmativen Bezug auf Niebuhrs christlichen Realismus hatte sie auch ernsthafte Vorbehalte gegen einen impliziten Sexismus in dessen Weltanschauung, der in seinem berühmten Buch *Moral Man and immoral Society* zum Ausdruck komme. So empfand sie die Einschätzung Reinhold Niebuhrs problematisch, dass Menschen in ihren familiären Beziehungen liebevoll sein können, aber im öffentlichen Leben nach Gruppeninteressen handelten.[158] Sie war davon überzeugt, dass er nicht verstand, auf welche Weise die Freiheit und die Möglichkeiten von Frauen einem romantisierten Bild von der bürgerlichen Familie zum Opfer fielen. Das heißt, dass die Vorstellung von einem liebevollen Heim nicht umsonst zu haben ist; Frauen trugen und tragen die größere Last im häuslichen Bereich.

Im Kern würdigte Harrisons Ethik eine radikale Liebe zu Gott, die auf eine soziale Transformation abzielt. In ihrem Aufsatz *Theological Reflection in the Struggle for Liberation* (1977) schreibt sie:

> „Gott zu lieben heißt, jene konkrete Kraft zu lieben, die durch uns und den Kosmos (immer gegenseitig) die Natur, die Geschichte, die Gesellschaft und das persönliche Leben der Menschen auf Gemeinschaftlichkeit hin verändert, so dass Beziehungen entstehen, die von gegenseitiger Achtung getragen sind."[159]

James H. Cone

Wie Harrison brachte auch James H. Cone eine für den theologisch-ethischen Diskurs im 20. Jahrhundert in den USA neuartige Position ein. Mit ihr wurde eine marginalisierte Perspektive zu einer Zeit vertreten, in der die meisten Seminare des Mainline-Protestantismus in den USA fast ausschließlich weiß und männlich waren. Als Begründer der „Black Theology"-Bewegung in den späten 1960er Jahren entwickelte Cone eine unverwechselbare theologische Antwort auf das Leiden von Afroamerikaner*innen. Aufgewachsen in Arkansas, wo er und seine Familie die Übergriffe der Jim-Crow-Gesetze[160] am eigenen Leib erfuhren, setzte er

---

[158] Vgl. HARRISON, Sexismus und die Sprache christlicher Ethik, 42f. [engl. Original: HARRISON, Sexism and the Language of Christian Ethics, 27].

[159] B.W. HARRISON, Theological Reflection in the Struggle for Liberation. A Feminist Perspective (1977), in: DIES., Making the Connections. Essays in Feminist Social Ethics, ed. by C.S. ROBB, Boston 1985, (235–263) 260 [dt. Übersetzung: HARRISON, Theologische Reflexion im Befreiungskampf. Eine feministische Perspektive, in: DIES., Die neue Ethik der Frauen. Kraftvolle Beziehungen statt bloßen Gehorsams, übers. von H. SCHNECK, Stuttgart 1991, 161–215, 210.]

[160] [Anm. d. Übers.: Als „Jim Crow laws" gelten Gesetze, die in den USA im Zeitraum zwischen

3. Stimmen der Befreiung

sich dafür ein, den Rassismus in Kirche und Gesellschaft zu bekämpfen. Sein erstes Buch *Black Theology and Black Power* (1969) erregte landesweites Aufsehen, weil es das Christentum mit einem Konzept in Einklang brachte, das eher mit Schwarzen Nationalisten in Verbindung gebracht wurde als mit der auf Integration und Liebe ausgerichteten theologischen Botschaft des mit dem Friedensnobelpreis ausgezeichneten Baptistenpredigers Dr. Martin Luther King, Jr.[161]

Cone widmete sein Leben der Konzeption einer systematischen Theologie, die die Schwarze Erfahrung des Leidens in den Mittelpunkt der theologischen Arbeit stellte. Nach seiner Dissertation an der Northwestern University über die theologische Anthropologie Karl Barths entwickelte Cone seine eigene Theologie mit einem Fokus auf die Begegnung mit Jesus Christus und dem Wort Gottes, wie es angesichts der Erfahrungen von Schwarzen ausgelegt wird. Seine Monographien zeichnen sich sowohl durch ihre Beschäftigung mit der biblischen Schriften als auch durch ihre besondere Aufmerksamkeit für die Christologie aus. Cone begründete seine Schwarze Theologie durch die Bezugnahme auf das befreiende Handeln Gottes in der Exodus-Überlieferung, die Botschaft der Propheten, dass Gott auf der Seite der Armen und Schwachen gegen die Mächtigen steht, und mit dem Engagement Jesu, „die Gefangenen zu befreien". Für Cone ist Christus die Quelle der Befreiung aus einem Zustand rassistischer Unterdrückung hin zu einem transformierten Leben in Freiheit und Gleichheit. Anstatt sich ausschließlich abstrakten philosophischen Konzepten zuzuwenden, betonte Cone die theologische Bedeutung der gelebten Erfahrungen von leidenden Schwarzen und die Notwendigkeit der Umkehr seitens der dominierenden Weißen. In seinem 1986 erschienenen Buch *My Soul Looks Back* stellte Cone rückblickend fest, dass Karl Barths Theologie neben der Befreiungsbewegung innerhalb der Schwarzen Kirche und Gemeinschaft den größten Einfluss auf seine Monographie *Black Theology and Black Power* hatte.[162]

Für Barth gehören zu den drei Formen des Wortes Gottes das gepredigte Wort, das geschriebene Wort, das durch die Schrift bekannt ist, und dass durch

---

der Abschaffung der Sklaverei und dem civil-rights-act erlassen worden sind und die darauf abzielten, die Rechte von Schwarzen in den USA im Gegenüber zur *weißen* Bevölkerung einzuschränken und eine „racial segregation" aufrechtzuerhalten. Jim Crow ist der Name für eine Bühnenfigur in sog. „Minstrel shows", in denen mittels der rassistischen Praxis des Blackfacing stereotype Darstellungen von Schwarzen durch *weiße* Schauspieler aufgeführt wurden.]

[161] Vgl. J.H. CONE, Black Theology and Black Power, New York 1969 [dt. Übersetzung: J.H. CONE, Schwarze Theologie. Eine christliche Interpretation der Black-Power-Bewegung, Gesellschaft und Theologie, Systematische Beiträge 4, übers. von U.G. FICK, München / Mainz 1971].

[162] Vgl. J.H. CONE, My Soul Looks Back, Maryknoll 1986, 82.

die Gegenwart des Heiligen Geistes offenbarte Wort.[163] Cone merkte dazu an, dass die Predigt für die Schwarze Kirche von wesentlicher Bedeutung ist und dass die Bibel die Grundlage für das individuelle und gemeinschaftliche Leben von Schwarzen Christ*innen ist. Das geoffenbarte Wort ist in den Spirituals und den Gottesdiensten der Schwarzen Kirche ebenso auf einzigartige Weise lebendig. Im Gegenüber zu vielen weißen Pfarrern und Priestern, die in ihren Predigten vor allem ihre eigene Sicht auf die Schrift darlegten, sieht Cone, dass die Pfarrpersonen der Schwarzen Kirche und ihre Gemeindemitglieder die Wortverkündigung als einen Moment erleben, in dem die Gegenwart des Heiligen Geistes spürbar wird:

> „In der schwarzen Kirche wird die Predigt nicht nur als ein menschliches Wort verstanden, nicht nur als das Wort von Reverend So-und-So, sondern in erster Linie, durch das Wirken von Gottes Geist, als das göttliche Wort der Gnade und des Gerichts an die Menschen."[164]

Cone entfernte sich in der Ausarbeitung seines theologischen Werks zunehmend von Barths dialektischer Theologie. Aus Cones Sicht war dessen Dialektik zu sehr auf die Souveränität von Gottes ewigem Wort in Christus – in Abgrenzung zum historischen Jesus – fokussiert. In *God of the Oppressed* (1975) behauptet er, dass Barth „sich nie ganz von seinem frühen Thema der absoluten Transzendenz Gottes gelöst und [...] die sachgemäße dialektische Spannung zwischen dem historischen Jesus und dem Christus des Glaubens nicht darzustellen vermocht"[165] hat. In Übereinstimmung mit Wolfhart Pannenberg, der die Christologie „von unten" in der gelebten Erfahrung Jesu und nicht „von oben" im Logos begründet sieht, vertrat Cone die Ansicht, dass ein christlicher Rekurs auf Jesus mit den politischen Implikationen seines Lebens als armer, von den römischen Mächten verachteter Jude verbunden sein muss.[166] Diese Einsicht mündete in Cones Urteil, dass Jesus Schwarz war, was zum Ausdruck bringe, dass er unterdrückt wurde.

Cones Arbeit reichte von Überlegungen zum prophetischen Zeugnis der Schwarzen Spirituals und der Bluesmusik bis hin zu einer Untersuchung der unterschiedlichen Ansichten von Martin Luther King, Jr. und Malcolm X. Er stellte

---

[163] Vgl. a.a.O., 80. Vgl. K. BARTH, Church Dogmatics, Bd. I,1, trans. G.T. THOMSON, Edinburgh 1936, 98ff. [dt. Ausgabe: K. BARTH, Die Kirchliche Dogmatik I,1. Die Lehre vom Wort Gottes, Zollikon-Zürich 1932, §4: „Das Wort Gottes in seiner dreifachen Gestalt", 89–127].

[164] CONE, My Soul Looks Back, 81.

[165] J.H. CONE, Gott der Befreier. Eine Kritik der weißen Theologie, übers. von G. REESE, Stuttgart 1982, 78 [engl. Original: J.H. CONE, God of the Oppressed (1975), Maryknoll 1997, 107].

[166] Vgl. CONE, Gott der Befreier, 77 [engl. Original: CONE, God of the Oppressed, 106]. Cone bezieht sich hier auf W. PANNENBERG, Jesus – God and Man, trans. by L.L. WILKINS / D.A. PRIEBE, Philadelphia 1968, 48 [dt. Original: W. PANNENBERG, Grundzüge der Christologie, Gütersloh 1964, 42f.].

3. Stimmen der Befreiung

die herablassende Haltung der europäischen Musiktradition gegenüber Schwarzen Musikgenres in Frage und bestand darauf, dass Schwarze Musik anspruchsvoll sei und unterdrückten Völkern ein überzeugendes Mittel biete, ihre Sehnsüchte durch eine kodierte Sprache mitzuteilen, die Weiße nicht verstehen würden.[167] In seiner Studie über zwei ikonische Bürgerrechtsführer, die beide in den 1960er Jahren ermordet wurden, wies er auf die Gaben hin, die sich aus dem Bemühen um Nächstenliebe (King) und um den Ausdruck Schwarzer Selbstliebe und Selbstachtung (Malcolm X) ergeben.[168] Eines seiner berühmtesten Werke, *The Cross and the Lynching Tree* (2011), das in seinem letzten Lebensjahrzehnt entstand, machte eindringlich darauf aufmerksam, wie das Leiden der Schwarzen in den Vereinigten Staaten das Kreuz Christi verkörpert.[169]

Cone hatte seine Kritikerinnen und Kritiker und er setzte sich leidenschaftlich mit ihnen auseinanderzusetzen. Im Laufe der Jahre erkannte er, dass die Befreiung der Schwarzen nicht alles sein konnte. Um sich auf die Seite der Armen zu stellen, musste er Theologien aus verschiedenen ethnischen Kontexten des globalen Südens außerhalb des US-Kontexts einbeziehen.[170] Durch das Studium des Marxismus lernte er auch, dass der Rassismus nicht beendet werden kann, wenn die kapitalistische Wirtschafts- und Sozialstruktur intakt bleibt.[171] Im Dialog mit Feministinnen, zu denen auch seine ehemalige Doktorandin, die Frauenrechtlerin Delores Williams, gehörte, stellte er fest, dass die Befreiung der Schwarzen ein Fortbestehen des Patriarchats in der Schwarzen Kirche nicht dulden kann.[172] Als er eine denkwürdige Begegnung mit einem weißen, schwulen Studenten beschrieb, eröffnete sich ihm auch, dass man weiß sein kann und trotzdem tiefgreifende Ausgrenzung erfährt.[173]

Nach King hat keine Theologie betreibende Person im 20. Jahrhundert in den Vereinigten Staaten einen größeren Beitrag zur Aufklärung über den Rassismus innerhalb der weißen Kirche und Gesellschaft geleistet als Cone. Sein kreatives und leidenschaftliches Beharren auf einer Theologie, die das Leiden der Schwarzen wahrnimmt und sich auf die Erfahrungen der Schwarzen stützt, veränderte die theologische Diskussion. Seine Beobachtung, dass selbst progressive christ-

---

[167] Vgl. J.H. CONE, The Spirituals and the Blues. An Interpretation (1972), Maryknoll 1999, 40-43 [dt. Übersetzung: J.H. CONE, Ich bin der Blues und mein Leben ist ein Spiritual. Eine Interpretation schwarzer Lieder, übers. von W. LÜCK, München 1973].
[168] Vgl. J.H. CONE, Martin & Malcolm & America. A Dream or a Nightmare, Maryknoll 1991.
[169] Vgl. J.H. CONE, The Cross and the Lynching Tree, Maryknoll 2011 [dt. Übersetzung: J.H. CONE, Kreuz und Lynchbaum, übers. von U. SIEG, Struvenhütten 2019].
[170] Vgl. CONE, My Soul Looks Back, 93-113.
[171] Vgl. a.a.O., 129-138.
[172] Vgl. J.H. CONE, Said I Wasn't Gonna Tell Nobody. The Making of a Black Theologian, Maryknoll 2018, 119-123.
[173] Vgl. a.a.O., 108-111.

lich-theologische Entwürfe in den USA in der Tradition europäischer Theologie verwurzelt waren, löste eine Schockwelle in der akademischen Welt aus. Seine Erforschung des Schwarzen Selbstbewusstseins – von der Geschichte der Schwarzen Kirche über die Stimmen der wichtigsten Schwarzen Verfechter*innen der sozialen Gerechtigkeit bis hin zu den Schriften Schwarzer Romanciers und Dichter*innen – veränderte das theologische Gespräch und machte viele weiße Christ*innen auf ein tiefes Versagen in ihren Glaubens- und Lebensweisen aufmerksam.

Zusammenfassung

Die beiden in diesem Kapitel vorgestellten Persönlichkeiten, Beverly Wildung Harrison und James H. Cone, waren die Hauptinitiatoren einer Bewegung, die sich in der zeitgenössischen protestantischen Ethik besonders stark niederschlägt. In ihr kommt die Idee zum Tragen, dass der „soziale Standort" von Christ*innen in ihrer Reflexion über den göttlichen Willen bedeutsam ist. Christliche Ethik kann so nicht länger als universelles Phänomen betrachtet werden, das von allen Christ*innen unabhängig von ihrer Identität verstanden werden kann. Stattdessen muss eine systematische, christlich-ethische Analyse von nun an, zumindest bis zu einem gewissen Grad, anerkennen, dass Christinn*innen in einer pluralistischen Welt leben und dass ihre besonderen Identitäten als Personen aus verschiedenen Ländern, Ethnien, Klassen, Geschlechteridentitäten und Geschichten für die Art und Weise, wie sie Liebe, Gerechtigkeit und Treue in der Nachfolge Jesu interpretieren, von Bedeutung sind. Während Wissenschaftler*innen die Frage aufgeworfen haben, ob es angemessen ist, eine protestantisch-christliche Ethik exklusiv auf das Thema der Befreiung zu gründen, ist die befreiungstheoretische Orientierung zu einer kritischen Stimme in der zeitgenössischen US-amerikanischen christlichen Ethik geworden.

4. Stimmen des Post-Christentums: John Howard Yoder (1927–1997) und Stanley Hauerwas (*1940)

Hinführung

Zeitgleich zu dieser Zunahme an Vielfalt von protestantischen ethischen Stimmen ist in den Vereinigten Staaten und Europa ein anderes Phänomen zu beobachten. Es handelt sich dabei um einen zunächst nur allmählichen, dann aber weitaus dramatischeren Rückgang an Lebendigkeit im Mainline-Protestantismus. In dem Maße, in dem sich die Mainline-Protestant*innen in den USA zunehmend als eine Minderheitenidentität (vor allem unter den jungen Mitgliedern) und nicht mehr als Vertreter*innen des kulturellen Machtzentrums begreifen, hat sich auch ihr Verständnis des christlichen Morallebens gewandelt. Zwei US-amerikanische protestantische Ethiker haben den Christ*innen besonders geholfen, sich mit der „Moderne" in einer zunehmend säkularisierten Gesellschaft auseinanderzusetzen. Ihre Schriften ermöglichen es vielen US-amerikanischen Protestant*innen, diesen Wandel als potenzielles Geschenk und nicht als Quelle der Verzweiflung zu sehen.

Die bedeutendsten Persönlichkeiten dieser Bewegung zur Wiedergewinnung eigener Identität für die Kirche in einer Zeit des „Post-Christentums" sind der verstorbene mennonitische Theologe John Howard Yoder und sein langjähriger Kollege und Freund an der Universität von Notre Dame, der emeritierte Professor der Duke Divinity School Stanley Hauerwas. Beide widmeten (oder widmen) ihr Leben der Entwicklung einer christlichen Ethik, die von Christ*innen verlangt, das moralische Leben als etwas zu verstehen, das nicht einfach von einzelnen Gläubigen praktiziert wird, sondern vor allem innerhalb der Kirche als einer von der Welt getrennten Körperschaft.

John Howard Yoder

In seinem bahnbrechenden Werk *The Politics of Jesus: Vicit Agnus Noster* (1972), formulierte John Howard Yoder eine messianische Ethik der Nachfolge.[174] Christ zu sein bedeutet, so Yoder, Jesus als Mitglied einer freiwilligen Gemeinschaft nachzufolgen, die bewusst verschiedene Identitäten zusammenbringt, um dem Weg Jesu zu folgen.[175] Wie Yoder feststellt, besteht die Schwierigkeit vieler christlicher ethischer Entwürfe darin, dass sie sich an die sie umgebende Kultur anpassen möchten, um ihre Ziele zu erreichen. Seiner Ansicht nach haben dabei sowohl Reinhold als auch H. Richard Niebuhr Anpassungen vorgenommen, die nicht hilfreich waren, sondern das christliche Zeugnis schmälerten.

Der christliche Realismus von Reinhold Niebuhr sei daran gescheitert, dass er von den Nachfolgern Jesu verlangte, sich in die Welt der Machtpolitik und der Entscheidungen über das „Gleichgewicht der Kräfte" zu begeben, um einen wirksamen Einfluss auf die gesamtgesellschaftliche Kultur zu gewinnen. Einen solchen Ansatz hält Yoder auf mindestens zwei Ebenen für unredlich: Erstens verkenne er, dass die „Wirksamkeit" der Kirche im Blick auf das christliche Le-

---

[174] Vgl. J.H. YODER, The Politics of Jesus. Vicit Agnus Noster. Second Edition, Grand Rapids / Carlisle 1994 ([1]1972) [dt. Übersetzung der hier zitierten 2. Aufl.: J.H. YODER, Die Politik Jesu. Vicit Agnus Noster (Unser Lamm hat gesiegt), übers. von W. KRAUß, Schwarzenfeld 2012].

[175] Vgl. J.H. YODER, For the Nations. Essays Public and Evangelical, Grand Rapids / Cambridge 1997, 175–177.

ben nicht darin bestehe, die Gesellschaft im weiteren Sinne gerechter oder liebevoller zu machen. Vielmehr gehe es darum, als alternative Gemeinschaft dem Ruf Jesu treu zu sein.[176] Zweitens vertrat Yoder die Ansicht, dass das Bemühen, staatliche Systeme zu kontrollieren, um Gerechtigkeit zu gewährleisten, auf einem falschen Verständnis basiert, inwiefern Jesus zur Überwindung der „Mächte" gekommen sei.[177] Die Aufgabe der Kirche bestehe nicht darin, die Mächte zu besiegen, um mehr Gerechtigkeit zu schaffen. Wie Yoder feststellt, „greift die Kirche nicht die Mächte an; das hat Christus getan. Die Kirche konzentriert sich darauf, sich nicht von ihnen verführen zu lassen."[178]

Yoders schärfste Kritik galt H. Richard Niebuhrs fünfteiliger Typologie *Christ and Culture* (1951).[179] Diesem Werk zufolge besteht der allen anderen vorzuziehende Typus darin, dass „Christus die Kultur verwandelt". Yoder interpretiert diese Position als eine Orientierung am „Establishment", bei der sich die Kirche bemüht, die Gesellschaft zu beeinflussen, um eine gerechtere soziale Ordnung zu schaffen.[180] Yoder vertritt die Ansicht, dass diese Ausrichtung zwar lobenswert und ausgewogen erscheint, aber ihren Preis hat und zwar im Hinblick auf die Treue zur messianischen Ethik Jesu, wie sie im Neuen Testament zu finden sei. Yoder arbeitet mehrere problematische Züge von H. Richard Niebuhrs Typologie heraus. Erstens betreibe Niebuhr eine biblisch nicht zu rechtfertigende Konstruktion der Beziehung zwischen Christus und Kultur, die die Kultur zu einem von Christus getrennten Bereich macht.[181] Wenn der Christushymnus in Kol 1,15-20 ernst zu nehmen sei, dann seien „alle Dinge durch ihn und zu ihm geschaffen" (V. 16). Es sei also theologisch nicht akzeptabel, die Kultur als eine separate Realität zu interpretieren.

Zweitens stelle Niebuhrs Typologie die Kultur als eine neutrale Kategorie dar und ignoriere die Realität der „Mächte", vor denen die Gesellschaften durch

---

[176] Vgl. YODER, Die Politik Jesu, 129 [engl. Original: YODER, The Politics of Jesus, 112]. In einer Fußnote merkt Yoder an, Niebuhrs Realismus respektiere – in Reinhold Niebuhrs Worten – die „Relevanz eines unmöglichen Ideals" („relevance of the impossible ideal"); schlussendlich konstatiert Yoder aber, dass „all dies [...] erst dann seine Bedeutung [gewinnt], wenn wir Jesu Weg für das Hier und Jetzt für irrelevant halten." Ebd.

[177] Vgl. J.H. YODER, The Priestly Kingdom. Social Ethics as Gospel, Notre Dame 1984, 96. Yoder konstatiert: „Die Sorge um die Wirksamkeit [„effectiveness"], so sagt man uns, ist nur für diejenigen angebracht, die dieser Sorge gerecht werden können, indem sie die Welt tatsächlich verwalten. Wahrer Gehorsam gegenüber der leidenden Liebe muss daher voraussetzen, dass man die Sorge um die Ergebnisse ablehnt." Ebd.

[178] YODER, Die Politik Jesu, 170 [engl. Original: YODER, The Politics of Jesus, 153].

[179] Vgl. oben den bibliographischen Nachweis zu H.R. NIEBUHR, Christ and Culture.

[180] Vgl. YODER, For the Nations, 4.

[181] Vgl. J.H. YODER, How H. Richard Niebuhr Reasoned. A Critique of Christ and Culture, in: G.H. STASSEN / D.M. YEAGER / J.H. YODER (Hg.), Authentic Transformation. A New Vision of Christ and Culture, Nashville 1996, (31–89) 68.

4. Stimmen des Post-Christentums

die Herrschaft Christi gerettet werden müssen.[182] Die christliche Lehre betrachte diesen Bereich als von Natur aus gefallen und erlösungsbedürftig. Drittens interpretiere Niebuhrs Analyse den „Christus gegen die Kultur"-Typus, der mit Tertullian und Tolstoi in Verbindung gebracht wird, als Förderung des Rückzugs aus der Gesellschaft. Das sei jedoch nicht richtig. In *For the Nations: Essays Public and Evangelical* (1997)[183] argumentiert Yoder, dass jene Glaubensgemeinschaft, die dem Weg Christi folgt, durch ihr Zeugnis „den Nationen" nütze. Anstatt die Gesamtgesellschaft direkt zu beeinflussen, indem sie politikverändernde Macht ausübt, werde die bewusst christliche Gemeinde zu „den ersten Früchten"[184] eines glaubwürdigen Lebens in der Welt.[185] Wenn lokale christliche Gemeinden sich mit der Schwäche des Kreuzes identifizieren, erkennen sie, dass das christliche Leben auf einem einzigen Kriterium beruht:

> „Der Maßstab, an dem wir unseren Gehorsam messen, ist also Jesus Christus selbst; von ihm lernen wir, dass Zerbrochenheit – und nicht etwa Erfolg – der normale Weg der Treue zur Dienerschaft Gottes ist".[186]

Für Yoder ist Ekklesiologie Sozialethik.[187] Die Existenz der Kirche selbst sei ein Zeugnis für die Herrschaft Christi. Während Walter Rauschenbuschs Social Gospel-Bewegung die Verantwortung der Kirche darin sah, das Reich Gottes in der Welt herbeiführen zu müssen, kam Yoder zu dem Schluss, dass die eigentlichste Handlung der Kirche darin bestehe, Kirche zu sein. Die Kirche zu sein, bedeute wiederum, eine Gruppe hingebungsvoller Anhänger*innen Jesu zu sein, die ihre christlichen Praktiken bewusst ausüben. In *Body Politics: Five Practices of the Christian Community Before the Watching World* (1992) zeigt Yoder, wie der scheinbar einfache Akt, eine disziplinierte Gemeinschaft zu sein, die sich durch Taufe und Abendmahl abgrenzt, zu einer Revolution führen könne.[188]

---

[182] Vgl. a.a.O., 69.
[183] Vgl. oben den bibliographischen Nachweis zu YODER, For the Nations.
[184] [Anm. d. Übers.: Vgl. dazu die biblische Rede von den „Erstlingen" (Gen 49,3; Ps 78,51; Röm 16,5; 1Kor 15,20; Jak 1,18; Off 14,4) bzw. der „Erstlingsfrucht" (Jer 2,3) und „Erstlingsgabe" (Röm 8,23).]
[185] Vgl. J.H. YODER, Firstfruits. The Paradigmatic Public Role of God's People, in: DERS., For the Nations. Essays Public and Evangelical, Grand Rapids / Cambridge, 15–36.
[186] J.H. YODER, The Racial Revolution in Theological Perspective, in: DERS., For the Nations. Essays Public and Evangelical, Grand Rapids / Cambridge, (97–124) 109.
[187] Vgl. J.H. YODER, Why Ecclesiology is Social Ethics. Gospel Ethics Versus the Wider Wisdom, in: DERS., The Royal Priesthood. Essays Ecclesiological and Ecumenical, ed. by M.G. CARTWRIGHT, Grand Rapids 1994, (102–126) 103.
[188] Vgl. J.H. YODER, Body Politics. Five Practices of the Christian Community before the Watching World, Nashville 1992 [dt. Übersetzung: J.H. YODER, Die Politik des Leibes Christi. Als Gemeinde zeichenhaft leben, übers. von W. KRAUß, Schwarzenfeld 2011].

In seinem 1971 erschienenen Band *The Original Revolution: Essays on Christian Pacifism*, wies Yoder auf einen konstantinischen Fehler hin. Hierbei handele es sich um die Vorstellung, dass „christliche Ethik für die ganze Gesellschaft praktikabel sein muss".[189] Christliche Ethik müsse indes für wirklich engagierte Christ*innen gelten, die die Nachfolge Jesu nicht nur als Idee, sondern als Auftrag verstehen. Ein*e Nachfolger*in Jesu zu sein bedeute, den Weg des Friedens und der Gewaltlosigkeit zu wählen, auch wenn dies zu Gefahr oder sogar Tod führen kann. Tatsächlich erfordere die Nachfolge Jesu von einer „Person des Friedens" Disziplin darin, sich nicht auf Zwang und Gewalt zu verlassen, um die eigenen Ziele zu erreichen. Sich auf den „Krieg des Lammes"[190] auszurichten, bedeute eine „Glaubenstreue, die eher die augenblickliche Niederlage akzeptiert, als Komplize des Bösen zu werden".[191]

Einer der wichtigsten praktischen Beiträge Yoders bestand in seiner Analyse sowohl des Pazifismus als auch der Theorie des gerechten Krieges als komplexe, historisch eingebettete Theorien: In *Christian Attitudes to War, Peace, and Revolution* (1983) zeigt er, wie sich beide Theorien in verschiedenen Kontexten gewandelt haben – von der frühen Kirche und dem Zeitalter Konstantins bis hin zur Reformation, der Aufklärung und dem liberalen Protestantismus des 20. Jahrhunderts und der Gegenwart.[192] In seinem Buch *Nevertheless* (1971) zeichnete er auch dutzende verschiedene Formen des Pazifismus und ihre jeweiligen Verteidigung nach, um die Pluralität der pazifistischen Argumentationen aufzuzeigen.[193]

Besonders aufschlussreich war sein Band *When War is Unjust: Being Honest in Just-War Thinking* (1984)[194], in dem er die Theoretiker*innen des gerechten Krieges aufforderte, ihre eigenen Kriterien für den Einsatz von Gewalt ernst zu nehmen. Wenn Krieg der letzte Ausweg sei, dann müssten Christ*innen, die sich für

---

[189] J.H. YODER, The Original Revolution. Essays on Christian Pacifism (1971), Scottdale / Kitchener 1977, 66.

[190] [Anm. d. Übers.: Das letzte Kapitel von Yoders Buch „Die Politik Jesu" trägt als Auslegung von Off 4f. den Titel „Der Krieg des Lammes". Vgl. YODER, Die Politik Jesu, 255–270 [engl. Original: YODER, The Politics of Jesus, 233–250].

[191] YODER, Die Politik Jesu, 265 [engl. Original: YODER, The Politics of Jesus, 245].

[192] Vgl. J.H. YODER, Christian Attitudes to War, Peace, and Revolution. A Companion to Bainton, Elkhart 1983 [Anm. d. Übers.: Eine Neuauflage erschien in Grand Rapids 2009 und wurde von TH.J. KOONTZ / A. ALEXIS-BAKER herausgegeben].

[193] J.H. YODER, Nevertheless. The Varieties and Shortcomings of Religious Pacifism, Scottdale 1971 [Anm. d. Übers.: Seit der Erstauflage wurde der Band von Yoder mehrfach überarbeitet und erweitert und erschien zuletzt unter dem Titel: Nevertheless. Varieties of Religious Pacifism, Scottdale / Waterloo 1991].

[194] J.H. YODER, When War is Unjust. Being Honest in Just-War Thinking, Maryknoll 1984 [Anm. d. Übers.: eine überarbeitete Version („revised edition"), auf die hier zurückgegriffen wird, erschien Maryknoll 1996].

4. Stimmen des Post-Christentums

den gerechten Krieg einsetzen, nachweisen, dass jeder Versuch unternommen wurde, Konflikte ohne Gewaltanwendung zu lösen. Wenn in Kriegen die Unterscheidung zwischen Kombattant*innen und Zivilist*innen nicht eingehalten würde, dann sollten sie nicht erlaubt sein. Wenn die Verhältnismäßigkeit der Mittel ein Kriterium sei, dann sollten das Ausmaß der Gewalttätigkeit und ihre Folgen nicht nur für den unmittelbaren Zeitraum, sondern langfristig betrachtet werden. Wenn schließlich überall auf der Welt riesige Geldsummen in das Militär investiert würden, stelle sich die Frage nach einem „fairen Test" (im Sinne einer konsequenten Kriterienanwendung), ob man den Frieden wirklich ernst nimmt.[195] Sollte „Fairness" nicht bedeuten, dass die finanziellen Investitionen in den Frieden genauso hoch sein sollten wie die finanziellen Investitionen in die Anwendung von Gewalt?

Geprägt durch sein Studium bei Karl Barth und durch seine Identifikation mit der eigenen mennonitischen Konfession lehrte Yoder am Goshen Biblical Seminary, am Associated Mennonite Biblical Seminary und später an der Universität von Notre Dame. In einem bemerkenswerten ökumenischen Akt wurde ihm eine Lehrtätigkeit an Notre Dame vor einer überwiegend katholischen Studentenschaft ermöglicht, so dass sein Denken ein sehr viel breiteres Publikum erreichen konnte. In einer Zeit, in der die Macht der Kirche in der US-amerikanischen Gesellschaft – insbesondere unter den Mainline-Protestant*innen – abnahm, gab Yoders Empfehlung: „Kirche soll Kirche sein"[196], vielen Hoffnung. Als das Wettrüsten immer weiter zunahm, wurde sein Aufruf zum Pazifismus auch von Katholik*innen ernst(er) genommen, von denen sich viele für die Möglichkeit eines „nuklearen Pazifismus" öffneten.[197] Und trotz der persönlichen moralischen Verfehlungen, die seine spätere Karriere trübten, als sich herausstellte, dass er sich gegenüber weiblichen Studierenden unangemessen verhalten hatte, beeinflusste sein Aufruf an die Kirche, das moralische Leben als Zeugnis der Nachfolge ernst zu nehmen, viele.

---

[195] Vgl. a.a.O., 79f.
[196] YODER, The Original Revolution, 72.
[197] Vgl. Katholische Bischofskonferenz der USA, Die Herausforderung des Friedens – Gottes Verheißung und unsere Antwort, in: Bischöfe zum Frieden, Stimmen der Weltkirche 19, Bonn, 5–129 [engl. Original: THE NATIONAL CONFERENCE OF CATHOLIC BISHOPS, The Challenge of Peace. God's Promise and Our Response – A Pastoral Letter on War and Peace (May 3, 1983)]: „Wir können uns keine Situation vorstellen, in der die vorbedachte Einleitung nuklearer Kriegsführung, und sei sie noch so begrenzt, moralisch gerechtfertigt werden könnte. Nicht-nukleare Angriffen anderer Staaten muss mit anderen als nuklearen Mitteln begegnet werden Daher besteht eine ernste moralische Verpflichtung, so schnell wie möglich nicht-nukleare Verteidigungsstrategien zu entwickeln." A.a.O., 63. Dort kursiv.

Stanley Hauerwas

Vermutlich war niemand begeisterter von Yoders Gedanken oder engagierte sich entschiedener für ihre Verbreitung als die letzte der in diesem Sammelband vorgestellten Personen: Stanley Hauerwas, der zugleich von diesen der einzige noch lebende Gelehrte ist. Hauerwas, ein Student von James Gustafson an der Yale Divinity School, schrieb eine bahnbrechende Dissertation, die später unter dem Titel *Character and the Christian Life: A Study in Theological Ethics* (1975) erschien. In dieser Arbeit wandte er sich gegen die Fokussierung auf die „Sprache des Gebotes" in der christlichen Ethik.[198] Dieser gebotsethische Ansatz, der in den 1960er Jahren im Mittelpunkt des Streits um die normative Ethik (Deontologie vs. Utilitarismus) stand und in der Debatte um die „Situationsethik" vorgebracht wurde, vernachlässigte nach Hauerwas den Charakter der handelnden Personen und reduzierte das moralische Leben auf eine Reihe von „Fragen" oder schwierigen Entscheidungen (Dilemmata), bei denen die angemessenen Antworten nicht eindeutig ausfallen. Aus Hauerwas' Sicht verkennt diese entscheidungsorientierte Ausrichtung christlicher Ethik die Art und Weise, in der sich der größte Teil des moralischen Lebens in den täglichen Gewohnheiten und Praktiken vollzieht, die unser Leben prägen.

Enttäuscht angesichts des Eindrucks, dass sich christliche und insbesondere protestantische Ethiker*innen bei der Entwicklung ihrer Schriften zunehmend mehr auf Philosophie und Sozialwissenschaften als auf christliche Identität stützen, forderte er protestantische Ethiker*innen und katholische Moraltheolog*innen auf, ihre Annahmen zu überdenken. Die Tatsache, dass er sich auf die Diskussion der Tugenden bei Aristoteles und Thomas von Aquin stützte und mehrere Jahre an der katholisch geprägten Universität Notre Dame lehrte, zeigt, dass er ein ambivalentes Verhältnis zum Protestantismus hat.

Für Hauerwas muss die christliche Ethik aus einer narrativen Perspektive heraus verstanden werden. Die *story* Israels und Jesu sei diejenige *story*, die das christliche Leben prägt. Nach Hauerwas ist es diese *story*, die es den Christ*innen ermöglicht, das moralische Leben auszurichten. Es geht dabei nicht um das Erkennen christlicher Werte im Sinne einer intellektuellen Angelegenheit. Christ*innen müssen von „Heiligen" und Gemeindegliedern geschult werden, die ihnen tugendhafte Praktiken, Gewohnheiten und Perspektiven vermitteln können. Hauerwas, der eine besondere Affinität zu Alasdair MacIntyres Verständnis von Tradition als Weg zur moralischen Urteilsfähigkeit entwickelt,[199] behauptet, dass man Christ*in werden muss, indem man sich schulen lässt, und

---

[198] Vgl. S. Hauerwas, Character and the Christian Life. A Study in Theological Ethics, San Antonio 1975, 129.

[199] Vgl. A. MacIntyre, Whose Justice? Which Rationality, Notre Dame 1988; Ders., Three Rival Version of Moral Enquiry. Encyclopedia, Genealogy, and Tradition, Notre Dame 1990.

4. Stimmen des Post-Christentums 63

dass ein grundlegendes Versagen der modernen Kultur in der Annahme besteht, dass das moralische Leben für jeden ohne Schulung möglich sei.[200] Für Hauerwas repräsentiert das christliche moralische Leben keine verfeinerte Fähigkeit zur Entscheidungsfindung, sondern ein Weg der Nachfolge, auf dem die Kirche als Gemeinschaft der Jünger*innen das Zentrum bildet, von dem ausgehend man die Charaktereigenschaften, die *story* und die Ziele für ein sinnvolles und vom Glauben geprägtes Leben erlernt.

Wenn die Macht der Kirche in der Welt und insbesondere in den Vereinigten Staaten schrumpft, was bedeutet das dann für die „Kunst", in christlicher Weise moralisch zu leben? Diese Frage ist der Auslöser für einige der wichtigsten Beiträge von Hauerwas. Wenn viele der ambivalenten oder wenig engagierten „Christen*innen" die Kirche verlassen, könnten Kirchen tatsächlich zu „Charaktergemeinden"[201] werden, in denen echte Jünger*innen Jesu ihre Prägung erfahren. Einer von Hauerwas' berühmtesten Sätzen lautet: „… die Kirche [hat] keine Sozialethik; die Kirche ‚ist' eine Sozialethik".[202] Mit dieser Aussage bringt er zum Ausdruck, dass die Existenz der Kirche selbst ein alternatives Verständnis der Wirklichkeit bietet, das in der Welt bezeugt werden kann. Der Akt des Gottesdienstes selbst ist eine „Geste", die in die Richtung eines Lebens weist, das nicht in sich selbst begründet ist, sondern in dem göttlichen Einflussbereich, der durch den Vater, den Sohn und den Heiligen Geist erschlossen wird.[203]

Obwohl Hauerwas die anderen in diesem Sammelband aufgegriffenen US-amerikanischen protestantischen Ethiker*innen respektiert, stellt er eine übergreifende Tendenz fest, die problematisch sei. Das ist die Vorstellung, dass der Zweck der christlichen Sozialethik darin bestehe, dass die Kirche ihren Einfluss auf die Gesamtgesellschaft geltend macht, um mehr soziale Gerechtigkeit hervorzurufen. Er sieht dies als am deutlichsten gegeben in Rauschenbuschs Bemühen um eine „Christianisierung der Sozialordnung", aber auch im Christlichen Realismus und in dem Typus „Christus verändert die Kultur".[204] Indem er die

---

[200] Vgl. S. HAUERWAS, The Work of Theology, Grand Rapids / Cambridge 2015, 81.
[201] [Anm. d. Übers.: Bei dieser Wortwendung handelt es sich um eine Anspielung auf den Titel von Hauerwas' frühem Band: S. HAUERWAS, A Community of Character. Toward a Constructive Christian Social Ethic, Notre Dame / London 1981.]
[202] S. HAUERWAS, Selig sind die Friedfertigen. Ein Entwurf christlicher Ethik, hg. und eingeleitet von R. HÜTTER, übers. von G.M. CLIQUÉ, Evangelium und Ethik Bd. 4, Neukirchen-Vluyn 1995, 159 [engl. Original: S. HAUERWAS, The Peaceable Kingdom. A Primer in Christian Ethics, Notre Dame 1983, 99].
[203] Für eine Diskussion des Topos „Geste" vgl. S. HAUERWAS, The Gesture of a Truthful Story, in: DERS., Christian Existence Today. Essays on Church, World and Living in Between, Durham 1988, (101–110) 106.
[204] Zu seinen Auseinandersetzungen mit Rauschenbusch und Reinhold Niebuhr, vgl. S. HAUERWAS, Walter Rauschenbusch and the Saving of America, in: DERS., A Better Hope. Resour-

Botschaft von John Howard Yoder bekräftigt, lehnt Hauerwas die Vorstellung ab, dass das Wirken Gottes in erster Linie in der Gesellschaft und nicht der Kirche stattfinde.²⁰⁵ Besonders besorgt ist er darüber, dass für US-amerikanische christliche Ethiker*innen nicht Jesus, sondern Amerika in den Mittelpunkt gerückt sei.²⁰⁶ In dem Maße, in dem die amerikanische Gesellschaft mehr von den ursprünglichen Wünschen der Social Gospel-Bewegung übernommen habe, sei die Macht vor allem der protestantischen Mainline Churches geschwächt worden. Warum sollte man sich, so fragt Hauerwas suggestiv, als Kirche versammeln, um die Gesellschaft zu verändern, wenn die Gesellschaft begonnen hat, viele der ursprünglichen Ziele zu übernehmen oder zumindest anzuerkennen, dass diese wichtig sind?

Hauerwas erkennt jedoch einen wichtigeren Bedarf, der in der politisch nicht korrekten Bekräftigung zum Ausdruck kommt, dass es „kein Heil außerhalb der Kirche gibt".²⁰⁷ Damit meint er, dass Ganzheit und Sinn nur durch eine Gemeinschaft von Jünger*innen generiert würden, die sich bemühen, dem Weg Jesu zu folgen. Diese exklusivere Sichtweise bringt auch die Erwartung mit sich, dass Christ*innen eine andere Sprache verwenden, um über das christliche moralische Leben nachzudenken. Hauerwas besteht darauf, dass Christ*innen aufhören müssen, in erster Linie zu versuchen, ihre konkreten Überzeugungen in verallgemeinerbare Prinzipien zu übersetzen, die Nichtchrist*innen akzeptieren können. Diese Festlegung führt ihn zu dem Urteil, dass Begriffe wie Gerechtigkeit und Freiheit „schlechte Ideen" darstellen.²⁰⁸ Verallgemeinerte moralische Konzepte, die auf „abstrakten Rechten und/oder vertraglichen Vereinbarungen" beruhen, versuchen, grundlegende Normen zu schaffen, die in einer Gesellschaft gelten. Wie Hauerwas bemerkt, erkennt MacIntyre eine Tendenz der modernen Kultur darin, sich selbst als eine Ansammlung von Individuen zu verstehen, die alle ihr individuelles Leben unter bestimmten Einschränkungen

---

ces for a Church Confronting Capitalism, Democracy, and Postmodernity, Grand Rapids 2000, 71-107; S. HAUERWAS / M. BROADWAY, The Irony of Reinhold Niebuhr. The Ideological Character of „Christian Realism", in: S. HAUERWAS, Wilderness Wanderings. Probing Twentieth-Century Theology and Philosophy, Boulder 1997, 48-61.

²⁰⁵ Vgl. S. HAUERWAS, With the Grain of the Universe. The Church's Witness and Natural Theology, Grand Rapids 2001, 221.

²⁰⁶ Vgl. S. HAUERWAS, Christian Ethics in America (And the Journal of Religious Ethics). A Report on the Book I Will Not Write, in: DERS., A Better Hope. Resources for a Church Confronting Capitalism, Democracy, and Postmodernity, Grand Rapids 2000, (55-69) 61. Hauerwas, ebd., beklagt: „Sie sind sich alle darin einig, dass das Thema der christlichen Ethik in Amerika Amerika ist."

²⁰⁷ Vgl. S. HAUERWAS, After Christendom. How the Church Is to Behave If Freedom, Justice, and a Christian Nation Are Bad Ideas, Nashville 1991, 23-44.

²⁰⁸ Vgl. a.a.O., 45-68.

leben. In einer solchen Gesellschaft können Appelle an Gerechtigkeit und Freiheit dazu dienen, diejenigen zu schützen, die ungerecht behandelt werden, aber sie können auch eine Weltanschauung stützen, die nicht auf Gott, sondern auf das Eigen- oder Gruppeninteresse ausgerichtet wird. Hauerwas ist zum Beispiel der Ansicht, dass die Betonung der Religionsfreiheit zu einer korrumpierenden Ideologie geführt habe, die besagt, dass Religion nur eine persönliche Vorliebe sei, die man am besten für sich behält. Dies habe den Glauben und die Glaubensgemeinschaften trivialisiert.[209] Für Hauerwas erwächst wahre Gerechtigkeit aus einer Gemeinschaft, die die Kunst, in gerechten und liebevollen Beziehungen zu leben, erlernt hat. Freiheit bestehe nicht in einer persönlichen Entscheidungsfreiheit, sondern werde dort zur Freiheit, wo Menschen durch ein Leben als Jünger*innen Jesu von der Versklavung durch das eigene Wollen befreit würden.

Anstatt die christliche Ethik in allgemeingültige sozialethische Politikempfehlungen für eine säkulare Gesellschaft zu übersetzen, empfiehlt Hauerwas den Christ*innen, die Besonderheit ihres Glaubens und der Einübung seiner Praxis zu betonen. Diese Forderung verbindet ihn mit der sog. „postliberalen Theologie". In Anlehnung an George A. Lindbeck erklärt Hauerwas diese Position so, dass

> „die Theologie nicht eine allgemein verfügbare Erfahrung beschreibt. Vielmehr wird durch die Zugehörigkeit zu einer bestimmten Gemeinschaft, die durch christliche Überzeugungen geprägt ist, eine Erfahrung ermöglicht, die sonst nicht möglich ist."[210]

Diese Erfahrung in einer bestimmten Gemeinde habe Konsequenzen für ein breites Spektrum praktisch-ethischer Fragen. Von besonderer Bedeutung ist hierbei, dass Hauerwas – wie Yoder – eine pazifistische Haltung einnimmt. Hauerwas, der die christliche Ethik als eine von der *story* und der Gemeinschaft der Kirche geprägte Disziplin versteht, weist darauf hin, dass der Krieg in der säkularen Kultur eine so bedeutende Rolle spiele, weil er eine *story* erzählt. Es sei eine gewalttätige *story*, aber sie beinhalte persönliche Opfer, Heldentum und die Werte einer größeren Gemeinschaft. Leider binde er die Menschen auch an die Uneinigkeit konkurrierender Nationalstaaten. Theoretiker*innen des gerechten Krieges behaupten, dass Pazifist*innen Ungerechtigkeit und Unterdrückung ungehindert zulassen würden, wenn sie nicht gegen diejenige Unterdrückung kämpfen, die unschuldige Opfer hervorbringt. Hauerwas hingegen argumentiert in Anlehnung an Yoder, dass ein Nichtwiderstehen („non-resistance") und der Weg des Kreuzes die einzig authentischen Wege seien, denen Christ*innen folgen können. Die Frage „Soll der Krieg abgeschafft werden?" ist für Christ*innen nicht die richtige Frage, urteilt Hauerwas, denn „der Krieg ist für diejenigen, die

---

[209] Vgl. a.a.O., 74.
[210] S. HAUERWAS, Against the Nations. War and Survival in a Liberal Society, Minneapolis u.a. 1985, 2.

an der *story* Gottes teilnehmen, bereits abgeschafft".²¹¹ Die Aufgabe bestehe vielmehr darin, in dieser Welt mit einer derartigen Vorstellungskraft zu leben, die Alternativen zum Krieg ins Auge fassen kann; dies sei etwas, das am besten durch die einfache „Geste" des Abendmahls genährt wird. Die Ablehnung von Gewalt verbindet Hauerwas auch mit einer Verurteilung von „Abtreibung, Selbstmord, Todesstrafe und Krieg".²¹² Christ*innen dürften innerhalb ihrer Gemeinden Frauen mit einer ungewollten oder riskanten Schwangerschaft ebenso wenig im Stich lassen wie klinisch depressive Menschen, die über Selbstmord nachdenken, oder auch gewalttätige Menschen, die unschuldiges Leben genommen hätten. Nach Hauerwas muss eine „Kultur des Todes" herausgefordert, nicht umarmt werden.²¹³

Kritiker*innen haben Hauerwas' Denken auf mehreren Ebenen kritisiert – mit Blick auf seine Antworten zu praktisch-ethischen Fragen bis hin zu seinem Fokus auf den Charakter, der durch die christliche Gemeinde geformt wird, die sich von „der Welt" unterscheidet. Wie bereits erwähnt, kam die vielleicht direkteste Kritik von seinem eigenen Mentor, James Gustafson. In dem Aufsatz *The Sectarian Temptation: Reflections on Theology, the Church and the University* (1985) beklagt Gustafson, dass Hauerwas' eher tribalistische Sichtweise der christlichen Ethik als einer Reihe von Praktiken und Verhaltensweisen, die von einer Kirche geformt werden, die sich von der Gesamtgesellschaft abhebt, eine Sichtweise der christlichen Moral mit sich bringe, die „nicht auf dem Anliegen beruht, verantwortungsbewusste Teilnehmer*innen an den ambivalenten öffentlichen Entscheidungsprozessen zu sein".²¹⁴ Gustafson erkennt hierin eine Perspektive, in der es „der christlichen Theologie und Ethik nicht so sehr um Gott geht, sondern vielmehr darum, die Treue zu den biblischen Erzählungen über Jesus zu bewahren, oder darum, die ‚biblische Sicht' als eine historische Berufung aufrechtzuerhalten, die Treue ohne weitere äußere Rechtfertigung verlangt, oder darum, auf idolatrische Weise eine historische soziale Identität zu bewahren".²¹⁵ Hauerwas hat eine Gegendarstellung angeboten, in der er Gustafsons Argumente dafür

---

[211] A.a.O., 197.
[212] HAUERWAS, With the Grain of the Universe, 231.
[213] Vgl. ebd.
[214] J.M. GUSTAFSON, The Sectarian Temptation. Reflections on Theology, the Church, and the University (1985), in: DERS., Moral Discernment in the Christian Life, (142–154) 148. Hauerwas führt dieses Zitat in seiner kritischen Replik auf Gustafson an: S. HAUERWAS, Why the „Sectarian Temptation" Is a Misrepresentation. A Response to James Gustafson, in: DERS., The Hauerwas Reader, ed. by J. BERKMAN / M.G. CARTWRIGHT, Durham / London 2001, (90–110) 94.
[215] GUSTAFSON, The Sectarian Temptation, 153. Hauerwas führt auch dieses Zitat in seiner Gegenrede an. So HAUERWAS, Why the „Sectarian Temptation" is a Misrepresentation. A Response to James Gustafson, 95.

4. Stimmen des Post-Christentums

in Frage stellt, dass sein Kirchenverständnis „sektiererisch" sei. Hauerwas hat auch die Vorstellung in Frage gestellt, dass es seiner Vision von Kirche an einem selbstkritischen Moment fehle. Für authentische Glaubensgemeinschaften, die für Gott offen sind, gelte – so Hauerwas –, dass „Versuchungen zu falschem Wissen"[216] immer herausgefordert werden.

5. Fazit

Das 20. Jahrhundert hat die US-amerikanische christliche Ethik in bemerkenswerter Weise verändert. Am Anfang stand der Ruf nach einer Kirche, die sich mit der wirtschaftlichen Ungleichheit in Amerika befasst, im Mittelpunkt. In den Jahren zwischen dem Ersten und dem Zweiten Weltkrieg richtete sich der Blick auf die Grenzen des Optimismus des Social Gospel und auf die Notwendigkeit einer christlichen Ethik, die mit den Realitäten der miteinander konkurrierenden nationalen Mächte umgehen kann. In der Mitte des Jahrhunderts wandte sich die christliche Ethik in den Vereinigten Staaten grundlegenden Fragen zur Bedeutung der Theologie zu; und zwar in einer Zeit, in der die wachsende Zahl von Christ*innen mit Hochschulbildung die Spannung zwischen Glaube und Vernunft deutlich machte und die Tür zu einer stärkeren Infragestellung traditioneller Werte in Bezug auf Familie, Sexualität und politisches Leben öffnete. In den fünfziger, sechziger und siebziger Jahren kam es in Kirche und Gesellschaft Amerikas zu einem langsamen Erwachen, als die Bürgerrechts- und die Frauenbewegung die alten Gesellschaftsordnungen in Frage stellten und mehr Gerechtigkeit forderten. Und gegen Ende des Jahrhunderts, als sich die Komplexität des zunehmend urbanisierten und globalisierten Lebens entfaltete, wurde das Feld der protestantischen Ethik professioneller und spezifischer aufgegleist, um mit der breiten Palette von Themen umzugehen, die spezifisches Wissen zur Analyse erforderten. Diese Spezialisierung und die fachbezogene Aufteilung des Feldes führten zu einer zunehmenden Betonung der angewandten Ethik mit einer breiteren Publikumsorientierung, die sich bisweilen so sehr bemühte, theologische Standpunkte in „öffentlichere" Konzepte und Festlegungen zu übersetzen, dass sie Gefahr lief, ihre unverwechselbare Stimme zu verlieren. Angesichts dieser Realität war es nicht verwunderlich, dass „post-liberale" Stimmen in den Vordergrund traten,[217] die auf der unverwechselbaren Präsenz der Kirche als Zeugin des Weges Jesu beharrten.

---

[216] HAUERWAS, Why the „Sectarian Temptation" is a Misrepresentation. A Response to James Gustafson, 101.
[217] Vgl. die Textsammlung B. WANNENWETSCH (Hg.), Wendepunkte der Ethik. Zur postliberalen Herausforderung ethischer Theologie, EThD 1, Berlin 2021.

I. Die „Gründerväter":

**Walter Rauschenbusch (1861–1918),
Reinhold Niebuhr (1892–1971) und
H. Richard Niebuhr (1894–1962)**

1. Die Theologie des „Social Gospel":
Walter Rauschenbusch (1861–1918)

Einführung

Person und Werk

Walter Rauschenbusch wurde am 4.10.1861 in Rochester, New York geboren und starb am 25.7.1918 ebenda. Der amerikanische Theologe deutscher Herkunft verbrachte Teile seiner Jugend in Deutschland. Nach seinem Studium, das er in Rochester absolvierte, wurde er 1886 zunächst Pastor in einer deutschen baptistischen Gemeinde in einer armen, von Kriminalität geprägten Gegend Manhattans, die umgangssprachlich als *Hells Kitchen* bezeichnet wird. 1897 wurde er Dozent für Neues Testament am baptistischen Seminar in Rochester, bevor er 1902 ebenda eine Professur für Kirchengeschichte erhielt.

In seiner Zeit am baptistischen Seminar entstehen mehrere wirkmächtige Publikationen. Zu nennen sind insbesondere *Christianity and the Social Crisis* (1907), welches die theologische Bewegung des „Social Gospel" (dt.: soziales Evangelium) entscheidend prägte sowie *A Theology for the Social Gospel* (1917) (dt.: „Die religiösen Grundlagen der sozialen Botschaft"), mit dem – wie der Titel bereits erahnen lässt – R. den Versuch unternimmt, dem „Social Gospel" eine systematisch-theologische Fundierung zu geben.

Zu den bekanntesten amerikanischen Theologen, die von Rauschenbusch geprägt worden sind, die seine Theologie und die Grundzüge des „Social Gospel" jedoch jeweils auch kritisch rezipiert haben, gehören Reinhold Niebuhr und Martin Luther King.

Theologischer Ansatz

R. gilt als führender Theologe des „Social Gospel", bei dem es sich um eine protestantische Bewegung handelt, die in den USA im frühen 20. Jahrhundert großen Einfluss gewinnt. Kernanliegen des „Social Gospel" sind die Orientierung an der Lebenspraxis der Menschen, die Anwendung der christlichen Ethik auf soziale Probleme wie die wirtschaftliche Ungerechtigkeit in den USA, das Hinwirken auf soziale Reformen und eine Betonung der Bedeutung des Reiches Gottes für das irdische Leben.

Die Anthropologie von R. fußt v.a. auf der Überzeugung, dass der Mensch ein soziales Wesen sei und sein Leben einen sozialen Charakter habe. Hierauf folgt R.s Kritik am Individualismus, die sich mit seinem Fokus auf die soziale Frage und die wirtschaftlichen Ungerechtigkeiten zu einer Kapitalismuskritik verbindet. Das Reich Gottes wird dabei einem Leben gegenübergestellt, welches sich an Individualismus und Kapitalismus ausrichtet. Dass die Ausrichtung an Individualismus und Kapitalismus, welche R. als gegenwärtig dominant in den USA charakterisiert, schwerwiegende und problematische Folgen habe, leitet er aus seinen Erfahrungen als Gemeindepastor in *Hells Kitchen* ab. Diese biographische Erfahrung kann daher als Ausgangspunkt und Motivation seiner Theologie des „Social Gospel" identifiziert werden.

R.s Theologie zielt auf eine Reform von Kirche, Glauben und Gesellschaft ab. Die Kirche solle stärker als bisher ihre soziale und gesellschaftliche Verantwortung wahrnehmen. Der christliche Glaube wird von ihm als nicht individualistisch verstanden, was sich insbesondere in der Soteriologie zeigt: Anstatt die Erlösung des Einzelnen als individuelle Erfahrung in den Vordergrund zu stellen, fokussiert sich R.s Theologie des „Social Gospel" auf die Erlösung des Menschen im sozialen Gefüge der Gesellschaft. Allgemein sieht er als Adressat der Hoffnungsbotschaft und der ethischen Lehre Jesu nicht den einzelnen Menschen, sondern vielmehr die Menschen in ihrem sozialen Gefüge. Als irdische Konsequenz des Reiches Gottes strebt er eine demokratische Transformation der sozialen und wirtschaftlichen Strukturen der Gesellschaft an, die sich an der Botschaft Jesu ausrichtet. R. wird bisweilen dafür kritisiert, die Selbsterlösung des Menschen durch eine Veränderung der Gesellschaft zu propagieren. Jedoch bleibt in seiner Theologie des „Social Gospel" und in seiner Reich-Gottes-Lehre zugleich stets ein eschatologischer Vorbehalt und er versteht das Kommen, die Entwicklung und schließlich auch die Vollendung des Reiches Gottes als Tat Gottes.

Bemerkungen zum Text

Der ausgewählte Text ist ein Kapitel aus R.s Buch *A Theology for the Social Gospel* (1917), das bereits weiter oben in seiner Biographie als zentrales Werk Erwähnung fand. In diesem Kapitel widmet sich R. dem Verständnis des Reiches Gottes, welches er als absolut zentral für den „Social Gospel" identifiziert. Das Reich Gottes sei jedoch nicht nur für den „Social Gospel" von entscheidender Bedeutung, sondern jede recht verstandene Theologie und Kirche müsse sich zwingend am Reich-Gottes-Gedanken ausrichten. Er konstatiert, dass dies in Theologie und Kirche zu selten der Fall (gewesen) sei, was problematische Folgen nach sich ziehe. Zu diesen negativen Folgen gehören: die Ersetzung des Reich-Gottes-Ideals durch die reale, fehlerbehaftete Kirche; der Verlust der Beziehung von Theologie und Kirche zur Botschaft und Ethik Jesu; der moralische Niedergang der

Kirche, ihrer Macht und ihres Gewissens; der Verlust des revolutionären Potenzials des Christentums; die Geringschätzung des weltlichen zugunsten des kirchlichen Lebens; die Konzentration auf die Erlösung des Einzelnen und das Ignorieren der Erlösung der Gemeinschaft. Da R. die reale Kirche durchaus kritisch sieht, das individualistische Verständnis des Menschen anprangert und eine Transformation der Gesellschaft anstrebt, stuft er all diese genannten Folgen als negativ ein.

Zur Zeitdiagnose von R. gehört aber auch, dass die Lehre vom Reich Gottes mittlerweile in einigen theologischen Werken eine gewichtige Rolle spiele, was früher nicht der Fall gewesen sei und von R. nicht zuletzt auf den Einfluss des „Social Gospel" zurückgeführt wird. In seiner Aufzählung von Elementen, wie in einer Theologie des „Social Gospel" vom Reich Gottes zu sprechen sei, wird aufgezeigt, welche zentrale Rolle der Reich-Gottes-Gedanke für diese religiöse Strömung spielt; z.B., indem das Reich Gottes als oberstes Ziel Gottes und Daseinszweck der Kirche bezeichnet wird. Auch Anknüpfungspunkte für die oben angeführte, R. bisweilen entgegengebrachte Kritik, er propagiere die Selbsterlösung des Menschen, sind hier zu finden. Der erste Satz des ersten Unterpunktes, welcher diese zweite Aufzählung einleitet („Das Reich Gottes ist göttlich in seinem Ursprung, seiner Entwicklung und seiner Vollendung."), kann durchaus als Reaktion R.s auf diese Kritik bzw. als Antizipation dieser Kritik gelesen werden. In diesem Zusammenhang ist auch zu beachten, dass die Veröffentlichung dieses Textes im Jahr 1917 in die Zeit des 1. Weltkrieges fiel. Zusammen mit den biographischen Erfahrungen R.s in *Hells Kitchen* und seiner negativen Einschätzung der Folgen des weitgehend unkontrollierten Kapitalismus in den USA stellt dies einen Gegenpol zu R.s optimistischen Gedanken zum Entwicklungspotenzial der Menschheit dar.

Literatur

M. Andjelic, Christlicher Glaube als prophetische Religion. Walter Rauschenbusch und Reinhold Niebuhr, Frankfurt a.M. 1998.

G. Dorrien, Soul in Society: The Making and Renewal of Social Christianity, Minneapolis 1995, 21–54.

R. Dziewas, Social Gospel und moderne Sozialtheologie. Zur Bedeutung der Reich-Gottes-Vorstellung für eine gesellschaftsverändernde Diakonie, in: Ch. Böttigheimer / R. Dziewas / M. Hailer (Hg.), Was dürfen wir hoffen? Eschatologie in ökumenischer Verantwortung, Leipzig 2014, 113–131.

K. Rennstich, Rauschenbusch, Walter, in: F.-W. Bautz / T. Bautz (Hg.): Biographisch-Bibliographisches Kirchenlexikon. Bd. 6, Herzberg 1993, 1415–1419.

W. Weiße, Reich Gottes. Hoffnung gegen Hoffnungslosigkeit, Göttingen 1997, 63–70.

Die religiösen Grundlagen der sozialen Botschaft: Das Reich Gottes (1917)[0]

Wenn die Theologie dem sozialen Evangelium eine angemessene dogmatische Unterlage bieten will, so muss sie nicht nur Raum schaffen für die Lehre vom Reich Gottes, sondern sie in den Mittelpunkt rücken und alle anderen Lehrsätze so überarbeiten, dass sie sich organisch mit ihr verbinden.

Diese Lehre ist selbst das soziale Evangelium. Ohne sie wird der Gedanke einer Erlösung der sozialen Verhältnisse nur ein Anhang zu der orthodoxen Auffassung von dem Erlösungsplan. Er würde sein Leben fristen wie die schwarze Dienerschaft des weißen Herrn in den Südstaaten, die in einer besonderen Hütte hinter dem Herrenhause untergebracht ist. Wenn diese Lehre aber den Platz erhält, der ihr von jeher gebührte, dann wird die praktische Verkündigung und Anwendung der sozialen Moral eine feste Grundlage haben.

Für jene, deren Gedanken im sozialen Evangelium leben, ist das Reich Gottes eine kostbare Wahrheit, das Mark des Evangeliums, gerade was die Fleischwerdung Christi für Athanasius war, die Rechtfertigung durch den Glauben für Luther, und die Souveränität Gottes für Jonathan Edwards[1]. Ebenso teuer war sie Jesus selbst. Auch er lebte in ihr und sah von ihr aus auf die Welt und das Werk, das er zu tun hatte.

Jesus sprach immer vom Reiche Gottes. Nur zwei seiner uns überlieferten Aussprüche enthalten das Wort „Kirche", und beide Stellen sind von fraglicher Echtheit. Man darf ruhig sagen, dass er nie daran dachte, die Art von Institution zu gründen, die nachher den Anspruch darauf erhob, in seinem Namen zu handeln.

---

[0] [Anm. d. Hg.: Bei diesem Text handelt es sich um das mit „Das Reich Gottes" überschriebene, dreizehnte Kapitel aus dem Buch *Die religiösen Grundlagen der sozialen Botschaft* (1922), das im englischsprachigen Original den Titel *A Theology for the Social Gospel* (1917) trägt. Die deutschsprachige Übersetzung stammt von Clara Ragaz und wurde für die Veröffentlichung hier leicht angepasst. Während Ragaz im Titel den Namen der von Rauschenbusch repräsentierten theologischen Strömung des „Social Gospel" als „soziale Botschaft" bezeichnet, übersetzt sie im Fließtext Rauschenbuschs Rede vom „Social Gospel" wörtlich als „soziales Evangelium". W. RAUSCHENBUSCH, A Theology for the Social Gospel, New York 1917, 131–145. W. RAUSCHENBUSCH, Die religiösen Grundlagen der sozialen Botschaft. Aus dem Englischen übers. von C. RAGAZ. Mit einer Einleitung von L. RAGAZ, Zürich u.a. 1922, 173–188.]

[1] [Anm. d. Hg.: Jonathan Edwards (1703-1758) war ein amerikanischer Prediger und Theologe und gilt als einer der wichtigsten amerikanischen Theologen überhaupt.]

Doch sofort nach seinem Tode vereinigten sich aus einer inneren Notwendigkeit heraus Gruppen von Jüngern und schlossen sich fester zusammen. Jede Ortsgemeinde wusste, dass sie einen Teil einer von Gott gegründeten Bruderschaft bildete, die sich geheimnisvoll unter der Menschheit ausbreitete und die Wiederkehr des Herrn und die Aufrichtung seines Reiches erwartete. Die allumfassende Kirche wurde mit dem gleichen religiösen Glauben und der gleichen Ehrfurcht geliebt, mit der Jesus das Reich Gottes geliebt hatte. Sie war die teilweise und irdische Verwirklichung der gottgewollten Gemeinschaftsordnung, und bei der Wiederkunft Christi würden die Kirche und das Gottesreich ineinander übergehen.

Aber das Reich Gottes war bloß eine Hoffnung, die Kirche eine gegenwärtige Wirklichkeit. Das Hauptinteresse und die große Liebe strömte der Kirche zu. Bald wurde durch eine Verkettung von Umständen der Name und die Idee des Gottesreiches in der Predigt, der Literatur und dem theologischen Denken der Kirche durch den Namen und die Idee der Kirche ersetzt. Augustinus vollendete diesen Entwicklungsprozess in seinem Buche *De Civitate Dei*[2]. Das Reich Gottes, das durch die ganze menschliche Geschichte hindurch sich dem Reich der Sünde entgegengestellt hat, ist heute in der Kirche verkörpert. Das Tausendjährige Reich begann, als die Kirche gegründet wurde. So wurde in Wirklichkeit die tatsächliche, nicht die ideale Kirche an Stelle des Gottesreiches gesetzt. Das geliebte Ideal Jesu wurde eine unbestimmte Redewendung, die vom Neuen Testament her immer wieder eindrang. Gleich dem Aschenbrödel in der Küche sah es, wie die anderen großen Dogmen zum Ball herausgeputzt wurden, aber kein Prinz der Theologie setzte es in seine angestammten Rechte ein. Auch die Reformation brachte keine Renaissance der Lehre vom Reich Gottes; sie hatte nur einen Ort in der Lehre von den letzten Dingen oder wurde in abgeblassten, von der Kirche entlehnten Wendungen ausgedrückt. Das jetzige Wiederaufleben des Gedankens vom Reiche Gottes ist auf den vereinten Einfluss der geschichtlichen Erforschung der Bibel und des sozialen Evangeliums zurückzuführen.

Als die Lehre vom Reiche Gottes im christlichen Denken zu einem verkümmerten und traurigen Überrest zusammengeschrumpft war, konnte dieser Verlust nicht anders als weittragende Folgen haben. Man sagt uns, dass im Kindesalter der Verlust eines einzigen Zahnes aus dem Gaumen die symmetrische Entwicklung des Schädels stören und Missbildungen veranlassen kann, die den Geist und den Charakter beeinflussen. Das Dahinschwinden jener Idee, welche im Denken Jesu den ersten Platz einnahm, beeinflusste selbstverständlich die Auffassung des Christentums, das Leben der Kirche, den Fortschritt der Menschheit

---

[2] AUGUSTINUS, Vom Gottesstaat. Vollständige Ausgabe in einem Band. Aus dem Lateinischen übers. von W. THIMME. Eingeleitet und kommentiert von C. ANDRESEN, München 2007.

und den Aufbau der Theologie. Ich werde in Kürze einige der Folgen für die Theologie aufzählen. Diese Liste ist aber durchaus nicht vollständig.

1. Die Theologie verlor ihren Zusammenhang mit der synoptischen Botschaft Jesu. Ihre Probleme waren durchaus nicht dieselben, die seinen Geist beschäftigt hatten. Sie gab seine Anschauungsweise auf und wurde bis zu einem gewissen Grade unfähig, ihn zu verstehen. Seine Gedanken mussten in unserer Zeit neu entdeckt werden. Die herkömmliche Theologie und die Denkweise Jesu hatten keine gemeinsame Maßeinheit mehr. Die Theologie erhob den Anspruch, die in ihm erschienenen Offenbarungen und die Substanz seiner Gedanken als göttliche Wahrheit zu betrachten und lernte doch nicht denken wie er. Der Verlust des Reichsgedankens ist einer der Schlüssel für diese Sachlage.

2. Die besonderen ethischen Grundsätze Jesu waren die direkte Frucht seiner Auffassung vom Reiche Gottes. Als das letztere aus der Theologie verschwand, verschwanden die ersteren aus der Ethik. Nur Menschen, die von dem Inhalt des Reichgottesideals durchdrungen sind, scheinen sich der Ethik Jesu freuen zu können. Nur diejenigen religiösen Gemeinschaften, die sich der bestehenden Gesellschaftsordnung entgegenstellten und nach der vom Himmel zur Erde kommenden Gottesstadt ausschauten, haben die Bergpredigt ernst genommen.

3. Die Kirche ist in erster Linie eine Gemeinschaft der Anbetung, das Gottesreich ist eine Gemeinschaft der Gerechtigkeit. Wenn man diese in der Theologie vernachlässigte, wurde die ethische Kraft des Christentums geschwächt; wenn man jene in der Kirche stärker betonte, wurde die Wichtigkeit des Kultus übertrieben. Die Propheten und Jesus hatten Opfer und Zeremonien niedrig eingeschätzt und Rechtschaffenheit, Barmherzigkeit und Solidarität auf den Schild erhoben. Die Theologie kehrte das Verhältnis um und tat durch ihre theoretischen Erörterungen alles, um die sakramentalen Handlungen und die priesterliche Würde in ihrem Werte zu erhöhen. So gingen die religiöse Kraft und Begeisterung, welche die Menschheit von ihren Sünden hätten erlösen können, im Anhören und Stiften von Messen oder im Unterhalt sich bekämpfender kirchlicher Organisationen auf, während die Menschheit noch im Schmutze steckt. Es gibt Nationen, bei denen der sittliche Zustand der Masse im umgekehrten Verhältnis steht zu der Masse der Kirchenbesucher.

4. Als das Reich Gottes aufhörte, die herrschende religiöse Wirklichkeit zu sein, rückte die Kirche zur Stellung des höchsten Gutes vor. Die Macht der Kirche und ihre Vorherrschaft über alle neben ihr aufstrebenden politischen Mächte zu fördern, war gleichbedeutend mit der Förderung der höchsten Ziele der Christenheit. Dies vermehrte die Anmaßung der Kirchenmänner und ließ sie über die moralischen Bedenken in ihrer Politik hinwegkommen. Denn das Gottesreich kann nie durch Lüge, List, Verbrechen oder Krieg gefördert werden; aber der

Reichtum und die Macht der Kirche sind oft durch diese Mittel gefördert worden. Das mittelalterliche Ideal von der Vorherrschaft der Kirche über den Staat war die logische Folge davon, dass man die Kirche zum höchsten Gut erhoben hatte, ohne ihr einen überlegenen ethischen Maßstab zu geben, an welchem sie hätte geprüft werden können. Die mittelalterlichen Lehrsätze, die sich auf die Kirche und das Papsttum bezogen, waren die direkte theologische Frucht der Kämpfe der Kirche um die Vorherrschaft und waren als Waffen in diesem Kampfe gedacht.

5. Das Reichgottesideal ist der Prüfstein und das Korrektiv für den Einfluss der Kirche. Als das Reichgottesideal verschwand, wurde das Gewissen der Kirche stumpfer. Die Ausbreitung des Christentums durch die Mission konnte jahrhundertelang stillstehen, ohne dass dies als ein Pflichtversäumnis empfunden wurde. Die ungerechtesten sozialen Verhältnisse konnten sich in christlichen Völkern festwurzeln, ohne dass es den Menschen bewusst geworden wäre, wie dadurch die Absichten Christi missachtet und mit Füßen getreten wurden. Die praktischen Unternehmungen der Kirche bewegten sich innerhalb enger Grenzen und das theologische Denken der Kirche war notwendigerweise in ähnlicher Art gehemmt. Die Ansprüche der Kirche durften in der Theologie aufgestellt werden ohne Bedingungen und Verpflichtungen, die ihnen als Prüfstein und Gegengewicht gedient hätten. Wenn das Reich Gottes als der Daseinszweck der Kirche dagestanden hätte, dann hätte die Kirche nicht einer solchen Verderbnis und Trägheit anheimfallen können. Die Theologie trägt einen Teil der Schuld an dem Hochmut, der Habsucht und dem Ehrgeiz der Kirche.

6. Das Reichgottesideal enthält die revolutionäre Kraft des Christentums. Als dieses Ideal im systematischen Denken der Kirche verblasste, wurde es ein konservatives Element im sozialen Leben und vermehrte das Gewicht der anderen Kräfte des Stillstandes in der Gesellschaft. Wenn das Reich Gottes weiter einen Teil des theologischen und christlichen Bewusstseins ausgemacht hätte, wäre es nicht möglich gewesen, dass die Kirche bis auf unsere Tage durch autokratische Klassenregierungen ökonomisch unterhalten würde, um die demokratischen und wirtschaftlichen Bestrebungen des Volkes darniederzuhalten.

7. Umgekehrt blieben die Bestrebungen nach demokratischer und sozialer Gerechtigkeit ohne religiösen Untergrund, weil ihnen der Reich-Gottes-Gedanke fehlte. Das Reich Gottes, das die Bruderschaft der Gerechtigkeit ist, würde durch die Abschaffung der industriellen Sklaverei und durch die Beseitigung der tiefen Sümpfe unserer zivilisierten Welt gefördert, die Kirche hätte durch solche sozialen Veränderungen freilich nur einen indirekten Gewinn. Auch heute noch können manche Christen der sozialen Gerechtigkeit und Brüderlichkeit keinen religiösen Wert beimessen, weil sie die Zahl der Bekehrungen nicht vermehren und die Kirchen nicht füllen. So wurde die praktische Auffassung der Erlösung,

die für den gewöhnlichen Mann und Pfarrer die wirkliche Theologie ist, zurückgestutzt und verkümmert, weil das Reichgottesideal fehlte.

8. Das weltliche Leben wird im Vergleich mit dem kirchlichen Leben gering geachtet. Dienste, die man der Kirche leistet, werden höher eingeschätzt als Dienste, die man der Gemeinschaft erweist.[3] So wird der religiöse Wert aus der Tätigkeit des gemeinen Mannes und dem prophetischen Dienste an der Gesellschaft ausgeschaltet. Wo immer das Reich Gottes eine lebendige Wirklichkeit im christlichen Denken ist, wird jedes Fortschreiten der sozialen Gerechtigkeit als ein Teil der Erlösung angesehen und erregt innerliche Freude und das triumphierende Gefühl des Heils. Wenn die Kirche das Interesse aufsaugt, schleicht sich eine gewisse feinere Art von Askese in unsere Theologie ein und die ganze Einstellung zur Welt verändert sich.

9. Wo die Lehre vom Reiche Gottes der Theologie fehlt, wird die Erlösung des einzelnen im Zusammenhang mit der Kirche und dem künftigen Leben, aber nicht in ihrer Beziehung zu der Aufgabe der Erlösung der Gemeinschaft gesehen. Die Theologie hat diesen wichtigen Punkt so verschwommen und verworren gelassen, dass wir beinahe ein Menschenalter dazu brauchten, um die nahe — und wie nahe! — Beziehung zwischen der Erlösung des einzelnen und der Erlösung der sozialen Ordnung zu erkennen.

10. Endlich ist die Theologie der begeisternden Wirkung der großen Gedanken verlustig gegangen, die in der Reich-Gottes-Idee und in der Arbeit für sie liegen. Das Reich Gottes bringt Propheten hervor, die Kirche Priester und Theologen. Die Kirche läuft auf Überlieferung und Lehrsätze hinaus; das Reich Gottes findet seine Freude an Zukunftsahnungen und Ausblicken in unbegrenzte Weiten. Die Männer, die dem christlichen Denken die fruchtbarsten Anregungen gegeben haben, waren Männer von prophetischem Schauen und ihre Theologie hat sich dort am wirksamsten für die künftigen Zeiten erwiesen, wo sie sich hauptsächlich mit der Geschichte der Vergangenheit, mit den sozialen Problemen der Gegenwart und mit der Zukunft der menschlichen Gesellschaft befasst hat. Das Reich Gottes ist für die Theologie, was Freilicht für die Kunst bedeutet. Es lässt sich nicht ermessen, wie viele begeisternde Impulse der Theologie und der Kirche verlorengegangen sind, weil sie die Lehre vom Reich Gottes nicht ausgebaut und die Welt und ihre Erlösung nicht von diesem Gesichtspunkt aus betrachtet haben.

---

[3] Nach dem Tode Susan B. Anthonys äußerte sich ein Pfarrer über ihr Leben und sprach sein Bedauern darüber aus, dass sie sich nicht zum orthodoxen Glauben bekannt habe. In der gleichen Ansprache fand er glühende Worte über einen neuen Linoleumteppich, der in der Küche der Kirche gelegt worden war. [Anm. d. Hg.: Susan B. Anthony (1820–1906) war eine amerikanische Sozialreformerin und Frauenrechtsaktivistin, die sich im Kampf gegen Sklaverei engagierte.]

Dies sind einige der geschichtlichen Einwirkungen, die das Verschwinden der Lehre vom Reiche Gottes in der systematischen Theologie hervorgebracht hat. Der wichtigste Beitrag, welchen das soziale Evangelium an die Theologie geleistet hat und leisten wird, ist der, dass es dieser Lehre neues Leben und neue Bedeutsamkeit gibt. Indem es das tut, wird es auf dem Gebiete der systematischen Theologie eine reformatorische Kraft von höchster Wichtigkeit sein; denn jede systematische Auffassung des Christentums wird nicht nur mangelhaft, sondern auch unrichtig sein, wenn der Reich-Gottes-Gedanke sie nicht beherrscht.

Die Wiederaufrichtung der Lehre vom Reiche Gottes hat schon Fortschritte gemacht. Einige der vortrefflichsten und umfangreichsten Werke der alten Theologie erwähnten in ihren Tausenden von Seiten das Reich Gottes nur flüchtig, meist in Verbindung mit der Lehre von den letzten Dingen, und sahen keinen Zusammenhang zwischen ihm und der Calvinschen Lehre von der persönlichen Erlösung. Die neueren Handbücher bringen nicht nur im Zusammenhang mit verschiedenen Lehrsätzen beständige Hinweise darauf, sondern sie ordnen ihren ganzen Stoff so an, dass das Reich Gottes die beherrschende Idee wird.[4]

---

[4] Vgl. W.A. BROWN, Christian Theology in Outline, New York 1906, 192: „Wir sind heute Zeugen einer Reaktion gegen diesen übertriebenen Individualismus [der Reformationstheologie]. Es ist ein Grundsatz des modernen Denkens geworden, dass Gottes Herrschaft sowohl eine soziale als eine individuelle Bedeutung hat, und die Vorstellung vom Reiche Gottes — die im Protestantismus der ersten Zeit verdunkelt wurde —, tritt nun in den Vordergrund des theologischen Denkens." Siehe auch die darauffolgende Abhandlung über The View of the Kingdom in modern Thought (a.a.O., 192–197). Albrecht Ritschl beginnt in seiner großen Monographie über Rechtfertigung und Versöhnung die Abhandlung über seine eigenen Anschauungen im dritten Band (§ 2) damit, dass er betont, die persönliche Erlösung müsse mit dem Reich Gottes organisch verbunden sein. Er sagt: „Nun hat sich die Theologie sehr ungleich für diese beiden Hauptmerkmale des Christentums interessiert. Alles, was den Erlösungscharakter des Christentums betrifft, ist Gegenstand der genauesten Überlegung gewesen, und demgemäß findet man in der Erlösung durch Christus den Mittelpunkt aller christlichen Erkenntnis und Lebensführung, während dabei die ethische Auffassung des Christentums unter der Idee des Reiches Gottes zu kurz kommt. [...] Nun ist es für den Protestantismus verhängnisvoll gewesen, dass die Reformatoren nicht die Idee des sittlichen Reiches Gottes oder Christi von der hierarchischen Korruption [d. h. vom Gedanken, dass die sichtbare Kirche das Reich Gottes sei] gereinigt, sondern dieselbe in einer nicht praktischen, sondern nur dogmatischen Form ausgeprägt haben." (A. RITSCHL, Die christliche Lehre von der Rechtfertigung und Versöhnung. Bd. 3, Bonn ⁴1895, 11). Kant erkannte als erster die Wichtigkeit des Reiches Gottes für die Ethik. Schleiermacher betonte als erster bei der Bestimmung der Wesensart des Christentums dessen teleologische Eigenschaft; aber er behandelte immer noch bald die persönliche Erlösung, bald das Reich Gottes, ohne ihren Zusammenhang entsprechend herauszuarbeiten. Ritschl hat mehr als irgendein anderer dazu beigetragen, den Gedanken in der deutschen Theologie in den Vordergrund zu stellen; aber er geht nicht über ein paar große

In den folgenden kurzen Aufstellungen möchte ich einige Anregungen in Bezug auf das soziale Evangelium für die theologische Formulierung der Lehre vom Reiche Gottes machen. Etwas Derartiges ist nötig, um uns „eine Theologie des sozialen Evangeliums" zu geben.

1. Das Reich Gottes ist göttlich in seinem Ursprung, seiner Entwicklung und seiner Vollendung. Es hat seinen Anfang in Jesus Christus genommen, in dem der prophetische Geist seine Vollendung fand; es wird getragen vom Heiligen Geist und wird durch die Macht Gottes seine Erfüllung finden, wenn die Zeit gekommen ist. Der passive und aktive Widerstand des Reiches des Bösen ist auf jeder Entwicklungsstufe so groß, und die menschlichen Hilfsquellen des Reiches Gottes sind so karg, dass einem religiös denkenden Menschen keine Erklärung genügen kann, die nicht Gottes Macht in seinen Bewegungen sieht. Das Reich Gottes ist deshalb in seiner ganzen Entwicklung ein Wunder und ist die ständige Offenbarung der Macht, der Gerechtigkeit und der Liebe Gottes. Die Errichtung einer Gemeinschaft der Gerechtigkeit unter den Menschen ist ebenso sehr eine rettende Tat Gottes wie die Erlösung eines einzelnen von seiner natürlichen Selbstsucht und seinem moralischen Unvermögen. Das Reich Gottes ist daher nicht nur eine Sache der Ethik, sondern hat Anspruch auf einen Platz in der Theologie. Diese Lehre ist durchaus unentbehrlich, um jene organische Verbindung zwischen Religion und Sittenlehre, zwischen Theologie und Ethik herzustellen, die eines der Merkmale der christlichen Religion ist. Wenn unsere sittlichen Handlungen bewusst mit dem Reich Gottes verbunden sind, bekommen sie religiösen Gehalt. Ohne diese Lehre werden wir Darstellungen von Erlösungsplänen haben, und wir werden Systeme der Ethik haben, aber wir werden keine wahre Darstellung des Christentums bekommen. Der erste Schritt zu der Reform der Kirchen ist die Wiederaufnahme der Lehre vom Reiche Gottes.

2. Das Reich Gottes enthält die Teleologie der christlichen Religion. Es versetzt die Theologie aus dem Zustand der Ruhe in den Zustand der Bewegung. Es sieht nicht Lehren und Kirchenformen, die erhalten und auf alle Zeiten fortgesetzt werden müssen, sondern Widerstände, die zu überwinden, und große Ziele, die zu erreichen sind. Da das Reich Gottes das höchste Ziel Gottes ist, so werden wir das Reich Gottes soweit verstehen, als wir Gott verstehen, und wir werden Gott verstehen, soweit wir das Reich Gottes verstehen. Solange es in der Welt organisierte Sünde gibt, ist das Wahrzeichen des Reiches Gottes der Streit mit dem Bösen. Aber wenn kein Übel da wäre, oder wenn das Übel einmal überwunden worden ist, wird das Reich Gottes immer noch das Ziel sein, zu dem Gott die Menschheit emporheben will. Es wird nicht nur durch die Erlösung, sondern

---

allgemeine Gesichtspunkte hinaus. Er war zu früh geboren worden, als dass er soziologische Gedanken hätte aufnehmen können.

auch durch die Erziehung der Menschheit und durch die Offenbarung seines Lebens in ihr verwirklicht.

3. Weil Gott in ihm ist, so ist das Reich Gottes immer gegenwärtig und zukünftig zugleich. Wie Gott selbst, ist es in allen Zeiten, ewig inmitten der Zeit. Es ist die Kraft Gottes, die sich im menschlichen Leben verwirklicht. Seine Zukunft liegt in den Geheimnissen Gottes verborgen. Es fordert zur Prophetie auf und rechtfertigt sie; aber alle Prophetie ist irrtumsfähig; sie hat nur Wert in dem Maße, als sie aus dem Handeln für das Reich Gottes herauswächst und dazu anspornt. Keine Theorien über die Zukunft des Reiches Gottes, welche Taten der Erlösung lähmen oder hinausschieben, dürfen als wertvoll und wahr betrachtet werden. Für diejenigen, die dem Aufschub das Wort reden, ist das Reich Gottes Theorie, nicht Wirklichkeit. Uns gebührt es, das Reich Gottes als etwas ewig Kommendes, immer auf die Gegenwart hin Drängendes, alle Möglichkeiten Bietendes und immer zu sofortigem Handeln Aufforderndes zu fassen. Wir wandeln im Glauben. Jedes menschliche Leben ist so gestellt, dass es mit Gott an der Schöpfung seines Reiches teilhaben oder dessen Fortschreiten sich widersetzen und dessen Kommen verzögern kann. Das Reich Gottes ist für jeden von uns die höchste Aufgabe und die höchste Gabe Gottes. Indem wir es als eine Aufgabe auf uns nehmen, empfinden wir es als eine Gabe. Indem wir für es arbeiten, gehen wir zu der Freude und dem Frieden des Reiches Gottes als in unsere himmlische Heimat und Wohnstätte ein.

4. Sogar vor Christus schon sahen die Männer Gottes das Reich Gottes als das große Ziel an, nach dem alle göttlichen Führungen hinwiesen. Jede idealistische Auslegung der Welt, sei sie religiös oder philosophisch, hat eine derartige Auffassung nötig. In der christlichen Religion erhält der Gedanke des Reiches Gottes seine deutliche Auslegung durch Christus. a) Jesus befreite den Reich-Gottes-Gedanken von seinen früheren nationalistischen Begrenzungen und von der Verfälschung durch niedrigere religiöse Tendenzen und verlieh ihm seine Geistigkeit und weltweite Art. b) Er machte den Erlösungsplan zu seinem wesentlichen Bestandteil. c) Er drückte dem Reich-Gottes-Gedanken den Stempel seines Geistes, seiner Persönlichkeit, seiner Liebe und seines heiligen Willens auf. d) Er verkündete das Reich Gottes nicht nur, sondern machte es durch sein Leben und sein Werk zur Wirklichkeit. In dem Maße, als sich heutzutage in der Menschheit mehr und mehr das Bewusstsein der Zusammengehörigkeit entwickelt, werden idealistische Auffassungen der Bestimmung des Menschengeschlechtes an Einfluss und Bedeutung gewinnen. Wenn die Theologie nicht ein solidaristisches Schauen bekommt, das höher und vollkommener ist als das aller anderen, kann sie die geistige Führung der Menschheit nicht behalten, sondern wird überholt werden. Ihre Aufgabe ist es, ihre Lehre vom Reiche Gottes mit der besonderen

Eigenart Jesu Christi zu durchdringen, und dies wird ein neuer Prüfstein dafür sein, ob sie weiter eine führende Stelle in der Menschheit einnehmen darf.

5. Das Reich Gottes ist eine nach dem Willen Gottes organisierte Menschheit. Wenn wir es im Geiste Jesu auslegen, so dürfen wir die folgenden Überzeugungen in Bezug auf die ethischen Beziehungen innerhalb des Reiches Gottes aussprechen: a) Da Christus den göttlichen Wert des Lebens und der Persönlichkeit offenbart hat, und da seine Erlöserliebe nach der Erneuerung und Vollendung auch des Geringsten trachtet, so folgt daraus, dass das Reich Gottes in jedem Stadium menschlicher Entwicklung nach einer sozialen Ordnung strebt, die die beste Gewähr bietet für die freieste und höchste Entwicklung jeder Persönlichkeit. Dies bedingt die Befreiung des sozialen Lebens von der verkrüppelnden Wirkung religiöser Engherzigkeit, von der Unterdrückung der Selbstachtung der unteren Klassen durch ihre Abhängigkeit von den oberen Klassen und von jeder Form der Sklaverei, in der menschliche Wesen als bloßes Mittel zur Erreichung des Zweckes anderer gebraucht werden. b) Da die Liebe das oberste Gesetz Christi ist, bedingt das Reich Gottes eine wachsende Herrschaft der Liebe im menschlichen Verkehr. Wir können ihr Vordringen beobachten, wo immer der freie Wille der Liebe die Anwendung von Gewalt und gesetzlichen Zwangsmaßnahmen in der sozialen Ordnung unnötig macht. Daraus ergibt sich die Erlösung der Gesellschaft von politischen Autokratien und wirtschaftlichen Oligarchien, die Verdrängung des rächenden Strafrechtes durch das rettende, die Abschaffung der durch den Hunger ausgeübten Gewalt als eines Teiles unseres Wirtschaftssystems und die Abschaffung des Krieges als des höchsten Ausdruckes des Hasses und der vollständigsten Aufhebung der persönlichen Freiheit. Der höchste Ausdruck der Liebe ist die freie Hingabe von allem, was wirklich unser eigen ist, Leben, Eigentum und Rechten. Ein weit niedrigerer, aber vielleicht wirksamerer Ausdruck der Liebe ist der Verzicht auf irgendeine bestimmte Möglichkeit der Ausbeutung anderer. Keine soziale Schicht oder Organisation kann den Anspruch erheben, unbestreitbar innerhalb des Reiches Gottes zu stehen, wenn sie andere ausbeutet, um es sich selbst wohl sein zu lassen, und wenn sie sich den Versuchen zur Beseitigung dieses Grundübels widersetzt. Daraus folgt die Erlösung der Gesellschaft vom Privatbesitz der natürlichen Güter der Erde und von jedem Verhältnis in der Industrie, das Monopolgewinne ermöglicht. c) Das Reich der Liebe zielt auf die fortschreitende Einheit der Menschheit, jedoch unter Wahrung der individuellen Freiheit und der Möglichkeit für die Völker, ihre nationale Eigenart und ihre eigenen nationalen Ideale zu bewahren.

6. Da das Reich Gottes das oberste Ziel Gottes ist, muss es auch der Daseinszweck der Kirche sein. In dem Maße, als sie diesen Zweck erfüllt, wird auch ihre geistige Autorität und Ehre steigen. Die Einrichtungen der Kirche, ihre Tätigkeit,

ihr Gottesdienst und ihre Theologie müssen letzten Endes daran bemessen werden, inwieweit es ihr gelingt, das Reich Gottes zu schaffen. Für die Kirche ist es dieselbe sündhafte, selbstsüchtige Abschließung, wenn sie sich als etwas vom Reiche Gottes Verschiedenes betrachtet und ihren Zweck in sich selbst sucht, wie wenn ein einzelner sich selbstsüchtig von dem Allgemeinwohl loslöst. Die Kirche hat nur insoweit erlösende Macht, als das Reich Gottes in ihr gegenwärtig ist. Wenn die Kirche nicht für das Reich Gottes lebt, sind ihre Einrichtungen ein Teil der „Welt". In diesem Falle ist sie nicht die Macht der Erlösung, sondern ein Gegenstand der Erlösung. Sie kann sogar eine antichristliche Macht werden. Wenn irgendeine Form der kirchlichen Organisation, die früher das Reich Gottes förderte, es jetzt verhindert, dann ist ihre Daseinsberechtigung dahingefallen.

7. Da das Reich Gottes das höchste Ziel ist, müssen alle Probleme der persönlichen Erlösung von dem Gesichtspunkt des Reiches Gottes aus neu bearbeitet werden. Es genügt nicht, die beiden Ziele des Christentums nebeneinander zu setzen. Es muss eine Synthese hergestellt werden und die Theologie muss erklären, wie die zwei aufeinander einwirken. (Siehe Kapitel 10 dieses Buches.)[5] Das ganze Erlösungswerk Christi muss auch unter diesem Lichte neu betrachtet werden. Die frühere griechische Theologie sah in der Erlösung hauptsächlich die Befreiung von der Unwissenheit durch die göttliche Offenbarung und vom irdischen Wesen durch die Verleihung der Unsterblichkeit. Sie stellte das Werk Christi entsprechend dar und legte Gewicht auf seine Menschwerdung und seine Auferstehung. Die abendländische Theologie sah die Erlösung hauptsächlich in der Sündenvergebung und der Befreiung von der Strafe. Sie stellte das Werk Christi demgemäß dar und legte das Hauptgewicht auf den Tod und die Versöhnung. Wenn das Reich Gottes der Leitgedanke und das Endziel Jesu war — wie wir wissen, dass es es war —, dann dürfen wir sicher sein, dass jeder Schritt in seinem Leben und auch sein Tod mit diesem Ziel und seiner Verwirklichung verknüpft waren, und wenn der Reich-Gottes-Gedanke seinen ihm zukommenden Platz in der Theologie einnimmt, wird das Werk Christi neu ausgelegt werden müssen.

8. Das Reich Gottes ist nicht auf die Kirche und ihre Tätigkeit beschränkt. Es umfasst das ganze menschliche Leben. Es ist die Umwandlung der sozialen Ordnung. Die Kirche ist eine soziale Einrichtung neben der Familie, der wirtschaftlichen Organisation der Gesellschaft und dem Staate. Das Reich Gottes ist in allen diesen und verwirklicht sich durch sie alle. Im Mittelalter wurde die ganze Gesellschaft durch die Kirche beherrscht und geführt. Wenige von uns würden

---

[5] [Anm. d. Hg.: Kapitel 10 des Buches *A Theology for the Social Gospel* (Die religiösen Grundlagen der sozialen Botschaft) trägt die Überschrift *The Social Gospel and Personal Salvation* (Das soziale Evangelium und die persönliche Erlösung)].

wünschen, dass das moderne Leben zu solchen Zuständen zurückkehrte. Aufgaben, die der Kirche einst oblagen, sind nun weit über ihren Bereich hinausgewachsen. Die Kirche ist unentbehrlich für die religiöse Erziehung der Menschheit und für die Erhaltung der Religion; aber die größte Zukunft wartet der Religion im öffentlichen Leben der Menschheit.

Eingeleitet und bearbeitet von Raphael Döhn

2. Politik aus der Perspektive des „Christian Realism": Reinhold Niebuhr (1892–1971)

Einführung

Person und Werk

Reinhold Niebuhr wurde am 21.6.1892 in Wright City, Missouri geboren und starb am 01.06.1971 in Stockbridge, Massachusetts. Der Sohn eines aus Deutschland eingewanderten Pastors war von 1915 an Seelsorger einer Gemeinde in Detroit. 1928 wurde er Professor für Sozialethik am Union Theological Seminary in New York City. N. gilt als einer der bedeutendsten und wirkmächtigsten amerikanischen Theologen überhaupt. Belege hierfür sind der Umstand, dass er 1948 das Cover des renommierten und auflagenstarken *Time Magazine* zierte und sich sowohl demokratische als auch republikanische Präsidentschaftskandidat*innen des 21. Jahrhunderts – Barack Obama, Hillary Clinton und John McCain – auf N. berufen. N. ist der Hauptvertreter der politisch-theologischen Strömung des „Christian Realism" (dt.: christlicher Realismus).

Zu den wichtigsten Werken N.s gehören *Moral Man and Immoral Society* (1932), das oftmals als Gründungswerk des „Christian Realism" bezeichnet wird, sowie *Nature and Destiny of Man* (1943). Auch das so genannte *Gelassenheitsgebet*, das vor allem im Zuge seiner Nutzung durch die *Anonymen Alkoholiker* bekannt geworden ist, stammt aus seiner Feder.

Theologischer Ansatz

N.s frühe Theologie speist sich stark aus dem „Social Gospel", weswegen hier Gemeinsamkeiten zur Theologie Rauschenbuschs deutlich erkennbar sind. Während einige Elemente des „Social Gospel" auch später noch bei N. auftauchen (z.B. Betonung der sozialen und politischen Verantwortung der Kirche, Kapitalismuskritik, Plädoyer für Demokratie und Menschenwürde), entfernt er sich in den Jahren um 1930 doch in anderen Aspekten vom „Social Gospel" und entwickelt seinen eigenen politisch-theologischen Ansatz des „Christian Realism". Zu dieser Abgrenzung gehört u.a., dass N. deutlich skeptischer gegenüber dem Gedanken ist, das Reich Gottes könne durch eine Umwandlung der sozialen Ordnung verwirklicht werden. Er sucht daher in seinem „Christian Realism" eine Balance zwischen dem anthropologischen Optimismus des „Social Gospel" auf der einen und der Betonung der Sünde, der gesellschaftlichen Realität des Bösen, den Ambivalenzen des menschlichen Seins und den praktischen Schwierigkeiten bei der Gestaltung des menschlichen Zusammenlebens nach dem Willen Gottes auf der anderen Seite und schafft somit eine Synthese zwischen optimistischer und pessimistischer Perspektive auf Mensch und Welt.

Generell ist N.s „Christian Realism" von dem Versuch geprägt, die positiven und negativen Aspekte des menschlichen Charakters in seiner Theologie gleichermaßen zu berücksichtigen und somit zu einer realistischen Sicht auf den Menschen und die Welt zu gelangen, woraus wiederum realistische Programme sozialer und politischer Verantwortung gewonnen werden sollen. Als Kriterium für das soziale und politische Handeln identifiziert er das Liebesgebot Jesu. Zwar können laut N. erstens aus dem Liebesgebot nicht einfach konkrete Handlungsanweisungen abgeleitet werden und sind zweitens alle Versuche, es in vollkommener Weise zu leben, aufgrund der Sündhaftigkeit des Menschen zum Scheitern verurteilt; jedoch könne das Liebesgebot sehr wohl als Kriterium dienen, um zu identifizieren, welches Handeln mehr und welches Handeln weniger gerechte Verhältnisse in der Welt ermöglicht.

Bemerkungen zum Text

Spätestens in dem Buch *Moral Man and Immoral Society* (1932) ist N.s Bruch mit der positiven Anthropologie des „Social Gospel" zu verorten, was ihn zu dem Versuch einer realistischen politisch-christlichen Ethik („Christian Realism") führt. In den beiden in diesen Quellenband aufgenommenen und eigens hierfür übersetzten Passagen aus *Moral Man and Immoral Society* stellt N. seine Kernthese vor: Zwischen dem moralischen und sozialen Verhalten von Individuen und jenem von sozialen Gruppen müsse deutlich unterschieden werden. Während Individuen bisweilen durchaus in der Lage sein mögen, unter Zuhilfenahme von Vernunft, Mitgefühl etc. die Interessen anderer zu berücksichtigen oder diese sogar über die eigenen Interessen zu stellen, sei dies für soziale Gruppen aufgrund ihres kollektiven Egoismus deutlich erschwert, wenn nicht gar unmöglich. N. kritisiert hier scharf einen sozialen Fortschrittsoptimismus und schlägt selbst zwei Kriterien vor, um politisches Handeln zu bewerten. Erstens: Wird politisches Handeln den moralischen Ressourcen und Möglichkeiten der Menschen gerecht? Zweitens: Berücksichtigt es zugleich die Begrenzungen der menschlichen Natur, die sich insbesondere im kollektiven Handeln von Gruppen zeigen? Während N. das erste Kriterium für politisches Handeln mit den von ihm Kritisierten teilt, unterscheidet er sich durch die Ergänzung des zweiten Kriteriums von ihnen. Die Berücksichtigung beider Kriterien ist ein Paradebeispiel für N.s Ringen um eine realistische Ethik im Sinne seines „Christian Realism".

Der zweite Text stammt aus seinem Buch *Christian Realism and Political Problems* (1953) und baut auf einem Vortrag N.s auf der I. Weltkirchenkonferenz in

Amsterdam 1948 auf. Um diesen Text zu verstehen, muss man sich die globale Situation im Jahre 1948 vor Augen führen, die von den Nachwirkungen des 2. Weltkrieges und dem beginnenden Kalten Krieg beherrscht ist. N. kritisiert den säkularen, kapitalistischen Liberalismus, der im Kalten Krieg in der westlichen Welt (USA etc.) herrscht und zugleich auch den kommunistischen Marxismus, welcher den östlichen Widerpart (Sowjetunion etc.) darstellt. Beide Ideologien, welche auf unterschiedliche Art und Weise fälschlicherweise die Selbsterlösung des Menschen propagieren und die Sündhaftigkeit des Menschen ignorieren, haben die Welt in einen globalen *Bürgerkrieg* geführt. Eine realistisch denkende christliche Kirche, welche die Sündhaftigkeit des Menschen berücksichtige, setze sich für eine Annäherung an das Liebesgebot ein, aber vertraue nicht in naiver Weise darauf, dass die Menschen dieses in vollkommener Art und Weise erfüllen werden. Stattdessen solle die Kirche sich bemühen, für ein Gleichgewicht zwischen den westlichen und östlichen Widerstreitern im globalen Kontext, zwischen den Armen und den Reichen innerhalb der Gesellschaft und zwischen dem Freiheitsgedanken des Liberalismus und dem Gemeinschaftsgedanken des Marxismus zu werben und das Evangelium von der Erlösung in Christus predigen. Diese Verweise auf die anzustrebenden Gleichgewichte, die Kritik an Liberalismus und Marxismus sowie die Orientierung am Liebesgebot in Verbindung mit dem Hinweis auf die Sündhaftigkeit des Menschen, sind jeweils Ausdruck von N.s abwägendem „Christian Realism".

Literatur

M. ANDJELIC, Christlicher Glaube als prophetische Religion. Walter Rauschenbusch und Reinhold Niebuhr, Frankfurt a.M. 1998.

D. GAUTIER, Die Ambivalenz des Realismus. Reinhold Niebuhrs theologische Ethik in rassismuskritischer Perspektive, Zürich 2022.

M. HOFHEINZ, Ethik – reformiert! Studien zur reformierten Reformation und ihrer Rezeption im 20. Jahrhundert, Göttingen 2017, 249–258; 263–287.

D. LANGE, Ethik in evangelischer Perspektive. Grundfragen christlicher Lebenspraxis, Göttingen 1992, 158–167.

M. PLATHOW, Reinhold Niebuhr und die I. Weltkirchenkonferenz in Amsterdam 1948. Das christliche Zeugnis internationaler Verantwortung, in: D. SCHÖSSLER / M. PLATHOW (Hg.), Öffentliche Theologie und Internationale Politik. Transatlantische Beziehungen, Wiesbaden 2012, 59–74.

Der moralische Mensch und die unmoralische Gesellschaft: Einleitung (1932)[0]

Die These, die auf diesen Seiten entfaltet werden soll, lautet: Es muss eine scharfe Unterscheidung zwischen dem moralischen und sozialen Verhalten von Individuen und gesellschaftlichen Gruppen – seien diese Gruppen national, ethnisch oder ökonomisch begründet – getroffen werden und diese Unterscheidung rechtfertigt und macht politische Maßnahmen notwendig, die eine rein individualistische Ethik immer als peinlich empfinden muss. Der Titel „Der moralische Mensch und die unmoralische Gesellschaft" bildet die beabsichtigte Unterscheidung recht vereinfacht ab, ist aber dennoch ein angemessener Hinweis auf die Argumentation, der die folgenden Seiten gewidmet sind. Einzelne Menschen können in dem Sinne moralisch sein, dass sie in der Lage sind, in sozialen Konfliktsituationen andere Interessen als ihre eigenen zu berücksichtigen und in manchen Situationen die Vorteile anderer den eigenen vorzuziehen. Sie sind von Natur aus mit einem gewissen Maß an Mitgefühl und Rücksichtnahme auf ihresgleichen ausgestattet, dessen Umfang durch eine kluge Sozialpädagogik erweitert werden kann. Ihre Vernunft ermöglicht ihnen einen Sinn für Gerechtigkeit, den Erziehung verfeinern und von egoistischen Elementen reinigen kann, bis sie in der Lage sind, eine soziale Situation, in der ihre eigenen Interessen eine Rolle spielen, mit einem angemessenen Maß an Objektivität zu betrachten. Aber all diese Errungenschaften sind für Gesellschaften und soziale Gruppen schwieriger oder sogar überhaupt nicht zu erreichen. In jeder Gruppe von Menschen ist die Vernunft geringer ausgeprägt, die zur Lenkung und Kontrolle der Impulse führt, und es besteht weniger die Fähigkeit zur Selbsttranszendenz sowie weniger Verständnis für die Bedürfnisse der anderen. Daher existiert in Gruppen mehr ungezügelter Egoismus, als die Individuen, die die Gruppe bilden, in ihren persönlichen Beziehungen zeigen.

Die Unterlegenheit der Moral von Gruppen gegenüber derjenigen von Individuen ist zum Teil auf die Schwierigkeit zurückzuführen, eine rationale soziale Gestaltungskraft zu etablieren, die stark genug ist, um den natürlichen Impulsen, durch welche die Gesellschaft ihren Zusammenhalt erreicht, zu begegnen; zum Teil ist diese Unterlegenheit aber auch nur die Offenbarung eines kol-

---

[0] [Anm. d. Hg.: Dieser Text besteht aus der Anfangs- und Schlusspassage der Einleitung von R. NIEBUHR, Moral Man and Immoral Society. A Study in Ethics and Politics, New York 1932, xi-xiii; xx-xxv. Auch abgedruckt u.a. in: DERS., Theologian of Public Life, ed. by L. RASMUSSEN, London 1989, 46-50.]

lektiven Egoismus, der sich aus den egoistischen Impulsen der Individuen zusammensetzt, die einen lebendigeren Ausdruck finden und eine kumulativere Wirkung erreichen, wenn sie in einem gemeinsamen Impuls vereint sind, als wenn sie sich getrennt und weniger auffällig äußern.

Insoweit diese Abhandlung ein polemisches Interesse hat, richtet sie sich gegen die Moralist*innen, sowohl religiöse als auch weltliche, die sich einbilden, dass der Egoismus der Individuen durch die Entwicklung der Rationalität oder das Wachstum eines religiös inspirierten guten Willens allmählich gebremst wird und dass nichts anderes als die Fortsetzung dieses Prozesses notwendig ist, um soziale Harmonie zwischen allen Gesellschaften und Kollektiven herzustellen. Soziale Analysen und Prophezeiungen, die von Moralist*innen, Soziolog*innen und Pädagog*innen auf der Grundlage dieser Annahmen entwickelt werden, führen gegenwärtig zu einer sehr großen moralischen und politischen Verwirrung. Sie lassen die politischen Notwendigkeiten im Kampf um Gerechtigkeit in der Gesellschaft völlig außer Acht, indem sie jene Elemente im kollektiven Verhalten des Menschen nicht erkennen, die zur Naturordnung gehören und niemals vollständig unter die Herrschaft der Vernunft oder des Gewissens gebracht werden können. Sie erkennen nicht, dass kollektive Macht, wenn sie Schwäche ausnutzt – sei es in Form des Imperialismus oder der Klassenherrschaft –, niemals beseitigt werden kann; es sei denn, es wird machtvoll gegen sie vorgegangen. Sofern Gewissen und Vernunft in den daraus resultierenden Machtkampf eingebracht werden können, können sie ihn nur abschwächen, aber nicht aufheben.

[...][1]

Was sowohl den religiösen als auch den rationalen Moralist*innen fehlt, ist ein Verständnis für den brutalen Charakter des Verhaltens aller Kollektive und für die Macht des Eigeninteresses und des kollektiven Egoismus in allen Beziehungen zwischen verschiedenen Gruppen. Da sie den hartnäckigen Widerstand des Gruppenegoismus gegen alle moralischen und integrativen sozialen Ziele nicht erkennen, verfallen sie unweigerlich in unrealistisches und verwirrtes politisches Denken. Sie verstehen soziale Konflikte entweder als eine nicht geeignete Methode zum Erreichen moralisch anerkannter Ziele oder als ein vorübergehend einzusetzendes Mittel, das durch eine vollkommenere Erziehung oder eine reinere Religion überflüssig wird. Sie sehen nicht, dass die Begrenztheit der menschlichen Vorstellungskraft, die leicht vollzogene Unterwerfung der Vernunft unter Vorurteile und Leidenschaften und das daraus resultierende Fort-

---

[1] [Anm. d. Hg.: Der Mittelteil der Einleitung wird hier – wie im von Rasmussen herausgegebenen Quellenband (siehe Fn 0) – ausgespart.]

bestehen eines irrationalen Egoismus – insbesondere im Gruppenverhalten – soziale Konflikte zu einer Unvermeidbarkeit in der menschlichen Geschichte machen; wahrscheinlich bis zu ihrem Ende.

Die romantisierte Überschätzung menschlicher Tugenden und moralischer Fähigkeiten, die in unserer modernen bürgerlichen Kultur vorherrscht, führt nicht immer zu einer unrealistischen Einschätzung der gegenwärtigen sozialen Tatsachen. Häufig werden die gegenwärtigen gesellschaftlichen Verhältnisse durchaus realistisch eingeschätzt, aber es wird die Hoffnung geäußert, dass eine neue Pädagogik oder eine Wiederbelebung der Religion Konflikte in Zukunft überflüssig machen wird. Dennoch schätzt ein beträchtlicher Teil der Vertreter*innen der bürgerlichen Kultur in ihrer Analyse die gegenwärtige Situation recht unrealistisch ein. Sie gehen davon aus, dass es in der Gegenwart Anzeichen für eine wachsende Brüderlichkeit zwischen den Klassen und Nationen gibt. Sie stufen Vereinbarungen wie den Völkerbund sowie Maßnahmen wie den Kellogg-Pakt[2] und Modelle wie die Betriebsgewerkschaften als moralische und soziale Errungenschaften ein, was durch die Gesamtheit der Fakten völlig widerlegt wird. „Es muss", so der Sozialpsychologe Professor George Stratton, „immer einen kontinuierlichen und sich ausweitenden Fortschritt geben. Aber unsere gegenwärtige Zeit scheint eindeutig das Ende einer alten Epoche in den Weltbeziehungen und den Beginn einer neuen zu verheißen. […] Durch die aus dem Krieg feierlich gezogenen Lehren sind die meisten Nationen politische Verpflichtungen eingegangen, die Hoffnung für den internationalen Bereich und für noch weiterreichende und wirksamere Regierungshandlungen machen."[3] Diese Verherrlichung des Völkerbundes als Symbol einer neuen Epoche in den internationalen Beziehungen hat in den christlichen Kirchen sehr pauschal und häufig sehr unreflektiert stattgefunden, wobei sich das liberale Christentum der Illusion hingegeben hat, dass alle sozialen Beziehungen schrittweise unter „das Gesetz Christi"[4] gebracht werden. William Adams Brown spricht für die gesamte liberale christliche Sichtweise, wenn er erklärt: „Von vielen verschiedenen Zen-

---

[2] [Anm. d. Hg.: Der Völkerbund war eine zwischenstaatliche Organisation, die nach den Eindrücken des 1. Weltkrieges etabliert wurde (1920) und als Vorgängerorganisation der UNO gilt; der Kellogg-Pakt war ein völkerrechtlicher Vertrag zur Ächtung des Krieges (1928). Beide Maßnahmen konnten jedoch den Ausbruch des 2. Weltkrieges nicht verhindern, was Niebuhrs kritischer Einschätzung hier nachträglich in gewissem Sinne Recht gibt.]

[3] G.M. STRATTON, Social Psychology and International Conduct, New York 1929, 355–356; 361.

[4] [Anm. d. Hg.: Bei der Wendung „das Gesetz Christi" dürfte es sich um eine Anspielung auf Gal 6,2 handeln: „Einer trage des anderen Last, so werdet ihr das Gesetz Christi erfüllen." (Luther 2017)]

tren aus und in vielen verschiedenen Formen wird der Kreuzzug für eine einheitliche und brüderliche Gesellschaft weitergeführt. Das Ideal des Völkerbundes, in dem alle zivilisierten Völker vertreten sein sollen und in dem sie bei der Bekämpfung gemeinsamer Feinde wie Krieg und Krankheit zusammenarbeiten sollen, findet Anerkennung in Kreisen, die bisher kaum des Idealismus verdächtigt wurden. [...] In den Beziehungen zwischen den Ethnien, im Kampf zwischen Kapital und Arbeit sowie in unserer Haltung gegenüber den schwächeren und mehr auf andere angewiesenen Mitgliedern der Gesellschaft entwickeln wir ein soziales Gewissen. Zustände, die vor einer Generation noch als selbstverständlich hingenommen worden wären, werden als unerträglicher Skandal empfunden."[5] Ein anderer Theologe und Pastor – Justin Wroe Nixon – ist der Meinung, dass „ein weiterer Grund für den Glauben der führenden Personen in der Wirtschaft an das Wachstum der Sozialstaatlichkeit auf ihren Erfahrungen als Treuhänder in verschiedenen philanthropischen und pädagogischen Unternehmungen beruht."[6] Dieses Urteil offenbart die moralische Verwirrung des liberalen Christentums in aller Deutlichkeit. Morallehrer, die den Unterschied zwischen dem Problem der Wohltätigkeit innerhalb der Grenzen eines akzeptierten sozialen Systems und dem Problem der Gerechtigkeit zwischen ökonomischen Gruppen, die innerhalb der modernen Industriegesellschaft ungleiche Macht besitzen, nicht sehen, haben sich schlicht nicht mit den offensichtlichsten Unterschieden zwischen der Moral von Gruppen und der von Individuen auseinandergesetzt. Die Behauptung, dass der Kampf gegen Krankheiten in dieselbe Kategorie fällt wie der Kampf gegen den Krieg, offenbart die gleiche Verwirrung. Unsere heutige Kultur verkennt die Macht, das Ausmaß und die Hartnäckigkeit des Gruppenegoismus in den menschlichen Beziehungen. Es ist vielleicht möglich, wenn auch nie einfach, gerechte Beziehungen zwischen Individuen innerhalb einer Gruppe allein durch moralisches und rationales Zureden und Entgegenkommen herzustellen. In den Beziehungen zwischen Gruppen ist dies praktisch unmöglich. Die Beziehungen zwischen Gruppen müssen daher immer eher politisch als ethisch geprägt sein; d.h., sie werden mindestens ebenso sehr durch den Anteil an Macht bestimmt, den jede Gruppe besitzt, wie durch eine rationale und moralische Bewertung der jeweiligen Bedürfnisse und Ansprüche der einzelnen Gruppen. Die Faktoren des Zwanges in den politischen Beziehungen lassen sich nie scharf von den rein moralischen und rationalen Faktoren abgrenzen und auch nicht klar definieren. Es ist nicht möglich, genau abzuschätzen, inwieweit eine Partei in einem sozialen Konflikt durch ein rationales Argument oder durch die Androhung von Gewalt beeinflusst wird. Es ist zum Beispiel unmöglich

---

[5] W.A. BROWN, Pathway to Certainty, New York / London 1930, 246.
[6] J.W. NIXON, An Emerging Christian Faith, New York 1930, 291.

zu wissen, welcher Teil einer privilegierten Klasse höhere Erbschaftssteuern akzeptiert, weil er glaubt, dass solche Steuern ein Element einer guten Sozialpolitik sind, und welcher Teil sich nur deshalb fügt, weil die Macht des Staates die Steuerpolitik stützt. Da politische Konflikte – zumindest in Zeiten, in denen die Auseinandersetzungen noch nicht den Punkt der Krise erreicht haben – eher durch die Androhung als durch die tatsächliche Anwendung von staatlicher Gewalt ausgetragen werden, ist es für unaufmerksame oder oberflächliche Beobachter*innen immer leicht, die moralischen und rationalen Faktoren zu überschätzen und die verdeckten Formen des Zwangs und der staatlichen Gewalt, die in dem Konflikt angewendet werden, nicht zu erkennen.

Was auch immer an Zuwachs von sozialer Intelligenz und moralischem Wohlwollen in der Menschheitsgeschichte erreicht werden mag, kann dazu dienen, die Brutalität sozialer Konflikte zu mildern, aber soziale Intelligenz und moralisches Wohlwollen können den Konflikt selbst nicht beenden. Das könnte nur erreicht werden, wenn Menschengruppen – seien sie ethnisch, national oder ökonomisch begründet – einen Grad an Vernunft und gegenseitiger Sympathie erreichen würden, der es ihnen erlaubt, die Interessen anderer als so bedeutsam zu sehen und zu verstehen wie ihre eigenen. Auch brauchte es in diesen Gruppen einen guten Willen im moralischen Sinne, der sie dazu veranlassen würde, die Rechte anderer so energisch zu verteidigen wie ihre eigenen. Angesichts der unvermeidlichen Begrenztheit der menschlichen Natur und der Grenzen der menschlichen Vorstellungskraft und Intelligenz ist dies ein Ideal, dem sich der Einzelne annähern kann, das aber die Möglichkeiten von Gesellschaften übersteigt. Pädagog*innen, welche das weitreichende Potenzial der menschlichen Natur betonen, sowie Sozialwissenschaftler*innen und Psycholog*innen, die von der „Sozialisierbarkeit" des Menschen träumen, und religiöse Idealisten, die sich um die Stärkung des moralischen Verantwortungsbewusstseins bemühen, können in der Gesellschaft eine sehr nützliche Funktion ausüben, indem sie die Entwicklung von Menschlichkeit bei den Individuen innerhalb eines etablierten sozialen Systems fördern und die Beziehungen der Individuen untereinander von so viel Egoismus wie möglich befreien. Sofern sie sich aber mit den Problemen und Notwendigkeiten eines radikalen sozialen Wandels befassen, sind ihre Ratschläge fast immer verwirrend, weil sie sich der Grenzen der menschlichen Natur nicht bewusst sind, die ihre Bemühungen letztendlich zunichtemachen.

Die folgenden Seiten[7] sind der Aufgabe gewidmet, die moralischen Ressourcen und Grenzen der menschlichen Natur zu analysieren, ihre Konsequenzen und ihre kumulative Wirkung im Leben menschlicher Gruppen nachzuzeichnen

---

[7] [Anm. d. Hg.: Niebuhr verweist hier auf die nachfolgenden Kapitel von *Moral Man and Immoral Society*, aus dessen Einleitung diese Passage stammt.]

und politische Strategien im Lichte der festgestellten Fakten abzuwägen. Letztlich geht es darum, politische Methoden zu finden, die am erfolgversprechendsten sind, um ethisch-soziale Ziele im Hinblick auf die Gesellschaft zu erreichen. Solche Methoden müssen sich immer an zwei Kriterien messen lassen: 1. Werden sie den moralischen Ressourcen und Möglichkeiten der menschlichen Natur gerecht und sorgen sie für die Ausschöpfung aller verborgenen moralischen Fähigkeiten des Menschen? 2. Berücksichtigen sie die Grenzen der menschlichen Natur und hierbei insbesondere jene Grenzen, die sich im kollektiven Verhalten der Menschen manifestieren? Die moralischen Illusionen, die in der bürgerlichen Welt im Hinblick auf die Politik bestehen, sind so hartnäckig, dass die Betonung der zweiten Frage den durchschnittlichen Leser*innen wahrscheinlich als unangemessen zynisch erscheinen wird. Gesellschaftliche Standpunkte und Analysen sind stets beeinflusst von jenem Zeitgeist, der sie hervorbringt. In Amerika ist unsere gegenwärtige Kultur noch ziemlich fest den Illusionen und Sentimentalitäten des Zeitalters der Vernunft verhaftet. Eine soziale Analyse, die zumindest teilweise aus der Perspektive einer desillusionierten Generation geschrieben ist, wird aus der Sicht derjenigen, die das Credo des neunzehnten Jahrhunderts vertreten, fast wie reiner Zynismus wirken.

Eingeleitet, bearbeitet und übersetzt von Raphael Döhn

Das christliche Zeugnis im Rahmen der gesellschaftlichen und nationalen Ordnung (1948/53)[0]

Wenn ein überzeugter Christ die tragische Wirklichkeit unserer gegenwärtigen Welt wahrnimmt, so verspürt er das natürliche Bedürfnis, seinen christlichen Glauben gegen die säkularen Ersatzlehren zu bezeugen, welche die tragische Weltsituation, in der wir heute leben, nicht vorausgesehen und wohl mit heraufgeführt haben. — Haben sie nicht das Empfinden für die Herrschaft Gottes zerstört, die über uns allen steht? Haben sie nicht Wege zur Erlösung vom Übel erfunden, die eine echte Reue überflüssig machen?

Ein solches Bedürfnis vermag auch unsere Verantwortung näher zu umreißen. Es bleibt jedoch fraglich, ob dies unsere Hauptverantwortung ist. Wir erhalten damit auch die Möglichkeit, die Wahrheit des Wortes Gottes an die säkularen Wurzeln unserer gegenwärtigen Notlage heranzutragen. Die Geschichte unserer Zeit veranschaulicht deutlich, wie die Nemesis über den Stolz der Menschen kommt und wie das Gericht Gottes Menschen und Völker heimsucht, die sich selbst ins Maßlose übersteigern.

Die liberale Richtung unserer Kultur glaubte, die christliche Vorstellung von der Sündhaftigkeit aller Menschen sei veraltet. An ihre Stelle setzte sie die Idee einer harmlosen Selbstüberhebung, die unschädlich gemacht werden sollte durch ein kluges Selbstinteresse oder einen Ausgleich aller sozialen Kräfte mit der Verwandlung der allgemeinen Selbstsucht in eine höhere soziale Harmonie. Die Nichtigkeit dieser Idee zeigte sich in den immer schneller wachsenden Missverhältnissen der Macht in unserer Gesellschaft und im ständig zunehmenden Zerfall der Gemeinschaft in einer technisierten Gesellschaft. Zu Zeiten stellte sich die liberale Richtung eine Erlösung durch Wachstum und Entwicklung vor. Die Menschen litten — so argumentierte man — nicht an der Sünde, sondern an ihrem Unvermögen. Zum Glück brächte die ganze historische Entwicklung selbst die Erlösung. Sie führe den Menschen vom Unvermögen zur Macht, von der Unwissenheit zur Erkenntnis, vom Opfer des Schicksals zu seinem Meister. Diese Illusion erwies sich als ebenso verhängnisvoll wie die erste. Da die Sünde des

---

[0] [Anm. d. Hg.: Die Rede, auf der dieser Text beruht, hielt Niebuhr 1948 auf der I. Weltkirchenkonferenz in Amsterdam. 1953 erschien der Text als Teil des Buches *Christian Realism and Political Problems*. Die hier verwendete Übersetzung stammt von E. Ott und K.Th. Jellinghaus und erschien 1956. Sie wurde für die Veröffentlichung hier leicht angepasst. R. NIEBUHR, Christian Realism and Political Problems, New York 1953, 105–117. R. NIEBUHR, Christlicher Realismus und politische Probleme, dt. Übersetzung von E. OTT und K.TH. JELLINGHAUS, Stuttgart 1956, 88–98.]

Menschen in der Verderbtheit seines Willens und nicht in seiner Schwachheit liegt, wachsen die Möglichkeiten zur Missetat mit der Entwicklung seiner Freiheit und seiner Macht, von denen man die Befreiung des Menschen erwartete. Die offenkundigen Trugbilder der liberalen Welt lösten eine marxistische Rebellion gegen ihre gesamte Kultur aus. Anstelle des Vertrauens in eine einfache Harmonie aller gesellschaftlichen Kräfte verkündete man das Vertrauen in eine neue Harmonie der Gesellschaft durch die revolutionäre Beseitigung des Eigentums, machte also eine gesellschaftliche Einrichtung zur Wurzel des Übels im Menschen und versprach Erlösung durch ihre Zerstörung. Anstelle der Erlösung durch Entwicklung und endloses Wachstum versprach man Erlösung durch den Tod einer alten Gesellschaftsordnung und die Geburt einer neuen. Aber das war nicht die Erlösung durch das beständige Sterben der alten Adamsnatur in uns selber im Sinne des christlichen Evangeliums. Man versprach uns gleichsam ein neues Leben durch den Tod der Feinde.

Die Tragödie unseres Zeitalters ist durch zwei Tatsachen vertieft worden: Erstens erwies sich diese Alternative zum säkularen Liberalismus in vieler Hinsicht noch mehr als Trugbild und Irrtum. Zweitens haben die beiden widerstreitenden Irrlehren die Welt in einen erbitterten Bürgerkrieg gestürzt, der die Gesellschaft in eine nationale und internationale Gemeinschaft zerreißt.

Die Irreführung war noch größer, weil die Propheten dieser neuen Religion sich zu tyrannischen Priesterkönigen entwickelten. Sie verloren jeden Sinn für den Zusammenhang der menschlichen Interessen und Ideen und erfüllten die Welt mit der Grausamkeit ihrer Selbstgerechtigkeit. Der Irrtum zeigte sich noch deutlicher daran, dass die Lehre von der Sozialisierung des Eigentums, wenn sie zu einer Heilsbotschaft erhoben anstatt rein praktisch angewandt wird, lediglich die wirtschaftliche und politische Macht in den Händen einer Oligarchie vereinigt und zur Diktatur führt. Die offenkundigen Übel und Grausamkeiten dieser Alternative haben den Vertretern der alten Ordnung gute Vorwände dafür geliefert, die eigenen Sünden nicht zu bereuen, sondern sich dabei zu beruhigen, dass sie auf die Gefahren der anderen Richtung die Aufmerksamkeit lenkten. Vielleicht haben beide säkularen Ersatzlehren für den christlichen Glauben die Welt darum in einen so hoffnungslosen Bürgerkrieg verwickelt, weil sie ein wenig Wahrheit und so viel Irrtum nebeneinander enthalten. In diesem Bürgerkrieg hat jede Seite genug Wahrheitsmomente, um ihren hohen Auftrag zu behaupten, und genug Irrtum, um die andere Seite mit dem Hinweis auf die möglichen Folgen ihres Sieges in Furcht zu setzen.

Ohne Zweifel haben wir gegenüber beiden Formen der säkularen Illusion unser Zeugnis abzulegen vom Standpunkt der Wahrheit aus, die wir nicht von uns selbst, sondern aus dem Evangelium haben. Für solch ein Zeugnis bietet die gegenwärtige Situation der evangelischen Wahrheit eine kräftige Unterstützung. Wir haben das Evangelium zu einer Zeit zu verkünden, da der moderne Mensch, der so zuversichtlich war, sein eigenes Schicksal lenken zu können, hoffnungslos der Gefangene eines geschichtlichen Schicksals ist, das den menschlichen Willen aller Macht und Aussichten beraubt zu haben scheint. Was die eine Seite als Vorzug rühmt, ist ein Laster in der Meinung der anderen und eine Sünde in den Augen Gottes. Das Wort des Psalmisten trifft unsere Situation genau: „Warum toben die Heiden und die Leute reden so vergeblich? Aber der im Himmel wohnt, lachet ihrer." (Ps 2,1.4)

Aber dass wir uns nur nicht erkühnen, mit Gott zu lachen. Gottes spöttisches Lachen ist sein gerechtes Gericht über diesen neuen und doch sehr alten Stolz der modernen Menschen. Wir haben keinen Grund zu lachen, auf dass wir nicht vergessen, dass sein Gericht so gut auf uns wie auf ihnen ruht. Wir sind allzusehr miteinbezogen in das Verhängnis unserer Tage, um uns mehr als ein vorläufiges Zeugnis gegen eine sogenannte säkulare Gesellschaft zu erlauben. Diese Gesellschaft in ihrer liberalen und marxistischen Verschiedenheit konnte deswegen entstehen, weil die Christenheit tief in die sozialen Sünden unserer Tage und in die Halsstarrigkeit aller sozialen Ungerechtigkeiten verwickelt war. Eine kurze Liste all der Sünden unserer Kirche zeigt das Ausmaß unserer Verstrickung. 1. Es gibt keinen sozialen Notstand, keine Form von Ungerechtigkeit feudaler oder kapitalistischer Art, die nicht in der einen oder anderen Weise religiös sanktioniert wurde. Das trug dazu bei, dass eine Änderung fast unmöglich wurde. In gewissem Sinne ist das Wort von Marx wahr: „Der Anfang aller Kritik ist die Kritik an der Religion. Denn auf dieser letzten Stufe erreichen die Vorurteile des Menschen ihre absurdeste Form. Die eigentliche Sünde wird immer begangen im Namen der Religion." 2. Ein Teil unserer Kirche, der sich vor einer Verwicklung in politische Fragen fürchtete, erklärte, dass die Probleme der Politik für das christliche Leben keine Bedeutung hätten. Er hat den modernen Menschen in der Verflechtung einer modernen Gesellschaft im Stich gelassen und ohne Mitleid zugesehen, wie die Bruderschaft in einer technisierten Gesellschaft zugrunde ging. In der Regel war diese Neutralität nicht einmal aufrichtig, die neutrale Kirche ist gewöhnlich ein Verbündeter der bestehenden wirtschaftlichen Kräfte. 3. Ein anderer Teil der Kirche sah die Zusammenhänge innerhalb der politischen Ordnung, gab sich aber zufrieden mit einer Sentimentalität, die des Leidens unfähig ist. Man erklärte, dass diese Probleme nicht entstehen könnten, wenn die Menschen einander nur lieben würden. Man bestand darauf, das Liebesgebot sei einfach zu erfüllen, während doch alle unsere Erfahrung das wirkliche Problem unserer Existenz darin findet, dass wir einander lieben sollten, es aber nicht tun. Wie aber organisieren wir eine mögliche Gesellschaft angesichts der Tatsache,

Reinhold Niebuhr (1892–1971)

dass alle Menschen einschließlich der Christen geneigt sind, einander zu übervorteilen? Sogar heute noch hoffen viele Christen törichterweise, dass eine christliche Konferenz einfach ein moralisches Wort sprechen würde, das durch die Liebe den tragischen Konflikt in der weltweiten Gemeinschaft lösen könnte. Der opportunistisch denkende Staatsmann, der die durch eine solche sentimentale Einstellung verschleierte vielschichtige Wirklichkeit erkennt, ist ein Zöllner, der das Reich Gottes noch vor dem Pharisäer betreten wird. Der Pharisäer bildet sich ein, wir könnten uns selbst über den tragischen moralischen Zwiespalt unserer Existenz durch einen einfachen Willensakt erheben. 4. Ein Teil der Kirche ist sich dieser Verflechtung bewusst. Er hat bereits genaue Vorschläge auf dem Boden von Recht und Gesetz zur Ordnung des politischen und wirtschaftlichen Lebens der Menschheit ausgearbeitet. Sie liegen unterhalb der Ebene der Liebe und der Gnade. Aber man hat sich selbst in eine gnadenlose und unbeugsame Gesetzlichkeit verwickelt und weiß nicht, dass jedes Gesetz sehr leicht zu einem Instrument der Sünde werden kann. Besonders der schnelle Wechsel der Verhältnisse durch die Technik der Neuzeit mag eher ein Hindernis als eine Hilfe sein, um zur wahren Gerechtigkeit zu gelangen. Einen Beitrag sollte das Christentum auf jeden Fall zu dem Problem der politischen Gerechtigkeit leisten: Es sollte das ganze Rechtswesen unter das Liebesgebot stellen, indem die unfruchtbare Auseinandersetzung zwischen Pragmatisten und Legalisten beendet und die nötige Freiheit und Beweglichkeit geschaffen wird, um ein erträgliches Gleichgewicht zwischen Menschen und Nationen innerhalb immer komplizierterer menschlicher Beziehungen herzustellen. Wir brauchen eine sachliche Haltung gegenüber jeder Einrichtung des Eigentums und jeder Regierung. Wir wissen, dass keine von ihnen so sakrosankt ist, wie es einige christliche und säkulare Gesetzesauffassungen annehmen. Alle sind sie von dem Verfall bedroht, wie auch ihre Abschaffung dem Verfall unterliegt. Solche Freiheit muss nicht notwendig in Gesetzlosigkeit ausarten, wenn sie in dem Wissen darum behauptet wird: „Alles ist euer; ihr aber seid Christi, Christus aber ist Gottes." (1Kor 3, 22f.)

Wir haben bis jetzt das Negative betont. Die christliche Kirche hat Zeugnis abzulegen gegen jede Form von Stolz und Selbstverherrlichung. Das gilt für die säkulare wie für die christliche Kultur und ganz besonders im Blick auf unsere eigenen Sünden, damit wir Christus nicht nur zum Richter der anderen machen. Aber die Erfahrung einer nötigen Buße steht nicht für sich allein. Sie ist ein Teil der gesamten Erlösungserfahrung. Positiv ist es unsere Aufgabe, das Evangelium von der Erlösung in Christus sowohl den Völkern als auch den Einzelnen zu bezeugen. Unserem Glauben entsprechend stehen wir immer in Sünde und Tod, weil wir allzu verzweifelt nach Leben trachten und unseren Stolz und unser Ansehen behaupten. Dennoch ist es möglich, dass wir wahrhaft leben, wenn wir uns selber sterben und wenn die menschliche Selbstherrlichkeit zerbrochen wird durch das göttliche Gericht. Dann kann das Leben wahrhaftig durch göttliche Gnade wiederhergestellt werden. Diese Verheißung eines neuen Lebens gilt dem Einzelnen. Aber wer könnte ihre Bedeutung für Völker und Weltreiche, für Zivilisationen und Kulturen leugnen, auch wenn diese Lebensgemeinschaften keine Rücksicht auf die Unantastbarkeit der einzelnen Seele nehmen? Oder haben sie vielleicht keinen direkten Zugang zum göttlichen Gericht und zur göttlichen Gnade?

Die Gesamtlage der Menschheit ist heute die, dass wir in unserem gemeinsamen Leben Schiffbruch erlitten haben durch die neuen Kräfte und durch eine Freiheit, welche durch die Zivilisation der Technik auf unsere Schultern gelegt ist. Der Schiffbruch selbst, wie er sich im Elend und in der Unsicherheit einer ganzen Welt zeigt, ist ein objektiver Urteilsspruch der Geschichte. Es ist der Tod, der auf ein scheinherrliches Leben der Völker folgte. Ohne Glauben gibt es nichts als den Tod. Ohne Glauben bricht die Sorge in die Welt und die Verzweiflung. Ohne Glauben wird diese Verwirrung zum Gradmesser der Sinnlosigkeit. Sie folgt der Zerstörung der einfachen Lehren vom Sinn des Lebens, die den Mittelpunkt für uns, unser Volk und unsere Kultur gebildet haben. Es ist uns im Glauben an Gott Offenbarung zuteil geworden in dem Einen, der starb und wiederauferstand, damit der Tod zum Ausgang für ein neues Leben werde, damit Sinnlosigkeit sich in Sinnhaftigkeit verwandle, damit Gericht als Gnade erfahren werde. Unsere Aufgabe ist es darum, Gottes Gericht und Gnade so zu vermitteln, dass Völker, Klassen, Staaten und Kulturen wie auch alle Einzelnen den göttlichen Urheber ihrer Wunden erkennen möchten, auf dass sie auch um die Möglichkeit eines neuen und vollen Lebens wissen. In einer Zeit der Sattheit und Sicherheit muss die christliche Kirche das Gericht vorwegnehmen, das da kommt, und verkündigen, dass der Tag des Herrn Dunkelheit und nicht Licht sein wird. Am Tage des Gerichtes und der Katastrophe hat das Evangelium eine Botschaft der Hoffnung für diejenigen, die wirklich Buße tun.

Die menschliche Lage ist in der Tat so, dass die Buße immer wieder gefordert ist, da ja auch das Böse immer wieder aufblüht. Aber es wäre falsch, dieses Evangelium sub specie aeternitatis so zu predigen, als ob es keine Geschichte in der Zeit, im Ablauf des Jahres und mit besonderen Ereignissen gäbe. Unsere Predigt ist auch dann nutzlos, wenn wir Menschen und Völker lediglich von der Erbsünde überzeugen, in der wir alle stehen, ohne dabei auf die besonderen Sünden einzugehen, deren wir uns schuldig machen. Es ist nicht die geringste unserer Aufgaben, ein Gericht und eine Gnade so zu verkündigen, wie Schafe zwar gründlich geschoren, aber doch vor dem Erfrieren bewahrt werden. Müssen wir nicht siegreiche Völker davor warnen, dass sie ihren Sieg als Beweis ihrer Tugend ansehen, damit sie nicht die Welt durch ihre Sieghaftigkeit an eine neue

Kette des Bösen binden, die nichts anderes ist als ihre Selbstgerechtigkeit? Und hat unsere Welt nicht den besiegten Völkern gegenüber einen anderen Befehl: sie daran zu erinnern, dass ihr Kämpfen zu Ende ist, dass sie aus der Hand des Herrn ein Doppeltes für all ihre Sünden empfangen haben, und dass die Strafe wirklich von der Hand des Herrn kommt, obgleich sie nicht streng an der Sünde selbst gemessen wird? Müssen wir nicht die mächtigen und sicheren Völker und Klassen davor warnen, dass sie eine götzendienerische Vorstellung von ihrer eigenen Bedeutung haben? So sicher wie sie sagen: „Ich sitze wie eine Königin und werde niemals Sorgen haben", so sicher wird „in einem Augenblick die Sorge über sie kommen". Und haben wir nicht diejenigen, die kraftlos, betrogen und verachtet sind, daran zu erinnern, dass Gott die Grausamkeiten rächen wird, unter denen sie jetzt leiden, dass er aber auch die grausamen Rachegefühle nicht ertragen wird, die ihre Herzen verderben? Müssen wir nicht den reichen und sicheren Klassen unserer Gesellschaft sagen, dass ihre betonte Unterwerfung unter die Gesetze und Einrichtungen der Gesellschaft, die ihre Privilegien garantieren, mit Eigeninteressen belastet ist? Und müssen wir nicht den Armen sagen, dass ihr Traum von vollständiger Gerechtigkeit in einer Gesellschaft ohne Privateigentum zum Alpdruck einer neuen Ungerechtigkeit wird? Er gründet sich doch nur auf die Anerkennung der Sünde, die der andere begeht, und weiß nichts von der Sünde, deren sich der arme Mann schuldig macht, wenn er nicht mehr länger arm ist, sondern zum Kommissar wird. Überall ist das Leben dem Tod ausgeliefert, weil es in Selbstbetrug befangen ist und lieber auf jedem Weg zu fliehen sucht, als dem wahren Gott zu begegnen. Überall ist die Kirche in diesen Totentanz einbezogen, weil sie es zulässt, dass Nationalstolz und Vorurteile gegenüber Ethnien[1], Selbstüberhebung und Selbstzufriedenheit ihre Botschaft entstellen. Die ganze Geschäftigkeit der Religion in unseren Tagen könnte einem zynischen Beobachter (genau so wie dem gerechten Gott) als ein angestrengtes Bemühen erscheinen, sich in den Vorhöfen des Allmächtigen herumzudrücken, um in der göttlichen Rechtsprechung einen besonderen Vorteil in eigener Sache zu gewinnen. Wenn der Ruf, die Kirche solle doch Kirche sein, nicht nur ihren Rückzug von der Welt meint, muss er dann nicht bedeuten, dass sie durch Gebet und Fasten sich zu einem Teil wenigstens von der Last ihrer Freundschaften mit dieser oder jener Klasse, Ethnie oder Nation zu lösen hat? Und dies mit dem Ziel, dass sie das Wort Gottes wieder reiner und gewichtiger jedem Menschen und jedem Volk, aber auch jeder Generation zu verkünden vermag, wie es den besonderen Nöten des Einzelnen und der Stunde entspricht.

---

[1] [Anm. d. Hg.: Ott und Jellinghaus übersetzen „race" mit „Rasse". Da dieser Begriff im Deutschen allerdings (insbesondere durch seine Verwendung in der NS-Zeit) massiv belastet ist, wird für diesen Quellenband der Begriff *Ethnie* verwendet.]

Es gibt die Möglichkeit eines neuen Lebens für diejenigen, die ihrem alten Selbst absterben, zu jeder Zeit und in jeder Lage. Das gilt für die Völker wie für die Einzelnen. Auf der positiven Seite gibt es besondere Worte, die zu ihrer Zeit gesprochen werden müssen neben den zeitlos gültigen Worten. Das neue Leben, nach dem wir alle gemeinsam heute fragen, meint eine Gemeinschaft, die weit genug ist, um die weltweiten Beziehungen zwischen den Völkern in einem Zeitalter der Technik erträglich zu gestalten. Es meint eine Justiz, die sorgfältig genug ausgewogen ist, um eine technisierte Gesellschaft im Fluss ihrer Kräfte zu veranlassen, dass sie nachsichtig Recht spricht und nicht zwischen einer intoleranten Anarchie und einer intoleranten Diktatur hin und her schwankt. Um dieses Zieles willen müssen einige unserer eigenen Vorurteile fallen. Das Gebot der Liebe, dessen Erfüllung den Menschen und der Gesellschaft nicht leicht wird, muss zum letztgültigen Maßstab jeder Institution, jeder Struktur und jedes Systems des Rechts erhoben werden. Denjenigen, die einseitig die Freiheit betonen, müssen wir erklären, dass Freiheit ohne Gemeinschaft keine Liebe ist, sondern den Menschen dazu verführt, sich selbst zum Ziel zu setzen. Denjenigen gegenüber, welche die Gemeinschaft einseitig betonen, stellen wir fest, dass keine geschichtliche Gemeinschaft verdient, vom Menschen aufs höchste verehrt zu werden. Weil das Wesen und die Struktur des Menschen es nicht anders zulässt, kann nur Gott allein das Ziel des menschlichen Lebens sein. Denjenigen, die den Staat für sakrosankt erklären, müssen wir mit Nachdruck erwidern, dass der Staat immer versucht ist, seine Majestät in rebellischem Widerstand der göttlichen Majestät entgegenzusetzen. Denjenigen, die eine Ausdehnung des Staates bis zum Eingriff in das moderne Wirtschaftsleben fürchten, möchten wir bedeuten, dass ihre Befürchtungen oft nicht der Sorge um das Recht entspringen, sondern dem eifersüchtigen Verlangen, ihre eigene Macht zu behaupten. Eine erträgliche Gemeinschaft ist unter den modernen Bedingungen nicht leicht zu schaffen. Sie kann überhaupt nur zustande kommen, wenn vieles, was als absolut galt, in seiner Relativität erkannt wird, wenn die Menschen überall danach trachten, das Edle vom Gemeinen zu trennen, und klar zu unterscheiden lernen zwischen ihren eigenen Interessen und den Forderungen, die Gott und die Mitmenschen an sie stellen.

Vielleicht wird unsere Generation dabei versagen. Vielleicht fehlt uns die Demut und die Liebe, wie sie eine solche Aufgabe erfordert. Es gibt unheilvolle Anzeichen, dass wir versagen können und wohl versagen werden. Das Evangelium verspricht den Menschen und Nationen ein neues Leben, einen historischen Erfolg verbürgt es nicht, und es gibt keinen Weg, die christliche Botschaft zum System eines geschichtlichen Optimismus zu machen. Der endgültige Sieg über die Unordnung des Menschen ist Gottes und nicht unser, für die vorläufigen Siege aber tragen wir die Verantwortung. Ein christliches Leben, das sich nicht in hohem Grade verantwortlich fühlt für das Wohl unserer Gemeinschaft, unserer Völker und Kulturen, gerät in eine unerträgliche Weltflucht. Wir können weder auf diese irdische Heimat verzichten, noch in den Siegen und Niederlagen auf Erden den letzten Sinn für unser Dasein suchen.

Jesus weinte über Jerusalem und klagte, dass es nicht erkannte, was zu seinem Frieden diente. Im Alten Testament finden wir die bewegende Geschichte, wie Abraham mit Gott die Zahl derjenigen aushandelt, die nötig sind, die Stadt zu retten. Sind fünfzig oder vierzig oder dreißig nötig? Der Herr kommt schließlich auf zwanzig mit ihm überein. Nur ein wenig Sauerteig ist erforderlich, schon ein kleiner Herd von Gesundheit kann der Genesung einer ganzen Gemeinschaft dienen. Diese Tatsache gibt das Maß der lastenden Verantwortung, die Gottes Volk inmitten der Trümmerstätten dieser Welt zu tragen hat.

Aber es gibt etwas Entscheidendes in dieser Geschichte, das man übersieht, eine erschütternde Mahnung an unsere Gegenwart. Wie klein auch der rettende Rest sein mag, den Gott für die Wiederherstellung unserer Gemeinschaften fordert, in Sodom und Gomorra war er nicht zu finden. Man kann durchaus annehmen, dass die wenigen Überlebenden in Sodom an Zahl genügten, aber ihre Rechtschaffenheit reichte nicht aus, um Sodom und Gomorra zu retten. Man hat das bedrückende Gefühl, dass wir in derselben Lage sind. Es gibt so wenig Gesundes in unserer gesamten modernen Zivilisation, dass man die Insel der Ordnung vergebens sucht, von der man gegen die Unordnung vorgehen könnte. Es ist uns erschreckend wenig Wahl gelassen. Ist es am Ende die Wahl zwischen atomarer Vernichtung und der Unterwerfung unter eine universale Tyrannei? Wenn solch ein Tag kommen sollte, wollen wir uns besinnen, dass das Geheimnis von Gottes Herrschaft und Gnade das Schicksal von Reichen und Zivilisationen überdauert. Er wird mächtig sein, auch wenn sie untergehen. Doch will Er nicht ihr Verderben, sondern die Abkehr von dem Bösen ihres Tuns und Lebens. Von uns erwartet Er, dass wir arbeiten, solange es Tag ist; denn es kommt die Nacht, da niemand wirken kann.

Eingeleitet und bearbeitet von Raphael Döhn

3. Ethik unter typologischem Zugriff: H. Richard Niebuhr (1894–1962)

Einführung

Person und Werk

Helmut Richard Niebuhr kam am 3.9.1894 in Wright City, Missouri, als jüngster Sohn des emigrierten deutschen Pastors Gustav und der bereits in den USA geborenen Lydia Niebuhr zur Welt. Er schlug die theologische Laufbahn ein wie auch sein älterer und berühmter Bruder Reinhold, in dessen Schatten er zeitlebens stand. Sein Vater war ein einflussreiches Mitglied der German Evangelical Synod of North America. Die deutschsprachige Evangelical Synod und die ethnische und kulturelle Vielfalt des religiösen Nordamerikas insgesamt hatten gleichermaßen einen prägenden Einfluss auf N.

Nach dem Besuch des Elmhurst College, wo er 1912 graduierte, sowie des Eden Theological Seminary, promovierte N. 1924 an der Yale University mit einer Arbeit über die Religionsphilosophie von Ernst Troeltsch. An seine ersten Ausbildungsstätten kehrte er in unterschiedlicher Funktion zurück: Am Eden Theological Seminary lehrte er von 1919 bis 1924 und dann nochmals von 1927 bis 1933 (1927–1931 als Dekan). Dem Elmhurst College stand er von 1924 bis 1927 als Präsident vor. Mit Ausnahme eines zweijährigen Pastorats verfolgte er eine rein akademische Laufbahn. Seit 1931 war N. Professor für christliche Ethik an der Yale Divinity School und starb kurz nach seiner Emeritierung 1962.

In N. Werken fokussiert er einerseits die Frage von Kirche in ihrem Verhältnis zur modernen Gesellschaft, andererseits aber auch die theologische Ethik. Da ihn der Historismus von Ernst Troeltsch entscheidend geprägt hat, entwickelte er sich nicht nur zu einem Ethiker, sondern auch zu einem soziologisch orientierten Kulturhistoriker. Sein bekanntestes Werk *Christ and Culture* (1951), ein Klassiker, entfaltet eine Ethik aus der Beziehung zwischen dem Evangelium und der Kultur. Es kann als Pendant zu Troeltschs *Soziallehren* gesehen werden. N.s Einfluss auf die Theologiegeschichte in den USA ist weitaus größer als sein Bekanntheitsgrad vermuten lässt. So gilt es etwa auch als ein Impulsgeber für eine narrative Theologie.

H. Richard Niebuhr (1894–1962)

Theologischer Ansatz

N. und sein älterer Bruder Reinhold Niebuhr (1892–1971) werden in der Regel derselben theologischen Strömung zugeordnet, nämlich der sog. *neoorthodoxy*, und stehen mit anderen Worten als theologische Ethiker für das reformierte Erbe der klassischen protestantischen Theologie. Sie kritisierten beide besonders das optimistische Menschenbild, das den klassischen Protestantismus in die Nähe liberaler und fortschrittsorientierter Kultur bringt. Für H. Richard hat die Theologie ihre Kraft eingebüßt, weil sie sich durch eine unsachgemäße Anpassung an den Zeitgeist ihres Erbes beraubte. N. brachte seine beißende Kritik in einem vielzitierten Satz aus seinem Werk *The Kingdom of God in America* (1937) auf den Punkt, der die amerikanische Religiosität seiner Zeit einer gewissen Naivität überführte: „Ein Gott ohne Zorn leitete Menschen ohne Sünde in ein Reich ohne Gericht durch die Vermittlung eines Christus ohne Kreuz." Trotz seiner scharfen Kritik am religiösen Liberalismus und der „Social Gospel"-Bewegung ist ihm an einer Vermittlung von Religion und Kultur und einer konstruktiven Wahrnehmung des Weltgestaltungsauftrages seitens des Christentums gelegen. Ein tragendes Motiv von N.s Theologie ist dabei der Gedanke, dass das Reich Gottes nicht zu einer Projektion menschlicher Ideen degradiert werden dürfe, sondern tatsächlich auf Gott als sein Zentrum zurückzuführen sei. Daraus resultiert für N. die Rückkehr zur Lehre von dem kommenden Reich, auf das Gott in voller Souveränität durch die Herrschaft Christi verwiesen habe. In seine Reich-Gottes-Theologie ist die Frage nach der Aktualisierung und der grundsätzlichen Bedeutung eines tragfähigen ethisch-religiösen Konzeptes vor dem Problem konkreter sozialer Herausforderungen eingebettet.

    N.s Behandlung der Motive von Sünde, Gnade und Erlösung sowie seine Betonung radikaler göttlicher Transzendenz in seinen frühen Jahren rücken ihn in die Nähe des jungen Barth. Troeltsch und Barth sind trotz ihres Antagonismus die beiden Denker, von denen er am meisten beeinflusst war. Er versucht, deren Hauptinteressen miteinander zu verknüpfen, indem er Troeltschs Lehre von der absoluten Relativität der irdischen Geschichte mit Barths Lehre von der absoluten Souveränität Gottes als den Grund aller irdischen Relativität zusammenbringt. Drei Überzeugungen sind für N. bei dieser Synthese unverzichtbar: Der Mensch wird aus Gnade gerechtfertigt, Gott ist souverän, und es gibt ein ewiges Leben. Diese gerade im letzten Punkt anklingende eschatologische Perspektive resultiert aus der Einsicht, dass *metanoia* in dieser Welt nicht zu einem Ende kommen werde. Insbesondere in seinen späteren Jahren sah N. bei Barth dem Liberalismus gegenüber eine Überkorrektur, und neigte stärker zu einer weniger offenbarungsbezogenen Rede von Gott.

    N. vertritt eine Verantwortungsethik. Der Gott in voller Verantwortlichkeit antwortende Mensch („man the answerer") fragt weder teleologisch nach dem höchsten Gut noch deontologisch nach dem „Richtigen", sondern nach dem vor Gott „Passenden, Angemessenen" („the fitting"). N. bedient sich bei der Entfaltung seiner Ethik der Typologisierungsmethode: Eine Vielzahl einzelner Elemente, die für die ethische Urteilsbildung relevant sind, wird dabei in verwandte geistige Familien eingeordnet. Diese ermöglichen über Querverbindungen zueinander einen Diskurs, bleiben dabei aber flexibel. Historische und soziologische Interpretationen verschmelzen bei N. mit theologischen Analysen und werden eingespeist in die ethische Urteilsbildung.

Bemerkungen zum Text

Bei dem vorliegenden Essay handelt es sich um den ursprünglichen Entwurf, der N.s Hauptwerk *Christ and Culture* (1951) vorausging. Diese posthum in *Authentic Transformation. A New Vision of Christ and Culture* veröffentlichte Skizze bündelt und elementarisiert zentrale Motive dieser Schrift und ermöglicht damit einen guten Einstieg in N.s Ethik. Das große Problem, das N. hier thematisiert, ist die Orientierung in den spannungsvollen Beziehungen zwischen Christus und Kultur, Kirche und Staat, Glaube und Vernunft sowie christlicher Jüngerschaft in einer säkularisierten Gesellschaft.

N. ordnet diese Beziehungen und unterscheidet dazu fünf Typen der Verhältnisbestimmung. Der erste Typ (*Christ against Culture*) behandelt die Opposition von Christus und Kultur. Die frühchristliche Abgrenzung vom Hellenismus, die monastische Bewegung des Mittelalters, generell ein Fernhalten von der heidnischen Welt, die Unvereinbarkeit des Glaubens mit Kapitalismus, Kommunismus oder Nationalismus gehören zu seinen Problemkreisen. Den Antipoden dieses ersten Typs stellt der zweite dar (*The Christ of Culture*). Dieser Typ setzt eine Übereinstimmung von Christus und der Kultur voraus. Hier erscheint Christus als der Held der Kulturgeschichte, seine Lehren werden zu der größten menschlichen Errungenschaft erklärt. Dieser Typ wird in hervorragendem Maße in der Gnosis, von Abaelard und von A. Ritschl repräsentiert. Der dritte Typus (*Christ above Culture*) lässt die Kultur als eine Vorbereitung auf Christus verstehen. Nur durch Christi Einzug in die Kultur eröffneten sich vermittelt über seine Gaben spirituelle Beziehungen zu Gott und dem Nächsten. Dieser synthetische Typ wird von Thomas v. Aquin und der katholischen Kirche repräsentiert. Der vierte Typ (*Christ and Culture in Paradox*), der oszillatorische, wird verglichen mit einem Pendel, das immerwährend von einer Seite, den Forderungen Gottes im Evangelium, zur anderen Seite, den Forderungen Gottes in der Kultur, schwingt. Bei diesem Lösungsansatz bleibt die Spannung zwischen Christus und der Kultur aufrechterhalten, der Christ schuldet aber beiden Bereichen Loyalität. Der fünfte, der transformatorische Typ (*Christ the Transformer of Culture*), geht davon aus, dass die Schöpfung als gut betrachtet, Natur und Vernunft aber als korrumpiert angesehen werden müssten. Daher bedürfe es der radikalen Umwälzung durch das Evangelium, das eine Ordnung göttlicher Werte in der Welt wiederherstelle. Augustinus und Calvin werden diesem Typ zugeordnet.

Niebuhr möchte keine Entscheidung zugunsten eines dieser fünf Modelle fällen, stilisiert den fünften Typ aber in seiner Darstellungsweise so, dass seine Präferenz für ihn erkennbar wird. Einer Verabsolutierung eines bestimmten Typus als *dem* Typus christlicher Welt- und Kulturverantwortung schlechthin widerspricht N. gleichwohl grundsätzlich.

Literatur

H.R. NIEBUHR, Christ and Culture, New York u.a. 1951.
H. BERKHOF, 200 Jahre Theologie. Ein Reisebericht, Neukirchen-Vluyn 1985, 264–268.
R. CROUTER, Reinhold Niebuhr (1892–1971) und H. Richard Niebuhr (1894–1962), in: F.W. GRAF (Hg.), Klassiker der Theologie. Zweiter Band: Von Richard Simon bis Karl Rahner, München 2005, 258–288.
G. KLAPPENECKER, Glaubensentwicklung und Lebensgeschichte. Eine Auseinandersetzung mit der Ethik James W, Fowlers, zugleich ein Beitrag zur Rezeption von H. Richard Niebuhr, Lawrence Kohlberg und Erik H. Erikson, Stuttgart u.a. 1998, 64–85.
M. ZFINDLER, Gestaltetes Evangelium. Zur Grundlegung einer Theologie der Kultur, in: P. BIEHL / K. WEGENAST (Hg.), Religionspädagogik und Kultur. Beiträge zu einer religionspädagogischen Theorie kulturell vermittelter Praxis in Kirche und Gesellschaft, Neukirchen-Vluyn 2000, 83–103.

Typen christlicher Ethik (posthum)[0]

1. Die typologische Methode

Die moderne Hinwendung zur typologischen Methode in den Sozial- oder Geisteswissenschaften, einschließlich der Ethik, ist zum Teil ein Versuch, einige Grenzen der genetischen Methode als Mittel zum Verständnis einzelner Ereignisse zu überwinden. Bei der letztgenannten Methode neigen wir zu der Annahme, dass eine einzige Idee oder ein einziges Prinzip in den von uns betrachteten, individuellen Ereignissen und Phänomenen in unterschiedlichem Reifegrad oder in unterschiedlicher Klarheit zum Ausdruck kommt. In der christlichen Ethik können wir uns so etwa bemühen, zu verstehen, wie stark das teleologische Streben nach der Vision oder dem Reich Gottes in einzelnen Personen, Gruppen oder Bewegungen ausgeprägt ist. Die genetische Skala wird dann, nicht als Skala des Früheren und Späteren, sondern des mehr oder weniger Entwickelten, zu einer Werteskala, mit deren Hilfe wir den Wert einzelner Ereignisse und Phänomene zu bestimmen versuchen. Die Unzulänglichkeit dieser Methode zeigt sich, wenn wir feststellen, dass das Prinzip, das wir als zentral gewählt haben, im Hinblick auf die Person, Gruppe oder Bewegung, die wir zu verstehen suchen, möglicherweise nicht wichtig ist. Oder sie zeigt sich darin, dass seine Bedeutung innerhalb der einzelnen betrachteten Phänomene von seinem Verhältnis zu anderen Faktoren abhängt, so dass diese nicht als abweichende Formen des Prinzips, sondern als je einzigartige Konkretisierungen einer Reihe von Prinzipien verstanden werden müssen, von denen jedes seine besondere Bedeutung aus seinem Platz im Ganzen ableitet. Mit der Erkenntnis dieser Tatsache scheint jedoch ein verwirrender Pluralismus von Prinzipien und eine

---

[0] [Anm. d. Hg.: Bei dem vorliegenden Text handelt es sich um einen zu Lebzeiten Niebuhrs unveröffentlichtes Essay, welches 1995 erstmals in dem von Glen Stassen, D.M. Yeager und John Howard Yoder im Verlag Abingdon Press veröffentlichten Band *Authentic Transformation. A New Vision of Christ und Culture* publiziert worden ist. Vgl. H.R. NIEBUHR, Types of Christian Ethics, in: G.H. STASSEN u.a. (Hg.), Authentic Transformation: A New Vision of Christ and Culture, Nashville 1996, 15–29. Die Herausgebenden des englischen Textes merken hierzu an, dass Niebuhrs Manuskript *Typen christlicher Ethik* als beendetes Werk angesehen werden könnte und für die posthume Erstpublikation kaum editoriale Interventionen notwendig gewesen seien, obwohl der Text ursprünglich nicht für eine Veröffentlichung vorgesehen war. Die Herausgebenden haben die Typen, die im Essay diskutiert werden, in Wechselbeziehung zu den verschiedenen deskriptiven Begriffen, die Niebuhr für die Nennung derselben Typen in *Christ and Culture* verwendet, gebracht. Diese Zuordnung ist in der deutschsprachigen Übersetzung in eckigen Klammern übernommen worden.]

H. Richard Niebuhr (1894–1962)   107

noch größere Vielfalt von historischen Einzelphänomenen übrig zu bleiben. Das Bilden einer Typologie ist nun der Versuch, diese vielen Elemente so in Familien zu ordnen, dass einige der charakteristischen Kombinationen von Prinzipien verstanden werden können. Einerseits stellt die Typologie also in der Ethik wie in der Psychologie (ich paraphrasiere hier Jung) die Annahme in Frage, dass es nur eine Ethik oder ein ethisches Prinzip gibt; in unserem speziellen Bereich bestreitet sie die Annahme, dass es eine einzige christliche Ethik oder ein einziges Prinzip christlicher Ethik gibt. Sie geht vielmehr davon aus, dass es mehrere Prinzipien und eine Vielzahl von kreativen individuellen Konkretionen des christlichen Lebens gibt. Andererseits ist es das Ziel einer Typologie, diese einzigartigen Phänomene mit Hilfe von Idealfiguren oder Typen zu verstehen; d.h. anhand von relativ konkreten Modellen, die Interessen- oder Überzeugungskombinationen beschreiben.

Diese Methode ist hilfreich, aber auch sie hat bestimmte Grenzen, die im Auge behalten werden müssen. Zunächst einmal ist ein Typus ein mentales Konstrukt, dem kein einzelnes Phänomen vollständig entspricht. Er darf daher nur als Mittel zum Verständnis des Phänomens verwendet werden und nicht als Feststellung notwendiger Zusammenhänge, so dass dem Rationalen der Vorrang vor dem Empirischen gegeben wird. Zweitens müssen diese mentalen Konstrukte, wenn sie für das Verständnis nützlich sein sollen, von einer Art sein. Das heißt, dass unter den vielen variablen Faktoren, die in jedem konkreten historischen Ereignis zu erkennen sind, jeweils nur eine Auswahl getroffen werden kann, die Material für das mentale Modell liefert. Es können psychologische, soziologische, anthropologische oder theologische Modelle konstruiert werden; es führt aber nur zu Verwirrung, wenn diese Kategorien vermischt werden. Zudem muss es vermieden werden, im Hinblick auf den grundlegenden Charakter einer Kategorie, die angewandt wird, voreingenommen zu sein. Es ist eine Sache, psychologische Typen des religiösen oder moralischen Lebens zu unterscheiden, aber eine ganz andere, den psychologischen Faktoren primäre Bedeutung zuzuschreiben. Ebenso ist es eine Sache, soziologische Typen der christlichen Ethik zu unterscheiden, aber eine andere, zu behaupten, dass die Art der soziologischen Konstitution, die in einer Gruppe vorherrscht, ihren ethischen Charakter bestimmt. Durch Typologien können Wechselbeziehungen behandelt, aber keine Festlegungen vorgenommen werden. Auch hier muss der Typologe bedenken, dass er keine Werteskala konstruiert. Sein Vorgehen ist weder auf Erklärung noch auf Bewertung ausgerichtet, sondern auf Verständnis und Wertschätzung. Wenn seine Typen gut konstruiert und somit empirisch relevant sind, wird er selbst zu einem seiner Typen gehören und entsprechend eine Präferenz für diesen haben; aber ein Zweck der Typologie besteht darin, ihm zu helfen, seinen eigenen Typ als einen von vielen zu verstehen und so ein gewisses Maß an Unparteilichkeit zu erreichen.

2. Die verschiedenen Arten der Typisierung der christlichen Ethik

Es lassen sich keine absoluten Typen christlicher Moral ausmachen, aber es gibt verschiedene Gesichtspunkte, anhand derer die einzelnen historischen Phänomene analysiert und klassifiziert werden können. Eine psychologische Methode, die von William James populär gemacht wurde, unterscheidet zwischen „onceborn" (einmal Geborenen) und „twice-born" (zweimal Geborenen) oder zwischen „healthy minded" (Mentalität des gesunden Geistes) und „sick soul" (Mentalität der kranken Seele) als Typen religiöser Erfahrung und Ausdrucksformen.[1] Diese Typen können auch zur Unterscheidung der ethischen Überzeugungen und Haltungen von Christenmenschen herangezogen werden. Für die „onceborn" scheinen moralische Werte unmittelbar realisierbar und moralische Forderungen sofort erfüllbar zu sein. Der Typus der „twice born" nähert sich solchen Werten und Gesetzen indirekt, indem er sie zunächst nicht als Handlungsanweisungen, sondern als Selbstkritik versteht. Er muss durch sie in einen Zustand der Empfänglichkeit versetzt und seiner Abhängigkeit von Gott gewahr werden, bevor er von ihnen als Handlungsanweisungen Gebrauch machen kann. Die Unterscheidung zwischen dem extrovertierten und dem introvertierten Typus entspricht zum Teil der erstgenannten Einteilung; zum Teil aber durchkreuzt sie diese, da der introvertierte Typus der christlichen Ethik entweder den direkten oder den indirekten Ansatz verfolgen kann und die Extrovertierten in ähnlicher Weise in Reformer und Revolutionäre unterteilt werden können.

Eine weitere Typologie, die sich für das Verständnis der verschiedenen christlichen Gruppen mit ihren unterschiedlichen Ansätzen für das soziale Problem als sehr nützlich erwiesen hat, ist die Weber-Troeltsch-Unterscheidung zwischen Kirchen und Sekten, wobei eine dritte, heterogene Klasse von Mystikern hinzugefügt wurde. Inwieweit es sich bei den Typen um mentale Konstrukte handelt, denen keine historischen Phänomene vollständig entsprechen, wird bei dem Versuch deutlich, die verschiedenen christlichen Gruppierungen in der Geschichte in Kirchen und Sekten zu klassifizieren.

Fernerhin ist es aber auch ziemlich gewiss geworden, dass eine positive Korrelation zwischen der Ethik und dem Typus sozialer Organisation besteht, so

---

[1] W. JAMES, The Varieties of Religious Experience. A Study in Human Nature, The Giffordlectures 1901–1902, New York 1902, Vorlesungen 4–7 [dt. Übersetzung: DERS., Die Vielfalt religiöser Erfahrung. Eine Studie über die menschliche Natur, übers. von E. HERMS / CH. STAHLHUT, Berlin (1979) 2014, 110–187].

dass diese soziologische Typisierung bei dem Versuch, die verschiedenen Gruppen zu verstehen, sehr hilfreich war. Auch hier ist es möglich, die verschiedenen christlich-ethischen Organisationsformen des Denkens und der Praxis anhand der in ihnen vertretenen kulturellen Typen zu klassifizieren. Es gibt hebräische, hellenistische, römische, mittelalterliche, byzantinische und moderne christliche Ethiken. Jede von ihnen hat offensichtlich einen unterschiedlichen Charakter, der in sich selbst und nicht nur im Vergleich mit einem der anderen kulturellen Typen gewürdigt werden muss. Wenn etwa eine Werteskala erstellt wird, müsste dies innerhalb eines idealen Kulturtypus erfolgen, anhand dessen der typologische Reinheitsgrad oder der Grad der Integrität bestimmt wird, den das individuell betrachtete Phänomen aufweist.

Ein viertes Klassifizierungsprinzip ist das sozioökonomische, bei dem die Art der wirtschaftlichen Produktion als Schlüssel zum Charakter von Personen, Gruppen und Bewegungen innerhalb des Christentums gilt; so lassen sich vieh-, landwirtschaftliche, früh- und spätindustrielle Typen unterscheiden. Dabei wird eine Korrelation zwischen dem System ethischer Werte und Gebote und dem Produktionssystem gesucht. In der gegenwärtigen Situation kann zum Beispiel eine Ethik des ländlichen Christentums der Ethik des städtischen, industriellen Christentums entgegengesetzt werden. Die philosophische Sichtweise erlaubt es uns, zwischen dem teleologischen und dem deontologischen Typus christlicher Ethik zu unterscheiden, je nach dem, welchen Vorrang die Vorstellung vom Guten oder vom Richtigen im jeweiligen Denk- und Verhaltenssystem hat. Urchristliche, calvinistische und die meisten sektiererischen Ethiken repräsentieren dann im Allgemeinen den deontologischen Typus der Ethik, während der römische Katholizismus, sowohl in seiner augustinischen als auch in seiner thomistischen Form, und das moderne liberale Christentum als teleologisch eingestuft werden. Es sind also jeweils Untertypen zu unterscheiden, und zwar nach dem Vorrang des objektiven oder subjektiven Gutes (Gott oder Heil) einerseits und des objektiven oder subjektiven Gesetzes (Biblizismus, inneres Licht) andererseits.

Es mag sein, dass eine mühsame, detaillierte historische Untersuchung sowie eine analytische Klärung des Wesens dieser verschiedenen Klassifizierungssysteme Korrelationen zwischen soziologischen und psychologischen bzw. philosophischen und sozioökonomischen Typen aufzeigen kann. Es besteht also die Möglichkeit, dass umfassendere mentale Modelle möglich sind. Derzeit scheint aber die Aufgabe der Typologie in einem anderen Anwendungsbereich zu liegen – in der genaueren Definition jeder Gruppe von Typen und in der Verwendung solcher begrenzten Modelle für das Verständnis, nicht für die Erklärung, von historischen Tatsachen.

3. Die theologischen Typen der christlichen Ethik

Wenn es möglich ist, Modelle zu konstruieren, in denen ethische Überzeugungen mit soziologischen oder psychologischen Variablen korreliert sind, ist es nicht weniger möglich und für den theologischen Moralethiker aufschlussreicher, Typen zu entdecken oder zu konstruieren, in denen die Variable der christliche Glaube ist. Daher stellen wir uns die Frage, ob im Evangelium selbst eine Quelle für die unendliche Vielfalt christlicher Moralformen liegt; ob die Unterschiede in der Art und Weise, wie Christenmenschen ihre Pflicht begreifen und Gut und Böse verstehen, einfach mit der Vielfalt kultureller, psychologischer und soziologischer Muster korreliert sind, die sich in ihrem Leben zeigen; oder ob sie mit Variationen in der christlichen Situation vor Gott zusammenhängen können. Ist das Christentum also eine einheitliche Größe, deren Urteile dadurch bestimmt sind, dass sie mit anderen Elementen und Konstellationen in Gesellschaft und Kultur in Beziehung tritt und von ihnen modifiziert wird? Oder ist es selbst ein komplexes Kompositum, so dass Unstimmigkeiten innerhalb seiner Zusammensetzung auftauchen und Differenzierungen allein auf der Grundlage christlicher Urteile vorgenommen werden müssten? Die alte Kirche stellte sich die Frage nach der Einheit oder der Zweiheit Jesu Christi und musste sich für Letzteres entscheiden, denn es gab eine deutliche Polarität zwischen dem Jesus der Geschichte und dem Christus des Glaubens, die nicht durch die Aufnahme des einen in den anderen aufgelöst werden konnte. In ähnlicher Weise wurde die Frage in der Trinität gestellt.

Das Wesen und im Allgemeinen der Charakter der wichtigsten theologischen Typen von Christinnen und Christen wurden von Gilson herausgearbeitet, der in seinem Werk „Reason and Revelation in the Middle Ages" „die wichtigsten geistigen Familien, die für die umfangreiche philosophische und theologische Literatur des Mittelalters verantwortlich waren",[2] charakterisiert. Es handelt sich um die Familie des Tertullian, für die die Offenbarung im Gegensatz zur Vernunft die Quelle aller rettenden Erkenntnis ist; die Familie der Augustiner, die von der Offenbarung zur Vernunft übergeht, die glaubt, um zu wissen, und die kulturelle Weisheit eher verklärt als verwirft; die Familie der lateinischen Averroisten mit ihrer Lehre von der zweifachen Wahrheit (der skeptische Zweig dieser Familie, der die Offenbarung in der Tat, aber nicht im Wort leugnet, hat den Familienclan wirklich vollständig verlassen); die thomistische Familie, die Glaube und Vernunft synthetisiert; und schließlich die Familie der *Devotio Mo-*

---

[2] E. Gilson, Reason and Revelation in the Middle Ages, New York 1938, 5.

H. Richard Niebuhr (1894–1962)

derna, die das ganze Problem ablehnt und ein „klar praktisches christliches Leben und nichts anderes"[3] sucht. Es ist fraglich, ob die Mitglieder der letztgenannten Gruppe, wie Gilson sie beschreibt, eine Familie darstellen; der bloße Dissens macht noch keinen Typus aus. Eine Gruppe wie die letztgenannte stellt eher ein Stadium der Reflexion als einen theologischen Typus dar, und in ihr sind wahrscheinlich alle anderen Typen vertreten, wenn auch nicht in entwickelter Form.

Gilsons Unterscheidung geistlicher Familien hinsichtlich ihres Gebrauchs von Offenbarung und Vernunft zeigt eine vielversprechende Richtung auf, in die man sich bewegen kann, wenn man versucht, die christlich-ethischen Typen theologisch zu unterscheiden: Das christliche Leben bewegt sich zwischen den Polen „Gott in Christus", wie er durch den Glauben und die Bibel erkannt wird, und „Gott in der Natur", wie er durch die Vernunft in der Kultur erkannt wird. Wenn das christliche Leben als ein auf das Gute gerichtetes Leben betrachtet wird, dann ist es einerseits auf die Verwirklichung der Vision Gottes durch Jesus Christus und andererseits durch die Schöpfung gerichtet; wenn es als ein Leben in Verpflichtung betrachtet wird, dann ist es einerseits zum Gehorsam gegenüber Christus und andererseits zum Gehorsam gegenüber den Forderungen der Natur verpflichtet. Aber weder Christus noch die Natur sind dem Christen unmittelbar gegenwärtig; wie ersteres durch die Kirche und die Bibel vermittelt wird, so wird letzteres durch die Kulturgemeinschaft und ihre Weisheiten vermittelt. Die Variabilität innerhalb christlicher Ethik scheint also analysierbar zu sein, wenn man die Art und Weise betrachtet, in der die beiden Richtungen des christlichen Lebens miteinander verbunden sind. (Es muss jedoch gesagt werden, dass diese Klassifizierung von Typen keine apriorische Deduktion von Kategorien ist. Das vorliegende Ergebnis ist dadurch entwickelt worden, dass verschiedene hypothetische Schemata auf die historischen Einzelphänomene angewandt und wieder verworfen wurden. Das nun präsentierte Schema hat sich als dasjenige erwiesen, das den historischen Tatsachen in der Absicht, sie verständlich zu machen, am nächsten kommt.)

Die Haupttypen der christlichen Ethik sind dann von diesem theologischen Standpunkt aus (1) das neue Gesetz, (2) das Naturrecht, (3) das synthetische oder architektonische, (4) das dualistische oder oszillatorisch-pendelnde und (5) das konversionistisch-bekehrende Modell. Die Verwendung legalistischer Begriffe bei der Bezeichnung der ersten beiden Typen bedeutet nicht, dass diese Gruppen einen besonders legalistischen Charakter haben. Soweit ich sehen kann, kann jeder der fünf Typen in primär teleologischer oder primär deontologischer Form auftreten, aber die Verwandtschaft zwischen Teleologen und Deontologen innerhalb eines Typs ist größer als die Verwandtschaft zwischen Formalisten oder Teleologen aller Typen.

---

[3] A.a.O., 90.

4. Der Typus des neuen Gesetzes [Christus gegen die Kultur]

Das Christentum des neuen Gesetzes wird im Neuen Testament durch das erste Evangelium repräsentiert. Ein charakteristisches Merkmal seiner Darstellung der christlichen Moral ist der scharfe Gegensatz zwischen dem Gesetz Gottes, wie es die jüdische Kultur kannte, und dem Gesetz, das Jesus Christus verkündigt. Das letztere verdrängt das erstere wirklich, auch wenn dem ersteren unausweichlich eine nicht zu vernachlässigende Gültigkeit zugestanden werden muss. („Meint nicht, ich sei gekommen, das Gesetz oder die Propheten aufzulösen." [Mt 5,17].) Die Werte, um die es Matthäus geht, sind fast ausschließlich die Werte des Lebens in der christlich-geistlichen Gemeinschaft, was insbesondere durch seine Form der Seligpreisungen angezeigt wird. Er veranschaulicht auch die allgemeine Tendenz der Gruppe des neuen Gesetzes, die christliche Gemeinschaft mit ihren Wertmaßstäben und Geboten von der kulturellen Gemeinschaft abzugrenzen, in der sie lebt.

Der Typ wird in weiterentwickelter Form im 2. Jahrhundert in Schriften wie der Didache, dem Barnabasbrief, dem Diognetusbrief und ähnlichen Dokumenten vertreten. Tertullian ist offensichtlich ein Mitglied dieser Familie. Ein Grundgedanke dieser frühen Christen (die bezeichnenderweise von modernen Vertretern der Typen als Vertreter des Urchristentums angesehen werden) ist die Vorstellung, dass die Christen ein neues Volk mit einem neuen Gesetz sind. Die Hauptquelle des Gesetzes ist Jesus Christus. Unvermeidlich ist es aber, dass bei der Entwicklung seines Inhalts auch auf Ideen und Vorschriften aus dem kulturellen Umfeld, insbesondere aus einem populären Stoizismus, zurückgegriffen wird, um den immer komplexeren Bedingungen gerecht zu werden. Aber eine solche Auslegung des Gesetzes durch den Rückgriff auf Prinzipien, die aus der Kultur gezogenen werden, wird kaum bemerkt. Der Grundgedanke der Ethik scheint Heiligkeit zu sein. So beschreibt Harnack dieses Christentum als eines, in dem „nachdrücklicher als auf irgend einen dogmatischen Punkt auf die Verpflichtung zu einem heiligen Leben hingewiesen [wird], durch welches die Christen wie Lichter inmitten eines verderbten und verkehrten Geschlechts leuchten sollen. [...] Alle Gebiete des Lebens bis zu den intimsten und geringsten werden unter die Zucht des Geistes gestellt und neu geordnet."[4]

Allerdings sind nicht alle Mitglieder dieses Typs Spiritualisten. Das epistemologische Prinzip variiert, so dass in dieser Familie, wie in allen anderen auch, Biblizisten neben den Spiritualisten einen Platz finden. In jedem Fall wird der

---

[4] [Anm. d. Hg.: In der englischsprachigen Ausgabe des Textes fehlt hier die Angabe der Quelle für das Harnack-Zitat. Es stammt im dt. Original aus: A. HARNACK, Die Mission und Ausbreitung des Christentums in den ersten drei Jahrhunderten. Bd. 1: Die Mission in Wort und Tat, zweite neu durchgearbeitete Auflage, Leipzig 1906, 216.]

Inhalt des Sittengesetzes aus Christus geschöpft; die Offenbarung der Werte in Jesus Christus ist die einzig gültige; die Abtrennung der Gemeinschaft mit dieser Ethik von der Welt mit einer falschen Ethik wird angestrebt; die Richtung des Lebens ist jenseitig. Die enge Verwandtschaft dieses Typs mit dem Sektentypus der soziologischen Analyse ist offensichtlich.

In der christlichen Geschichte gibt es noch weitere Vertreter des „neuen Gesetzes", wobei jeder von ihnen natürlich die besonderen Bedingungen seiner Zeit und seines Ortes, seinen Hintergrund und seine Probleme widerspiegelt. Das benediktinische Mönchtum gehört eindeutig zu dieser Familie, und in der Neuzeit scheint Leo Tolstoi einer ihrer wichtigsten Vertreter zu sein. Letzterer erinnert uns jedoch daran, dass es ein gewisses Zusammentreffen von Extremen gibt und dass eine Abhängigkeit von der Offenbarung Jesu Christi als exklusiver Quelle der Erkenntnis des Guten und des Rechten sich als äußerst vernünftig erweisen kann. „Die Lehre Christi", schreibt Tolstoi, „ist die Lehre von des Menschen Sohne, der mit allen Menschen identisch ist, d.h. von dem allen Menschen innewohnenden Streben nach dem Guten und der allen Menschen eigenen Vernunft, die den Menschen in jenem Streben erleuchtet."[5] Aber bei Tolstoi – wie auch bei den Quäkern und ihrer Vorstellung vom Inneren Licht – zeigt sich, dass der Inhalt des neuen Gesetzes, unabhängig davon, wie die Christinnen und Christen zu seiner Erkenntnis gekommen sind, in Begriffen aus den Evangelien formuliert ist. Dabei wird die Rolle, die die weltliche Kultur bei der Auswahl und Auslegung dieser Lehre gespielt hat, geleugnet.

5. Der Typus des Naturrechts [Christus der Kultur: Der akkommodatinistische Typ]

Das entgegengesetzte Extrem zum Typus des neuen Gesetzes, der ihm jedoch in mancher Hinsicht bemerkenswert ähnlich ist, ist der Typus des Naturrechts. Vielleicht sollte dieser Typus als kultureller Typus bezeichnet werden, da die Natur nur durch die Kultur bekannt ist und da die Mitglieder dieser Familie dazu neigen, das Gute und das Richtige als Mitglieder der kulturellen Gesellschaft zu interpretieren und zu begreifen. Wenn sie dies ohne Bezug auf Christus, die Kirche und die Bibel tun, stellen sie natürlich keinen christlichen Typus dar. Als Christen zeichnen sie sich durch die Neigung aus, die Offenbarung der Werte und Gebote durch Christus vom Standpunkt der allgemeinen Vernunft ihrer Kultur aus zu interpretieren. Sie passen die Kirche an die Kultur an, identifizieren kulturelle Güter und Recht mit christlichen Gütern und Recht, versuchen aber

---

[5]   L.N. TOLSTOY, My Religion, in: The Complete Works of Count Tolstoy, 24 Bde., New York 1904, 16:105 [dt. Übersetzung: DERS., Mein Glaube, übers. von R. LÖWENFELD, in: L.N. TOLSTOJ, Religions- und gesellschaftskritische Schriften, Bd. 2, München 1990, 165].

auch, die kulturellen Ziele und Gebote christlich zu interpretieren. Die Mitglieder dieser Familie scheinen mit den Mitgliedern der Familie des neuen Gesetzes verwandt zu sein, weil sie scheinbar unter einer Reihe von Geboten leben und auf ein einziges Ziel ausgerichtet sind; im Gegensatz dazu weisen alle mittleren Typen ein Element der Diskontinuität in ihrer Moral auf. Obwohl die Mitglieder des Typs des neuen Gesetzes im Allgemeinen Sektierer sind und obwohl die Mitglieder des Typs des Naturrechts Christen sind, die in ihrer Kultur zu Hause sind, sind doch beide Mitglieder derselben Gesellschaft und hören das Wort Gottes in nur einer Sprache. Während die Christinnen und Christen des Naturrechts einmal Geborene sind, liegt die zweite Geburt der Christinnen und Christen des neuen Gesetzes in der Vergangenheit. Im Gegensatz dazu werden alle mittleren Typen von den Problemen der Wiedergeburt geplagt.

Um den naturrechtlichen Typus näher zu beschreiben, ist folgendes anzumerken:

1. Er ist bestrebt, die Gebote und Werte des Evangeliums denen der Gesellschaft anzupassen. Die Gebote Jesu werden als Wiederholungen des Gesetzes der Vernunft oder der Natur betrachtet; die Werte des christlichen Lebens sind religiöse Formulierungen der Werte der natürlichen und sozialen Existenz, wie sie von der Kultur am besten verstanden werden.
2. Dieser Prozess umfasst die Interpretation der Werte und Forderungen des Evangeliums durch die Kultur. Das Evangelium wird sehr selektiv behandelt. Jene Elemente, die für die Kultur am verständlichsten sind, werden als primär angesehen und im Kontext der Kultur verstanden. So findet John Stuart Mill in der Bergpredigt den guten, angelsächsischen, bürgerlichen Utilitarismus. „In der goldenen Regel, die Jesus von Nazareth aufgestellt hat, finden wir den Geist der Nützlichkeitsethik vollendet ausgesprochen. Die Forderungen, sich dem anderen gegenüber so zu verhalten, wie man möchte, dass er sich einem selbst gegenüber verhält, und den Nächsten zu lieben wie sich selbst, stellen die utilitaristische Moral in ihrer höchsten Vollkommenheit dar."[6] Thomas Jeffersons Verwendung des Neuen Testaments deutet auf einen ähnlichen Geist hin. Ob Mill und Jefferson als Christen angesehen werden wollten, ist zweifelhaft, aber John Locke wollte es sicherlich, und wie sein Buch „The Reasonableness of Christianity" zeigt, ist die Anpassung des Neuen Testaments an die vorherrschende Moral des gesunden Menschenverstands bei ihm nahezu vollständig.
3. Diese Anpassung stellt nicht wirklich den Typus dar; es sei denn, man macht die ergänzende Aussage, dass diejenigen Elemente der kulturellen Ethik als normativ ausgewählt werden, die am meisten mit dem Neuen Testament

---

[6] J.S. MILL, Utilitarianism, hg. von O. PIEST, Indianapolis 1957, 22 [dt. Übersetzung: DERS., Der Utilitarismus, übers. und hg. von D. BIRNBACHER, Stuttgart, 2010, 53].

übereinstimmen. Daher sanktioniert dieser Typus nicht einfach die vorherrschende Kultur mit ihrem Naturrecht oder ihrer Ethik des gesunden Menschenverstands, sondern er betont das „Ideal" in dieser Moral. Zwischen diesem Ideal und dem wesentlichen Christentum gibt es keinen wirklichen Unterschied.
4. Der Typus ist durch einen Sinn für Harmonie gekennzeichnet; seine Strategie ist eher melioristisch als separatistisch oder revolutionär; er gibt die Idee einer anderen Welt nicht auf, sondern stellt sie als Weiterentwicklung der besten Bestandteile dieses Äons dar.

Unter den Vertretern dieser Familie ist Jakobus, der Bruder des Herrn, zu nennen; die Tatsache, dass die Ethik des Judentums, dem er das Christentum anzugleichen suchte, sich als auf Offenbarung beruhend betrachtete, muss uns nicht verwirren. Das Christentum war für ihn offenbar eine Art fortschrittliche Bewegung innerhalb des Judentums, und seine Ethik war die eines ernsten, aber liberalen Judentums. Im Umfeld der hellenistischen Kultur ist Clemens von Alexandria ein illustres Mitglied der Familie. Sein Ideal eines christlichen Gnostikers ist eine Kombination aus Heiligem und Philosoph; die Erziehung junger Christen ist ebenso sehr eine Unterweisung in den höflichen Umgangsformen der alexandrinischen Gesellschaft wie in christlicher Tugend; die Errettung der Reichen wird ohne den gefährlichen Gang durch ein Nadelöhr erreicht, wenn auch mit weniger als aristotelischer Leichtigkeit. Im Leben des Christen vollzieht sich keine wirkliche Revolution, wenn er von der philosophischen zur christlichen Spiritualität oder von dieser Welt zur Vergöttlichung der nächsten übergeht. Der hellenistische Idealismus und die christliche Gottesliebe sind Teil eines einzigen kontinuierlichen Lebens. Geist und Inhalt der Ethik des Clemens scheinen gänzlich aus seiner Kultur denn aus der Kirche zu stammen. Der Inhalt seiner Ethik bildet sich aber dennoch durch den Rückgriff auf ein kulturell interpretiertes Evangelium aus. Es ist offensichtlich, dass die beiden Elemente, Evangelium und Kultur, in Clemens' Ethik nicht immer zusammenpassen, aber dessen scheint er sich nicht bewusst zu sein. Für das Mittelalter ist wiederum Abelard ein typischer Vertreter. Für ihn ist das von der Vernunft erkannte Naturrecht grundlegend; inhaltlich ist es natürlich das von der kulturellen Vernunft erkannte Recht. Die Ethik des Evangeliums ist die Neuauflage des Naturrechts. Das prägnanteste Beispiel für diese Ethik ist das moderne liberale Christentum in seinen verschiedenen Unterformen – das liberale deutsche, das liberale englische, das liberale amerikanische usw. Bezeichnenderweise wird im theologischen Liberalismus die Ethik tatsächlich zur Grundlage der Theologie gemacht, so dass sogar Schleiermacher seine „Glaubenslehre" mit Annahmen beginnt, die er aus der Ethik begründet. Ritschls Theologie stellt nachfolgend die volle Entfaltung einer Synthese von christlicher und kultureller Ethik dar. Als vorherrschende Tendenz ist auszumachen, dass das moralische Bewusstsein unabhängig von der Religion berücksichtigt und somit der Offenbarung oder dem Glauben vorgeordnet wird. Die Tatsache, dass dieses Bewusstsein zumindest in seinem Inhalt historisch und sozial relativ ist, wird ignoriert. Eine Grundlage für die Ethik wird durch die Untersuchung der Grundprinzipien des moralischen Bewusstseins geschaffen. Diese werden dann für die Interpretation der Forderungen und Werte des Evangeliums verwendet. In ihrer teleologischen Form definiert die liberale christliche Ethik das Ende des Christlichen als das Reich Gottes auf Erden. Dieses wird wiederum im Sinne des vorherrschenden kulturellen Ideals als ein finales Reich definiert, d.h. als eine Vereinigung von intrinsisch wertvollen Menschen oder als die Herrschaft von „Freiheit, Gleichheit und Brüderlichkeit". In seiner deontologischen Form wählt der Liberalismus die Forderung der Liebe als wesentliches Gebot des Evangeliums, legt ihn aber perfektionistisch aus; indem er die Prädikate des Liebesgebots – Gott und den Nächsten – vernachlässigt, neigt er allerdings dazu, die Tugend der Liebe als das eigentlich Geforderte anzusehen. In ihrer Werttheorie neigt diese Ethik dazu, das Werturteil der modernen Gesellschaft zu übernehmen, demzufolge das Individuum den höchsten Wert hat. Aussagen des Evangeliums über den Wert des Lebens oder der Seele werden folglich in diesem Sinne umgedeutet. Der christliche Liberalismus interpretiert jedoch, wie andere Vertreter dieses Typs auch, die Ethik des Evangeliums nicht nur vom Standpunkt der Kultur aus, sondern kürt auch jene Elemente der kulturellen Ethik, die aus christlicher Sicht ideal erscheinen. In der so erreichten Synthese bleibt eine gewisse Lücke erkennbar, die von den Liberalen jedoch tendenziell ignoriert wird.

6. Die mittleren Typen

Viele der bedeutendsten Persönlichkeiten und Bewegungen in der Geschichte des Christentums können mit den oben beschriebenen Modellen nicht angemessen interpretiert werden. Außerdem zeigt eine Analyse ihrer Methoden im Umgang mit dem Evangelium und der Natur, dass sie nicht zu einer Familie gehören. Wir können also nicht einen mittleren Typus unterscheiden, sondern müssen mehrere Gruppen erfassen, die trotzdem folgende Merkmale gemeinsam haben:
1. Die mittleren Typen sind, wenn nicht trinitarisch, so doch zumindest bi-nitarisch, während die Typen des neuen Gesetzes und des Naturrechts im Wesentlichen unitarisch sind, wobei Jesus Christus für die Ersteren im Wesentlichen Gott ist und der allmächtige Vater der eine Gott der Letzteren.
2. Die mittleren Typen erkennen an, dass göttliche Werte in zwei Situationen oder aus zwei Blickwinkeln wahrgenommen werden, in der Kirche und in

der Kultur, *sub specie aeternitatis* und *sub specie temporis*, und dass die göttlichen Gebote durch zwei Vermittler kommen, Christus (Bibel, Kirche) und die Natur (Vernunft, Kultur).
3. Die Unterscheidung zwischen den mittleren Typen ergibt sich aus den unterschiedlichen Methoden, mit denen sie die verschiedenen Elemente der christlichen Ethik kombinieren. Drei Hauptgruppen scheinen unterscheidbar zu sein – die Synthesisten, die Dualisten und die Konversionisten; aber da „Synthese" und „Dualismus" große Worte sind, können wir die Typen genauer bezeichnen, indem wir sie als architektonisch, oszillatorisch-pendelnd und konversionistisch-bekehrend bezeichnen.

A. Der architektonische Typ [Christus über der Kultur]

Soweit ich sehen kann, gibt es im frühen Christentum keinen wirklichen Vertreter dieses Typs. Sein großer individueller Vertreter in der Geschichte des Christentums ist Thomas von Aquin, und sein großer institutioneller Vertreter ist die moderne römisch-katholische Kirche. Die Art der Synthese, die Thomas zwischen dem Naturrecht und dem neuen Gesetz, zwischen diesseitigen und jenseitigen Werten, zwischen den Ansprüchen der Kultur und denen des Evangeliums erreicht, ist wohlbekannt, sodass sie keines ausführlichen Kommentars bedarf. Lediglich folgende Punkte müssen erwähnt werden, damit der Typus definiert werden kann:
1. Beide Forderungen, die des Naturrechts und die des Evangeliums, werden als göttliche Gebote aufgefasst; gleichwohl ist auch eine partielle und unverkennbare Diskontinuität zwischen ihnen erkennbar. Und obwohl das göttliche Gesetz teilweise eine Neuauflage des Naturrechts ist, enthält es Aspekte, die nicht durch den Verstand begreifbar sind.
2. Diese Diskontinuität stellt keine echte Antithese dar. Tatsächlich bereiten die Werte und Forderungen der Natur, die durch die Kultur bekannt sind, die Rezeption der Werte und Forderungen des Evangeliums vor, obwohl sie sie nicht vermitteln.
3. Im Hinblick auf die Tatsache, dass die Werte und Forderungen der natürlichen Vernunft durch menschliche Anstrengung zu verwirklichen sind und eine vorbereitende Funktion besitzen, werden sie in der Praxis betont. Daher wird dieser Typus manchmal mit dem Naturrechts-Typus verwechselt, aber er ist doch echt davon verschieden.
4. Der Typus ist „architektonisch" in dem Sinne, dass er wahrnimmt, dass diese zwei Gruppen von Werten und Forderungen nicht wirklich auf derselben Ebene liegen, dass die Forderungen des Evangeliums keine hinreichenden Richtlinien für das Leben der Menschen in der Kultur liefern und dass die Forderungen aus der Natur keine angemessene Motivation oder Leitung für

das menschliche Leben in geistlichen Beziehungen zu Gott und den Nächsten bieten.

B.   Der oszillatorische Pendel-Typ [Christus und Kultur im Paradox]

Wenn das Gleichnis für den ersten Typus das der gotischen Kathedrale ist, so ist das Symbol, das den zweiten Typus beschreibt, das des Pendels; jede Bewegung in Richtung des einen Pols wird durch einen Zug in die entgegengesetzte Richtung modifiziert, damit sie nicht zu weit geht. Diese Figur kann leicht erweitert werden: Die Energie für die Bewegung in beide Richtungen ist weder auf die Anziehungskraft gegensätzlicher Güter noch auf die abstoßende Kraft des Gebots „Du sollst nicht" zurückzuführen, sondern auf eine verborgene Feder oder ein bewegliches Gewicht; eine Energie, ob vital oder spirituell, die zum Handeln zwingt. Dieser Punkt wird meines Erachtens oft übersehen, wenn die Vertreter der anderen Typen versuchen, den pendelnden Dualismus zu verstehen.

Der Typ kann in aller Kürze wie folgt charakterisiert werden:

1. Er akzeptiert die Ethik des Evangeliums in radikaler Weise und versucht nicht, sie so umzuinterpretieren, dass sie für den „natürlichen" Verstand vernünftig erscheint. Er protestiert auch scharf gegen jeden Versuch, diese Ethik als nur zukünftig, nur für eine geistige Aristokratie oder geistige Existenz bestimmt, zu qualifizieren, wie es der architektonische Typus zu tun pflegt.
2. Er akzeptiert die Forderungen der Natur und der Kultur als unausweichlich und als göttliche Forderungen. Die Fortpflanzung, die Selbsterhaltung, die Aufrechterhaltung der Ordnung in einer sündhaften Welt, der zwingende Schutz der Gerechten vor der Unterdrückung durch die Ungerechten sind Forderungen Gottes. Es gibt kein Entrinnen vor ihnen.
3. So wie die Werte und Forderungen des Evangeliums nicht in die Werte und Forderungen der Kultur übersetzt werden können, so können auch die letzteren nicht in die ersteren übersetzt werden.
4. Die Forderungen Gottes im Evangelium überführen den Menschen der Sünde, der er sich beim Versuch, Gottes Forderungen in der Natur zu entsprechen, schuldig macht. Die Forderungen Gottes in der Natur und in der Kultur verurteilen den Menschen als sündig, wenn er nur die Forderungen des Evangeliums zu erfüllen sucht und die Natur und die Kultur verlässt. Diese Überzeugung von der Sünde wirkt dahingehend, dass sie jede Bewegung, sei es in diese oder in die andere Welt, modifiziert und daran hindert, übermäßig sündhaft zu werden.
5. Frieden und Gerechtigkeit sind daher unmöglich, es sei denn, sie bestehen im Glauben und in der Hoffnung als einer Art Vorwegnahme. Das moralische

Leben erhält in seinem Pendeln nicht nur seine Energie von außen. Auch der Sinn des moralischen Lebens wird als extern konstituiert erfasst.
6. Verschiedene Erklärungen werden für diese Situation angeboten: (a) Der Mensch ist ein *homo duplex*: als Geist und Körper, als transzendente Person und als empirisches Individuum, als Mensch in Gott und als Mensch in der Gesellschaft, als Wesen und Existenz, als Mensch in Auflehnung gegen sich selbst. (b) Gott ist *deus duplex*: Gnade und Barmherzigkeit in Jesus Christus, Zorn und Finsternis in der Welt. (c) Die Welt ist *mundus duplex*: geschaffen und gefallen, gut und verderbt. Diese Erklärungen können auf verschiedene Weise kombiniert werden.

Der Typus wird im zeitgenössischen Denken, natürlich mit vielen Variationen, von Nikolai Berdjajew, Ernst Troeltsch, Reinhold Niebuhr, Gogarten (dem früheren), Emil Brunner und vielleicht Karl Barth vertreten. Ein großer Vertreter in der Vergangenheit war Martin Luther.

Bei Luther, wie auch bei den anderen, treten einzelne Merkmale auf, die zwar nicht untypisch, aber doch sehr individuell sind. Aber es scheint mehr oder weniger typisch zu sein, dass er das Evangelium überhaupt nicht als Gesetz auffasst, da seine Gebote und Werte auf einer anderen Ebene verortet und ihnen andere Funktionen zugeschrieben werden, als es üblicherweise bei den moralischen und sozialen Gesetzen getan wird.

Das Evangelium bietet keine wirkliche Alternative zum Naturrecht, und sicherlich ist letzteres in keiner Weise ein Ersatz für ersteres. Die Gebote der kulturell-natürlichen Welt sind weniger Ausdruck einer verdorbenen Schöpfungsordnung, sondern vielmehr Ordnungen für eine verdorbene Schöpfung. Das Evangelium gilt für das innere Wesen des Menschen, nicht für seine Werke in der Gesellschaft, aber das Wesen des Menschen verändert die Werke, die er in der Gesellschaft tut, ohne ihn in irgendeiner Form aus der kulturellen Gesellschaft herauszunehmen oder ihm zu ermöglichen, irgendeines seiner Werke als gut zu betrachten.

C. Der konversionistische Bekehrungstyp [Christus transformiert die Kultur]

Der dritte der mittleren Typen ähnelt den beiden anderen in seiner Anerkennung einer doppelten Vermittlung göttlicher Werte und Gebote, weist aber folgende Besonderheiten auf:
1. Das von der Vernunft erfasste Naturrecht ist nicht das wahre, von der Natur vermittelte Gesetz Gottes, sondern das von einer korrumpierten Vernunft erfasste Gesetz – daher der Unterschied zum thomistischen Typus. Die Forderungen des Naturrechts sind jedoch keine Forderungen für eine verdorbene Ordnung, sondern selbst verdorbene Forderungen, die aus einer richtigen Ordnung hervorgehen – daher die Unterscheidung vom Pendel-Typ.

2. Die von der Vernunft, außerhalb von Christus, anerkannten Werte in der Welt sind richtige Werte für Gott und nicht nur in Bezug zur Welt; die Werte sind jedoch durch die Vernunft und die Kultur in Unordnung geraten, da sie von Gott losgelöst und an das Ich oder an ein zeitliches Endziel gebunden sind.
3. Die vom Evangelium und von Christus ausgehenden Forderungen treten nicht an die Stelle der von der Natur und der Vernunft ausgehenden Forderungen, und die im Evangelium erfassten Werte sind auch nicht von der gleichen Ordnung wie die von der Vernunft erfassten Werte. Sie sind wahrhaft letztgültige Forderungen, letztgültige Werte.
4. Die Vision des Guten in Christus und die Erkenntnis des letztgültigen Gebots durch ihn sollen zur Wiederherstellung der korrumpierten Ordnung in der Natur-Kultur und für die Neuauslegung der natürlichen Forderungen dienen. Wie im Falle der Erkenntnis die Offenbarung nicht an die Stelle der Vernunft tritt, sondern sie wiederherstellt, so nimmt im moralischen Leben die Vision des ewigen Gutes im Evangelium nicht den Platz des zeitlichen Gutes ein, sondern stellt dieses an seinen richtigen Platz und führt zur Wiederherstellung der wahren Werteordnung in der Welt – obwohl die Macht der Sünde so groß ist und die Verderbnis des sittlichen als auch des rationalen Lebens so tief sitzt, dass keine einfache Umwertung möglich ist.

Dieser Typus ist mit dem Typus des neuen Gesetzes insofern verwandt, als er das Evangelium zu seinem Ausgangspunkt macht. Die Funktion des Evangeliums wird aber nicht so sehr in der Errichtung einer neuen Gesellschaft als vielmehr in der Bekehrung und Transformation der bestehenden Gesellschaft gesehen. Diese Bekehrung impliziert eine radikale Revolution, die letztlich sowohl metaphysischen als auch moralischen Charakter hat – daher besteht ein Unterschied zum Typus des Naturrechts.

Paulus scheint mir wirklich repräsentativ für diesen Typus zu sein, sowohl in der Art und Weise, wie er mit der hellenistischen Kultur und der natürlichen Erkenntnis des göttlichen Gesetzes umgeht, als auch in der Art und Weise, wie er die Eschatologie versteht. („Nicht alle werden wir entschlafen, alle aber werden wir verwandelt werden". [1Kor 15,51]) In der späteren Geschichte ist Augustin der große Vertreter dieses Typs, obwohl er sich gelegentlich, wie in Teilen von *De Civitate Dei*, dem thomistischen und wiederum dem lutherischen Typ nähert. Seine Theorie des Guten – die keine Theorie des zeitlichen und des ewigen Guten oder des relativen Guten in einer verderbten Welt und des absoluten Guten in der unverderblichen Welt ist, sondern vielmehr eine Theorie der göttlichen Güter, deren Ordnung in der Kultur verdorben und durch Christus wiederhergestellt wird – macht ihn jedoch eindeutig zu einem Mitglied des Bekehrungs-Typs. Auch seine Theorie der Tugenden ist bekehrungstheoretisch: Praktiken, die im Kontext weltlicher Ambitionen Laster sind, werden zu Ausdrucksformen der Gottesliebe, wenn sie im Kontext des Evangeliums begriffen und praktiziert werden.

Ich bin geneigt, Calvin als Mitglied dieser Familie zu betrachten, mit der Einschränkung, dass er zum deontologischen Subtyp gehört, während Augustinus in erster Linie ein Teleologe ist. Jonathan Edwards und sein Weggefährte Samuel Hopkins in der Zeit des *Great Awakening* weisen die vorherrschenden Züge des genannten ethischen Typs auf und unter den Zeitgenossen scheint mir Karl Barth, trotz seiner gelegentlichen Tendenzen zum zweiten der mittleren Typen, überwiegend ein Bekehrungstheologe zu sein.

Das letzte Beispiel sowie die Erinnerung an frühere Beispiele zwingen mich nun doch, mit der Wiederholung zweier Beobachtungen zu schließen: Die Typologie hilft uns, die unendliche Vielfalt der schöpferischen Moral im Christentum zu verstehen, aber jeder einzelne Mensch oder jede einzelne Bewegung hat einen einzigartigen Charakter, der mit den Begriffen eines Typus allein nicht zu erklären ist; ferner sind die Typen der christlichen Moral keine Wertmaßstäbe.

Eingeleitet, bearbeitet und übersetzt von Ingrid Kuhn-Wendland und Jan-Philip Tegtmeier

II. Die „nächste Generation":

Paul L. Lehmann (1906–1994),
James M. Gustafson (1925–2021) und
Max L. Stackhouse (1935–2016)

4. Die christliche Gemeinschaft als Beziehungsfeld ethischer Reflexion: Paul L. Lehmann (1906–1994)

Einführung

Person und Werk

Der reformierte Theologe Paul Louis Lehmann wurde am 10.9.1906 in Baltimore (Maryland) als Sohn eines deutschstämmigen Pastors geboren. In den Gemeinden seines Vaters lernte L. amerikanisch-deutsche Frömmigkeit zweisprachig kennen, so dass er Deutsch auf Muttersprachniveau beherrschte. L. erlangte die Abschlüsse *Bachelor of Arts* und *Science in Education* 1927 an der Ohio State University (Columbus) und wechselte damit an das Union Theological Seminary (New York). Parallel zu seinen Studien wirkte er als Pastor der St. Paul's Evangelical and Reformed Church in Garwood (New Jersey). 1929 heiratete er Marion N. Lucks, 1930 schloss er das Theologiestudium mit einem *Bachelor of Divine Arts* ab.

L. übernahm eine Assistenzprofessur am Union Theological Seminary (1930–1932). 1930/31 lernte er den dort studierenden Dietrich Bonhoeffer kennen. Diese Begegnung legte den Grundstein einer intensiven Freundschaft, die sich während eines Studienaufenthalts von L. als *Fellow* seiner Universität in Europa vertiefte. L. trug maßgeblich zur Verbreitung von Bonhoeffers Theologie in den USA bei. 1932/33 studierte er in Zürich bei Emil Brunner und in Bonn bei Karl Barth. Im Anschluss daran wurde er *Assistant Professor* und nach seiner Promotion („A Critical Comparison of the Doctrine of Justification in the Theologies of Albrecht Ritschl and Karl Barth" 1936) *Professor of Religion and Philosophy* am Elmhurst College (Illinois). Damit begann eine beachtliche akademische Laufbahn. Hervorgehoben seien seine Berufungen zum *Associate Professor* (1947–1949) und später zum *Stephen Caldwell Professor of Christian Ethics* am Princeton Theological Seminary (1949–1956) sowie seine systematisch-theologischen Lehrstühle an der Harvard Divinity School (1956–1963) und an seiner *Alma Mater* in New York (von 1963 bis zu seiner Emeritierung 1974).

Am *Union* entfaltete L. ausgehend von seinem Hauptwerk *Ethics in a Christian Context* (1963) sein ethisches Programm. Das Werk sollte den Anfang einer Tetralogie bilden, von der er noch seine christologisch zugespitzte politische Ethik (*The Transfiguration of Politics. Jesus Christ and the Question of Revolution* 1975) und seine Dekalogauslegung (*The Decalogue and a Human Future. The Meaning of the Commandments for Making and Keeping Human Life Human* 1995) veröffentlichen konnte. 1969/70 war L. President der *American Theological Society*. Er starb am 27.2. 1994 und wurde mit zahlreichen Auszeichnungen und Ehrenpromotionen gewürdigt.

Theologischer Ansatz

L.s *kontextuelle Ethik* verbindet biblisch-christliche mit gesellschaftswissenschaftlichen und philosophischen Perspektiven. Sie entfaltet sich explizit im Dialog der Bibel mit Philosophie, Literatur, Politikwissenschaft. Gerade durch dieses Spannungsfeld stellt L. *Ethics in a Christian Context* (1963). Er ist ein Grenzgänger zwischen christlichen und säkularen Deutungsansätzen. Das ermöglicht ihm eine Analyse der ethischen Implikationen des christlichen Glaubens und ihrer Gesellschaftsrelevanz gleichermaßen.

Die christliche Gemeinschaft (*koinonia*) erweist sich ihm als Ausgangspunkt und Beziehungsfeld aller ethischen Reflexionen. Sie steht mitten in der Gesellschaft und geht keineswegs in der Institution Kirche auf. Stattdessen wird die *koinonia* vom persönlichen Gottesverhältnis der Christenmenschen her bestimmt. Kirche und Gesellschaft, denen Christenmenschen gleichermaßen angehören, werden dadurch beide transzendiert und in Bezug zueinander gesetzt. In der *koinonia* wird Christus als die gegenwärtige und gestaltende Kraft erfahren, die den Menschen motiviert und befähigt, menschlich zu sein. L. bestimmt vom Christusgeschehen her Gottes Heilshandeln in der Welt als ein Wirken durch den Menschen mit dem Ziel der Vermenschlichung (*Humanization*). Gott strebe danach, „to make and to keep human life human". Für Christenmenschen entsteht dadurch in der Ethik ein Kompass. Man fragt z.B. in der politischen Ethik nach der Politik Gottes, die in der menschlichen Politik immer dann ihre Entsprechung findet, wenn sie Freiheit, Gerechtigkeit und Liebe als Grundlagen des menschlichen Miteinanders in der Gesellschaft fördert. L. selbst geht dieser Frage zunehmend im Diskurs mit Befreiungstheologie und *Black Theology* nach.

Bemerkungen zum Text

Im Folgenden werden zwei Passagen aus dem ersten Teil von L.s Grundlagenwerk *Ethics in a Christian Context* (1963) vorgestellt. Die hier gebotene Auswahl präsentiert die Rahmenbedingungen von L.s christologisch entfalteter Ethik und stammt aus dem ersten Hauptteil des Werkes, der nach dem Verhältnis von *christlichem Glauben und christlicher Ethik* fragt. Die erste Passage präsentiert die einleitende Gegenüberstellung von *Ethik und christlicher Ethik* des ersten Kapitels (*Das ethische Denken des Christentums*). Hier wird die Ausgangsfrage von L.s Entwurfs entwickelt: „Was soll ich als an Jesus Christus Glaubender und als Glied seiner Kirche tun?" Übergangen werden die anschließenden Überlegungen von

L. zu den neutestamentlichen und theologiegeschichtlichen Impulsen für die christliche Ethik.

Der zweite Textabschnitt knüpft unmittelbar an die einleitende Ausgangsfrage an. Er stammt aus der Anfangspassage von L.s zweitem Kapitel (*Die Kirche als das Beziehungsfeld ethischer Reflexion*), in welchem christliche Ethik grundlegend als *Koinonia*-Ethik vorgestellt und ihre Beziehung zur Kirche reflektiert wird. Insofern hier das Wesen der Kirche als Einsatzpunkt und Beziehungsfeld christlicher Ethik verstanden und diese damit auf Jesus Christus verwiesen wird, stellt sich L. in dieselbe Linie, die Dietrich Bonhoeffer am Beginn seiner „Ethik" (im Baustein *Christus, die Wirklichkeit und das Gute*) entwickelt: Die offenbarungstheologische Frage nach Jesus Christus und nicht die moralische Frage nach dem Guten bestimmt diese Spielart christlicher Ethik. Von ihr aus entwickelt L. seine Deutung von Kirche als *koinonia* und den entsprechenden *Koinonia*-Charakter christlicher Ethik im Kontext des urchristlichen Selbstverständnisses biblisch. Die *story* von Bund und Erlösung und die paulinische Theologie, wie er sie bes. im Epheserbrief wiederfindet, bringen L. zu vier Erkenntnissen über Kirche. Erstens führt L. sie auf die gemeinschaftsbildende Wirklichkeit der Gegenwart Christi in der Welt zurück. Mit Emil Brunner grenzt er zweitens Kirche als *koinonia* von einem Verständnis der Kirche als Institution scharf ab. Drittens erweist sich ihm Christus als Mitte einer durch ihre vielfältigen Gaben pluralen Kirche. Das eigentliche Ziel christlicher Ethik bestimmt L. viertens seiner reformierten Tradition folgend sowohl bundestheologisch als auch als Prozess der Heiligung, die er mit dem Begriff der Reife (*maturity*) umschreibt. Die Gemeinschaft im Glauben an Christus, also das Beziehungsfeld Kirche, erweist sich ihm als Triebfeder dieser Reife, aus der gleichsam als Nebenprodukt auch eine moralische Haltung hervorgehe.

Literatur

P.L. LEHMANN, Sollen wir die Gebote „halten"?, in: M. BEINTKER u.a. (Hg.), Rechtfertigung und Erfahrung. Für Gerhard Sauter zum 60. Geburtstag, Gütersloh 1995, 328–341.

N.J. DUFF, Humanization and the Politics of God. The Koinonia Ethics of Paul Lehmann, Grand Rapids 1992.

D. LANGE, Ethik in evangelischer Perspektive. Grundfragen christlicher Lebenspraxis (1992), Stuttgart ²2002, 185–192.

A.J. MCKELWAY / E.D. WILLIS (Hg.), The Context of Contemporary Theology. Essays in Honor of Paul Lehmann, Atlanta 1974.

P.G. ZIEGLER / M.J. BARTEL (Hg.), Explorations in Christian Theology and Ethics. Essays in Conversation with Paul L. Lehmann, Farnham / Burlington 2009.

Ethik als Antwort – Methodik einer Koinonia-Ethik (1963): Einleitende Auszüge[0]

Abschnitt 1: Das ethische Denken des Christentums

Christliche Ethik und Ethik der Christen sind nicht dasselbe. Der Unterschied rührt daher, dass einerseits Christen niemals den an ihr Leben gestellten Ansprüchen genügen, andererseits christliche Ethik, im Unterschied zur Ethik der Christen, eine geistige Disziplin ist. Christliche Ethik, recht verstanden, hat es mit dem zu tun, was in dem ethischen Charakter der christlichen Religion beschlossen ist. Wir sind daher mit einer reflektierenden Analyse befasst, nicht dagegen mit dem Versuch, Vorschriften zu machen, wie Christen sich verhalten sollen. Das Ziel besteht darin, neu zu durchdenken, was der christliche Glaube hinsichtlich ihres Verhaltens für diejenigen impliziert, die es annehmen und unternehmen, aus diesem Glauben zu leben.

Ethik und christliche Ethik

Christliche Ethik könnte als eine Wissenschaft bezeichnet werden. Aber der Ausdruck Wissenschaft (*science*) ist mit einer Reihe von Unklarheiten belastet und für die reflektierende Analyse nicht unentbehrlich. Wir können dementsprechend von einer geistigen „Disziplin" statt von einer „Wissenschaft" sprechen. Es wird erhellend sein, unsere Reflexion und Analyse mit einem kurzen Blick auf die Wurzel des Wortes „Ethik" selbst und seine sprachliche Umgebung zu beginnen.

Das Wort „Ethik" ist abgeleitet von. einer griechischen Wurzel, deren verbale Form εἴωθα lautet und deren entsprechende substantivische Form τὸ ἦθος ist. Dieses bedeutete ursprünglich „Behausung" oder „Stall". Τὸ ἦθος wurde im Lateinischen mit *mos* übersetzt, und von dem lateinischen *mos* ist dann unser Wort „Moral" abgeleitet Dieser etymologische Vorgang trifft nun auf instruktive Weise ein Licht auf eine in allem ethischen Denken ständig wiederkehrende Verwirrung, welche mit dem Verständnis des Verhältnisses von „Ethik" und „Moral" zusammenhängt. Sind „Ethik" und „Moral" Synonyme, oder sind sie zu unterscheiden? Und wenn sie zu unterscheiden sind, ist die Unterscheidung real oder ohne wirklichen Unterschied?

---

[0] [Anm. d. Hg.: Der Text ist entnommen aus P.L. LEHMANN, Ethics in a Christian Context (1963). With new introd. by W.M. ALSTON, Library of Theological Ethics, Louisville / London 2006, 23–25; 45–56. Die deutsche Übersetzung ist erschienen als DERS., Ethik als Antwort. Methodik einer Koinonia-Ethik. Aus dem Amerik. von D. LANGE, München 1966, 17–19; 38–49.]

Im unbestimmten und unreflektierten Sprachgebrauch besteht die Neigung, „Ethik" und „Moral" auszutauschen, so als ob sie tatsächlich synonyme Begriffe wären. Das verborgene Gefühl, dass zwischen ihnen ein Unterschied bestehe, war jedoch nie völlig unterdrückt. Dieses Schillern hat seine Wurzel zum großen Teil in einem Ungenügen der Sprache, das darauf zurückzuführen ist, dass die Sprache nicht die Erfahrung eingeholt hatte, bevor die wiederholte und ungenaue Übersetzung aus einer Sprache in die andere den Sinn für die Begriffe verwirrt hatte. Jedenfalls hatte „Ethik" in der Grundbedeutung, wenigstens was das Substantiv τὸ ἦθος betrifft, mit „Beständigkeit" und „Standort" zu tun, d.h. mit der Beständigkeit und Sicherheit, die notwendig ist, um überhaupt zu handeln. Es mag demütigend sein, ist aber instruktiv, sich zu vergegenwärtigen, dass der Ausdruck zunächst nicht auf Menschen, sondern auf Tiere angewandt wurde. Es war für die Menschen offenkundig, dass Tiere irgendwo untergebracht und geschützt werden mussten. So ist also der Ursinn des Wortes τὸ ἦθος die Beständigkeit und Sicherheit, die ein „Stall", eine „Behausung" Tieren bietet. Die Wurzel des Verbums εἴωθα bedeutet „gewohnt sein", „pflegen". Das Verhältnis von Beständigkeit und Gewohnheit im Sinne von Brauch war daher eine Art Elementardatum der Erfahrung. Es war in der Tat die primäre Funktion der Gewohnheit, auf menschlichem Gebiet das zu tun, was der Stall für die Tiere tat: Sicherheit und Beständigkeit zu gewähren.

Im weiteren Verlauf der Reflexion über die für das menschliche Verhalten grundlegende Beständigkeit und Sicherheit wurde eine gewisse Unterscheidung getroffen zwischen „Ethik" und „Moral". Diogenes Laertius z.B. spricht von der Ethik als von dem Teil der Philosophie, der es mit „dem Leben zu tun hat und mit dem, was uns angeht".[1] Die Ethik befasst sich nach Diogenes mit den Grundlagen menschlichen Verhaltens, die Moral dagegen mit dem tatsächlichen praktischen Verhalten, das auf diesen Grundlagen beruht. In der Tat war die übergeordnete Bedeutung der Ethik sowohl aus dem Beispiel und den Vorschriften der Philosophen als auch aus den Lebensgewohnheiten der philosophischen Schulen, wie der Kyniker der Pythagoräer und der Stoiker, zu ersehen[2]. Auf diese Weise wurde das Wort „Moral" allmählich reserviert für das dem Brauch gemäße Verhalten und das Wort „Ethik" für das vernunftgemäße Verhalten, d.h. für die Reflexion über die Grundlagen und Prinzipien des Verhaltens. Die deutsche Sprache beispielsweise unterscheidet zwischen Sitte und Ethik, wobei die erstere „Brauch" bedeutet, während die letztere die stärker reflektierende Betrachtung der Grundlagen und der Richtschnur für das Verhalten ist.

---

[1] „Μέρη δὲ φιλοσοφίας τρία [...] ἠθικὸν δὲ τὸ περί βίου καὶ τῶν πρὸς ἡμᾶς." Diogenes Laertius, Vitae philosophorum, hg. von H.S. Long, Scriptorum Classicorum Bibliotheca Oxoniensis, Oxford 1964, I 18, S. 7.

[2] A.a.O., I 19, S. 7; VIII 22 und 56, S. 402 und 419; IX 108, S. 489f.

Diese kurze Darstellung der Bedeutung und des Sprachgebrauchs von „Ethik" weist auf den grundlegenden Gedanken hin, dass die Ethik sich mit dem befasst, was die menschliche Gesellschaft zusammenhält. Sie ist sozusagen der „Zement" der menschlichen Gesellschaft, der für die Beständigkeit und Sicherheit sorgt, die für den Vollzug menschlichen Lebens unentbehrlich sind. Es lässt sich unterscheiden zwischen einem der Sitte und einem der Reflexion gemäßen Verhalten; und von Anfang an bestand eine gewisse Spannung in der ethischen Theorie zwischen „Ethik" und „Moral".

Als theologische Disziplin involviert die Ethik die gleiche Art der Reflexion und Analyse, die wir dargelegt haben. Aber der Unterschied zwischen Ethik als *Disziplin* und Ethik als *theologischer Disziplin*, der Unterschied zwischen christlicher Ethik und entweder praktischer Moral (der Sitte gemäßem Verhalten) oder ethischen Reflexionen, die uns in der Philosophie begegnen (philosophischer Ethik) ergibt sich aus den *Voraussetzungen*, in denen ethisches Denken gründet. Als theologische Disziplin umschließt die Ethik die Reflexion über das Leben, den „Zement" der menschlichen Gesellschaft und über die Moral vom Standpunkt bestimmter theologischer Voraussetzungen aus. Es gibt theologische Ethik, die nicht *christliche* Ethik ist. Die Ethik des Islam z.B. ist theologisch, aber nicht christlich; ebenso steht es mit der Ethik des Judentums oder des Hinduismus. Was also ist *christliche* Ethik?

Die Antwort auf diese Frage, wie sie hier vorgeschlagen wird, lautet: *Christliche Ethik als theologische Disziplin ist die Reflexion über die Frage und über die Antwort auf die Frage: Was soll ich als an Jesus Christus Glaubender und als Glied seiner Kirche tun?* Diese Frage und ihre Antwort durchzureflektieren und zu analysieren – das ist christliche Ethik.

Abschnitt 2: Die Kirche als das Beziehungsfeld ethischer Reflexion

Bei unserem Nachdenken über christliche Ethik hängt alles vom Ausgangspunkt ab. Dies ist es im Grunde, was das christliche ethische Denken von dem anderer religiöser Traditionen und von der philosophischen Ethik unterscheidet. Der Ausgangspunkt unterscheidet auch eine Interpretation christlicher Ethik fundamental von der anderen.

Wenn die christliche Ethik definiert wird als *die strenge Reflexion über die Frage und über die Antwort auf die Frage: Was soll ich als an Jesus Christus Glaubender und als Glied seiner Kirche tun?*, so ist der Ausgangspunkt weder vage noch neutral. Er liegt nicht in dem allgemeinen moralischen Empfinden der Menschheit, dem Destillat der ethischen Weisheit von Generationen. Nicht dass wir diese ethische Weisheit ignorieren könnten; aber wir setzen nicht bei ihr ein. Stattdessen ist der Einsatzpunkt für das christliche ethische Denken die Tatsache und das Wesen der christlichen Kirche. Um es etwas überspitzt auszudrücken: Der christlichen Ethik geht es nicht um *das Gute*, sondern um das, was ich als an Jesus Christus Glaubender und als Glied seiner Kirche tun soll. Mit anderen Worten: Christliche Ethik ist auf Offenbarung und nicht auf Moral hin ausgerichtet.

Christliche Ethik als „Koinonia-Ethik"

In welchem Sinn die Kirche der Ausgangspunkt für die christliche ethische Reflexion und deren Beziehungsfeld ist, geht am klarsten aus dem Selbstverständnis der frühesten Gemeinden oder Versammlungen von Christen hervor, das dem Neuen Testament zu entnehmen ist. Die Untersuchung von Wortbedeutungen ist in dieser Frage unergiebig; aber offenkundig ist das Selbstverständnis derjenigen, die auf Grund ihres gemeinsamen Betroffenseins von dem Anspruch Jesu Christi an ihre Lebensanschauung und Lebensweise zusammenkamen. Nach dem Neuen Testament ist die Kirche eine geschichtliche Größe, die sozusagen die geschichtliche Bühne betritt als Antwort von Jüngern auf das, was Gott während des irdischen Lebens Jesu in ihm und durch ihn getan hatte. Dieser Stiftungsakt Gottes schien so hart am Rande eines weiteren, vollendenden göttlichen Handelns zu stehen, dass er der Kirche ein gesteigertes und dringendes Bewusstsein ihrer Bedeutsamkeit und ihrer Bestimmung als des Volkes Gottes gab. Das Volk Gottes ist natürlich das Volk der „zukünftigen Welt"; die Menschen, die in einem neuen Bund leben und Glieder des wahren Israel sind. Aber der proleptische Wirklichkeitssinn ist im Neuen Testament so ausgeprägt, dass das „Erbe Christi" nicht nur als eine die Menschen umwandelnde Zugehörigkeit zu einer Bruderschaft der Zukunft angesehen wird, sondern auch als Ergebnis und Aufgabe der Wirkung des Geistes hier und jetzt. „Nicht allein (die Kreatur), sondern auch wir selbst, die wir haben des Geistes Erstlingsgabe, sehnen uns auch bei uns selbst nach der Kindschaft und warten auf unsres Leibes Erlösung."[3] „Der uns aber dazu bereitet hat, das ist Gott, der uns als Unterpfand den Geist gegeben hat."[4] „Gott ist's aber, der uns befestigt samt euch in Christus und uns gesalbt und versiegelt und in unsre Herzen als Unterpfand den Geist gegeben hat."[5]

Dieser proleptische geschichtliche Sinn für die Bedeutsamkeit der Kirche war geprägt durch alttestamentliche Erinnerung und Überlieferung. Es ist kein Zufall, dass die Septuaginta קָהָל mit dem Wort ἐκκλησία übersetzt. Das Bewusstsein des „Herausgerufenseins", eines besonderen Bundesverhältnisses zwischen Gott und dem Volk, und schließlich auch das Bewusstsein, eine Heilsfunktion inmitten der Nachbarvölker zu haben, kennzeichnet die Geschichte der Hebräer,

---

[3] Röm 8,23. Die vom Vf. benutzte englische Übersetzung hat „the first fruits of the Spirit".
[4] 2Kor 5,5.
[5] 2Kor 1,21f.

des „alten Israel" von Abraham bis zum zweiten Jesaja. Wir werden im folgenden noch Gelegenheit haben, den zentralen Ort des Messias in der Bundes-„Geschichte" (*story*) und die grundlegende Verbindung des Reiches Gottes mit der Gemeinde des „wahren Israel" zu beachten.[6] Aber der Bogen dieser Bundesgeschichte und der Komplex von Erinnerungen und Überlieferungen des Gottesvolkes reicht über die semantischen Grenzen des Wortes ἐκκλησία, oder was das betrifft, auch des Wortes κοινωνία weit hinaus.

Diese „Geschichte" beschreibt das Selbstbewusstsein der Kirche als einer koinonia und erklärt, wie dieses Selbstbewusstsein unverkennbar die neutestamentlichen Berichte über die frühesten christlichen Gemeinden charakterisierte. Das Wort ἐκκλησία ist wesentlich häufiger gebraucht worden. Dabei hat es aber offenbar eine technische Nebenbedeutung erhalten, die in auffallender Beziehung zu dem Sinn von koinonia steht.[7] Eben dieses Selbstverständnis der Kirche prägt die bekannte Metapher des „Leibes" um; aus einer Metapher, die nur die Einheit bedeutete, wird eine solche, die eine neue „Gemeinschaftswirklichkeit" zwischen Jesus Christus und den Gläubigen, zwischen dem Haupt des Leibes und seinen Gliedern ausdrücken soll.[8] Sowenig es einen Messias ohne sein Volk gibt, sowenig gibt es eine wirkliche Gegenwart Jesu in der Geschichte ohne das wahre Volk Gottes oder abgesehen von diesem, das als Werk des Heiligen Geistes stets zugleich eine geistliche und eine sichtbare Wirklichkeit ist. Diese Wirklichkeit der koinonia (oder welches Wort das richtige dafür sein mag) stellt das konkrete Ergebnis von Gottes eben darauf gerichtetem Handeln in der Welt durch Jesus Christus dar. Wir können daher sagen, dass die christliche Ethik *koinonia-Ethik* ist. Das heißt, dass wir von und in der koinonia die Antwort auf die

---

[6] [Anm d. Hg.: L. verweist an dieser Stelle auf das dritte Kapitel seiner Ethik, das sich „Gottes Handeln in der Welt" widmet. Vgl. LEHMANN, Ethik als Antwort, 66–93, und darin zum Messias bes. den zweiten Abschnitt über „Biblische Bildsprache und die Politik Gottes", a.a.O., 78–87, sowie zu Bund und Geschichte (im narratologischen Sinn: im Englischen steht *story*) bes. den dritten Abschnitt über „Die biblische Geschichte", a.a.O., 87–93.]

[7] Das Wort ἐκκλησία kommt im NT häufig als eine Art *terminus technicus* für die christliche Bewegung vor: 1Kor 1,2; 2Kor 1,1; Gal 1,2 und in etwas anderem Sinn: 1Thess 1,1; 2Thess 1,1. Aber von diesem technischen Gebrauch kann man nicht sagen, er sei von dem allgemeinen hellenistischen Gebrauch des Wortes ἐκκλησία hergenommen; er trägt auch keine erkennbaren alttestamentlichen Spuren; seine Wurzeln werden anscheinend in viel größerem Ausmaß von der Qumran-Bruderschaft gespeist, die als ganze offenbar durch den eschatologischen Sinn des „wahren Israel am Ende der Zeit" charakterisiert ist. Für diese knappe Skizze der Wortbedeutung und des Selbstverständnisses der neutestamentlichen Kirche bin ich einem anregenden Artikel meines Kollegen K. STENDAHL verpflichtet, der unter dem Titel „Kirche im Urchristentum" in der 3. Aufl. der RGG veröffentlicht wurde.

[8] Vgl. z.B. 1Kor 12 mit 1Petr 1,10–12; 2,4–10.

Frage bekommen: Was soll ich als an Jesus Christus Glaubender und als Glied seiner Kirche tun?

Offensichtlich ist dies der entscheidende Punkt, wie er sich aus einigen der einflussreichsten Briefe des Apostels Paulus ergibt. „Gott ist treu", schrieb er einmal an die in Korinth bestehende koinonia, „durch welchen ihr berufen seid zur Gemeinschaft (εἰς κοινωνίαν) seines Sohnes Jesus Christus, unseres Herrn."[9] Und gegen Ende seines Lebens schrieb Paulus der in Philippi bestehenden koinonia: „Ich danke meinem Gott, sooft ich euer gedenke – welches ich allezeit tue und tue das Gebet mit Freuden – für eure Gemeinschaft (ἐπὶ τῇ κοινωνίᾳ ὑμῶν) am (wörtlich: im) Evangelium vom ersten Tage an bis hierher."[10]

Der vielleicht eindrucksvollste Abschnitt, in dem Paulus die christliche koinonia mit der christlichen Ethik in Verbindung bringt, steht in dem Brief an die in Ephesus bestehende koinonia. Obwohl der Begriff koinonia in dem Abschnitt nicht vorkommt, werden doch sein Wesen und seine ethische Bedeutung ausdrücklich entfaltet, und zwar im Sinne der Beziehung zwischen Christus und der Kirche.[11] Im Blick auf seinen inneren Bezug auf den koinonia-Charakter der christlichen Ethik mag der Abschnitt in einiger Ausführlichkeit zitiert und anschließend kommentiert werden.

> „Derhalben bin ich, Paulus, der Gefangene Christi Jesu für euch Heiden – ihr habt ja gehört von dem Ratschluss der Gnade Gottes, die mir für euch gegeben ist, dass mir ist kundgeworden dieses Geheimnis durch Offenbarung [...]. Daran könnt ihr, wenn ihr's leset, merken mein Verständnis des Geheimnisses Christi, welches in den vorigen Zeiten nicht kundgetan ward den Menschenkindern, wie es jetzt offenbart ist seinen heiligen Aposteln und Propheten durch den Geist, nämlich dass die Heiden Miterben sind und mit zu seinem Leibe gehören und Mitgenossen der Verheißung in Christus Jesus sind durch das Evangelium, dessen Diener ich geworden bin nach der Gabe der Gnade Gottes, die mir nach seiner mächtigen Kraft gegeben ist. Mir, dem allergeringsten unter allen Heiligen, ist gegeben diese Gnade, den Heiden zu verkünden den unauslöschlichen Reichtum Christi und ans Licht zu bringen, wie Gott seinen geheimen Ratschluss ausführt, der von Weltzeiten her verborgen war in ihm, der alle Dinge erschaffen hat; auf dass jetzt kund würde an der Gemeinde (διὰ τῆς ἐκκλησίας) den Mächten und Gewalten im Himmel die mannigfaltige Weisheit Gottes. Diesen

---

[9] 1Kor 1,9.
[10] Phil 1,3-5.
[11] Dies mag einer der inneren Gründe dafür sein, dass man die paulinische Verfasserschaft für den Epheserbrief in Frage stellt. Die gegenwärtige biblische Forschung ist über diesen Punkt offensichtlich unschlüssig; sie ist damit beschäftigt, neue Erwägungen über die Lösungsmöglichkeiten der Frage zu prüfen. Einen lehrreichen Bericht über den gegenwärtigen Stand der Diskussion bietet H. CADBURY, The Dilemma of Ephesians, NTS 5 (1958/59) 91–102. Aber ob der Eph nun paulinisch ist oder nicht, und bei aller gebührenden Rücksicht auf den stärkeren Akzent, den der Eph auf Christus als das Haupt des Leibes setzt: Es besteht kein wesentlicher Unterschied zwischen dem, was hier und im Kolosserbrief über die Kirche gesagt wird.

ewigen Vorsatz hat Gott ausgeführt in Christus Jesus, unserm Herrn, durch welchen wir haben Freimut und Zugang in aller Zuversicht durch den Glauben an ihn. [...] Derhalben beuge ich meine Knie vor dem Vater, [...] dass er euch Kraft gebe nach dem Reichtum seiner Herrlichkeit, stark zu werden durch seinen Geist an dem inwendigen Menschen, dass Christus wohne durch den Glauben in euren Herzen und ihr in der Liebe eingewurzelt und gegründet werdet, auf dass ihr begreifen möget mit allen Heiligen, welches da sei die Breite und die Länge und die Höhe und die Tiefe; auch erkennen die Liebe Christi, die doch alle Erkenntnis übertrifft, damit ihr erfüllt werdet mit aller Gottesfülle. [...]

So ermahne ich euch nun, ich Gefangener in dem Herrn, dass ihr wandelt, wie sich's gebührt eurer Berufung, mit der ihr berufen seid, in aller Demut und Sanftmut, mit Geduld; und vertraget einer den andern in der Liebe und seid fleißig, zu halten die Einigkeit im Geist durch das Band des Friedens: *ein* Leib und *ein* Geist, wie ihr auch berufen seid zu *einerlei* Hoffnung eurer Berufung; *ein* Herr, *ein* Glaube, *eine* Taufe; *ein* Gott und Vater aller, der da ist über alle und durch alle und in allen. Einem jeglichen aber unter uns ist gegeben die Gnade nach dem Maß der Gabe Christi. [...]

Und er hat etliche zu Aposteln gesetzt, etliche zu Propheten, etliche zu Evangelisten, etliche zu Hirten und Lehrern, dass die Heiligen zugerüstet würden zum Werk des Dienstes. Dadurch soll der Leib Christi erbaut werden, bis dass wir alle hinankommen zur Einheit des Glaubens und der Erkenntnis des Sohnes Gottes, zur Reife des Mannesalters, zum vollen Maß der Fülle Christi. Auf dass wir nicht mehr unmündig seien und uns bewegen und umhertreiben lassen von jeglichem Wind der Lehre durch Bosheit der Menschen und Täuscherei, womit sie uns beschleichen und uns verführen. Lasset uns aber wahrhaftig sein in der Liebe und wachsen in allen Stücken zu dem hin, der das Haupt ist, Christus, von welchem aus der ganz Leib zusammengefügt ist und ein Glied am andern hanget durch alle Gelenke, dadurch ein jegliches Glied dem andern kräftig Handreichung tut nach seinem Maße und macht, dass der Leib wächst und sich selbst auferbaut in der Liebe [...].

So sehet nun wohl zu, wie ihr wandelt, nicht als Unweise, sondern als Weise, und kaufet die Zeit aus; denn es ist böse Zeit. Darum werdet nicht unverständig, sondern verstehet, was da sei des Herrn Wille [...] und saget Dank allezeit für alles Gott, dem Vater, in dem Namen unsres Herrn Jesus Christus."[12]

Wir sehen hier, dass der koinonia-Charakter der christlichen Ethik von dem Wesen der Kirche als „Leib Christi" abgeleitet wird. Nach dem zitierten Abschnitt ist der erste hervorzuhebende Punkt, dass die Kirche – die Gemeinschaft, die der Leib Christi ist, die koinonia – die *gemeinschaftsbildende Wirklichkeit* der Gegenwart Christi in der Welt ist. Gottes geheimer Ratschluss (μυστήριον), der unausforschliche Reichtum Christi, ist vergangenen Generationen der Menschheit verborgen gewesen, aber jetzt durch den Geist allen Menschen offenbart worden. Der geheime Ratschluss besteht darin, dass die Heiden Miterben sind und mit zu seinem Leibe gehören und dass die Kirche das Werkzeug ist, durch das die allumfassende Weisheit Gottes bekannt gemacht wird. Dies entsprach dem ewi-

---

[12] Eph 3,1–12.14.16–19; 4,1–7.11–16; 5,15–17.20.

gen Vorsatz, der in Christus ausgeführt worden ist. Die Kirche ist tatsächlich verankert in der Struktur der Schöpfung Gottes und ist selbst die Erfüllung des göttlichen Vorsatzes. Zweitens kann man jene gemeinschaftsbildende Wirklichkeit der Gegenwart Christi in der Welt in gewisser Weise begreifen. Es gibt eine „durchgehende Linie des Offenbarungsgeschehens", eine prophetisch-apostolische Linie, die in der Gemeinschaft und für sie erhellt wird durch den Geist. Diese durchgehende Linie der göttlichen Offenbarung ist der Schlüssel zur koinonia, der *ecclesiola in ecclesia*, der kleinen Kirche innerhalb der Kirche.[13] Die koinonia

---

[13] Der Ausdruck *ecclesiola in ecclesia* ist ein Mittel dazu, das wahre Wesen der christlichen Gemeinde hervorzuheben, das der nachreformatorischen Zeit, nicht dem NT entstammt. Er kam im deutschen Pietismus auf, einer Bewegung, die die Erneuerung der Kirchen und Gemeinden auf der Grundlage persönlicher Frömmigkeit erstrebte. Für Spener war diese Frömmigkeit das Merkmal „derer, die mit Ernst Christen sein wollten"; für August Hermann Francke waren diejenigen durch persönliche Frömmigkeit gekennzeichnet, die nach einem inneren Bußkampf bekehrt worden waren; Graf Zinzendorf, der Begründer der Brüdergemeine, legte den Akzent auf die Herzensreligion.
In einer tiefschürfenden, provozierenden kleinen Studie hat EMIL BRUNNER vor kurzem eindringlich betont, dass es im NT nur einen klaren Sinn von Kirche gebe und dass der Versuch, zwischen einer wahren und einer falschen, einer unsichtbaren und einer sichtbaren, einer geistlichen und einer institutionellen Kirche zu unterscheiden, dem NT so fremd wie irgend möglich sei. „Die *Ekklesia*", erklärt Brunner, »ist die wirkliche, reale Gemeinschaft mit dem Christus, die so real ist wie ihr Glaube und ihre Liebe und ihre Hoffnung real ist. Und es ist in Christus begründete Gemeinschaft der durch Christus miteinander Verbundenen, die so real ist wie ihr Eifer füreinander, wie ihre brüderliche Liebe zueinander, wie die Opfer, die sie an Geld und Gut, an Zeit und Kraft, an Sicherheit und Leben füreinander bringen." Das hartnäckige, verbreitete und bedauerliche Missverständnis der Kirche sei die Interpretation der Kirche als immer auch einer Institution – ja, überhaupt als Institution (Das Mißverständnis der Kirche, Zürich 1951, 96f.).
Brunners Bestehen auf dem *koinonia*-Charakter der Kirche als dem ursprünglichen, neutestamentlichen Verständnis des Leibes Christi bestätigt beredt und einleuchtend unser gegenwärtiges Anliegen. Wenn Brunner Recht hat, kann man überhaupt nicht von der *ecclesiola in ecclesia* sprechen. Und doch räumt er ein, dass die verschiedenen Formen des Lebens der Kirche im Laufe ihrer Geschichte Bemühungen sind, mit größerer oder geringerer Treue das ursprüngliche Selbstverständnis der neutestamentlichen Gemeinde als einer *koinonia* auszudrücken oder zu ihm zurückzukehren. Man mag sich fragen, ob Brunner nicht die Dialektik zwischen der geistlichen und der empirischen Wirklichkeit des Leibes Christi übersieht in seinem Eifer, die Kirche vor der Gefahr der Institutionalisierung zu retten und der Unterscheidung zwischen geistlicher und empirischer Wirklichkeit der Kirche eine trans-institutionelle, gültige Bedeutung für die Gemeinschaft zu verleihen. Die pietistische Bewegung nimmt auch eine zu scharfe Unterscheidung zwischen der „kleinen Kirche" und der „großen Kirche" vor, welch letztere mindestens seit den Tagen Augustins als ein *corpus permixtum* erkannt worden ist. Brunners Standpunkt ist zwar nicht der pietistische. Trotzdem mag der pietistische Ausdruck *ecclesiola in ecclesia* hier angewandt werden, insofern er wirkungsvoll und prägnant die Sorge um die eigentliche Wirklichkeit der Kirche als einer Gemeinschaft zum Ausdruck. bringt, deren Haupt

ist in der Glaubensgemeinschaft stets dort vorhanden, wo das prophetisch-apostolische *Zeugnis* für die Offenbarung und die *Antwort* der Gemeinschaft im Geist zusammenfallen.

Die Passage bezieht sich natürlich speziell auf das Problem, das sich für die judenchristliche Gemeinde ergeben hatte: einerseits aus der Tatsache ihrer vorchristlichen und vermutlich fortdauernden Gliedschaft in der Bundesgemeinschaft Israels und andererseits aus der Tatsache, dass es Heiden gab, die ebenfalls gläubig waren. Die ursprüngliche christliche Gestalt des Problems „Gläubige und Ungläubige" ist also nach zwei Seiten hin zugespitzt. Im Römerbrief[14] wendet sich der Apostel Paulus dem israelitischen Aspekt der Frage zu und stellt fest, dass die israelitische Gemeinde das Erbe des Heilswirkens Gottes in der Geschichte weder beschränken noch von ihm ausgeschlossen werden kann. In dem Abschnitt aus dem Epheserbrief hingegen wendet sich der Verfasser dem heidnischen Aspekt des Problems zu und stellt fest, dass die Aufnahme der Heiden in das „Israel Gottes"[15] verstanden werden muss als die gegenwärtige Eröffnung oder Offenbarung eines vorher verborgenen Geheimnisses des göttlichen Heilsplanes. Das Problem „Gläubige und Ungläubige" hat seinen Schwerpunkt verlagert: nicht Juden als Gläubige und Heiden als Ungläubige, sondern Juden und Heiden als Gläubige im Unterschied zu Juden und Heiden als Ungläubigen. Das bedeutet, dass nach der allumfassenden Weisheit Gottes der Gläubige und der Ungläubige gemeinsam Erben sind – nicht in erster Linie als Juden und Heiden, oder lediglich als Menschen, sondern als solche Menschen, die als Angehörige des „dritten Geschlechts" die Umwandlung und Erfüllung aller Menschen in der neuen Menschheit vorwegnehmen, deren zweiter Adam und erster Spross Christus, das Haupt des Leibes, ist.[16] Die allumfassende Weisheit Gottes hat dies zum Inhalt: Wie die Heiden nicht vom israelitischen Erbe ausgeschlossen sind, so sind die Ungläubigen zwar nicht *prinzipiell* von dem unausforschlichen Reichtum Christi ausgeschlossen, aber doch nicht *per definitionem* in dessen Heilswirkung

---

Christus ist als der wirklich Gegenwärtige und in der Welt Wirksame. Der Ausdruck mag hier sowohl in Bezug auf Brunners Standpunkt angewandt als auch insbesondere dem Problem zugeordnet werden, das im Eph. verhandelt wird. [Anm. d. Hg.: L.s vertiefende Literaturangaben sind hier gekürzt.]

[14] Vgl. Röm 9–11.

[15] Um einen starken, echt paulinischen Ausdruck zu gebrauchen, der schon früher (Gal 6,16) benutzt wurde.

[16] [Anm. der Hg.: L. verweist an dieser Stelle auf den dritten Abschnitt des vierten Kapitels seiner Ethik mit dem Titel „Zweiter Adam, Wiederkunft Christi und menschliche Vollendung". Vgl. LEHMANN, Ethik als Antwort, 109–115.

In seiner Übersetzung führt D. LANGE hier an: „Das englische Wort *humanity*, das hier im Original steht, kann sowohl Menschlichkeit als auch Menschheit bedeuten. Das ist für das Folgende insofern wichtig, als die Bedeutung des Wortes gelegentlich schillert."]

eingeschlossen. Die Verantwortung der Gläubigen besteht darin, den unausforschlichen Reichtum Christi so bekannt zu machen, dass der Miterbe im Ratschluss Gottes in die koinonia hineingezogen wird und nicht draußen bleibt.

Drittens ist der Leib Christi eine Gemeinschaft, in der verschiedenartige Gaben vorhanden sind. Es herrscht keine Uniformität, keine Monotonie in der koinonia. Die Verschiedenheiten der Gaben sind selbst ein Teil des Schöpfungsplanes, nach dem Christus in der Welt wirkt. Sie haben ihren Mittelpunkt und sind gegründet in der Einheit des Hauptes, das Christus ist. Letzten Endes ist Christus selbst die Mitte der koinonia. Die Bilder sind austauschbar: das „Haupt des Leibes", die „Mitte der Gemeinschaft". In den synoptischen Evangelien tritt dieser Punkt in einer paradoxen Form hervor: „Es werden nicht alle, die zu mir sagen: Herr, Herr! in das Himmelreich kommen, sondern die den Willen tun meines Vaters im Himmel";[17] und: „Selig sind die Knechte, die der Herr, wenn er kommt, wachend findet. Wahrlich, ich sage euch: Er wird sich aufschürzen und wird sie zu Tisch setzen und zu ihnen treten und ihnen dienen."[18] Und das vierte Evangelium unterstreicht – in weniger paradoxer Weise – die Auswechselbarkeit von „Haupt des Leibes" und „Mitte der Gemeinschaft" in den folgenden, Jesus zugeschriebenen Worten: „Ich bin der Weg und die Wahrheit und das Leben; niemand kommt zum Vater denn durch mich. [...] Niemand hat größere Liebe denn die, dass er sein Leben lässt für seine Freunde. Ihr seid meine Freunde, wenn ihr tut, was ich euch gebiete."[19] Eine anonyme Predigt aus der Mitte des zweiten Jahrhunderts drückt es so aus:

> „Außerdem sagen die Schrift und die Apostel, dass die Kirche nicht erst jetzt sei, sondern von Anfang an existiere. Denn sie war geistlich, wie auch unser Jesus geistlich war, aber am Ende der Tage offenbar wurde, um uns zu retten. Die Kirche, die geistlich war, wurde aber offenbar im Fleische Christi; dabei tat sie uns kund, dass jeder von uns, der sie im Fleische bewahre und nicht mit Schande bedecke, sie im heiligen Geist empfangen werde [...] Wenn wir nun sagen, dass das Fleisch die Kirche und der Geist Christus sei, so hat derjenige, der gegen das Fleisch gefrevelt hat, gegen die Kirche gefrevelt. Ein solcher Mensch wird nicht teilhaben am Geist, der Christus ist. An einem so unvergleichlichen Leben und an einer solchen Unsterblichkeit kann dieses Fleisch Anteil bekommen, wenn der heilige Geist eng mit ihm verbunden ist; niemand kann es aussagen noch in Worte fassen, ‚was Gott bereitet hat' seinen Auserwählten."[20]

---

[17] Mt 7,21.
[18] Lk 12,37.
[19] Joh 14,6; 15,13f.
[20] 2Clem 14,2–5, in: Die apostolischen Väter, hg. von F.X. FUNK und K. BIHLMEYER, SQS 2. Reihe I/1, Tübingen ³1924, 77f. Die gegenwärtige biblische und systematisch-theologische Diskussion hat uns auf die Gefahr aufmerksam gemacht, durch ein ungeschütztes übernehmen der hellenischen Unterscheidung von Fleisch und Geist das zu verfälschen, was „die

4. Die christliche Gemeinschaft als Beziehungsfeld ethischer Reflexion

Solange man imstande ist zu sagen, dass „das Fleisch die Kirche und der Geist Christus" sei, und offene Augen zu haben für die Dynamik des Heiligen Geistes, die sich in der Schaffung „eines so unvergleichlichen Lebens und einer solchen Unsterblichkeit" ausdrückt, solange wird in der koinonia eine glaubwürdige Antwort gegeben auf die Verschiedenartigkeit der Gaben, als Zeugnis für die zentrale Bedeutung und die Gegenwart Christi in der Welt. In diesem Sinne kann man sagen: „Wo Jesus Christus ist, da ist die katholische Kirche." Aber sobald man beginnt, die Sache umzudrehen, nämlich: „Wo die katholische Kirche ist, da ist Jesus Christus", hat man nicht nur begonnen, das zu verfälschen, was „die Schrift und die Apostel sagen, dass die Kirche [...] sei" – man hat dann auch den Sinn für die ethische Wirklichkeit der koinonia in der Welt verloren.

Eine vierte Erwägung, die durch die Passage aus dem Epheserbrief nahegelegt wird, betrifft die Bestimmung und den Geist des christlichen Lebens, des Lebens in der koinonia. Zweck und Ziel des christlichen Lebens ist „das reife Mannesalter"[21]. Dies ist die Frucht der „Einheit des Glaubens und der Erkenntnis des Sohnes Gottes". Reife — das ist „diejenige Entwicklungsstufe, die mit der ‚Fülle Christi' gemeint ist"![22] Die ethische Wirklichkeit der Kirche ist die Auferbauung ihrer selbst in der Liebe, dadurch, dass Christus, das Haupt, in ihr wirkt; und diese ethische Wirklichkeit ist die koinonia.

Damit kommen wir zu einer weiteren, weitreichenden Revision des christlichen Verständnisses der Ethik, die die koinonia als der Ausgangspunkt für das christliche ethische Denken erfordert. Es ist schon hervorgehoben worden, dass

---

Schrift und die Apostel (sagen)". Dies ist jedoch hier nicht der strittige Punkt. Der Abschnitt aus der Predigt (2Clem) spricht anschaulich und nachdrücklich genau das aus, worum es bei der Verborgenheit und der Sichtbarkeit der koinonia in der Welt geht. Schon im zweiten Jahrhundert wurde die Spannung zwischen „Verborgenheit" und „Sichtbarkeit" durch den Prozess der Institutionalisierung abgeschwächt, wenn nicht sogar langsam eingeebnet. *Ignatius* kann noch ganz bestimmt sagen: „Wo Jesus Christus ist, da ist die katholische Kirche." Aber er tut dies nicht, ohne diese Behauptung an den vorangehenden Satzteil anzuknüpfen: „Wo der Bischof erscheint, dort soll das Volk sein" (Smyrn 8,2 in: Die apostolischen Väter, a.a.O., 108). Aber man muss sich vor Augen halten, dass das Bild vom „Haupt und dem Leib" nicht mehr auswechselbar war mit dem Bild von „der Mitte der Gemeinschaft", als später die von Ignatius aufrechterhaltene Zuordnung der beiden Satzteile allmählich aufgelöst wurde und als man anfing zu meinen, dass „Jesus Christus da ist, wo die katholische Kirche ist"; da war das Verständnis der koinonia als des Schlüssels zu dem Geheimnis und der Wirklichkeit Christi und seines Werkes in der Welt verloren.

[21] Oder, wie J.B. PHILLIPS es ausgedrückt hat, „*wirkliche Reife*" (zu Eph 4,13 in: Letters to Young Churches, New York 1950).

[22] Eph 4,13; Anm. d. Übers.: Zum Teil eigene Übersetzung des Vf., die entsprechend im Deutschen nachgebildet wurde.

die christliche Ethik auf Offenbarung, nicht auf Moral hin ausgerichtet ist. Nunmehr müssen wir eine Konsequenz aus diesem Satz betonen, dass nämlich *die christliche Ethik nicht auf Moral, sondern auf Reife abzielt.* Reife ist im menschlichen Leben die Frucht des christlichen Glaubens. Moral ist ein Nebenprodukt der Reife.

„Lasset uns aber wahrhaftig sein in der Liebe und wachsen in allen Stücken zu dem hin, der das Haupt ist, Christus, von welchem aus der ganze Leib zusammengefügt ist und ein Glied am andern hanget durch alle Gelenke, dadurch ein jegliches Glied dem andern kräftig Handreichung tut nach seinem Maße und macht, dass der Leib wächst und sich selbst auferbaut in der Liebe." Der griechische Text sagt (zwei Verse vorher): „εἰς ἄνδρα τέλειον", „zu einem vollkommenen Mann", „zu einem ganzen Mann".[23] Der dabei vorausgesetzte Gegensatz ist derjenige der abgeschlossenen körperlichen Entwicklung eines Erwachsenen zu der unfertigen physischen Entwicklungsstufe eines Kleinkindes oder Knaben. Die dem physischen Drang zur Ganzheit innewohnende Vitalität wird vom Verfasser zum Vergleich herangezogen, um die der Struktur der koinonia innewohnende Vitalität zu beleuchten. *Innere Geschlossenheit in und durch Wechselbeziehung* charakterisiert die körperliche Entwicklung zur Reife. Diese Entwicklung ist gekennzeichnet durch ein Prinzip, nach dem die Individualität jedes einzelnen Teiles erreicht und ausgedrückt wird in seinem richtigen Funktionieren und durch dasselbe, das heißt darin und dadurch, dass es in Wechselbeziehung mit allen anderen Teilen das ist, was es ist. Ganz ebenso ist die Wechselbeziehung zwischen Christus, dem Haupt, und den verschiedenen Gliedern der Gemeinschaft verschiedenartig begabter Menschen, die Christi Leib ist, in der Welt nach einem Prinzip der inneren Geschlossenheit in und durch Wechselbeziehung gegliedert. Die Teilhabe an diesem Prinzip ist zugleich das Merkmal und das Mittel jener organischen Vitalität, die die einzelnen Glieder für sich und den Leib als Ganzes zur Ganzheit oder Reife bringt. Was die Psychologie als das Problem der Integration kennt und die Soziologie als das Problem der Gemeinschaft, das erkennt und beschreibt der christliche Glaube als das Problem von Haupt und Leib. Die Lösung des Problems hat derjenige, der das Geheimnis der Reife besitzt. Denn Reife *ist* die innere Geschlossenheit in und durch Wechselbeziehung, die es jedem einzelnen Glied eines organischen Ganzen ermöglicht, er selbst zu sein im Miteinander, und im Miteinander jeder er selbst zu sein.

Das ist Reife. Darin stecken ins Einzelne gehende und weitreichende Konsequenzen hinsichtlich der Auswirkung des christlichen Glaubens auf den Vollzug des christlichen Lebens. Wenn man zum Beispiel daran denkt, wie die christliche Kirche immer wieder einem unheiligen und ungesunden Wechsel von Dogmatismus einerseits und Pietismus andererseits erlegen ist, bekommt man einen

---

[23] Eph 4,15f.; 4,13.

gewissen Maßstab für die pathologische Unreife, die den Leib Christi als koinonia in der Welt lähmt. Unter dem Einfluss dieses Wechsels ist der Gläubige nie bereit, seinen Mitmenschen, ob Gläubiger oder Ungläubiger, so zu nehmen, wie er ist; sondern er will diesem stets als Vorbedingung einer Gemeinschaft mit ihm die lehrmäßige Schablone seiner eigenen Überzeugung aufdrängen. Und wenn dieser Angriff auf die Redlichkeit des anderen unter der entmachtenden Wirkungslosigkeit rationaler Formulierungen zusammenbricht, zeigt die Medaille sofort ihre Kehrseite. Der Gläubige verlegt sich dann hinsichtlich seines Glaubens auf das Emotionale – als ob die koinonia durch Verinnerlichung glaubwürdig gemacht werden könnte. Aber *Reife*, die die Frucht des christlichen Glaubens und das Ziel des Lebens in der koinonia ist, macht es unziemlich für einen Christen, in höheren Regionen zu schweben, als ob er Gott wäre, oder die Gefühle aufzuputschen, als ob sie das vornehmliche Medium wären, um Gott zu rühmen. Es ist unziemlich, weil ein solches Verhalten eine Verletzung der wesenhaften Menschlichkeit des Menschen ist, der Menschlichkeit, mit der sich Christus in seiner Fleischwerdung identifizierte, die er durch seine Erniedrigung wiederhergestellt hat und die er verherrlicht in seinem auferstandenen und erhöhten Leib und durch die koinonia, die sein Leib in der Welt ist.

Die Kennzeichen und der praktische Vollzug dieser Reife rühren an die letzten Triebfedern menschlicher Motivation und betreffen den weitesten Bereich menschlicher Wechselbeziehung. Die verwirrende Komplexität der Reife wird zwar nie geleugnet, aber es wird ihr gegenüber auch nicht kapituliert. Im Beziehungsfeld der koinonia ist Komplexität ein Anlass zur Erfüllung, nicht zum Scheitern der reichen Vielfalt des Gebens Christi. Der Christ setzt sein Vertrauen darauf, dass Gott in der Welt darauf hinwirkt und dass die Verheißung der Reife und die Hoffnung auf sie früher oder später, komme was wolle, erfüllt werden wird.

> „Darum leget die Lüge ab und redet die Wahrheit, ein jeglicher mit seinem Nächsten, weil wir untereinander Glieder sind. Zürnet ihr, so sündiget nicht; lasset die Sonne nicht über eurem Zorn untergehen und gebet nicht Raum dem Lästerer. Wer gestohlen hat, der stehle nicht mehr, sondern arbeite und schaffe mit seinen Händen etwas Gutes, auf dass er habe, zu geben dem Bedürftigen. [...]
> Alle Bitterkeit und Grimm und Zorn und Geschrei und Lästerung sei ferne von euch samt aller Bosheit. Seid aber miteinander freundlich, herzlich und vergebet einer dem andern, gleichwie Gott euch vergeben hat in Christus."[24]

Das folgende Kapitel[25] weitet diese Motivationsanalyse so weit aus, dass sie unmittelbar und implizit den ganzen Umfang menschlicher Wechselbeziehung

---

[24] Eph 4,25–28.31f.
[25] [Anm. d. Hg.: LEHMANN, Ethik als Antwort, stützt im Folgenden seine These im Kapitelabschnitt 2 „Die ethische Wirklichkeit der Kirche". Zum einen setzt er mit exegetischem

umschließt. Das Verhältnis zwischen Ehepartnern, zwischen Kindern und Eltern, Dienern und Herren: wirklich alle Wechselbeziehungen der Menschen werden in den Gesichtskreis des Lebens innerhalb der koinonia hineingezogen. Der Vorstoß der koinonia in die Welt bedeutet, dass aus allem gewöhnlichen Verhalten ein *soziales*, nicht ein *allgemeingültiges* Verhalten wird, weil in der koinonia – und das heißt in der ethischen Wirklichkeit des christlichen Glaubens – die Reife und die Menschlichkeit des Menschen miteinander stehen und fallen. Eine reife Menschlichkeit und die „neue Menschlichkeit" sind identisch.

Eingeleitet und bearbeitet von Kai-Ole Eberhardt

Schwerpunkt in einer Analyse des „sozialethische(n) Verständnis(ses) der Kirche im Neuen Testament" (a.a.O., 49-55) das Individuum mit der Gemeinschaft ins Verhältnis, zum anderen diskutiert er das Verhältnis von koinonia und der institutionellen Kirche im Rahmen einer theologiegeschichtlichen Analyse unter der Überschrift „Die reformatorische Lehre von der Gemeinschaft der Gläubigen" (a.a.O., 56-65). Im nächsten Kapitel, das den Titel „Gottes Handeln in der Welt" (a.a.O., 66-93) trägt, stellt er Gott als „Politiker" vor und entfaltet die Dynamik seiner Wirksamkeit als Beziehungsfeld christlicher Ethik.]

5. Theozentrische Ethik: James M. Gustafson (1925–2021)

Einführung

Person und Werk

James Moody Gustafson wurde am 2.12.1925 in Norway, Michigan, geboren. Sein Vater war Pastor einer schwedischen Immigranten-Denomination mit lutherisch-pietistischer Ausprägung auf der oberen Halbinsel Michigans, bevor die Familie 1939 nach Kansas in eine ländliche Gemeinde zog.

Seine akademischen Studien nahm G. am North Park College in Chicago auf. Während des Zweiten Weltkriegs unterbrach er diese Arbeit für den Militärdienst in Burma und Indien. Nach dem Bachelor of Science erwarb er den Bachelor of Divinity und promovierte 1955 an der Yale University. Seine Absicht war es, seine Interessen für Sozialwissenschaft und Sozialphilosophie in einen theologischen Zusammenhang zu bringen, was er von seinem Lehrer H. Richard Niebuhr (1894–1962) gelernt hatte. G. wechselte seine Kirchenzugehörigkeit und wurde zum Pastor der United Church of Christ ordiniert. Während seiner Doktorandenzeit war er Pastor in Northford, Connecticut. 1955 kehrte er zur Yale University zurück und wirkte dort 17 Jahre lang als Dozent der Yale Divinity School und in der Abteilung für Religious Studies. Von 1972 bis 1988 war G. Professor für Theologische Ethik an der University of Chicago. An der Emory University wurde er zum *Henry R. Luce Professor of Humanities and Comparative Studies* ernannt und in den Neunzigern zum *Robert W. Woodruff Professor of Comparative Studies and of Religion*. Er erhielt mehrere Ehrendoktorate.

Neben vielen Artikeln hat G. u.a. die einschlägigen Monographien *Treasure in Earthen Vessels* (1961), *Christ and the Moral Life* (1968), *Christian Ethics and the Community* (1971), *Can Ethics be Christian?* (1975), *Protestant and Roman Catholic Ethics* (1978), den zweibändigen Ethik-Entwurf *Ethics from a Theocentric Perspective: Theology and Ethics* (1981) und *Ethics and Theology* (1984), ferner *A Sense of the Divine* (1994), und *Intersections: Science, Theology, and Ethics* (1996) geschrieben. Er beabsichtigte, in seinen Werken den hohen Stellenwert theologischer Überzeugungen für ethische Reflexion und Praxis aufzuzeigen.

Theologischer Ansatz

G. entfaltet seine Ethik aus einer theozentrischen Perspektive heraus und fordert, alle Dinge in ihrer Beziehung zu Gott zu sehen und sich dementsprechend zu ihnen zu verhalten. Nichtsdestoweniger betrachtet er – zwar ausgehend von seinem theozentrischen Ansatz, aber nicht ohne Spannungen zu diesem – menschliche Erfahrungen als einen Ausgangspunkt seiner ethischen Reflexion. Für den Christenmenschen konkretisieren diese sich vor allem in Frömmigkeitserfahrungen. G. beruft sich bei der Entfaltung seiner Ethik bes. auf die reformierte Tradition. Insbesondere drei Elemente verbinden ihn mit ihr: 1. ihre Interpretation der Alterität Gottes, 2. ihre Frömmigkeitspraxis (*piety*) und 3. ihre Betonung der menschlichen Verantwortung, alle Dinge in Beziehung zu Gott zu setzen. Die reformierte Tradition betone zudem die göttliche Allmacht vor allem durch eine elaborierte Vorsehungslehre (*divine governance*). Dadurch fällt nach G. die Heilsfrage als Movens menschlicher Handlungen weg. Diese werde stattdessen konsequent in die göttliche Herrschaft und Zwecksetzung integriert. In G.s Diskussion seiner dogmatischen Voraussetzungen wird also eine mehr oder weniger radikale Theozentrik als notwendiger Rahmen für die Ethik erarbeitet. Dabei spielt die Heilige Schrift für seine Ethik nur die Rolle, die er ihr aus seiner theozentrischen Perspektive, (re-)konstruiert aus der Vermittlung von Erfahrung und Tradition, zugesteht.

G. distanziert sich da von der reformierten Tradition, wo sie anthropozentrische Züge annimmt, z.B. wenn sie Gottes Absichten und alle kosmischen Ereignisse als Belohnungen oder Strafen deutet. Er sieht sich im Konflikt mit dem von ihm sehr geschätzten Jonathan Edwards (1703–1758), wenn dieser die Vorstellung nährt, dass das Heil der Menschen und die Befriedigung seiner Bedürfnisse das alleinige Ziel der Wege Gottes seien. Vor allem stellt G. sich in die Tradition der Ethik Calvins, die er dafür rühmt, auf Gott und explizit nicht auf die menschliche Autonomie ausgerichtet zu sein. Gott eröffne aber, wie G. betont, die Möglichkeit der Transformation menschlichen Verhaltens in der Ausrichtung des Menschen auf sich selbst, so dass dieser durch eine Erweiterung seiner Sichtweise und eine Erneuerung seines Herzens erlöst werde.

Ein in G.s Sinne an der göttlichen Weltordnung orientierter Mensch wird nicht mehr von der eschatologischen Vorstellung der ewigen Glückseligkeit dominiert, nach der die Frommen im Himmel entlohnt und gegenüber den Ungläubigen privilegiert behandelt würden. Unabhängig von einer Heilserwägung des *pro me* oder *pro nobis* sei Gott allein die Ehre zu geben. Die Vorstellung von einem Leben nach dem Tod sei dispensabel. G.s Bewusstsein und Lehre von der Interdependenz der Welt in naturhaften Mustern und Prozessen verdeutlicht ihm, dass humanes Wohlergehen mit dem Wohlergehen der Natur auf das Engste korreliert sei. Jeder Christ müsse sich in der Anerkennung dessen der Moderne akkommodieren.

G. folgt Friedrich Schleiermachers Verhältnisbestimmung des Menschen zu Gott, die sich als „Gefühl der schlechthinnigen Abhängigkeit" (*feeling of ultimate dependence*) zusammenfassen lässt, und gestaltet sie in seinem theozentrischen Referenzrahmen als eine „Macht, die sich zu uns neigt" (*power that bears down upon us*), weiter aus.

G.s Ansatz hat aufgrund der Verknüpfung eines solchen anthropozentrisch-erfahrungsbezogenen Ansatzes (wie dem Schleiermachers) mit seiner dem Anspruch nach theozentrischen Ethik manche kritische Erwiderung provoziert. So wurde moniert, dass dieser von ihm attestierte gemeinsame Anknüpfungspunkt mit Schleiermacher seine erwünschte Theozentrik ins Wanken bringe. Harlan A. Beckley und Charles M. Swezey gelangen darüber hinaus zu dem Schluss, dass G.s Gottesbild auch deshalb keine theozentrische Ethik begründen könne, weil er kein theologisches Konzept für die Metaphern Schöpfer, Herrscher, Richter und Erlöser liefere, welches diese Gottesprädikationen verstehbar mache. Es zeigt sich, dass G.s Entwurf nicht spezifisch christlich ausgerichtet ist, sondern aus einem eklektischen Zugriff auf religiöse Traditionen heraus moralische Verantwortung und ethische Reflexion kommunizieren möchte.

Bemerkungen zum Text

Der gewählte Textabschnitt stammt aus dem zweiten Kapitel des ersten Bandes (mit dem Titel *Ethics from a Theocentric Perspective*) von G.s zweibändigem Ethikentwurf, der sein Hauptwerk bildet. In diesem Kapitel stellt G. seine Ausführungen unter die Leitfrage, ob seine theozentrische Ethik eine Ethik im traditionellen Sinne sei, was er verneint. Theozentrische Ethik frage nach dem Willen Gottes und suche seine Ehre und Verherrlichung. Sein Wille berücksichtige nicht exklusiv das Heil des Menschen, sondern die Intentionen seines Willens würden sich auch auf die gesamte Schöpfung erstrecken. Die Wende zur theozentrischen Ethik mache die Wahrnehmung eines größeren Ganzen notwendig und müsse ein „Gut des Ganzen" (*good of the whole*) definieren. G. verwendet bei seinen Überlegungen einen sehr weiten Gottesbegriff und spricht sowohl mit biblischem Bezug von Gott als auch abstrakt von Gottheit oder Göttern im Plural.

G. kritisiert den westlichen Anthropozentrismus als eine Fehlorientierung, was er u.a. mit Ernst Troeltschs Rezeption der modernen Wissenschaft (Glaubenslehre 1925) begründet und zusammenfasst: Gott habe nicht vorrangig dem menschlichen Wohlergehen zu dienen, sondern der Mensch habe Gott die Ehre zu geben. Jener sei nicht mehr der Maßstab für den Wert aller Dinge (in Anspielung auf den *Homo-mensura*-Satz des Protagoras), sondern habe gemäß seiner Position im Universum den Willen Gottes für alle Dinge zu erkennen und zu verwirklichen.

G. billigt nur insofern einen „anthropozentrischen" Fokus, als dass dieser traditionell auf der biblischen *Imago Dei* des Menschen gründe. Er ist durch diese schöpfungstheologische Figur theozentrisch eingehegt. Durch die Integration der menschlichen Perspektive in sein System kann G. allerdings an das neuzeitlich-aufklärerische Menschenbild anknüpfen sowie die Menschenwürde und die individuellen Menschen- und Freiheitsrechte stärken und schützen. Die ethischen Konsequenzen dieses Ansatzes verbieten eine zügellose Ausbeutung der Schöpfung durch den Menschen, zumal dies wiederum sein Überleben auf der Erde infolge von Unterernährung, Hunger und Naturkatastrophen riskiere.

Trotz der herrschaftlichen Stellung des Menschen als Ebenbild Gottes komme es zu vielen Mängeln in dessen Verhalten. Da der Mensch sich vor Gott zu verantworten habe, bedarf er nach G. eigentlich der kompensierenden Erlösung. Ein solches sühnetheologisches Dogma lehnt G. aber als anthropozentrisch ab. Der theozentrische Imperativ für den Menschen laute: „Wir sollen unser Leben so führen, dass wir uns zu allen Dingen in einer Weise verhalten, wie es ihrer Beziehung zu Gott entspricht." Dies könne bedeuten, dass das, was wir für gut halten, nicht im Einklang mit den ordnenden Zwecken Gottes stehe. So müsse es der Hauptzweck menschlichen Daseins sein, Gott die Ehre zu geben, indem man seinen Willen tue, der erforscht und geprüft werden müsse, daher aber oft Handlungsunsicherheit und Moralitätsungewissheit hinterlasse.

Literatur

J.M. GUSTAFSON, Der Ort der Schrift in der christlichen Ethik. Eine methodologische Studie, übers. von R. HÜTTER, in: H.G. ULRICH (Hg.), Evangelische Ethik. Diskussionsbeiträge zu ihrer Grundlegung und ihren Aufgaben, ThB 83, München 1990, 246–279.

H.R. BECKLEY / CH.M. SWEZEY (Hg.), James M. Gustafson's Theocentric Ethics. Interpretations and Assessments, Macon 1988.

L.W. BILKES, Theological Ethics and Holy Scripture. The Use of Scripture in the Works of James M. Gustafson, R. Paul Ramsey, and Allen D. Verhey, Neerlandia (Alberta Canada) 1997.

G. DORRIEN, Social Ethics in the Making. Interpreting an American Tradition, Maldon 2008, 544–548.

A. SIMS, James Gustafson on Virtue, in: S.M. FLOYD-THOMAS / M.A. DE LA TORRE (Hg.), Beyond the Pale. Reading Ethics from the Margins, Louisville 2011, 153–160.

Theozentrische Ethik – Ist das eine Ethik im traditionellen Sinne? (1981)⁰

Die besondere Stoßrichtung meines Buches zielt auf die Entwicklung einer theozentrischen Ethik. Auf einige Besonderheiten dieser Stoßrichtung muss an dieser Stelle hingewiesen werden, um dem Leser eine Orientierung in einem Denkmuster zu geben, das ihm vielleicht fremd und ungewohnt ist. [...][1]

Der zentrale Bezugspunkt: Mensch oder Gott?

Die These dieses Kapitels lautet, dass die vorherrschende Strömung der westlichen Ethik, sei sie religiös oder säkular, den Standpunkt vertritt, dass die grundlegenden Überlegungen zur Moral von rein menschlichen Bezugspunkten abzuleiten sind. [...][2]

Man könnte die Geschichte der Ethik im Christentum bis ins kleinste Detail durchgehen, um weitere Beweise für diese vorherrschende Strömung zu finden, aber das ist nicht notwendig. Notwendig ist allerdings, auf die Dichotomie zurückzukommen,[3] die uns das Grundthema der theologischen Ethik im Westen aufgezwungen hat: Sind Gottes Gebote richtig, weil er sie gebietet, oder gebietet er sie, weil sie richtig sind? Sind Gottes Ziele gut, weil er sie wählt, oder wählt er sie, weil sie gut sind? Die Dichotomie muss untersucht werden, um festzustellen, ob diese Wahl notwendig ist und ob nicht in ihrem dialektischen Bearbeitungsprozess eine zu starke Vereinfachung entstanden ist. Eine Herangehensweise an die Untersuchung, auf die nun im Folgenden näher eingegangen werden soll, ist die Frage: „Richtig für wen?" und „Richtig für was?"; „Gut für wen?" und „Gut

---

⁰ [Anm. d. Hg.: Der englische Text findet sich bei J.M. GUSTAFSON, Ethics from a Theocentric Perspective. Bd. 1: Theology and Ethics, Chicago / Oxford 1981, 86–113. Es handelt sich dabei um das zweite Kapitel des Bandes. Es sei angemerkt, dass G. bei seiner Analyse menschlichen Zusammenlebens aus postkolonialer Perspektive mitunter problematische Urteile fällt, wenn er z.B. über das Kastensystem reflektiert oder auf die Kategorie von „race" zurückgreift.]

[1] [Anm. d. Hg.: Auslassung von GUSTAFSON, Ethics, 87f.]

[2] [Anm. d. Hg.: Gustafson, a.a.O., 88–95, bietet eine hier ausgelassene Reihe von Belegen für diese These, die von Platons *Nomoi* ausgehen und über Bezüge zu biblischen Traditionen und zur Kirchengeschichte auf Walter Rauschenbuschs *Social Gospel* und Karl Barth zulaufen.]

[3] [Anm. d. Hg.: Gustafson hatte a.a.O., 90, diese Dichotomie im Rahmen der hier ausgelassenen Beweisführung für seine These eingeführt und von Platons *Euthyphron* ausgehend entfaltet.]

für was?" Es ist besser, seine Interpretation des Richtigen und des Guten in erster Linie mit relational bestimmten Begriffen zu entfalten als mit inhaltlich bestimmten.[4] Historisch wurde immer angenommen, dass sich die Dichotomie auf das beziehe, was für den Menschen richtig sei, was für den Menschen gut sei, und zwar in erster Linie, was für den Menschen in seinem Bezug auf andere Personen richtig sei. Das Richtige wird letzten Endes in Bezug auf das *telos* (griech. Ziel) bzw. das Gute für den Menschen bestimmt. Die traditionelle Problemstellung geht damit davon aus, dass der Mensch von höchstem Wert sei, dass Gottes Regierung und Herrschaft fast ausschließlich auf den Bereich des menschlichen Handelns ausgerichtet sei und dass alle anderen Dinge um des Menschen willen existierten.[5]

Für den Moment können wir uns damit begnügen, rhetorische Fragen zu stellen: Was geschieht, wenn die Frage nach dem für den Menschen Richtigen zu der Einsicht nötigt, dass der Mensch richtigerweise nicht nur mit anderen Personen, nicht nur mit gesellschaftlichen Institutionen und ihren Wechselverhältnissen in Beziehung steht, sondern so notwendig wie mit den Bedingungen für das Leben selbst auch mit den Elementen Stickstoff, Sauerstoff und Kohlenstoff, mit der Pflanzen- und Tierwelt und sogar mit den unbelebten Ausprägungen unseres Planeten? Was geschieht, wenn das richtige Verhalten die Abhängigkeit des Menschen von Dingen berücksichtigen muss, die letztlich nicht von Menschen geschaffen wurden und sich der menschlichen Kontrolle entziehen? Wir können immer noch sagen, dass Gott bestimmte Dinge gebietet, weil sie richtig sind, aber der Kontext, in dem die Richtigkeit menschlichen Handelns beurteilt wird, wird erweitert. Diese Erweiterung ist theologisch bedeutsam, weil sie davon ausgeht, dass Gottes Herrschaft sich nicht ausschließlich auf die Handlungen des Menschen und auf die Ereignisse der Geschichte konzentriert, in denen die menschliche Machtausübung so bestimmend ist, sondern dass Gott auch die Natur regiert, die natürliche Ordnung des Lebens, in der unsere Spezies lebt und von der sie sich in besonderem Maße unabhängig gemacht hat. Man könnte immer noch sagen, dass Gott das Gute wegen dessen Güte schätzt; es ist nicht deshalb gut, weil er es schätzt. Aber der Bereich, auf den sich Güte und Wert beziehen, wird erweitert. Gut für wen? Für Einzelpersonen, die in einer bestimmten Zeit und an einem bestimmten Ort leben? Eher für unsere Generation als für

---

[4] Vgl. H.R. NIEBUHR, Das Wertezentrum, in: DERS., Radikaler Monotheismus. Theologie des Glaubens in einer pluralistischen Welt, ins Deutsche übers. von F. WEIDNER, Gütersloh 1965, 92–105.

[5] [Anm. d. Hg.: Das hier anklingende Leitmotiv des Sophisten Protagoras vom Menschen als Maß aller Dinge (*homo-mensura*-Satz) war in der oben ausgelassenen Beweisführung Gustafsons zu seiner These von einer von Anfang an anthropozentrisch überformten Ethik der Ausgangspunkt gewesen. Vgl. GUSTAFSON, Ethics, 88. Bereits das erste Kapitel seines Entwurfs hatte das erarbeitet. Vgl. a.a.O., 82f.]

künftige Generationen? Für den Menschen und nicht für die Pflanzen- und Tierwelt? Wenn jemandes theologische Grundvorstellung von einer Gottheit ausgeht, die über die gesamte Schöpfung herrscht, und seine Grundvorstellung vom Leben in Geschichte und Natur von Mustern gegenseitiger Abhängigkeit ausgeht, dann muss das Gute, das Gott wertschätzt, umfassender sein als die normale Vorstellung davon, was für mich gut ist, was für meine Gemeinschaft gut ist und sogar was für die menschliche Spezies gut ist.

Wie ich gezeigt habe, ist es möglich, eine theologische Ethik zu haben, die das Richtige und Gute auf anthropozentrische Bedingungen beschränkt. Die Geschichte der westlichen religiösen Traditionen ist voll von Beispielen für eine solche Ethik. Solche Ansichten lassen sich leicht erklären: Sie ergeben sich sicherlich zum Teil aus der Tatsache, dass wir diejenige Spezies sind, die überhaupt die Fähigkeit hat, sich zu fragen, was richtig und gut ist, und ganz natürlich sorgen wir uns dann darum, was für uns richtig und gut ist. Sie entstehen auch aus der Verlegenheit, die sich aus der Möglichkeit ergibt, dass die Gottheit nicht moralisch ist, oder zumindest nicht moralisch gemäß den Begriffen, nach denen wir Moral beurteilen. Sie entstehen aus dem egozentrischen Dilemma, das das Problem der Theodizee hervorruft; denn die Theodizeefrage stellt sich nur unter der Annahme, dass Gott notwendigerweise das Gute einer bestimmten Person oder Gemeinschaft will, und zwar in dem Sinne, wie dieses Gute aus menschlicher Perspektive verstanden wird.

Im Großen und Ganzen haben sich weder die eigentliche Theologie noch die theologische Ethik hinreichend mit denjenigen Strömungen in der biblischen und christlichen Tradition befasst, die darauf hinweisen, dass die Absichten Gottes nicht notwendigerweise mit unseren Vorstellungen von ihnen übereinstimmen, die die Andeutungen einer souveränen Macht ernst nehmen, die nicht nur das menschliche Leben und Wohlergehen erhält, sondern auch die Grenzen des menschlichen Strebens setzt, die von einem Gott erzählen, der nicht nur menschliche Leistungen und Handlungen ermöglicht hat, sondern auch eine „Zustimmung zum Sein" (consent to being)[6] verlangt, also zu dem, was für Menschen richtig und gut ist, wenn sie sich ihren gewaltigen Möglichkeiten und ihren unerbittlichen Grenzen stellen. Es lässt sich nicht leugnen, dass die Grundtendenz der christlichen Tradition Gottes Gnade und Güte (goodness) immer in erster Linie im Blick auf seine Gnade und Güte für den Menschen gesehen hat. [...][7]

---

[6] [Anm. d. Hg.: Gustafson bereitet mit seinem Rekurs auf diese Formulierung bereits die folgende, hier allerdings ausgelassene Auseinandersetzung mit der Theologie von Jonathan Edwards (1703–1858) vor. „Consent to being" ist ein Schlüsselbegriff der theologischen Ethik und Tugendlehre von Edwards.]

[7] [Anm. d. Hg.: Auslassung eines Absatzes zu Jonathan Edwards, dessen Theologie Gustaf-

Theologen und Ethiker haben eine bemerkenswerte Kurzsichtigkeit an den Tag gelegt, indem sie die Schlussfolgerungen, die sich vernünftigerweise aus einigen der sichersten Erkenntnisse, die wir über die Erschaffung des Universums, die Evolution der Arten und das wahrscheinliche Ende unseres Planeten, wie wir ihn heute kennen, ziehen lassen, nicht berücksichtigt haben. Tatsächlich hat Ernst Troeltsch den Theologen in diesem Punkt schon vor Jahrzehnten den Fehdehandschuh hingeworfen, und zwar in einer Passage, die zwar nicht mehr ganz den neuesten wissenschaftlichen Erkenntnissen entspricht, die aber dennoch den richtigen Punkt trifft:

> „Wir können uns selbstverständlich nicht gegen die Konsequenzen eines kopernikanischen Systems sperren, wir dürfen nicht zurückschrecken vor der Unermeßlichkeit des Alls, in dem wir mitsamt unserem ganzen Sonnensystem auf unausdenkbaren Wegen dahingerissen werden. Angesichts der durch die Spektralanalyse eröffneten Gleichartigkeit des ganzen Universums verschwindet mit Notwendigkeit das geozentrische und anthropozentrische Bild der Dinge. Man hat sich darauf einzurichten, keinen körperlichen Mittelpunkt des Universums mehr konstatieren zu können. [...] Wir wissen, daß die Formung unserer Erde durch Ablösung von einem anderen Himmelskörper entstand, und unser ganzes organisches Leben auf dieser Erde erscheint im Verhältnis zur Dauer der Welt wie ein Anhauch auf kalte Fensterscheiben, der schon im nächsten Augenblick verschwindet. Was aber die Welt ohne organisches Leben ist, wissen wir nicht. An einem bestimmten Punkt sind wir aus der Entwicklung hervorgegangen, an einem bestimmten Punkt werden wir wieder verschwinden – mehr sagt die Wissenschaft nicht. Wie der Anfang ohne uns war, so wird auch das Ende ohne uns sein. Aufs Religiöse übertragen, bedeutet diese Einsicht: das Ende ist nicht das der Apokalypse."[8]

Man muss nicht auf die traditionelle religiöse Rhetorik zurückgreifen, dass der Mensch vor Gott ein „Wurm" ist,[9] um zu erkennen, dass Theologie und theolo-

---

son, a.a.O., 97, als Beispiel für eine Position dient, die Gottes Gnade und Güte rein anthropozentrisch versteht.]

[8] E. TROELTSCH, Glaubenslehre. Nach Heidelberger Vorlesungen aus den Jahren 1911 und 1912, mit einem Vorw. von M. TROELTSCH, München/Leipzig 1925, 64. Vgl. dazu E. TROELTSCH, Die Bedeutung der Geschichtlichkeit Jesu für den Glauben (1911), in: F. VOIGT (Hg.), Ernst Troeltsch Lesebuch. Ausgewählte Texte, Tübingen 2003, (61–92) 70: „Das Alter der Menschheit auf der Erde beträgt einige hunderttausend Jahre oder mehr. Ihre Zukunft mag noch mehrere Jahrhunderttausende betragen. Es ist schwer vorzustellen, einen einzigen Punkt der Geschichte auf diese Zeitlänge hin – und zwar gerade den Mittelpunkt unserer eigenen religiösen Geschichte – als alleiniges Zentrum aller Menschheit zu denken. Das sieht doch allzustark aus nach Verabsolutierung unseres zufälligen eigenen Lebenskreises. Das ist in der Religion das, was in der Kosmologie und Metaphysik Geozentrismus und Anthropozentrismus sind." Troeltschs Kritik richtet sich hier gegen den Christozentrismus, aber die Bedeutung seiner Worte ist deutlich weitreichender.

[9] [Anm. d. Hg.: Vgl. zu diesem Motiv bereits in der Bibel z.B. Hiob 17,14; 25,6 oder Jes 41,14.]

gische Ethik den Platz des Menschen im Universum im Lichte einiger vernachlässigter Aspekte der religiösen Tradition und einiger gut etablierter Erklärungsprinzipien der modernen Wissenschaften neu überdenken müssen. Ich habe bereits [im ersten Kapitel dieses Buches; Anm. d. Hg.] aus Herbert Butterfields Beobachtungen über die Wissenschaft des siebzehnten Jahrhunderts zitiert, nach denen die Wissenschaftler erkennen mussten, „dass es absurd ist, anzunehmen, dass dieses kolossale Universum von Gott allein um der Menschen willen geschaffen wurde, allein um den Zwecken der Erde zu dienen."[10] Und Loren Eisely weist in seinem anmutig geschriebenen Werk *Darwin's Century* an vielen Stellen darauf hin, wie der naive Anthropozentrismus der christlichen Kultur brillante Männer oftmals blind dafür gemacht habe, die Bedeutung ihrer wichtigsten empirischen Beobachtungen zu den geologischen Schichten der Erde zu erfassen, oder sie unfähig gemacht hat, die Möglichkeit des Aussterbens vieler Arten richtig zu beurteilen, weil sie glaubten, dass ein göttlicher Plan alles nach und nach auf den Gipfelpunkt des Menschen hinführe. So schreibt er beispielsweise unter Bezugnahme auf Literatur, die sicherlich mit evolutionären Denkmustern übereinstimmte: „Viele Passagen zeigen, dass diese Art von anthropozentrischer Konzentration die Annahme unausweichlich machte, dass mit dem Erscheinen des Menschen die geologische Geschichte abgeschlossen sei."[11] Um aber die größere Bedeutung einer massiven Ansammlung von Daten aus vielen Quellen zu erkennen, „war es notwendig, aus einer partikularen, auf den Menschen zentrierten Methode der Weltbetrachtung auszubrechen".[12] Der Anthropozentrismus hatte die Wissenschaftler daran gehindert, die Bedeutung der Daten zu sehen und zu verstehen. Eine Zäsur des Konzentrationsschwerpunktes wurde notwendig. Wenn der Mensch das Maß (und nicht nur der Messende) aller Dinge ist,[13] ist es schwierig, den Platz der menschlichen Spezies innerhalb der langen zeitlichen Abfolge der Dinge und im verschlungenen Netz der gegenseitigen Abhängigkeit der Dinge genau zu bestimmen. Der anthropozentrische Fokus könnte uns sogar daran hindern, einige wichtige Dinge über die ultimative Macht und Ordnung des Lebens zu erfassen, über die Majestät und Herrlichkeit all dessen, was uns erhält, über die Bedrohungen des Lebens, über die wir keine

---

[10] H. BUTTERFIELD, The Origins of Modern Science, rev. ed., New York 1965, 69. [Butterfield (1900–1979) lehrte als Neuzeithistoriker und Geschichtsphilosoph in Cambridge.]

[11] L. EISELEY, Darwin's Century. Evolution and the Men Who Discovered It (1958), Garden City 1961, 96f. [Eiseley (1907–1977) lehrte Anthropologie, Wissenschaftsgeschichte und Philosophie zuletzt an der University of Pennsylvania.]

[12] A.a.O., 136.

[13] [Anm. d. Hg.: Noch einmal nimmt Gustafson hier auf Protagoras' Rede vom Menschen als Maß aller Dinge Bezug, von der seine Diagnose einer anthropozentrisch verengten Ethik ausgegangen war.]

endgültige Kontrolle haben. Die ultimative Macht ist nicht der Garant menschlichen Nutzens; es gibt viele nützliche Faktoren, über die wir verfügen, aber „alle Dinge" wirken schlicht und einfach nicht zum Wohl des Einzelnen und der menschlichen Gemeinschaft zusammen.

Eine theozentrische Ethik könnte die Ansicht verteidigen, dass die wesentlichen Erwägungen des moralischen Lebens fast vollständig mit dem zusammenhängen, was für uns gut ist, und was in den Beziehungen von Mensch zu Mensch richtig ist. Man könnte die Erwägungen der Ethik so einschränken, wenn die Gottheit vor allen anderen Dingen für den Menschen da wäre. Wenn aber die Gottheit nicht an unsere Urteile darüber, was in unserem Interesse ist, gebunden ist, dann verändert sich die theologische Ethik radikal. Es handelt sich dann dabei vielleicht gar nicht mehr um eine Ethik im traditionellen Sinne der westlichen Kultur und des Christentums. Es stellen sich dann andere Fragen. Was lässt sich über die Ziele jener Macht feststellen, von der die gesamte Schöpfung in Bezug auf ihren Erhalt und ihre Entwicklungsmöglichkeiten abhängt? Welche Handlungen sind für den Menschen in Bezug auf die erhaltende, ordnende, begrenzende und schöpferische Macht Gottes richtig? Wenn Gottes Absichten auf das Wohlergehen der Gesamtheit „der Schöpfung" (whole of „the creation") gerichtet sind, welchen Stellenwert hat dann das Wohlergehen des Menschen in Bezug auf die „Gesamtheit der Schöpfung" („whole of creation")? Der Mensch kann als der Messende nicht länger das Maß für den Wert aller Dinge sein. Was für den Menschen richtig ist, muss in Bezug auf den Platz des Menschen im Universum und tatsächlich in Bezug auf den Willen Gottes für alle Dinge bestimmt werden, soweit man ihn gerade noch schwach erkennen kann.

Eine moralische Pause

Es gibt gute moralische Gründe, eine Pause einzulegen, bevor man sich kopfüber in die Richtung bewegt, die dieses Buch einschlägt. Um einmal mit den Dichotomien zu spielen: Wenn der Kosmos nicht für den Menschen geschaffen wurde, die „Gesamtheit" („whole") also nicht speziell für uns, und Gott nicht für den Menschen gemacht ist, dann ergeben sich daraus einige besorgniserregende Sachverhalte. Wenn der Mensch stärker in Kontinuität mit der Naturordnung gesehen wird und weniger im Sinne einer „Erhabenheit" („grandeur"), die ihm aufgrund seiner Freiheit zukommt, dann ist es leicht, seinen Wert und seine Bedeutung herabzusetzen. Wir müssen in Bezug auf die moralischen Gefahren, die sich aus diesem Kurs ergeben können, offen sein, und beobachten, was bisher eine Konzentration auf das menschliche Gut und das menschliche Interesse im Leben der menschlichen Gemeinschaft bewahrt und geschützt hat. Denn diese Werte könnten riskiert werden, wenn man zu einer stark theozentrischen Perspektive übergeht, insbesondere wenn sie nicht davon ausgeht, dass die Ziele der ultimativen Macht vollkommen deckungsgleich mit unseren Interpretationen von dem sind, was menschliches Wohlbefinden ausmacht.

Die anthropozentrische Konzentration hat die Würde der menschlichen Spezies und die Würde des Einzelnen geschützt. Die Würde der Spezies wird durch diejenigen Vorschriften geschützt, die verlangen, dass wir in allen Fällen, in denen menschliches Leben bedroht ist, den Menschen gegenüber den Tieren bevorzugen. Sie wird durch diejenigen Vorschriften geschützt, die deutlich machen, dass die natürliche Welt in den Dienst des menschlichen Strebens nach Gesundheit und angemessenem materiellem Wohlstand, nach kultureller Entwicklung und nach Verwirklichung des individuellen Wohlbefindens gestellt werden kann und soll. Jede Interpretation des Lebens, die in übermäßiger Weise die Gemeinsamkeiten und nicht mehr die Unterschiede zwischen dem Menschen und der übrigen Schöpfung betont, dürfte wohl eher dazu bereit sein, Gründe dafür zu finden, unter bestimmten Umständen menschliche Tätigkeiten, die die Menschenwürde und die Möglichkeiten menschlicher Entfaltung fördern, einzuschränken. Jede Auslegung, die den bescheidenen Platz des Menschen in der Gesamtheit der natürlichen Welt hervorhebt und die Folgen der Entwicklung der menschlichen Kultur und bestimmter menschlicher Handlungen für „die Gesamtheit" (the whole) der Schöpfung berücksichtigt, wird wahrscheinlich Gründe für eine Beschränkung der kulturellen Entwicklung und der menschlichen Handlungen finden. Schon die bloße Auferlegung von Beschränkungen kann als Beleidigung oder Verletzung der Menschenwürde angesehen werden.

Die biblischen und christlichen Traditionen haben dem Wert der Menschenwürde eine weitreichende und starke Rückendeckung geboten. Der Bericht der Genesis über die Schöpfung gibt uns die solideste Grundlage für die Menschenwürde aus einer religiösen Perspektive. Calvin findet darin ebenso wie die meisten Theologen, die sich mit diesem Bericht befasst haben, eine Bestätigung der besonderen Würde unserer Spezies und eine Beschreibung des göttlichen Wohlwollens, das uns entgegengebracht wird. „Gerade in der Ordnung der Dinge", so schreibt er, „soll doch Gottes väterliche Liebe gegen die Menschheit mit Fleiß betrachtet werden: Hat er doch den Adam erst geschaffen, als er die Welt mit der Fülle aller Güter ausgerüstet hatte!"[14] Hätte Gott Adam auf die Erde gesetzt, als diese noch „wüst und leer"[15] war, hätte er nicht ausreichend für das menschliche Wohlergehen gesorgt. „Lasset uns Menschen machen, ein Bild, das uns gleich

---

[14] J. CALVIN, Unterricht in der christlichen Religion. Institutio Christianae Religionis, I,14,2, nach der letzten Ausgabe von 1559 übersetzt und bearbeitet von O. WEBER, Im Auftrag des Reformierten Bundes bearb. und neu hg. von M. FREUDENBERG, Neukirchen-Vluyn 2008, 85. [Anm. d. Hg.: Gustafson gibt fälschlicherweise Buch I,14,3 an.]

[15] [Anm. d. Hg.: Gen 1,2; Luther 2017.]

sei, die da herrschen über die Fische im Meer und über die Vögel unter dem Himmel und über das Vieh und über die ganze Erde und über alles Gewürm, das auf Erden kriecht," sagt Gott.[16] Die Theologen haben zwar im Laufe der Jahrhunderte zur Diskussion gestellt, welche seiner Fähigkeiten den Menschen zu Gottes Ebenbild machen, aber nicht die Ansicht, dass die Bibelstelle diese hohe Würde gewährleistet, die wir für unsere Spezies beanspruchen. Sie haben auch nicht zur Diskussion gestellt, ob die gesamte übrige Schöpfung zum Dienst an uns da sei. Welchen höheren Anspruch auf Würde kann man aus religiöser Perspektive erheben als den, dass der Mensch nach dem Bild und Gleichnis Gottes[17] geschaffen ist? Interessanterweise haben nur wenige Theologen diese Passage als eine Darstellung der Abhängigkeit menschlichen Lebens von Licht und Wasser, von Samen und Pflanzen oder vom Tierleben gelesen, die Gott ja alle als gut angesehen hat (und zwar, wie ich annehme, nicht nur als gut für den Menschen). Sicherlich birgt jede Interpretation des Lebens, die in irgendeiner Weise unseren Glauben an die besondere Würde des menschlichen Lebens oder ihren religiösen Rückhalt schwächt, moralische Gefahren in sich. Dieser religiöse Rückhalt kommt in der Vorstellung, dass der Mensch nach dem Bild und Gleichnis Gottes geschaffen ist, nachdrücklich zum Ausdruck. Doch selbst Wissenschaftler, die leidenschaftlich die Entwicklung unseres Sonnensystems und die Evolution des Lebens untersuchen, um zu zeigen, wie abhängig der Mensch von all dem ist, was vor ihm war, wie kurz seine Geschichte ist und wie sie zu einem Endpunkt kommen wird, halten oft inne, um daran zu erinnern, dass unsere Spezies die Einzige ist, die wir kennen, die die Fähigkeit hat, all diese Dinge zu erforschen und Informationen darüber zu erlangen.

Da gibt es kein Leugnen der menschlichen Besonderheit und auch kein Leugnen des Umstandes, dass daraus eine Berechtigung für die Zuerkennung einer besonderen Würde sowohl für unsere Spezies als auch für den einzelnen Menschen resultiert. Tatsächlich ist für viele Interpreten der Entwicklung von Gesellschaften und Kulturen der Übergang vom Primat einer sozialen Einheit zum Primat des Individuums ein Hinweis auf menschlichen Fortschritt gewesen. In der biblischen Tradition selbst finden sich Spuren einer solchen Entwicklung. Jahwe kümmerte sich früher um das „Volk" (people), d.h. um die sozialgeschichtliche Einheit der althebräischen Gemeinschaft. Sowohl seine Wiedergutmachungen als auch seine Vergeltung galten der Nation, nicht dem Einzelnen. Die Verantwortung lag eher bei einer Gruppe als bei einem Einzelnen. Ähnliche Entwicklungen wurden in anderen Kulturen beobachtet. In einer Periode der griechischen Kultur dienten die Tugenden dem Wohlergehen des Stadtstaates,

---

[16] Gen 1,26 [Luther 2017].
[17] [Anm. d. Hg.: „in the image and likeness" nach Gen 1,26f.]

der organisierten Gemeinschaft; erst infolge eines Entwicklungsprozesses wurden die moralischen Tugenden, die wir Einzelnen zuschreiben, als höherwertig angesehen als die Stärken der Krieger, die zum Wohlergehen einer Gemeinschaft beitrugen.[18] Das Kastensystem der hinduistischen Gesellschaft kennzeichnet Einzelpersonen durch ihre soziale Stellung. Ihre Rechte und Pflichten werden durch den ihnen zugeschriebenen sozialen Status bestimmt und die Würde oder der Mangel an Würde von Einzelpersonen beruht nicht auf ihrem Wert als menschliche Individuen, nicht auf der rationalen Natur, die ihnen infolge ihres Menschseins zukommt, sondern auf der Tatsache, dass sie in bestimmte Familien geboren wurden, die zu bestimmten Kasten gehören. Dass dadurch die individuelle Menschwürde unterminiert wird, liegt auf der Hand.

Wenn die Gruppe, der Stadtstaat oder die Kaste von höherer Bedeutung ist als ihre einzelnen Mitglieder, gibt es eine deutlichere Rechtfertigung dafür, dem Einzelnen das Leben zu verweigern oder seinen Handlungsspielraum einzuschränken, als wenn der Einzelne Vorrang genießt. Moderne westliche demokratische Staaten erkennen die Gültigkeit einer solchen Ansicht in Notfällen weiterhin an, nämlich wenn das Wohlergehen der Nation entweder durch äußere Feinde oder durch bestimmte Formen sozialschädlichen Verhaltens im Inneren bedroht ist. Allerdings ist es der normale Vorrang der Würde des Einzelnen, der die „Rechte" (rights) des Einzelnen aufrechterhält. Dieser Vorrang rechtfertigt das Erfordernis eines „informierten Einverständnisses" (informed consent) von Patienten, bevor ein Arzt in deren Körperprozesse eingreifen darf. Er rechtfertigt die Redefreiheit und die freie Religionsausübung. Er rechtfertigt rechtliche Maßnahmen zur Beseitigung der Diskriminierung von Personen aufgrund ihrer zufälligen Geburt in eine bestimmte Ethnie („race") bzw. als Frau oder Mann. Er rechtfertigt den Widerstand gegen Machtmissbrauch durch den Staat oder durch Einzelpersonen gegenüber anderen und den Widerstand gegen Tyrannei, mag sie von einem einzelnen Herrscher oder einer Gemeinschaft ausgehen. Er ist die erste Verteidigungslinie gegen einen Thrasymachus,[19] also gegen jede Auffassung, die aus dem Besitz von Macht eine Legitimation für ihren willkürlichen Einsatz gegen andere ableitet. Eben der Vorrang der Würde des Einzelnen gegenüber der Würde der Gemeinschaft macht es erforderlich, dass man Einschränkungen des Einzelnen rechtfertigen muss, nicht aber die Ausübung individueller Fähigkeiten. Man tut also gut daran, eine Pause einzulegen, um diese Vorteile einer anthropozentrischen Ethik zu bedenken, wenn man eine

---

[18] Vgl. A.W.H. ADKINS, Merit and Responsibility. A Study in Greek Values, Oxford 1960, für eine Darstellung dieses Wandels.
[19] [Anm. d. Hg.: Der Sophist Thrasymachos von Chalkedon vertritt gegenüber Sokrates in PLATONS *Politeia* die Auffassung, dass gerecht sei, was dem Stärkeren nütze. Gustafson personifiziert hier also mit ihm das „Recht des Stärkeren".]

Interpretation unterbreiten möchte, die sie in irgendeiner Weise untergraben könnte.

Obwohl die Aufklärung eine wichtige Bewegung für die Rechtfertigung und Weiterentwicklung der Würde des Einzelnen war, gibt es auch biblische Wurzeln, die zu ihr geführt und sie gestützt haben. In den Moralvorstellungen des jüdischen Volkes biblischer Zeiten gibt es eindeutige Schutzmaßnahmen gegen die Verletzung individueller Rechte. Sicherlich kümmert sich eine Gottheit, die die Zahl der Haare auf unserem Kopf genau kennt[20] und für unsere Bedürfnisse sorgt, wie es in den Lehren Jesu dargestellt ist, um einzelne Personen. Allerdings wurde die Würde des Einzelnen im Leben der institutionellen Kirche häufig verletzt. Jede Art von Bedrohung des vermeintlichen Wohls der Gemeinde reichte aus, um Personen durch Exkommunikationen, Verbote oder Tod zu entfernen. Diese beklagenswerten Aspekte der Geschichte schmälern jedoch nicht die Tatsache, dass es in der Tradition Lehren gibt, die die Würde des Einzelnen unterstützen. Gewiss, die Institution Kirche und ihre Mitglieder haben eine lange Geschichte der Verfolgung von Menschen, die sich nicht an die kirchlichen Wahrheitsurteile hielten. Andererseits lässt sich ein Keim der Achtung gegenüber der Würde des Einzelnen in ihrer Tradition nicht leugnen. Und was das Heil anbelangt, so ist gerade der Einzelne in der Geschichte der christlichen Kirchen unbestreitbar von zentraler Bedeutung gewesen. Daran muss man sich erinnern, wenn man eine religiöse Interpretation vorzuschlagen beginnt, die zu einer Schwächung der Unterstützung für die Würde des Einzelnen führen könnte.

Viele Beweise aus der menschlichen Erfahrung belegen, dass Einzelpersonen ihre Freiheit und ihre Fähigkeit zur Selbstbestimmung hochschätzen. Zumindest in westlichen Gesellschaften gibt es eine Fülle von Literatur, die zeigt, wie Personen im Laufe ihrer Entwicklung von der Kindheit zum Erwachsenenalter den Umfang ihrer Selbstbestimmung erweitern, wie sie sich von den Bindungen an die Familie emanzipieren und wie sie Autonomie entwickeln. Der Begriff des Ressentiments, der von Nietzsche so energisch entwickelt und von Max Scheler verfeinert wurde, verweist auf die Macht des Autonomiestrebens gegenüber persönlichen und gesellschaftlichen Kräften, die den Bereich der Selbstbestimmung des Einzelnen und der Gruppe einschränken.[21] Das Konzept der Entfremdung bezieht sich zum Teil auf den Sinn eines Ressentiments, das auftritt, wenn jede sinnvolle Selbstbestimmung des Schicksals von Personen oder Grup-

---

[20] [Anm. d. Hg.: Gustafson spielt hier auf Mt 10,29–31 und Lk 21,18 an.]

[21] Vgl. F. NIETZSCHE, Zur Genealogie der Moral (1887), II 11, in: DERS., Sämtliche Werke, Kritische Studienausgabe (KSA) Bd. 5, hg. von G. COLLI / M. MONTINARI, München 1999, (245–412) 309–313, und M. SCHELER, Das Ressentiment im Aufbau der Moralen (1912), hg. von M.S. FRINGS, Klostermann Rote Reihe 9, Frankfurt a.M. (1978) ³2017.

pen durch die Art und Weise, wie sich die Wirtschafts- und Sozialordnung entwickelt, zerstört wird. Verzweiflung tritt auf, wenn Menschen sich von Kräften gefangen fühlen, die offensichtlich jenseits ihrer Kontrolle sind, wenn sie sich vom Schicksal bestimmt fühlen, wenn sie keine Möglichkeiten sehen, ihre Fähigkeiten in ihrem eigenen Interesse auszuüben. Moralische Verantwortlichkeit setzt im eigentlichen Sinne die Fähigkeit zum Handeln voraus, die Fähigkeit, Ziele zu entwickeln und seine Kräfte in Übereinstimmung mit diesen Zielen einzusetzen. Nur wenn Personen aufgrund von Krankheit oder anderen Einschränkungen so beurteilt werden müssen, dass sie nicht in der Lage sind, selbstbestimmt zu handeln, sind sie von der Verantwortung für ihre Handlungen entbunden, oder andere Personen haben das Recht, in ihrem Namen zu handeln. Jede Interpretation des Lebens, die diese Bewertung menschlicher Handlungsfähigkeiten ernsthaft relativiert, kann einigen der tiefsten menschlichen Empfindungen und den grundlegenden Bedingungen für die moralische Ordnung des menschlichen Lebens zuwiderlaufen. Diese menschlichen Empfindungen und diese Bedingungen werden durch eine anthropozentrische Ethik stark geschützt.

Politische und soziale Regelungen, die ein breites Spektrum individueller Entscheidungen schützen, beruhen auf den Voraussetzungen dieser Handlungsfähigkeit und der Würde des Einzelnen. Zwang und Nötigung, Folter und Terrorismus stehen im Widerspruch zu der hochgeschätzten Freiheit und Würde. In den politischen, wirtschaftlichen und sozialen Ordnungen werden Vorkehrungen getroffen, um die Menschen an den Entscheidungen zu beteiligen, die erhebliche Auswirkungen auf ihr Leben haben. Die politische Demokratie gewährleistet die Beteiligung des Einzelnen an der Auswahl derjenigen, die Macht über ihn und in seinem Namen ausüben werden. Die Marktwirtschaft bietet Menschen eine Reihe von Wahlmöglichkeiten, nicht nur in Bezug auf die Auswahl dessen, was sie konsumieren wollen, sondern auch in Bezug auf die Art und Weise, wie sie ihre Produktionsfähigkeiten einsetzen. Die Belohnungssysteme der Leistungsgesellschaft sind an die Leistungen der Einzelpersonen bei gleichzeitiger Ausschöpfung ihrer Fähigkeiten angepasst. Die Menschen sind nicht durch den Zufall ihrer Geburt dazu bestimmt, Straßenkehrer oder Landwirte zu sein, sondern können innerhalb der Beschränkungen einer gegebenen Wirtschaftsordnung danach streben, das zu erreichen, was in ihrem Interesse liegt. Einzelpersonen suchen sich ihre Ehepartner selbst aus. Sie sind nicht auf arrangierte Ehen oder auf die Auswahl von Partnern innerhalb einer bestimmten ethnischen oder religiösen Gruppe angewiesen.

In der Tat begründen die lauten Kritiker bestehender Gesellschaftsordnungen ihre Urteile häufig damit, dass die bestehenden Gesellschaften die Grundsätze der Freiheit und der Menschenwürde nicht verwirklichen. Die ethnische

Zugehörigkeit ist kein politisch bedeutsames Merkmal für einen Bürger. Ob man nun schwarz oder weiß, schwedischer oder romanischer Abstammung ist, man hat das Recht, am Wahlprozess teilzunehmen. Ethnie („race") und andere Formen der sozialen Identifikation sind auch wirtschaftlich nicht von Bedeutung. Alle Personen haben das Recht auf Zugang zu Anstellungen und Beförderungen auf der Grundlage ihrer Qualifikationen. Wenn soziale und wirtschaftliche Regelungen es einigen Einzelpersonen und Gruppen unmöglich machen, ihre Grundbedürfnisse für den Lebensunterhalt zu erfüllen, wird das System ihnen gegenüber als ungerecht eingeschätzt, denn sie haben sich ihre Lage nicht ausgesucht. Ihnen steht eine Entschädigung in der einen oder anderen Form zu. Jede Interpretation des Lebens, die auch nur die geringste Rechtfertigung für eine Änderung solcher sozialen, politischen und wirtschaftlichen Regelungen böte, darf nur mit größter Sorgfalt und Voraussicht vertreten werden.

Nichtsdestoweniger sind auch gefährliche Folgen eines extremen Anthropozentrismus von Einzelpersonen, Gemeinschaften und Institutionen erkannt worden. Wenn man davon ausgeht, dass die Würde der menschlichen Spezies die Ausbeutung der Natur rechtfertigt – nicht nur um des Überlebens und eines gewissen Komforts willen, sondern auch um launische Wünsche zu befriedigen – steckt die Menschheit in Schwierigkeiten. Die Bedingungen der Abhängigkeit des Menschen von der übrigen Natur sind so beschaffen, dass ihre Verletzung zu einer Bedrohung des menschlichen Wohlbefindens und im Extremfall zu einer Bedrohung des menschlichen Überlebens führt. Die Menschen unserer Zeit sind sich dessen sehr wohl bewusst. Mit der Ausdehnung der menschlichen Bevölkerung, mit dem Rückgang neuer Grenzen ungestörter Natur und mit dem Verbrauch natürlicher Ressourcen, der notwendig ist, um den in den wohlhabenderen Teilen der Welt bekannten Lebensstandard aufrechtzuerhalten, gibt es eine neue Erkenntnis dieser Abhängigkeit und eine Verurteilung der Neigung, Natur rücksichtslos für die zügellosen menschlichen Wünsche auszubeuten. Die Diskussion der letzten Zeit über die „Grenzen des Wachstums" (limits of growth)[22] deutet auf ein Bewusstsein für die menschliche Abhängigkeit von der Natur hin, und zwar ganz unabhängig davon, ob man von den Argumenten für oder gegen bestimmte Vorschläge überzeugt ist. Man kann die Fähigkeit einer technologischen Kultur nicht leugnen, viele Probleme auch zu lösen, die durch die rasante Entwicklung dieser Kultur entstanden sind. Eines der Wunder unserer Spezies ist ihr Einfallsreichtum bei der Erforschung, Entwicklung und Nutzung neuer Ressourcen. Aber wir müssen uns auch den Grenzen stellen: Niemand hat behauptet, dass es eine automatische Garantie dafür gibt, dass unser Planet einen amerikanischen Lebensstandard für alle Menschen, die geboren

---

[22] [Anm. d. Hg.: Gustafson spielt auf den gleichnamigen Bericht des *Club of Rome* zur Lage der Menschheit von 1972 an.]

werden können, bieten kann. Die Besonderheit des Menschen rechtfertigt seine besondere Würde, aber gerade um des menschlichen Wohlergehens willen müssen die Leute in ihrer Wechselbeziehung mit dem Rest der natürlichen Ordnung gesehen werden. Wenn man auf „natürliche Korrektive" (natural correctives) gegenüber der Ausbeutung wartet, wird das enorme Kosten an menschlichem Elend und Leiden durch Unterernährung, Hunger und andere Katastrophen zur Folge haben.

Der hohe Wert, der der individuellen Menschenwürde beigemessen wird, ist, wenn damit uneingeschränkte individuelle Rechte und Freiheiten gerechtfertigt werden, im Extremfall auch selbstzerstörerisch. In natürlichen Gemeinschaften wie der Familie gibt es Beschränkungen für individuelle Ansprüche auf die Erfüllung von Wünschen. Es gibt eine Anerkennung natürlicher Pflichten gegenüber anderen, die die Zügelung individueller Wünsche durch Eltern und Kinder sowie durch Geschwister, die miteinander in Beziehung stehen, erfordern. Auch im Rechtswesen der Nation gibt es Beschränkungen, auch wenn die Grenzen eines tolerierbaren Dissenses, einer tolerierbaren Ausübung der Individualität und einer tolerierbaren Vermehrung von individuell kontrolliertem Reichtum und Einfluss nicht immer klar sind. Zumindest dürfen wir unsere Selbstbestimmung nicht so ausüben, dass wir das Selbstbestimmungsrecht anderer verletzen. Aber selbst hier sind die Grenzen der Zulässigkeit nicht eindeutig. In extremen Fällen, in denen das Überleben des Nationalstaates bedroht ist, gibt es wenig Widerspruch gegen das Recht des Staates, Menschen zum Militärdienst einzuberufen und sie um des Wohlergehens der Nation als Ganze willen extremer Lebensgefahr auszusetzen. Gerade die Bedingungen, die für die Aufrechterhaltung der individuellen Würde und der individuellen Rechte notwendig sind, erfordern eine Einschränkung der Wahlmöglichkeiten und des Handlungsspielraums des Einzelnen. Anarchie ist untragbar und die Gefahren eines extremen Individualismus sind bekannt.

Die schwierigen Fragen stellen sich unter den besonderen Umständen der Ungewissheit, wo die auf einem extremen Anthropozentrismus beruhenden Ansprüche durch die Anerkennung der Ordnung der Beziehungen zwischen Menschen und Natur, zwischen Individuen und anderen Individuen, zwischen Individuen und Gruppen und zwischen Gruppen untereinander eingeschränkt werden müssen. Es geht hier um eine ganz allgemeine Feststellung: Der Anthropozentrismus hat die Würde und die Rechte des Menschen, sowohl kollektiv als auch individuell, aufrechterhalten. Dies kann nicht geleugnet werden. Aber selbst aus einer Perspektive, die der menschlichen Gattung den höchsten Wert beimisst, müssen Grenzen anerkannt werden. Während eine Interpretation des Lebens, die der anthropozentrischen Perspektive zuwiderläuft, ernste Fragen darüber aufwirft, wie diese Würde und Rechte geschützt werden können, wirft eine Interpretation des Lebens aus einer Perspektive des extremen Anthropozentrismus andere Fragen von mindestens gleichwertiger moralischer Bedeutung auf.

Die Gefahren einer Ethik, die sich auf „objektive" (objective) materielle Normen stützt, die aus sozialen Bedürfnissen, der Natur oder Gott abgeleitet wurden, müssen sorgfältig geprüft werden. Die Richtung, die in diesem Kapitel eingeschlagen wird, ist anfällig für ernsthafte Probleme aufgrund einer übermäßigen Einschränkung menschlichen Handelns.

In der gegenwärtigen Hinwendung zu einer „ökologischen Ethik" (ecological ethics) ist eine Gefahr bereits spürbar: das Romantisieren der Natur. Es ist töricht, auf unserer kulturellen Entwicklungsstufe zu glauben, wir könnten zu einer primitiven „natürlichen Ordnung" (natural order) zurückkehren. Es ist darüber hinaus auch moralisch kurzsichtig. Die Geschichte der menschlichen Kultur ist zum Teil gerade die Geschichte der Entwicklung menschlicher Abwehrmechanismen gegen die Bedrohungen der Natur. Eine unangemessene Ehrfurcht vor Naturprozessen gefährdet die Existenz von individuellem Menschenleben und von Gruppen massiv. Stechmücken, die Malaria übertragen, Parasiten, die in verschmutztem Wasser und menschlichen Abfällen gedeihen, strenge Winter in weiten Teilen der Erde, Erdbeben, Dürreperioden in Afrika und anderswo sowie Ratten, die die Beulenpest übertragen, sind allesamt Teil der natürlichen Ordnung. Die Liste der Dinge aus der Natur, die das menschliche Wohlergehen bedrohen und schwächen, ließe sich fast unendlich fortsetzen. Wenn die Hinwendung zu einer theozentrischen Ethik eine unkritische Hinwendung zur Natur als unbestreitbar vorteilhaft für unsere Spezies (oder für andere Spezies) beurteilen würde, hätte man damit eindeutig eine untragbare romantische Grundlage für die menschliche Lebensführung. Eine solche Ehrfurcht vor der Natur kann von vielen Standpunkten aus kritisiert werden, auch von theologischen.[23] Respekt vor der Natur kann aber von Ehrfurcht unterschieden werden. Ersterer beinhaltet keine romantische Sakralisierung oder Moralisierung der Natur, wohl aber die Anerkennung der menschlichen Interdependenz mit ihr, einige Begrenzungen ihrer Ausbeutung durch den Menschen und eine gewisse Richtungsweisung für ihre Nutzung.

Die Wende zu einer theozentrischen Ethik erfordert, dass das „größere Gut" (larger good) und auch das „Gut des Ganzen" (good of the whole) berücksichtigt werden. Sie könnte, wenn sie nicht sorgfältig entwickelt wird, dazu führen, dass

---

[23] Ein solcher theologischer Standpunkt kommt in einem Witz zum Ausdruck, den mein Vater immer auf Schwedisch erzählt hat. Ein Pastor wendet sich an Bauer Lindstrom. Der Pastor: „Das ist aber ein schönes Kornfeld, das der Herr dir gegeben hat, Lindstrom." Lindstrom antwortet: „Japp, Pastor, aber Sie hätten es mal sehen sollen, als der Herr es noch für sich allein hatte."

das Wohlergehen der Spezies oder des Einzelnen zugunsten eines „Ganzen" (whole) unterdrückt wird. Schwerwiegende Problemfelder müssen dabei anerkannt werden. Wie ist das „größere Gut" zu definieren? Welches „Ganze" definiert man als die „Gesamtheit" (the „totality"), deren Wohl das Ziel menschlichen Handelns sein soll? Und wer soll dieses Gut definieren? Die Antworten auf solche Fragen sind anfällig für eine tiefgreifende Beeinflussung durch die unmittelbaren Eigeninteressen von Einzelpersonen oder Gemeinschaften, die an der Macht sind. Die Geschichte ist voll von Fällen, in denen Machthaber das Wohl eines „Ganzen" so definiert haben, dass Tyrannei gerechtfertigt und die Außerkraftsetzung individueller Rechte und Freiheiten gewährleistet waren, was unter dem Strich zu einer Zunahme des menschlichen Übels in der Welt geführt hat. Im Namen des „nationalen Interesses" (national interest) wurden die Rechte von Einzelpersonen und Gruppen verletzt; im Namen einer Bedrohung der „nationalen Sicherheit" (national security) hat das FBI Martin Luther King und andere schikaniert; im Namen des „offenkundigen Schicksals" (manifest destiny)[24] wurden imperialistische Aktivitäten genehmigt; im Namen der „Einheit der Kirche" wurden Häretiker verbrannt. Wenn man im Namen einer theozentrischen Ethik beginnt, ein größeres Gut oder ein Gut des Ganzen zu definieren, muss man äußerst sorgfältig vorgehen, um sicherzustellen, dass berechtigte individuelle und gruppenspezifische Interessen geschützt werden. Die Prozesse und Verfahren zur Definition solcher größeren Güter müssen sorgfältig festgelegt werden.

Wahrscheinlich war jeder Versuch, ein kollektives oder größeres Gut zu definieren, für die Interessen bestimmter Individuen oder Gruppen kostspielig. Dies ist meines Erachtens unvermeidlich. Für die Sicherheit der westlichen demokratischen Gesellschaften und die Verteidigung der Werte, die sie erhalten, wurden im Zweiten Weltkrieg Tausende von Menschenleben geopfert. Um der wirtschaftlichen Stabilität willen, haben die USA eine Arbeitslosigkeitsrate von sechs oder sieben Prozent hingenommen. Für den Hochwasserschutz und die Schaffung von Erholungsgebieten waren Bauern von der Enteignung fruchtbaren Ackerlands betroffen. Um eine bessere medizinische Versorgung zu entwickeln, sind Experimente an Menschen notwendig und Menschenleben wurden aufs Spiel gesetzt. Für die Bereitstellung von elektrischer Energie werden angesichts der Erschöpfung anderer Energiequellen Menschen durch nukleare Unfälle gefährdet. Um das Wohlergehen künftiger Generationen zu gewährleisten,

---

[24] [Anm. d. Hg.: Mit *manifest destiny* wird eine politische Doktrin bzw. ein gängiges Narrativ US-amerikanischer Selbstdeutung bezeichnet, das für eine teleologische Vorstellung eines schicksalhaften Wachstums und kultureller Entfaltung der USA steht. Auch die Rede von den *national interests* und der *national security* spielt als politische Argumentationsfigur in den USA eine große Rolle.]

scheint es notwendig zu sein, die Aktivitäten der heutigen Generation einzuschränken. Die freiwillige Aufopferung von Einzel- oder Gruppeninteressen ist zwar eine vom Christentum empfohlene Tugend, aber kaum eine eindeutige moralische Verpflichtung. Man findet auch nicht Tausende von Menschen, gläubige Christen eingeschlossen, die freiwillig demonstrieren, dass es keine größere Liebe gibt als seine Interessen zum Wohle der Gemeinschaft zu riskieren. Daraus ergibt sich zwangsläufig die Frage: Welche Interessen von Einzelpersonen oder Gruppen werden um eines größeren Gutes willen geopfert? Gibt es einen fairen oder gerechten Weg, die erforderlichen Opfer zu verteilen? Gibt es eine Möglichkeit, diejenigen zu entschädigen, die um eines größeren Gutes willen Opfer bringen müssen? Welcher potenzielle Nutzen für die „Gesellschaft" (society) oder für künftige Generationen ist ausreichend, um die Opfer von Einzelpersonen oder Gruppen zu rechtfertigen? Wie sieht ist ein vertretbare „Kosten-Nutzen-Rechnung" (risk/benefit ratio) aus, wie es nach gängiger Terminologie heißt?

Die vielleicht überwältigende Aussicht einer Wendung zur theozentrischen Ethik ist die Möglichkeit, dass sich in Bezug auf bestimmte moralische Lösungswege religiöser Fanatismus entwickelt. Vielleicht niemand muss stärker gefürchtet werden als ein gläubiger Christ oder ein Muslim mit einer Schuss- (oder Atom-)Waffe, der absolut sicher ist, dass seine Sache Gottes Sache wäre. Sicherlich kann der Glaube, dass ein Vorhaben der Wille Gottes sei, die Motivation der Menschen zu dessen Umsetzung erheblich steigern. Um der Befreiung Jerusalems von den Ungläubigen willen wurden (ergänzt um viele andere Motive der Teilnehmer) durch mehrere Jahrhunderte der Kirchengeschichte hindurch Kreuzzüge geführt. Mit der gleichen Gewissheit griffen die Menschen zu den Waffen gegen die heidnischen Stämme Nord- und Osteuropas und gegen die Juden. Sie hatten die Wahrheit der Kirche anzuerkennen, sogar durch Zwangsbekehrungen. Die Sklaverei wurde in den Vereinigten Staaten auf der Grundlage der Vorstellung verteidigt, dass Schwarze von Gott dazu bestimmt wären, Sklaven zu sein. Das alte hebräische Volk unterwarf die Kanaaniter in der Gewissheit, dass Jahwe ihnen ihr Land versprochen hatte. Mit einer ähnlichen Gewissheit unterwarfen Calvinisten in Südafrika im neunzehnten Jahrhundert schwarze Stämme. Wenn jeder menschliche Geschlechtsverkehr für die Weitergabe von Leben offen sein soll, weil die biologische Ordnung die göttliche Ordnung sei, dann gibt es ungeachtet der Folgen keinen hinreichenden Grund, künstliche Mittel der Empfängnisverhütung einzusetzen. Wenn Abtreibung als Mord bezeichnet wird und Mord eindeutig gegen Gottes Gesetz verstößt, dann kann es keine Situationen geben, in denen induzierte Schwangerschaftsabbrüche zu rechtfertigen wären. Weil man glaubte, dass der Konsum von alkoholischen Getränken gegen das moralische Gesetz Gottes verstieße, unterstützten die Protestanten mit der Leidenschaft von Kreuzfahrern den Änderungsantrag der Verfassung der Vereinigten Staaten zur Prohibition.

Die moralische Gewissheit, die sich auf den Willen Gottes gründet, stellt für religiöse Menschen die größtmögliche Legitimation dar, bestimmte Handlungen und Vorhaben entweder zu unterlassen oder sich daran zu beteiligen. Die Legitimation liegt nicht mehr einfach in der menschlichen Vernunft, in der soziale Sitte oder im Zivilrecht: Sie ist die höchste Legitimation: sie ist göttlich. Für überzeugte religiöse Personen gehen die Verpflichtungen gegenüber Gott über die Verpflichtungen gegenüber sich selbst, der Gemeinschaft und dem Staat hinaus. Das Gefühl der Verpflichtung wird ins Unermessliche gesteigert. Es gibt keine stärkere Möglichkeit zum moralischen Fanatismus als diese, wobei es in den modernen Kulturen eindeutig säkulare Entsprechungen gibt. Jedes Argument für eine theozentrische Ethik muss dies berücksichtigen. Das, was über „Gottes Willen" (God's will) behauptet werden kann, und der Grad der Gewissheit, mit dem diese Behauptung aufgestellt werden kann, sind ernsthafte Einwände angesichts der Möglichkeiten eines religiösen moralischen Fanatismus. Dabei geht es auch um substanzielle theologische Fragen. Es muss geklärt werden, wie wir wissen können, was der ultimative Macht- und Befehlshaber will. Die immer vorhandenen Möglichkeiten einer Selbsttäuschung und der Korruption des Willens und der Ziele müssen ernst genommen werden. [...]

Eine religiöse und theologische Pause

Die vorangegangenen Abschnitte dieses Kapitels haben auf Punkte hingewiesen, an denen das vorliegende Werk eine etwas andere Richtung einschlägt als einige Aspekte des traditionellen Christentums. Das Zitat von Ernst Troeltsch umfasst in vielerlei Hinsicht die Hauptverschiebung. Theologie und Religion bleiben in ihrer Grundhaltung „ptolemäisch".[25] Das bedeutet natürlich nicht, dass die Theologen ein geozentrisches Weltbild gegen eine wissenschaftliche Sichtweise verteidigen. Für Theologen liegt jedoch der Schwerpunkt der göttlichen Realität nach wie vor auf unserem Planeten und auf dem Menschen. Dies erscheint mir im Lichte dessen, was wir über die Welt der Natur wissen, von der wir ein Teil

---

[25] [Anm. d. Hg.: Gustafson bezieht sich hier auf den Antagonismus eines geozentrischen Weltbildes, das von der Zentralstellung einer unbewegten Erde im Universum ausgeht und durch seine Entfaltung von Claudius Ptolemäus repräsentiert wird, und dem heliozentrischen Weltbild eines Nikolaus Kopernikus. Die „Kopernikanische Wende", die die Verbreitung der Erkenntnis bezeichnet, dass die Sonne im Zentrum des Universums steht und die Bedeutung der Erde und des Menschen dadurch radikal relativiert, ist für die Geistesgeschichte weit über astronomische Fragen hinaus relevant und wird hier auf die Wendung von einer anthropozentrischen zu einer theozentrischen Ethik übertragen.]

sind, nicht nur seltsam und falsch, sondern auch als eine Verzerrung einiger grundlegender Intuitionen der westlichen religiösen Erfahrung (wie auch von Aspekten der östlichen religiösen Erfahrung), nämlich der Intuitionen davon, dass das menschliche Leben ein abhängiger Teil von Realitäten ist, die größer, majestätischer und ehrfurchtgebietender sind als die Menschheit selbst. Es gibt zwar zahlreiche Belege dafür, dass die westlichen religiösen Traditionen zutiefst um das Heil und das Wohlergehen des Menschen besorgt sind, aber es gibt auch Belege dafür, dass sie die Macht, die Herrlichkeit, die Majestät und die „Vortrefflichkeit" (excellence) Gottes wahrgenommen haben. Während die westliche Theologie aus wissenschaftlichen Gründen bis in die modernen Jahrhunderte hinein ptolemäisch gewesen sein mag, enthält die westliche Religion seit biblischen Zeiten auch ein bedeutendes „kopernikanisches" Element. Man braucht sich nur daran zu erinnern, dass Moses zwar versichert wurde, dass Jahwe eine besondere Mission und Sorge für das alte hebräische Volk habe, dass ihm aber auch gesagt wurde, dass die Antwort auf die Frage „Wie ist sein Name?" laute „Ich werde sein, der ich sein werde."[26] Man erinnere sich an die Worte Salomos bei der Einweihung des Tempels: „Denn sollte Gott wirklich auf Erden wohnen? Siehe, der Himmel und aller Himmel Himmel können dich nicht fassen – wie sollte es dann dies Haus tun, das ich gebaut habe?"[27] Man erinnere sich an die große Beschreibung der Herrlichkeit im ersten Timotheusbrief: „[…] dem ewigen König, dem Unvergänglichen und Unsichtbaren, der allein Gott ist, sei Ehre und Preis in Ewigkeit."[28]

Die vorherrschende Strömung der Frömmigkeit und Theologie hat sich jedoch auf die Großartigkeit des Menschen, auf die Absichten der Gottheit für den Menschen und vor allem auf das Heil und das Wohlergehen des Menschen konzentriert. Aus der Wahrnehmung der Besonderheit unserer Spezies, die in den Schöpfungsberichten beobachtet wurde, hat sich eine Tendenz zu der Annahme entwickelt, dass die Absichten und Handlungen der Gottheit in erster Linie auf das Wohl des Menschen ausgerichtet seien. Tatsächlich scheinen in einigen Fällen die göttlichen Absichten ausschließlich auf den menschlichen Nutzen ausgerichtet zu sein: Die Rettung des Menschen wird als ultimative Absicht Gottes beansprucht. Ich habe eine Tendenz festgestellt, anzunehmen, dass, weil der Mensch an der Spitze der Seinshierarchie zu stehen scheint, notwendigerweise auch das Wohlergehen des Menschen das Hauptziel aller anderen Aspekte der Schöpfung und der Gottheit sei. Ich möchte darauf hinweisen, dass die Änderung der Vorrangstellung dieses Fokus nicht notwendigerweise zu einer Gleichsetzung der Bedeutung des Menschen mit der Bedeutung der Tiere, Pflanzen und

---

[26] Ex 3,13f. (Luther 2017) [Anm. d. Hg.: Bei Gustafson „I am who I am."].
[27] 1Kön 8,27 (Luther 2017).
[28] 1Tim 1,17 (Luther 2017).

Bäume oder der Bedeutung von Wasserstoff, Sauerstoff, Kohlenstoff und den anderen wesentlichen Elementen des Lebens führt. Aber sie erfordert doch eine neue Beschreibung des Menschen als Spezies, des Einzelnen als Person und der menschlichen Gemeinschaften in ihrem Bezug zu anderen Aspekten der Natur, zu Mächten jenseits ihrer Kontrolle, zu einem Schicksal, das nicht in den Händen des Menschen liegt, und zu einem Ende, das, wie Troeltsch anschaulich beschreibt, ohne uns sein wird. Diese Verschiebung bedeutet nicht, dass das menschliche Wohlergehen nicht von der ultimativen Ordnungsmacht des Lebens getragen wird, dass die menschlichen Fähigkeiten (die sich durch Evolution entwickelt haben und für die wir daher keine Lorbeeren ernten können) nicht unverwechselbar und wertzuschätzen sind oder dass die Kräfte und Mächte, die sich unserer Kontrolle entziehen, menschenfeindlich sind. Aber es erfordert eine Wahrnehmung der menschlichen Spezies in Bezug auf die große Ordnung des Lebens, die, religiös gesprochen, auch eine gewisse Bedeutung in den Absichten Gottes haben muss. Auch wenn der Mensch aufgrund seiner menschlichen Fähigkeiten eine besondere Herrschaft innehat, so sind doch *alle* Dinge „gut" (good),[29] und nicht nur gut für uns. Eine besondere Herrschaft impliziert nicht nur einen besonderen Wert, sondern auch eine besondere Verantwortlichkeit.

Sicherlich sind besondere menschliche Fähigkeiten wie z.B. Wissen, logisches Denken und Handeln Gründe für die menschliche Beschäftigung mit der *conditio humana*. Das Selbstbewusstsein ist, um es bewusst tautologisch auszudrücken, das Bewusstsein des Selbst. Die Aufmerksamkeit für das Selbst kommt ganz natürlich. Die biblischen und westlichen religiösen Traditionen sind zum Teil aus dem Bewusstsein des eigenen Selbst als rechenschaftspflichtiges Wesen, und zwar letztendlich als gegenüber dem Schöpfer rechenschaftspflichtig, hervorgegangen. Die Erfahrungen von Scham und Schuld entstehen aus diesem Bewusstsein heraus. Die Bedrängnis des Menschen ist sein Ego. Die äußeren Mächte sind mit dem menschlichen Verhalten nicht zufrieden. Die Götter müssen beschwichtigt oder besänftigt werden. So wird verständlich, dass die Beschäftigung mit der *condition humana* zu einer Beschäftigung mit Mitteln zur Befreiung von Schuld, zur Erlösung aus einem sündigen Zustand, zur Entbindung von den Bedingungen der Endlichkeit – kurz gefasst zum Heil (salvation) führen. Die anthropozentrische, tatsächlich egozentrische Wende der Religion ist kein großes Mysterium und bedarf kaum einer Erklärung. Aber der Mensch beschäftigt sich durch sie übermäßig mit seiner eigenen Situation, und zwar mit seiner eigenen Situation in Bezug auf Gott. Der Hauptzweck religiösen Lebens erweist sich dann als die Auflösung der menschlichen Bedrängnis und nicht etwa als

---

[29] [Anm. d. Hg.: Anspielung auf Gen 1,1–2,4.]

Hinwendung zu den erhaltenden und drohenden Mächten des Lebens bzw. letztlich zu Gott. Um auf die oben zitierten Worte Salomons anzuspielen: Gemäß der dominanten Tradition wird Gott nicht nur beim Menschen „auf der Erde wohnen", sondern die Suche nach einer befriedigenden Lösung für die religiösen und moralischen Probleme des Menschen wird zum Hauptziel seines Tuns erklärt. Man kann bei diesem Unterfangen leicht ignorieren, dass selbst „der Himmel und aller Himmel Himmel" die Gottheit nicht fassen können[30]. Die Religion selbst wird radikal anthropozentrisch und ptolemäisch. Gott wird dann so gedacht, dass er fast ausschließlich zum Nutzen des Menschen existiert und handelt. Die christliche Geschichte (story) hat, beginnend mit dem Apostel Paulus, diese Konzentration noch verstärkt. Tatsächlich ist es eine der Folgen der in diesem Buch eingeschlagenen Richtung, eine Veränderung des egozentrischen, anthropozentrischen Anliegens christlicher Frömmigkeit und Theologie zu empfehlen. Die Erlösung des Menschen ist nicht das Hauptziel Gottes und schon gar nicht das ausschließliche Ziel Gottes. Die Sorge um das menschliche Heil muss in einen größeren Kontext als in den einer ptolemäischen Religion gestellt werden. Die Beschäftigung mit dem Selbst muss geändert werden. Eine richtige Orientierung ist nicht in erster Linie auf sich selbst gerichtet, sondern auf Gott – darauf, Gott zu ehren, und auf die Ordnung des Lebens auf das hin, was von der göttlichen Ordnung zu erkennen ist.

Andere Punkte, in denen die Ausrichtung diese Buches eine Änderung einiger traditioneller Themen der christlichen Frömmigkeit und Theologie erfordert, werden in den folgenden Kapiteln aufgegriffen werden. Aber es finden sich darin ebenso Fortführungen der Tradition wie Veränderungen. Vieles von dem, worauf sich die Idee der Souveränität Gottes traditionell bezieht, beinhaltet bereits diese Ausrichtung. Der Sinn der Abhängigkeit des Menschen von erhaltenden Mächten und Ereignissen außerhalb menschlicher Kontrolle weist in diese Richtung. Ein Bewusstsein dafür, dass das Schicksal der Welt nicht in menschlicher Hand liegt, dass der Anfang der Schöpfung ein Ereignis war, das die Kräfte des Menschen auf unvorstellbare Weise übersteigt, und dass es unweigerlich zu ihrem Ende kommen wird, weist in diese Richtung. Vieles von dem, was die christliche Tradition über das menschliche Leben verstanden hat, ist darin enthalten. Die Endlichkeit des Menschen nicht nur in Bezug auf die Endgültigkeit des Todes, sondern auch auf die vielen Zwänge, die dadurch dem Leben und Handeln auferlegt sind, bleibt Thema und wird hervorgehoben. Die Entwicklungsmöglichkeiten der Kultur und der menschlichen Handlungsfähigkeit und das Gefühl der Verantwortlichkeit gegenüber der größeren Ordnung und dem ultimativen Ordnungsgeber des Lebens werden einbezogen. Die in der Tradition entfalteten Wahrnehmungen der menschlichen Fehler wie Trägheit und Stolz oder

---

[30] [Anm. d. Hg.: Anspielung auf 2Chr 2,5.]

„Götzendienst" (idolatry), verstanden als Fixierung auf Objekte, die unseres vollen Vertrauens nicht würdig sind, und die menschengemachte Unordnung des Lebens bleiben einbezogen. Diese und andere Aspekte der Fortführung christlicher Tradition werden in den folgenden Kapiteln weiterentwickelt.

[...][31]

Dennoch lohnt sich eine kurze Vorschau auf die Schnittstellen, für die ich mich unter Berufung auf recht zentrale Themenfelder der christlichen Tradition entschieden habe. Genauso wie man eine Pause einlegen muss, bevor man eine Interpretation des Lebens befürwortet, die bestimmte traditionelle moralische Werte untergraben könnte, so muss man eine Pause einlegen, bevor man eine theologische Position entwickelt, die Themen oder Strömungen der Frömmigkeit und Theologie wesentlich verändert, die seit Jahrhunderten so zentral für die Tradition waren. Theologische Autoren haben in der Regel gerade die Punkte besonders berücksichtigt, an denen kritische Einwände gegen ihre Ansichten vorgebracht werden können. Dieses Vorgehen war ein zentrales Merkmal der Disputationsmethode, die die mittelalterliche Theologie prägte, wie jeder Leser von Thomas von Aquin weiß. Man findet es mit weniger formaler Deutlichkeit auch bei Calvin, Edwards, Barth und vielen anderen. Ein Punkt, an dem ich mich von einem zentralen Aspekt der Tradition entfernt habe, ist das Ersetzen des Heils der Menschen als Hauptbezugspunkt für die religiöse Frömmigkeit und Anordnung theologischer Prinzipien. Für viele Leser mag dadurch die hier vertretene Position nicht mehr als authentisch christlich erkennbar sein. Die warme und freundliche Gottheit eines großen Teils der zeitgenössischen Frömmigkeit wird dabei ersetzt. Die Gewissheit, dass Gott, egal wie schwierig und tragisch das menschliche Leben ist, es zumindest für die Personen, die ihm vertrauen, in Ordnung bringen wird, wird ernsthaft in Frage gestellt. Das Gleiche gilt für die Vorstellung von der vergeltenden Gerechtigkeit Gottes, an der so viel von der Inbrunst der christlichen Predigt und Praxis hing, sei es in den Erweckungspredigten von Jonathan Edwards oder im Bußsakrament der römisch-katholischen Kirche. Dies sind Dinge, die nicht leichtfertig verändert oder verworfen werden dürfen. Sie dürfen immer nur mit Bedacht ersetzt oder radikal neuinterpretiert werden.

Die wichtigen theologisch-ethischen Themen, die hier zur Sprache kommen, sind nicht neu. Die Frage nach der Gerechtigkeit Gottes oder der Götter hat

---

[31] [Anm. d. Hg.: Gustafson unterstreicht in der hier ausgelassenen Passage (GUSTAFSON, Ethics, 111) noch einmal die Notwendigkeit, eine „moralische Pause" und eine „religiöse und theologische Pause" einzulegen und legitimiert sein weiteres Vorgehen als eine klassische Praxis der Theologie, auf zeitgenössische philosophische und naturwissenschaftliche Erkenntnisse zurückzugreifen und angesichts der Fülle an Traditionen die Theologiegeschichte bewusst selektiv zu rezipieren.]

die menschliche Gemeinschaft im Nahen Osten der Antike, in der Literatur der griechischen Tradition von Homer bis zu den Tragödien und darüber hinaus[32] sowie im Hinduismus und im Islam beschäftigt. Bei der Darlegung des Themas ist man meines Erachtens immer davon ausgegangen, dass Gott oder die Götter in dem Sinne moralisch sein müssten, wie „moralisch" (moral) von den Menschen definiert wird. Gerade das Theodizeeproblem basiert auf diesem Prinzip. Wenn man die Gerechtigkeit Gottes anders interpretiert, macht einen das nicht gleichgültig gegenüber menschlichem Leiden und Gedeihen, aber es stellt diese Anliegen in einen anderen und breiteren theologischen Kontext.

Schlussfolgerungen

In diesem Kapitel habe ich einige Anhaltspunkte der zentralen Stoßrichtung dieser Arbeit weiterentwickelt. Der rote Faden entsteht vor allem durch die Abkehr vom Anthropozentrismus hin zu einem stärker theozentrischen Aufmerksamkeitsfokus. Ich habe hier die Weiterentwicklungen der Argumentation vorweggenommen, indem ich gezeigt habe, dass Ethik in einem theozentrischen Kontext, in dem der *theos* (griech. Gott) nicht Bürge für den menschlichen Nutzen ist, möglicherweise nicht als Ethik im Sinne des in den säkularen und religiösen Traditionen des Westens am weitesten verbreiteten Verständnisses von Ethik erkennbar ist. Ich habe die Weiterentwicklungen der Argumentation vorausahnen lassen, indem ich darauf hinwies, dass einige wesentliche Aspekte der traditionellen christlichen Frömmigkeit und Theologie im Lichte der entwickelten Perspektive in Frage gestellt werden. Ich habe den Weg für einige unbequeme Schlussfolgerungen geebnet. Wenn Gott „für den Menschen" (for man) da ist, ist er es vielleicht nicht im Sinne des Menschen als Hauptziel der Schöpfung. Das Hauptziel Gottes ist vielleicht nicht das Heil des Menschen. Die Rolle des Menschen im Verhältnis zum Universum muss neu überdacht werden, ebenso wie die Beziehung des Menschen zu Gott. Der moralische Imperativ, den ich zu gegebener Zeit entwickeln werde, lautet: Wir sollen unser Leben so führen, dass wir uns zu allen Dingen in einer Weise verhalten, die ihrer Beziehung zu Gott entspricht. Wenn unser Verhalten zu allen Dingen in einer Weise, die ihrer Beziehung zu Gott entspricht, dem Menschen nicht den Nutzen garantiert, den wir traditionell unter diesem Nutzen verstehen, können die Folgen davon sowohl religiös als auch moralisch unangenehm sein. Was wir als gut für die Menschheit oder für eine menschliche Person oder irgendeine menschliche Gruppe erachten, stimmt möglicherweise nicht mit den ordnenden Absichten Gottes überein, soweit sie erkennbar sind. Der Hauptzweck des Menschen ist nicht unbedingt

---

[32] Vgl. dazu M.H. POPE, Job. A New Translation with Introduction and Commentary (1965), Anchor Bible, Garden City ³1973, lvi-lxxi.

das Heil im traditionellen christlichen Sinne. Es mag auch darin bestehen, Gott zu ehren, ihm zu dienen und ihn zu verherrlichen oder zu feiern (was die Calvinisten immer für sich beansprucht haben, nicht aber immer geglaubt und praktiziert haben). Menschliche Absichten und menschliches Verhalten dürfen nicht einfach auf der Grundlage von Überlegungen bewertet werden, die sich aus der Frage ergeben, was gut für den Menschen ist. Vielmehr muss darüber nachgedacht werden, wie sich das menschliche Leben zu einer moralischen Ordnung verhalten soll, die für unsere Spezies objektiv angemessen ist. Es mag sein, dass die Aufgabe der Ethik darin besteht, den Willen Gottes zu erkennen – einen Willen, der größer und umfassender ist als die Absicht, das Heil und das Wohlergehen unserer Spezies und sicherlich der einzelnen Mitglieder unserer Spezies zu erreichen. Doch die Bedingungen für diese Unterscheidung sind nicht so, dass sie absolute Gewissheit über Gottes Absichten bieten. Und so wird das moralische Leben auch weiterhin seine Risiken haben. Es wird seine „Notwendigkeiten" (necessities) haben, und bei vielen Gelegenheiten wird es aus menschlicher Sicht tragisch sein. Ich habe den Weg für die Möglichkeit solcher Schlussfolgerungen geöffnet.

Eingeleitet, bearbeitet und übersetzt von Kai-Ole Eberhardt und Ingrid Kuhn-Wendland

6. Öffentliche Theologie: Max L. Stackhouse (1935–2016)

Einführung

Person und Werk

Max Stackhouse wird im Jahr 1935 im US-Bundesstaat Indiana geboren. Sowohl sein Großvater als auch sein Vater sind methodistische Geistliche. Während des Zweiten Weltkriegs, der S. Erinnerungen an seine Kindheit nachhaltig prägt, lässt sich die Familie in Fort Wayne, Indiana nieder.

Nach dem frühen Tod des Vaters beginnt S. an der DePauw University (Greencastle, IN) zu studieren, um wie dieser Pfarrer zu werden. In seiner von der McCarthy-Ära geprägten Studienzeit beginnt er mit der methodistischen Tradition zu brechen und sich für pazifistisch orientierte politische Strömungen zu öffnen. Eine entscheidende Station seines theologischen Werdegangs ist ein Studienaufenthalt in den Niederlanden (1957–58). Hier kommt es zur Erstbegegnung mit der Theologie A. Kuypers und P. Tillichs, die sein Denken nachhaltig beeinflussen werden.

Affiziert von Tillichs Theologie setzt S. sein Studium bei ebendiesem in Harvard fort (1958–61), wird in den nachfolgenden Studienjahren jedoch besonders durch den Sozialethiker J.L. Adams geprägt. Neben seinen Lehrern in Harvard, zu denen auch der Soziologe T. Parsons gehört, sind besonders R. Niebuhr und M.L. King, Jr. für die Formierung seines Denkens einflussreich.

1961 wird S. in die durch Niebuhr geprägte United Church of Christ (UCC) ordiniert. Sein Engagement in der UCC eröffnet ihm Perspektiven der ökumenischen Arbeit, etwa im Ökumenischen Rat der Kirchen und dem Reformierten Weltbund. Nach Abschluss seiner Dissertation „Eschatology and Ethical Method" (1964) nimmt S. seine akademische Lehrtätigkeit an der Andover Newton Theological School (Newton, MA) auf (1966–93). Hier entstehen seine ersten eigenständigen, sozielethisch orientierten Entwürfe *The Ethics of Necropolis* (1971) und *Ethics and the Urban Ethos* (1973), die S. Einsatz für soziale Gerechtigkeit dokumentieren.

S. wissenschaftliche Laufbahn entwickelt sich in den Folgejahren zunehmend international. Sie beginnt mit einem Lehraufenthalt im indischen Bangalore im Jahr 1973. Bis 2006 führen ihn zahlreiche Vortrags- und Lehrreisen unter anderem an Universitäten und Hochschulen auf Fiji und den Philippinen sowie in

China, Süd-Korea, Australien, Südafrika, Taiwan, Singapur und mehreren europäischen Hauptstädten.

Die letzte Station seiner akademischen Laufbahn stellt eine Professur am Princeton Theological Seminary (1994–2006) dar. In dieser Zeit beginnt S. die insgesamt vier Bände umfassende Reihe *God and Globalization* herauszugeben, die er 2007 mit der Monographie *Globalization and Grace* abschließt.

2016 verstirbt S. im Alter von 80 Jahren. Als theologisches Erbe hinterlässt er mehr als 500 Aufsätze, Rezensionen und Buchkapitel sowie zahlreiche Monographien.

Theologischer Ansatz

S. versteht seine Theologie als genuin „Öffentliche Theologie". Sie erwächst etwa aus der Auseinandersetzung mit der Social-Gospel-Tradition. Schon seine frühen Überlegungen sind von der Suche nach einer christlichen Sozialethik geprägt, die einer gerechten Gesellschaft dienlich sein soll. Er ist davon überzeugt, dass das Christentum Perspektiven eröffnet und die christliche Theologie Angebote machen kann, die das gemeinschaftliche Leben und die großen gesellschaftlichen Aufgaben sinnvoll beeinflussen und gestalten können. Als tragende Säule der Gesellschaft müsse das Christentum das öffentliche Leben transformieren und von innen nach außen zum Guten bewegen, ohne dabei in einzelnen gesellschaftlichen Institutionen voll aufzugehen. Das Christentum zeichne sich, ob seines Wissens um die menschliche Sünde und seine eigenen Verfehlungen in der Geschichte, durch ein Grenzbewusstsein im Hinblick auf das eigene Wirken aus und könne so realistische gesellschaftliche Reformen anregen. Bei diesem Wirken hat S. häufig die US-amerikanische Gesellschaft sowie die Verantwortung der Vereinigten Staaten von Amerika in einem globalen Kontext vor Augen. Von Rauschenbusch und H.R. Niebuhr lernt S. die Notwendigkeit einer Verknüpfung von sozialwissenschaftlichen Analysen mit spezifisch theologischen Reflexionen. Kuypers Neo-Calvinismus, insbesondere dessen Verständnis des Calvinismus als lebensordnendem Prinzip und seine Beschreibung der Sphären menschlichen Zusammenlebens, bildet einen wichtigen Anknüpfungspunkt für S.

Einer calvinistischen Prägung entspricht es auch, dass der Bund zu einer der zentralen Kategorien von seiner Theologie wird. Mit Hilfe des Bundesbegriffs begründet er u.a. die Notwendigkeit einer konstitutionellen Demokratie in verschiedenen kulturspezifischen Ausprägungen sowie einer Vielzahl von sich überscheidenden gesellschaftlichen Institutionen, die das gesellschaftliche Zusammenleben ordnen, zugleich aber auch die gesellschaftliche Pluralität wahren. Auf diese Weise könnten sie Gerechtigkeit gewährleisten und den Vulnerablen und Marginalisierten in der Gesellschaft Schutz durch Recht ermöglichen.

Durch S.' Überlegungen ziehen sich neben einem ausgeprägten Bewusstsein für die Notwendigkeit einer theologischen Perspektive auf soziale Gerechtigkeit auch eine Sensibilität für die Vielgestaltigkeit öffentlichen Lebens und die Bedeutung interreligiöser und interkultureller Debatten. Die theologische Thematisierung von Menschenrechten wird eine der Kernaufgaben seines Wirkens. Auch im Hinblick auf die Herausforderungen der Globalisierung ist S. davon überzeugt, dass das Christentum, wie auch andere Religionen, hier einen wichtigen Beitrag leisten könne und müsse.

Anmerkungen zum Text

In dem vorliegenden Text aus dem Jahr 2004 entwickelt Stackhouse eine Typologie von Modellen der Verhältnisbestimmung von Religion und Öffentlichkeit. Er benennt hierzu die Typen der Zivilreligion, der Politischen Theologie und der Öffentlichen Theologie. Den Typus der Öffentlichen Theologie profiliert er als Idealtypen. Er entfaltet zuerst den Typen der Zivilreligion, bei dem „bottom-up" eine Verehrung der gesellschaftlichen Ordnung durch die Gesellschaft selbst stattfinde. Als zweiten Typen nennt er das Modell der Politischen Theologie, in der die politische Ordnung „top-down" als lebens- und gesellschaftsordnendes Prinzip verstanden werde. Die regierende politische Ordnung sei dabei immer der Ausgangspunkt aller gesellschaftlichen Gestaltung und Veränderung. Der Typus der Öffentlichen Theologie wirke aus der Mitte der Gesellschaft heraus, „center-out", auf das gesellschaftliche Zusammenleben ein. Es ist sein favorisierter Typus, da er der Gesellschaft die Darstellung, Analyse und Reflexion einer aus christlichen Prinzipien erwachsenden Ordnung des gemeinschaftlichen, globalen Zusammenlebens ermögliche und zeige, wie Religion das Gute im öffentlichen Zusammenleben verstärke.

Literatur

M.L. STACKHOUSE, Reflections on How and Why We Go Public, in: International Journal of Public Theology (1/2007), 421–430.

M.L. STACKHOUSE, Shaping Public Theology. Selections from the Writings of Max L. Stackhouse, hg. von S. PAETH / E.H. BREITENBERG, Jr. / H.J. LEE, Grand Rapids / Cambridge 2014.

G. DORRIEN, Social Ethics in the Making: Interpreting an American Tradition, Malden 2011, 612–630.

D.K. HAINSWORTH / S. PAETH (Hg.), Public Theology for a Global Society. Essays in Honor of Max Stackhouse, Grand Rapids / Cambridge 2010.

F. VAN OORSCHOT, Öffentliche Theologie angesichts der Globalisierung. Die Public Theology von Max L. Stackhouse, Öffentliche Theologie 30, Leipzig 2014.

Zivilreligion, Politische Theologie und Öffentliche Theologie (2004)[0]

Was ist der Unterschied?

[...]

Die zentrale These dieses Artikels lautet, dass die öffentliche Rolle der Religion, insbesondere der christlichen Religion, durch die Unterscheidung der oft vermischten Begriffe „Zivilreligion", „Politische Theologie" und „Öffentliche Theologie" geklärt werden kann. Jeder dieser Begriffe hat eine bestimmte Herkunft und umfasst partikulare Annahmen und Implikationen.[1] Darüber hinaus unterscheiden sie sich – auch wenn sie sich darauf beziehen – von den Zeugnissen und Praktiken der Kirche, die meist in Bekenntnissen und Liturgien zum Ausdruck kommen und in Dogmatiken der spezifischen christlichen Theologien rational durchdrungen und artikuliert werden.

Wir wollen diese drei Formen außerdem von den Konstruktionen systematischer Theologie unterscheiden. Jede von ihnen kann selbstverständlich auf systematische Weise untersucht werden, aber systematische Theologie ist überwiegend ein Ergebnis der modernen Wissenschaft. Sie versucht, die Einsichten der Offenbarung im Licht des kritischen Denkens zu erhellen – insbesondere da diese Einsichten vielfältigen Methoden der Philosophie und Wissenschaft begegnen, die sie beantworten oder aufnehmen. Sicherlich weiß eine Öffentliche Theologie um solche Erkenntniswege, aber ihr wichtigster Existenzgrund ist das

---

[0] [Anm. d. Hg.: Bei dem vorliegenden Aufsatz handelt es sich um die deutsche Übersetzung eines Vortrags, den Stackhouse 2004 im Rahmen der American Academy of Religion anlässlich einer internationalen Tagung unter dem Titel „Civil Religion, Political Theology and Public Theology: What's the Difference?" gehalten hat. Die deutsche Übersetzung stammt von FLORIAN HÖHNE und FREDERIKE VAN OORTSCHOT und ist in deren gemeinsam herausgegebenen Quellenband Grundtexte Öffentliche Theologie, Leipzig 2015, 51–75, erstmals veröffentlicht worden. Die hier vorliegende Fassung ist leicht gekürzt. Eine einleitende Passage, die sich an die Veranstaltenden der Tagung richtet und in der Stackhouse auf die transatlantischen Beziehungen zwischen Großbritannien und den USA eingeht, von wo aus er die Überzeugung entwickelt, dass gemeinschaftliches Zusammenleben in einer postkolonialen Welt nur mit Hilfe von religiösen und theologischen Visionen gelingen kann, wird hier ausgelassen.]

[1] Dieses Paper ist eng verbunden mit dem Aufsatz „What is Public Theology? An American View", den ich bei einer Konferenz über „Public Theology" im Mai 2003 in Prag gehalten habe. Diese wurde gemeinsam von der Theologischen Fakultät der Karlsuniversität Prag und dem Center for Theological Inquiry des Princeton Theological Seminary finanziert.

Aufkommen einer neuen und ausgeweiteten Öffentlichkeit. Die Projekte der Zivilreligion, der Politischen Theologie und der Öffentlichen Theologie nehmen die Religionen und Kulturen der Welt ernster als die meisten systematisch-theologischen Anstrengungen. Das unabdingbare Ziel ist es, einen umfassenderen, wirklich ökumenischen und katholischen Zugang zur Beschreibung eines zuverlässigen, praktikablen weltanschaulichen und ethischen Rahmens zu finden, um darauf die moralische und spirituelle Architektur unseres zunehmend gemeinsamen Lebens zu bauen.[2]

Angesichts der unterstellten Unmöglichkeit, Gemeinsamkeiten in einer fragmentierten, multikulturellen und pluralistischen Welt zu finden – an der einige verzweifeln und andere sich freuen –, wirft die Rede von ökumenischem, oder sogar interreligiösem, Dialog und Gespräch einen neuen Forschungsansatz inmitten der postmodernen Gestimmtheit auf. Die Versuchung einer auf eine neue Weise konfessionsgebundene Religiosität und eines lokalistischen Neo-Tribalismus, bei denen partikulare Gruppen in einem sich nur selbst feiernden religiösen Götzendienst subkulturelle Werte bekräftigen, ist eine gegenwärtige Gefahr in den Kirchen und in der Welt. Es stimmt, was viele feststellen: Dass das Zeitalter nationaler politisch etablierter Überzeugungen vorüber ist, welches im Altertum Praxis war, in der Moderne im Erbe des Westfälischen Friedens bestätigt und in den nationalistischen Bewegungen der Dekolonisierung wieder aufgerichtet wurde. In Europa dauert es sicherlich an, wie man an den Schwierigkeiten bei der Formulierung der EU-Verfassung sehen kann. Diese Schwierigkeit rührt von dem Widerspruch gegen einen Religionsbezug in der Verfassung her – trotz des Wissens darum, dass Italien oder Irland ohne Bezug zum Katholizismus nicht verstanden werden können, ebenso wenig Deutschland oder Skandinavien ohne Luthertum, oder Holland und Schottland ohne Calvinismus. Darüber hinaus kann keines der Länder ohne ihr christliches Erbe gedacht werden. Es hallt bleibend und einflussreich wider, auch in den dekolonisierten Nationen,

---

[2] Diese Überzeugung unterscheidet sich von drei der wichtigsten gegenwärtigen Beschreibungen der Globalisierung. Zum Beispiel interpretiert I. WALLERSTEIN die Globalisierung nahezu ausschließlich in ökonomischen Begriffen (The Capitalist World Economy, Cambridge 1979). D. HELD et al. nutzt im Unterschied dazu eine Analyse auf den drei Ebenen Wirtschaft, Politik und Kultur, wobei die Politik die ökonomischen und kulturellen Entwicklungen maßgeblich beeinflusst (Global Transformations, Stanford 1999). Kontrastierend zu diesen beiden Analysen argumentiert S.P. HUNTINGTON in seinem bekannten Werk The Clash of Civilizations, New York 1997, und noch stärker in dem mit L. HARRISON herausgegebenen Sammelband Culture Matters, New York 2000, dass durch Religionen geprägte Kulturen unversöhnliche Zivilisationen prägen, welche die politischen und wirtschaftlichen Entwicklungen beeinflussen. Keine dieser Analysen sieht eine entscheidende Bedeutung der Theologie für die Kritik oder Reformation des religiösen, kulturellen, politischen und wirtschaftlichen Lebens.

einschließlich Amerika. Dies sahen wir in den letzten bösartigen Holocausts im Balkan und in Zentralafrika, bei denen alle Seiten ihre religiös-kulturelle Identität zur Rechtfertigung ethnischer Säuberungen anführten. Ich werde zeigen, dass diese Dynamik sich nicht nur von dogmatischer und systematischer Theologie unterscheidet, sondern auch von „Politischer Theologie" und „Öffentlicher Theologie" – auch wenn es etwas Verwirrung über die Unterschiede gibt.[3]

Wir kennen die Kennzeichen der Zivilreligion in unserem Land als „Americanism", der zuweilen als „Shinto" der Vereinigten Staaten bezeichnet wird. Wir sind nicht die einzigen mit einer solchen Religion und mit Sicherheit gibt es im Repertoire menschlicher Loyalitäten Raum für begrenzten Patriotismus, auch bei den treuesten Anhängern der eigenen theologischen Tradition. Dennoch ist sie in den USA von besonderem Gewicht: Denn die USA hat zwar heute so viel politischen, militärischen, wirtschaftlichen und kulturellen Einfluss rund um die Welt. Gleichzeitig hat sie offensichtlich noch nicht entschieden, ob sie ein neues Imperium aufbauen soll, um das Machtvakuum zu füllen, welches durch die aufeinander folgenden Zusammenbrüche entstanden ist: den Zusammenbruch des alten römischen Reiches, des Heiligen Römischen Reiches deutscher Nation, der pluralistischen Reiche der türkischen Ottomanen, der chinesischen Dynastien und die weit verstreuten imperialistischen Versuche hin zum Kolonialismus der europäischen Mächte (wobei die Briten die größte und andauerndste Herrschaft aufbauten mit vergleichsweise besserem Erbe in den kolonialisierten Gebieten nach dem Ende der Herrschaft). Aber das ist nicht alles, was kollabiert ist: In der Erinnerung vieler ist der Zusammenbruch des Anspruchs des Dritten Reichs lebendig, ebenso das kollabierte, aber zeitweise fast weltumspannende Imperium der UdSSR und das Versagen der Vereinten Nationen, effektiv auf die Genozide im Balkan und Zentralafrika, die bleibenden Formen des Kommunismus etwa in Nordkorea, die Herausforderung der erstarkenden und militanten Formen des Islams oder fundamentalistischen Hinduismus in Indien und militarisiertem Buddhismus in Burma und Sri Lanka zu reagieren.

Zudem ist die amerikanische Zivilreligion oft mit den Symbolen des weltgrößten Glaubens, i.e. des Christentums, derzeit in einem distinkten evangelischen Typus, getauft – meist besprengt, nicht untergetaucht. Diese Taufe scheint vielen Amerikanern eine christliche Sicht auf nationale Politik zu erlauben. Die gegenwärtige evangelische Prägung ist ein zweischneidiges Schwert. Auf der einen Seite überwindet sie typischerweise den konfessionsgebundenen Pietismus

---

[3] E.H. BREITENBERG, JR. hat die verschiedenen Verwendungen des Begriffes in seinem sehr hilfreichen Aufsatz „To Tell the Truth. Will the Real Public Theology Please stand Up?" aufgezeigt, auf den ich mich mit Erlaubnis des Autors beziehe. Vgl. E.H. BREITENBERG, JR., To Tell the Truth. Will the Real Public Theology Please stand Up? in: Journal of the Society of Christian Ethics 23 (2/2003), 55–96.

des Neo-anabaptistischen Lagers, in den USA bekannt durch Stanley Hauerwas. Aber auf der anderen Seite ist es zweifelhaft, ob diese Prägung einen imperialistischen Impuls begrenzen kann oder ob sie ihn nicht eher verstärkt. Wenn sie diesen Impuls verstärkt, ist sie nicht in der Lage zur Prägung der *Pax Humanitatis* zu führen. Der Grund ist einfach. Gegenwärtigen Evangelikalen in den USA fehlt es an einer ausgeformten politischen oder sozialen Theorie, die über einen generalisierten Patriotismus hinausginge. Sowohl „Politische Theologie" als auch „Öffentliche Theologie" verfügen im Unterschied dazu über eine solche Theorie. Sie beziehen sich auf unerlässliche, aber vernachlässigte Aspekte der Theologie, die sowohl kritische Analysen populistischer, chauvinistischer Religion als auch konstruktive Visionen grundlegender politischer und sozialer Anliegen umfassen. Jedoch werden sie von vielen wissenschaftlichen Beobachtern vernachlässigt und überschattet oder sogar von gegenwärtigen theologischen Entwicklungen nieder gebrüllt.[4] Es ist tatsächlich ein grundlegender ideeller Konflikt – und zugleich schicksalshaft für die Welt –, ob die amerikanische Zivilreligion mit evangelikaler Frömmigkeit besprengt oder ob die Politik der USA von den tieferen öffentlichen und politischen Implikationen des Christentums geleitet wird.

Bevor wir uns der komparativen Analyse dieser beiden Begriffe und ihrer strukturellen Implikationen zuwenden, müssen wir auf die Entstehung der Diskussion um die „Zivilreligion" in den USA nach dem Zweiten Weltkrieg und auf die Gründe für ihren verdächtigen Charakter hinweisen. Während Amerika zwar nach dem Widerstand gegen den Kolonialismus im Spanisch-Amerikanischen Krieg im 19. Jahrhundert zu einer Weltmacht wurde, wurde es erst in der zweiten Hälfte des 20. Jahrhunderts zu einem „world leader". Diese hoch pluralistische Nation – vor langer Zeit gegründet auf der Grundlage theologischer Überzeugungen zu Gunsten von Religionsfreiheit, konstitutioneller Demokratie, Menschenrechten und offener ökonomischer Möglichkeiten – musste seine grundlegenden Werte neu klären. (Ein Cartoon im *New Yorker* zeigt zwei Puritaner auf dem Schiff kurz vor der Landung an den Stränden des alten Neuenglands. Einer sagt zum Anderen: „Nun, als erstes werde ich Religionsfreiheit und Demokratie einführen, dann gehe ich in die Immobilienwirtschaft.")

Aber als die Glut des Zweiten Weltkriegs erkaltet war und deutlich wurde, dass die UdSSR nicht länger ein Verbündeter gegen einen gemeinsamen Feind,

---

[4] Der Versuch, heutzutage Akademiker der westlichen Welt mit diesen Anliegen herauszufordern, ist das Hauptanliegen des aktuellen Projekts zu „God and Globalization" (4 Bände. Harrisburg 2000–2007) – neben der Entwicklung einer alternativen Vision für die Zukunft gegenüber dem „liberationism" der „neuen Nationen" aus der Phase der Dekolonialisierung, in welcher sich nahezu alle ethnisch- und klassenzentrierte „Zivilreligionen" durch die Verbindung von sozialistischen Theorien mit traditionellen Werten und einem primitiven Verständnis der Bibel establierten.

sondern ein ernsthafter Gegner und Unterstützer der Regime und revolutionären Bewegungen in China, Korea und der südlichen Hemisphäre sein würde; und dass die europäischen Nationen zu sehr geschwächt waren, um ihren Schmeicheleien allein zu widerstehen – da mussten die Vereinigten Staaten ihre Prinzipien und Ziele neu definieren. Es war der große jüdische Soziologe Will Herberg, der in einem breit diskutierten soziologischen Aufsatz von den gemeinsamen Werten der Gläubigen in den USA sprach. Er schrieb über die Art und Weise, wie Protestantismus, Katholizismus und Judentum nach dem Zweiten Weltkrieg immer stärker als Schwester-Denominationen wahrgenommen wurden; als Zweige einer einzigen religiösen Familie, die sich in Versammlungen in Zeiten von Tragödien oder Feierlichkeiten politisch und sozial annähern.[5] Herberg benutzte den Begriff „civic religion" um ihre Gemeinsamkeiten als den religiösen Aspekt des „Americanism" zu beschreiben – ein einprägsamerer Begriff für das, was viele Sozialhistoriker bereits als „the religion of the republic" beschrieben hatten. Herberg sah klarer als andere, dass jede Säule dieses gemeinsamen Gewölbes der Überzeugungen ihren eigenen distinkten Glauben und ihre distinkte Praxis behielt.

Bald darauf veröffentlichte ein anderer bekannter Soziologe, Robert Bellah, einen seiner berühmten Aufsätze über „civil religion".[6] Er bezog sich nicht nur auf Alexis de Toqueville, sondern auch auf Emile Durkheims Adaption des Begriffes aus Rousseaus „Contrât Social" (Kap. VIII). Wenn wir Rousseaus Abhandlung genau lesen, finden wir eine ähnliche Argumentation wie bei Herberg, aber mit einem exklusiven Bezug auf eine Sichtweise des Christentums. Es gebe eine Religion, die viele Menschen teilen, die nach Rousseau „wahrhaft christlich" ist (das bedeutet „purely spiritual" und daher „private to the soul") – jedoch müsse etwas anderes das Leben der Nation bestimmen. Das entspricht der Sichtweise Ciceros, auf den er sich bezieht: In „De Legibus" (Buch II) verhandelt Cicero die Arten religiöser Überzeugungen und Praktiken, die von den politischen Autoritäten erlaubt oder verboten werden sollen, um die heilige Solidarität der Bürgerschaft zu sichern und den Verlust der Loyalität zu Rom durch die Verehrung einer nicht-römischen oder transnationalen Gottheit zu verhindern. Rousseau hat diese Idee kurz vor der französischen Revolution übernommen und sprach von der Notwendigkeit jeder Nation, eigene Symbole zu fördern, welche die grundlegende Freiheit „des Volkes" ausdrücken und einen „allgemeinen Willen" ausbilden (ein Konzept gegen kirchliches Dogma, das den Glauben auf einer voluntaristischen Grundlage zur Ausbildung eines nationalen kollektiven Bewusst-

---

[5] W. HERBERG, Protestant, Catholic, Jew, New York 1955 (überarb. Neuauflage 1960).
[6] R. BELLAH, Civil Religion in America, in: Daedalus 96 (1967), 1–21.

seins heranzieht). Die Ablösung aller transnationalistischen, wahrhaft transzendentalen, Religion durch die Revolution machte christliche Überzeugungen per Gesetz zu einer Frage privater Vorlieben.

Die Ideologen der revolutionären Tradition konstruierten eine „civil religion" für politische Zwecke auf der Grundlage des unterstellten distinkten Charakters der ethnischen Einheit des Volkes. Diese Art Argumentation bewog Augustin, die bürgerlichen Tugenden Ciceros als „glänzende Laster" zu bezeichnen, und sie ermöglichte Barths Feindschaft gegen die natürliche Theologie und Religion, die er als eine Art kulturell hervorgebrachter Götzenverehrung verstand. Nebenbei bemerkt hat Bellah sein Vertrauen auf diese Geschichte später modifiziert – er nutzte den Begriff nicht weiter und wurde offenkundiger theologisch.[7]

In Europa – insbesondere in Deutschland und den skandinavischen Ländern, aber auch in England – entwickelte sich nach dem Zweiten Weltkrieg eine andere Tradition. Es ist die Tradition der „Politischen Theologie", die ihre tiefsten philosophischen Wurzeln bei Aristoteles hat. Aristoteles beeinflusste die gesamte höhere Bildung in katholischen und anglikanischen Ländern seit dem Hl. Thomas und in den lutherischen Ländern seit Melanchthon. Aristoteles verstand die politische Ordnung als die umfassende und ordnende Institution der gesamten Gesellschaft. Diese Sicht wurde später vom Hl. Thomas selbstverständlich modifiziert wegen seines augustinischen Verständnisses der zentralen Rolle von Kirche und Theologie in der Gesellschaft in Abgrenzung zur politischen Ordnung. Trotzdem wurde die aristotelische Sicht in den meisten post-feudalen europäischen Staaten dominant und das vorherrschende Muster aristokratischer Politik auf dem Kontinent. Es war nicht nur im Österreichisch-ungarischen Reich in Zentraleuropa und den katholischen Ländern in Italien, Polen, Spanien und Irland präsent, sondern prägte im Verlauf der Geschichte auch die politisch etablierte protestantische Kirche nach dem westfälischen Prinzip *cuius regio – eius religio*. Dieses etablierte nicht nur nationale Kirchen, sondern neigte dazu, die Religionen auf erastianische Weise der politischen Ordnung zu unterstellen. Jeder fürstliche Staat hatte sein eigenes „Bekenntnis", einen eigenen „Katechismus" oder eigene „Glaubensartikel" und verordnete „Gottesdienstbücher".

Als die Säkularisierung der europäischen Gesellschaft begann und Religion mehr und mehr zum Gemeinnutz wurde, entwickelten sich andere Formen der Politischen Theologie. Während die tiefsten Wurzeln der Politischen Theologie in Eusebius Beurteilung Konstantins liegen, wurde der Begriff – durch die nachreformatorische Entwicklung „nationaler Überzeugungen und Bekenntnisse" und Spinozas „Politico-Theological Treatise" – in der Moderne auf der rechten

---

[7] Vgl. die Diskussion zum Thema in R.N. BELLAH et al., Christianity and Civil Society, hg. von R.L. PETERSON, New York 1995.

Seiten von Carl Schmitt gebraucht (im Gefolge von Macchiavelli und Hobbes) und auf der linken Seite von Ernst Bloch genutzt (im Gefolge von Müntzer und mit Bezug auf Marx). Die eine Seite verstand den Gebrauch von Zwangsgewalt nach dem Willen des Souveräns als bestimmendes Charakteristikum der Herrschaft (in Analogie zum Willen und zur Allmacht Gottes). Die andere Seite identifizierte ökonomische Macht und Privateigentum als primäre soziale Anliegen, welche die natürliche Ordnung der Dinge zerstörten und revolutionärer politischer Handlung von unten bedarf, um die gemeinsame Harmonie wieder zu entdecken (eine utopische Vision der Zukunft, die zugleich eine Rückkehr nach Eden bedeutet). Sowohl die Rechte als auch die Linke boten ein politisches Programm für eine endgültige Lösung der Krise der modernen Gesellschaft.

Nach der Niederlage des Nationalsozialismus auf der rechten Seite und dem Aufkommen des Stalinismus auf der linken, wandte sich eine Generation revisionistischer Politischer Theologen Gramsci, Blondel und der Frankfurter Schule der kritischen Theorie zu. Sie zehrten von den antikolonialen Bewegungen, welche die Dominanz der europäischen Mächte in der Welt stürzten und eine Vielzahl unabhängiger Nationalstaaten rund um die Welt errichteten. Sie sahen nicht kommen, dass viele dieser Länder zu Einparteienregimes werden würden, in denen die Religion noch immer eine Rolle dienstbarer Unterwerfung nach erastianischem[8] Verständnis und ideologischer Unterstützung kultureller Identität und nationaler Interessen spielen würde.

Natürlich wurden die statischen Idolatrien dieses Erbes während des letzten halben Jahrhunderts im europäischen Kontext unter dem machtvollen Einfluss von Karl Barths Rückkehr zu einer kirchen- und dogmenzentrierten Theologie theologisch herausgefordert, welche ihren Niederschlag in der Barmer Theologischen Erklärung und in der Anerkennung des Märtyrers Dietrich Bonhoeffer findet. Die revisionistischen Politischen Theologen waren zum einen in amerikanischen pro-demokratischen Theologien in der Tradition von Ernst Troeltsch kundig, bereits während des Zweiten Weltkriegs mobilisiert durch Stimmen wie Reinhold Niebuhr oder Paul Tillich. Zum anderen kannten sie ökumenisch orientierte katholische Leitungsgestalten, die im Gegensatz zu den Ansprüchen der antikatholischen französischen Revolution die Menschenrechte nicht rein säkular verstanden. In der Tat erkannten sie die Menschenrechte als Auswirkungen der tiefsten Wurzeln der christlichen Traditionen, die mit politischen und, wenn nötig, militärischen Mitteln verteidigt und ausgebreitet werden mussten.[9]

---

[8] [Anm. d. Hg.: Thomas Erastus (1524–1583) war ein schweizer reformierter Theologe und Arzt, der für eine strenge Unterordnung der Kirche unter den Staat plädierte und auf dessen Namen der Begriff „Erastianismus" zurückgeht.]

[9] Vgl. E. SIFTON, The Serenity Prayer. Faith and Politics in Times of Peace and War, New York 2003. Als Tochter Reinhold Niebuhrs gibt sie aus der „Innenperspektive" nicht nur einen

Die neue Welle der Politischen Theologie auf dem europäischen Kontinent wurde von den reformorientierten und überwiegend demokratischen Politischen Theologien des Katholiken Johannes Metz und des Reformierten Jürgen Moltmann repräsentiert. Sie gewann jeweils im Zweiten Vatikanischen Konzil und dem Ökumenischen Rat der Kirchen Einfluss. Ihre Arbeit markierte eine Form Politischer Theologie, die von der Idee geleitet war, dass der Pastor, der Gläubige und der Theologe öffentliche Anliegen nicht nur ansprechen sollen, sondern müssen. Denn die Politik jeder politischen Ordnung braucht direkte Leitung und Veränderung aus der Hand theologisch-ethischer Einsicht. Und trotzdem blieben alle Erben dieser Entwicklung an einen eher zentralisierten Staat gebunden – einen Staat, der nicht auf koloniale Expansion, militärische Eroberung oder nationalistische Solidarität fokussiert, sondern auf eine integrierte und politisch gesteuerte ökonomische Politik. Scott Paeth argumentierte zu diesem Punkt, dass die Krise Kontinentaleuropas in den Händen der Totalitarismen des 20. Jahrhunderts demokratisch orientierte politische Theologen wie Moltmann und Metz dazu zwang, sich statischer zu verhalten als andere Aspekte ihrer Theologie nahelegen würden.[10] Ein ähnliches Argument kann in Bezug auf den progressiven Fürsprecher Politischer Theologie, Duncan Forrester, und einen eher konservativen Vertreter, Oliver O'Donovan, in Großbritannien,[11] sowie in Bezug auf einige Phasen von Reinhold Niebuhrs Arbeit in den USA geltend gemacht werden.

Im Unterschied sowohl zu „Zivilreligion" als auch zu „Politischer Theologie", welche beide weit verbreitet sind, haben sich einige Forscher und Kirchenleitungen dem Begriff „Öffentliche Theologie" zugewandt. Der Begriff wurde zum ersten Mal in den USA von dem bekannten Kirchen- und Religionshistoriker Martin Marty gebraucht. Eine Zeit lang hat er über „öffentliche Kirche" oder „öffentliche Religion" geschrieben.[12] Diese teilen mit dem Konzept der „Zivilreligion" die Einsicht, dass religiöse Einflüsse oft in allgemeinen kulturellen Überzeugungen des Volkes institutionalisiert werden und somit patriotische Werte verstärken. Als Marty aber über Reinhold Niebuhr und die Entwicklung des

---

Blick auf die Frömmigkeit Niebuhrs, sondern auf die religiösen und politischen Anführer, die um ihren Vater waren, um die öffentliche religiöse Einstellung zum Widerstand gegen die Nazis und zur Überwindung amerikanischer Isolation und Fundamentalismus zu mobilisieren.

[10] Ich bin der Arbeit meines Doktoranden Scott Paeth an diesen Punkten verpflichtet. Vgl. S. PAETH, Jürgen Moltmann and Political Theology. PhD Dissertation, Princeton Theological Seminary 2004.

[11] Vgl. D.B. FORRESTER, Theology and Politics, London 1988; DERS., Christian Justice and Public Policy, Cambridge 1997; O. O'DONOVAN/J.L. O'DONOVAN (Hg.), From Irenaeus to Grotius. A Sourcebook in Christian Political Thought, Grand Rapids 1999.

[12] Vgl. z.B. M.E. MARTY, The Public Church, New York 1981.

Christlichen Realismus nach dem Zweiten Weltkrieg schrieb, verband er den Begriff „Öffentliche Theologie" mit der „american experience".[13]

Diese Veränderung des Begriffes provoziert natürlich viele Fragen nach der Beziehung der Theologie zur Religion. Ist Theologie im Grunde genommen die stärker systematische Formulierung religiöser Erfahrung und Überzeugung – wie Schleiermacher argumentierte? Steht Theologie, zumindest christliche Theologie, im Widerspruch zur Religion, insbesondere zur Zivilreligion, weil sie auf den Glauben und die Offenbarung fokussiert anstatt auf kulturelle Schöpfungen – wie Barth behauptet? Oder ist Theologie eine kritische und konstruktive Disziplin, die entwickelt wird, um religiöse Überzeugungen zu beurteilen, zu verändern und zu leiten, damit sie Wahres, Gerechtes und überkulturell Passendes zu den menschlichen Bedingungen und der historischen Erfahrung hervorbringt – wie Niebuhr es anstrebte? In seinen Ausführungen über Niebuhr verwies Marty auf die Tatsache, dass politischer Realismus nicht nur eine öffentliche Beschwörung einer radikalen Sündenlehre verlangt, sondern dass die Erkenntnis der Realität der Sünde einen epistemischen Realismus impliziert. Dieser wurzelt in den Gedanken der platonischen Tradition, die nicht nur in augustinischen Motiven, sondern in bestimmten Zweigen der Renaissance, Reformation und der Aufklärung zu erkennen sind. Menschen haben Prinzipien von richtig und falsch „in ihr Herz geschrieben", wie der Apostel Paulus sagt. Es ist daher für alle möglich, Normen des Glaubens, der Liebe, der Hoffnung und der Gerechtigkeit zu erkennen – trotz der unvermeidbaren Verdunklung durch Ignoranz, Eigeninteresse und willentlicher Zerstörung. Dies wurde in verschiedenen liberalen Ansichten vertreten, die aus einer langen Tradition idealistischer Philosophie in Interaktion mit den biblischen Traditionen erwachsen sind.

In dem Kontext der USA, in den diese Überzeugung sprach, fand sie Resonanz durch den historischen Einfluss von Lockes Formulierung der „self-evident truth", die von glaubenden Bürgern der Gesellschaft vor der Formierung des Staates erkennbar waren; durch den Einfluss von den „consent of being" des puritanischen Theologen Jonathan Edwards; durch den Einfluss der Entwicklungsmuster glaubenden Verstehens, auf welche der christliche Erzieher Horace Bushnell hinwies; und durch den Einfluss des „sense of basic justice", den der Anführer des Social-Gospel, Walter Rauschenbusch, vertrat. All diese beeinflussten die amerikanische Öffentlichkeit und gebrauchten überwiegend theologische Sprache, um das grundlegende soziale Ethos zu interpretieren und zu verändern. Viele, wenn nicht alle, verstanden das soziale Muster des Alltags auf der einen Seite als von der Sünde befallen und auf der anderen Seite als Enthüllung der Fürsorge, Wahrheit und Gerechtigkeit der Vorsehung des lebendigen Gottes.

---

[13] Vgl. M.E. MARTY, Reinhold Niebuhr. Public Theology and the American Experience, in: Journal of Religion 54 (1974), 332–359.

Wie Marty feststellte, verstanden einige der Gründungsväter und auch die Präsidenten Abraham Lincoln und Woodrow Wilson die Dinge sehr ähnlich. Aber sie ordneten die Religion weder den Projektionen auf die sozialen Realitäten unter – wie es in der Zivilreligion üblich ist – noch ordneten sie die grundlegenden theologischen Prinzipien der herrschenden politischen Autorität unter – wie es in den erastianischen Motiven der Mehrheit europäischer Politischer Theologie der Fall ist.

Der Begriff „Öffentliche Theologie" war neu, aber er hat sich sehr schnell verbreitet. Er verbreitete sich nicht wegen seiner Neuheit oder weil die damit verbundenen theologischen Anliegen neu waren. Vielmehr schien er einen weiten und tiefen, aber meist vernachlässigten Strang der klassischen theologischen Tradition zu erfassen, der meist in freikirchlichen Traditionen zu greifen ist. Er wurzelt in der Interaktion von biblischen Einsichten, philosophischen Analysen und der Verantwortung der kirchlichen Gemeinschaft, sich in der geschichtlichen Beurteilung und der anhaltenden Reformation der sozialen Ordnung zu engagieren. Seinen Grund hat er in der Überzeugung, dass bestimmte Arten von Fortschritt in menschlichen Angelegenheiten möglich sind. So kann Religion, die in der Versuchung von Idolatrie oder kulturellem Chauvinismus steht, kritisiert werden. So können Formen des Dogmas, die keine Orientierungskraft für den Aufbau und die unvermeidbar notwendige Reformation der Gesellschaft erbracht haben, zurück gewiesen werden. Und die weise Verbindung von sozialem Realismus und ethischem Realismus kann so Bewegungen gegen Ungerechtigkeit motivieren und die Aussicht auf eine gerechtere Gesellschaft stärken.

Diese Tradition hat in Amerika lange diejenigen hervorgehoben, die nicht nur Kirchen und Missionsgesellschaften, sondern auch Schulen und Krankenhäuser, Industrie und Gewerkschaften, Geschäfte und Banken, Eisenbahnen und Dampfschiffe, Museen und Konzerthallen gebaut haben – sowie die Leiter der Institutionen, die sich der Reformen all dessen widmeten. Niebuhrs Generation war während der Depression dem Kapitalismus gegenüber sehr misstrauisch, wurde aber in der zweiten Hälfte des 20. Jahrhunderts dem Sozialismus gegenüber noch kritischer. Anders als das Erbe der „Zivilreligion" feiert diese Art der Öffentlichen Theologie das soziale System und seine Kultur nicht so, wie sie ist – sondern veränderte Dinge. Und anders als die Politische Theologie hat sie weder politische Macht angestrebt noch mit utopischen Visionen nach radikalen Veränderungen gerufen – sondern freute sich an bescheidenen Veränderungen, da sie um die Tiefe der Sünde wusste. Es war und ist eine reformorientierte Bewegung, keine konservative oder revolutionäre, da sie überzeugt ist, dass eine authentische Theologie notwendigerweise realistisch ist. Tatsächlich wurde in jüngster Zeit Martin Luther King, Jr. ein weltweit bekanntes Beispiel Öffentlicher Theologie in ihrer aktivistischen und optimistischen Art.

Die tieferen Wurzeln dieser Tradition liegen in der Annahme, dass Theologen, kirchliche Amtsträger und Laien sich in Lehre, Predigt und öffentlicher Organisation auf theologische Quellen beziehen können und sollen, um Anliegen der Wahrheit, des Glaubens und der Gerechtigkeit in der Gesellschaft zu fördern. Sie verstanden sich selbst als Bevollmächtigte Christi, dem Propheten, Priester und König, der das Königtum Gottes aufgerichtet hat. Dieses wirkt in und durch die Kirche und die Zivilgesellschaft – oft unter dem Radar der politischen Autoritäten. Sie waren überzeugt, dass sie Verantwortung für die spirituelle und moralische Architektur des Gemeinwesens übernehmen müssen – wie die Kirche im Mittelalter nach dem Zusammenbruch des römischen Reiches, wie die Reformatoren in den freien Städten in der frühen Neuzeit in Europa, wie die Puritaner und Pietisten beim Aufbau einer Gesellschaft in der Wildnis Amerikas und wie die Social-Gospel-Bewegung beim Aufkommen der modernen Industrialisierung.

In allen Teilen der Welt – die wir „dritte Welt" nannten, bevor die „zweite Welt" zusammenbrach und deutlich wurde, dass die „dritte Welt" auch in der „ersten Welt" und die „erste Welt" inmitten der „dritten Welt" lebt – unterstützen heute evangelikale und pfingstlerische Bewegungen auch soziale Agenden, die das Gemeinwesen und sogar die politischen Konturen einer Region verändern. Dies geschieht oft weniger durch direkte politische Mittel, sondern durch Veränderung der institutionellen Struktur des Gemeinwesens und der ererbten Kultur.[14]

Wir können zwei aus der Geschichte gewachsene Gründe für die Verwendung des Adjektivs „öffentlich" ausmachen. Einer ist einfach: Es ist ein bescheidener Protest gegen herrschende Einsichten der Politischen Theologie. Dieser Protest gründet in der Überzeugung, dass die Öffentlichkeit gegenüber der Re-

---

[14] Vgl., insbesondere mit Blick auf Lateinamerika, die Arbeit von D. MARTIN, Tongues of Fire, Oxford 1993; DERS., Pentecostalism, Oxford 2001. Vgl. mit Blick auf Afrika P. JENKINS, The Next Christendom. The Coming of Global Christianity, New York 2002. Vgl. mit Blick auf Ostasien D. AIKMAN, Jesus in Beijing. How Christianity is Changing China and Changing the Global Balance of Power, New York 2003. Diese Bewegungen zweifeln nicht an der Sündenverfallenheit des Lebens, der universalen Gültigkeit bestimmter Einsichten in Moral und Glauben oder dem Veränderungspotential dieser Einsichten zur Überwindung und Veränderung sündigen Lebens in persönlicher oder sozialer Hinsicht. Dies verändert die Wahrnehmung des politischen Lebens (und der Wirtschaft, der Familienstrukturen, der kulturellen Werte, der Erziehung etc.) und begrenzt statische Tendenzen. Sie neigen dazu, sowohl politische Theologie als auch die nahestehende Befreiungstheologie nicht zu berücksichtigen oder abzulehnen.

publik Vorrang hat („the public is prior to republic"); dass die Struktur der Zivilgesellschaft – deren Herz unvermeidlich im religiösen Glauben und seiner Organisation liegt – die Politik mehr bestimmt als die Politik die Gesellschaft und die Religion. Politik schlägt im täglichen Leben große Wellen, wie ein Hurrikan oder Taifun auf der Meeresoberfläche, oft mit großen und schicksalhaften Konsequenzen. Aber diese starken Stürme verändern selten die tiefen Gezeiten, Strömungen oder herrschenden Windrichtungen. Auf tieferen sozialen Ebenen machen grundlegende Veränderungen der Energien, Machtstrukturen und Herrschaftskanäle über die Zeit einen viel größeren Unterschied. Sie bestimmen sogar selbst, welcher politische Sturm ausgelöst wird.

Trotzdem kann Öffentliche Theologie nicht als antipolitisch bezeichnet werden. Sie ist sich sehr bewusst, dass die Übereinkünfte über den Aufbau der Polizei, des Militärs, der juridischen Institutionen, medizinischen Institutionen, Bildungsinstitutionen und Infrastruktur (Straßen, Brücken, Häfen etc.) unvermeidbar und notwendig sind. Sie erkennt, dass alle Bürger bereit sein müssen, angemessene Steuern zu bezahlen, um gemeinsam zu leisten, was Einzelne allein nicht leisten können. Öffentliche Theologie weiß um die Notwendigkeit theologischer Prinzipien zur Entscheidungsfindung über gerechten und ungerechten Einsatz von Zwangsgewalt, um zuverlässige politische Strukturen für das Notwendige zu schaffen. Sie zielt nur darauf ab, dass Politik ein begrenzter Diener der anderen gesellschaftlichen Institutionen ist, nicht ihr Herr. Ein Volk, das von einer ernsthaften Theologie gelernt hat, die Möglichkeiten der Sünde und die Realität der Wahrheit und Gerechtigkeit zu sehen, wird Wege finden die politischen Institutionen so zu organisieren und zu kontrollieren, dass sie das Leben nicht umfassen oder dominieren wollen.

Dass der Glaube nicht nur die Gläubigen und ihre Seele in der Kirche berühren, sondern die Gläubigen befähigen kann und soll, die Strukturen und Dynamiken der Welt anzusprechen, wird oft durch spezifische Themen der katholischen Theologie repräsentiert – sowohl in ihrem klassischen Erbe als auch in zeitgenössischen Entwicklungen, seit sie zunehmend ihr (seit der französischen Revolution herrschendes) tiefes Misstrauen gegenüber Demokratie, Menschenrechten und später dem „Americanism" überwand. Dies geschah durch eine vernünftige Moraltheologie, welche die Institutionen der Zivilgesellschaft ansprechen und verändern kann. Zwar wurde der Begriff „Öffentliche Theologie" nicht gebraucht, aber die Überzeugung, dass bestimmte Lehren des christlichen Glaubens „alle Menschen guten Willens" ansprechen können und sollen und in Grundzügen von allen verstanden werden, wurde wiederholt in offiziellen Dokumenten geäußert. Einige angesehene katholische Denker, die zu öffentlichen Stimmen und inoffiziellen Vertretern der Theologie im öffentlichen Diskurs wurden, leisteten überdies wichtige Beiträge. Lassen Sie uns nicht die wichtigen

Denker des 20. Jahrhunderts vergessen, wie den französischen Philosophen Jaques Maritain, dessen Schriften die Sache der Menschenrechte während der Entstehung der UN-Erklärung so weit voran brachten. Oder den amerikanischen Jesuiten John Courtney Murray, dessen Verteidigung der ethischen Geltung von Demokratie und Pluralismus das Zweite Vatikanische Konzil prägte. Murray ist besonders interessant, da er in seinen frühen Schriften wenig Sympathie für die protestantische Bearbeitung sozialer Anliegen äußerte und diese nur mit naturrechtlichen Argumentationen bearbeiten wollte. Später stellte er jedoch in Frage, ob eine Gesellschaft existieren könne ohne die philosophische Vernunft mit dem biblischen Erbe zu verbinden – was eine Öffentliche Theologie impliziert. Tatsächlich begann er zu bezweifeln, ob eine westliche Gesellschaft ohne eine ebensolche „religiöse" Grundlage existieren könne. Einer seiner wichtigsten Interpreten fasst seine Ansicht wie folgt zusammen:

> „If there is no consensus as to the core direction and meaning of humanity, and no public discussion of that reality, then ‚society is founded on a vacuum; and society, like nature itself, abhors a vacuum and cannot tolerate it [...]' Can society live without a public religion? ‚The historical evidence would seem to argue for a negative answer.' It may be possible ‚that an individual can live without religion, but a society can not.' [Thus...] after years of defending the adequacy of natural law religious discourse [...] Murray even suggested, or more properly cried out, that perhaps an explicitly Christian religious public discourse is necessary for social survival. Quoting John of Salisbury, Murray [...] asked ‚Whether or not civilization, that is civil order, civil unity, civil peace, is possible without what he [John] calls in a beautiful phrase ‚the sweet and fruitful marriage of reason and the Word of God'."[15]

Dieser katholische Akzent wurde von einigen progressiven katholischen Denkern der Gegenwart weiter geführt, wie u.a. von dem Theologen David Tracy, dem theologischen Ethiker David Hollenbach, dem Sozialethiker Dennis McCann und dem politischen Philosophen Paul Sigmund. Sie haben sich nicht nur auf das Erbe Maritains und Murrays bezogen, sondern von einer engen Begegnung mit der evangelischen Theologie und den erweiterten Themen der katholischen Lehren in den Sozialenzykliken profitiert – von *Rerum Novarum* zum Thema Arbeit von Papst Leo XIII, über *Quadragesimo Anno* zum Thema Subsidiarität und Solidarität von Pius XI, hin zu *Pacem in Terris* von Johannes XXIII und vielleicht am stärksten in *Centessimus Annus* von Papst Johannes Paul II. Diese Lesart der Tradition prägte Stellungnahmen des Vatikans zu den Erklärungen der UN zu Rassismus, Krieg, Menschenrechten und Pluralismus – bezogen auf philosophisch-theologische Traditionen und ausgerichtet auf breitere Anliegen der Gesellschaft. Der Theologe David Tracy suchte nach der Grundlage einer wahrhaft

---

[15] L. HOOPER, The Ethics of Discourse. The Social Ethics of John Courtney Murray, Washington 1986, 113f.

katholischen Theologie und nutzte Gedanken von Troeltsch, um die Bedeutung des Pluralismus in der Sozial- und Theologiegeschichte zu erfassen. Verschiedene Modi der Analyse sind nach Tracy notwendig, um Sinn zu erkennen. Er identifiziert drei: einer ist die Kirche, ein zweiter die Gesellschaft und der dritte ist die Wissenschaft, in der die akademische Gemeinschaft die mögliche Validität jedes Vorschlags überprüft.[16]

Diese Hinweise auf die verschiedenen Öffentlichkeiten, die als herrschende Einflüsse auf globaler Ebene erwachsen, implizieren das Aufkommen einer hoch pluralistischen globalen Zivilgesellschaft. Einige sehen darin die Grundlage einer weltweiten komplexen Zivilisation. Entscheidend ist vor allem, dass sich diese Entwicklung ohne eine durchgängige leitende politische Ordnung vollzieht, und dass unterschiedliche Konzeptionen einer möglichen und angestrebten gesellschaftlichen Ordnung im Widerspruch stehen. Angesichts der Verwirrung und Unwilligkeit der UN, die eigenen Resolutionen umzusetzen, sind die USA versucht zu einer neuen imperialen Macht zu werden – einer sehr eigenartigen Macht, meiner Meinung nach, da nichts in der US-Amerikanischen Tradition Imperialismus billigt und einige Interventionen in anderen Gesellschaften mit dem Widerstand gegen imperialistische und tyrannische Tendenzen der Anderen gerechtfertigt wurden. Selbst bei Unterstützern der gegenwärtigen Politik im Irak ist die Überzeugung verbreitet, dass Amerika nicht nur das Öl der Region vor monopolistischer Kontrolle von Tyrannen schützen will, sondern dass man sich aus ethischen Gründen um die Ausbreitung der Religionsfreiheit, einer pluralistischen Zivilgesellschaft mit Menschenrechten und einer konstitutionellen Demokratie mit begrenztem staatlichem Einfluss sorgt – in Gebieten, in denen die vorherrschenden religiös-kulturellen Traditionen diese Möglichkeiten unwahrscheinlich machen.

Wenn wir die Gefahr eines bösartigen Imperialismus verhindern sollen – eine Gefahr für die USA und die Welt – müssen wir verstehen, wie diese unterschiedlichen Öffentlichkeiten einer zunehmend komplexen und weltweiten Zivilgesellschaft in ein verlässliches System eingeordnet werden können. Dies ist eine wichtige empirische und theoretische Frage mit höchster Praxisrelevanz: Ob die verschiedenen öffentlichen Sphären jedem Regime vorausgehen oder von diesem erst erzeugt werden. Es steht auf dem Spiel, ob diese Sphären eine politische Ordnung brauchen und ob sie diese rekonstruieren können. Anders for-

---

[16] D. Tracy, Blessed Rage for Order, New York 1991. Dieses Werk zeigt seine Abhängigkeit von der Arbeit des liberalen Lutheraners Ernst Troeltsch, ebenso wie von katholischen Quellen. Sein nachfolgendes Buch (Ders., The Analogical Imagination. Christian Theology and the Culture of Pluralism, New York 1998) beschreibt diese drei Bereiche der „Öffentlichkeit", die von der Theologie angesprochen werden müssen. Vgl. Fußnote 4.

muliert: Öffentliche Theologie unterscheidet sich von Politischer Theologie, gerade weil Öffentliche Theologie eine soziale Theorie der Politik aufnehmen möchte und die Politische Theologie zu einem politischen Verständnis der Gesellschaft neigt. Öffentliche Theologie steht seltsamerweise dem Sozialismus in der Theorie näher, da auch dieser die Struktur der Gesellschaft für jeden Bereich des Zusammenlebens für entscheidend hält. Öffentliche Theologie unterscheidet sich vom Sozialismus jedoch darin, dass sie nicht die Gegenüberstellung der Klassen als grundlegendes Merkmal der Gesellschaft ansieht – weder theoretisch noch faktisch – und vom Staat nicht die Kontrolle des wirtschaftlichen Lebens durch zentralisierte Planung und Kapitalisierung erwartet.

Dies unterscheidet Öffentliche Theologie von der Politischen Theologie, welche die Politik – insbesondere in Form einer zentralisierten Regierung – als umfassendste Institution der Gesellschaft sowie vorrangige Manifestation und Garanten öffentlicher Gerechtigkeit versteht. Nach dieser Ansicht widmet sich die Politik der Akkumulation, Organisation und Ausübung derjenigen Art von Macht, die sich für die Kontrolle und Leitung aller sozialen Institutionen innerhalb ihres Bereiches verantwortlich sieht. Politik kann mehr oder weniger wohlmeinend, autoritär oder totalitär sein; immer jedoch geht es um die Macht, jedes Subjekt, jeden Bürger und jede andere Institution in einem bestimmten Territorium zu führen, zu begrenzen, zu ermächtigen oder zu befehlen. Hinter politischen Handlungen steht dabei die Androhung von Gewalt. Dieses Modell wurde von den meisten Staaten übernommen – behutsam in Schweden und Griechenland, scharf in Russland und China in der Vergangenheit. Viele europäische Länder stehen dazwischen. Es ist das Modell, das in der Phase der Dekolonisierung in die „neuen" Nationen exportiert wurde. In der Tat wurde es von vielen amerikanischen „developmentalists" und Politischen Theologen befürwortet, die sich für große Kapitaldarlehen an zentralisierte Regierungen dekolonisierter Staaten als Hilfe zur wirtschaftlichen Entwicklung aussprachen – in der Annahme, dass eine gut finanzierte Regierung eine gute Zivilgesellschaft aufbauen könne. Aber als die Fonds durch alle möglichen Arten von Nepotismus, korrupte Kumpanei und politische Bestechungen ausgeschöpft waren, stockte die wirtschaftliche Entwicklung und die beliehenen Regierungen konnten das Geld nicht zurückzahlen. Die „Schuldenkrise" traf viele der ärmsten Regionen. Viele Menschen lebten weiterhin in nicht entwickelten Gesellschaften und litten.

Nicht-sozialistischer Sozialtheorie der Politik zufolge ist jede politische Ordnung langfristig den primären Kräften der Gesellschaft unterworfen – jenen Lebenssphären, die die moralischen und spirituellen Orientierungen verkörpern und ihrerseits im sozialen und ethischen Gewebe und in Zusammenschlüssen des Gemeinwesens zum Ausdruck kommen. Diese sind der Formierung politischer Ordnungen vorgeordnet. Politische Parteien, Regime und Strategien kommen und gehen dieser Sichtweise zufolge; sie sind immer notwendig, aber zugleich ein Nebenprodukt jener religiösen, kulturellen, familiären, wirtschaftlichen und sozialen Traditionen, die der Regierung vorgeordnet sind. Jede Regierung ist ihnen früher oder später rechenschaftspflichtig. Wenn politische Anführer versuchen, diese Sektoren des sozialen Lebens zu kontrollieren, werden sie Widerstand und Reformbewegungen schüren, welche die herrschenden Parteien oder die Regierungsform insgesamt verändern wollen. Daher ist die wichtigste Frage, wie die vorpolitischen Organisationen des Lebens geordnet sind, und darüber hinaus, welche religiösen oder ethischen Vorannahmen sie zu verkörpern suchen – grundlegende Fragen jeder Öffentlichen Theologie. Daher hat Öffentliche Theologie eine Vorliebe für bestimmte Sozialtheorien des Lebens, der Geschichte und folglich der Politik. Sie wendet sich Sozialtheorien zu, die eine tiefe religiöse Prägung der kulturellen, familiären, ökonomischen und intellektuellen Traditionen annehmen; insbesondere zu denen, die Neugestaltungen für möglich halten. Diese Fragen sind umfassender als jede politische Ordnung.

Eine Schlüsselfrage im Blick auf diese Faktoren ist, was für eine Öffentliche Theologie Christen einer Weltsituation anzubieten haben, in der gerade eine Zivilgesellschaft geprägt wird – ohne eine klare und zentrierte politische Ordnung (wenn auch mit einer dominanten politischen Hegemonialmacht, die imperialistisch werden könnte, wie ich bereits dargestellt habe). Hat das Christentum normative Modelle für die Ordnung einer komplexen Zivilgesellschaft, die über einen Nationalstaat hinausgehen? Ich denke, dass dem so ist. Soll sich eine Öffentliche Theologie auf der Grundlage der christlichen Lehre verantwortlich sehen, zur Prägung der „neuen Weltordnung" beizutragen und ist das möglich ohne kulturellen Imperialismus? Ich denke, es ist möglich – wie ich und Andere bereits dargestellt haben.[17]

Manchmal als „Ordnung, die Freiheit genannt wird" bezeichnet, verweist die Öffentliche Theologie auf eine soziale Ordnung, die so nah an Gottes Wunsch für unser Zusammenleben herankommt, wie die Menschen ihn bisher erkannt haben. Diese Ordnung zeigte sich oft erst in der Ekklesiologie und dann in der Zivilgesellschaft und durch deren Einfluss wie er von normalen Gläubigen in den politischen Bereich getragen wird. Ein zentrales Beispiel für den Einfluss dieser Sichtweise sind die Gedanken von Althusius: Er verstand die Gesellschaft als

---

[17] Diesen Kontrast hat Nichols aufgezeigt. J.H. NICHOLS, Democracy and the Churches, Philadelphia 1951; F.W. DILLISTONE, The Structure of the Divine Society, London / Philadelphia 1951; W.J. EVERETT, God's Federal Republic, New York 1988; und der jüdische politische Philosoph, der die reformierte Tradition sehr schätzte, D. ELAZAR, The Covenant Tradition in Politics, 4 Bde., Piscataway 1995-1998.

„Vereinigung von Vereinigungen", als eine „‚federation' of ‚covenanted' communities". Ein anderes Beispiel aus jüngerer Zeit ist Abraham Kuyper, der die grundlegende Theorie der relativen Souveränität der „Sphären" des Lebens entwickelte.[18] Und auf andere Weise verhandelten Emil Brunners Gifford Lectures von 1948, traurigerweise wenig beachtet, diese Anliegen auf sehr ideenreiche Weise. Alle diese reformierten Protestanten sind abhängig von der grundsätzlichen Lehre der Souveränität Gottes – einer Lehre, die impliziert, dass alle Bereiche des Lebens Gott unterstehen und dass daher keine irdische Macht Souveränität über alle diese ausübt. Diese Lehren stellen die Grundfrage, wie wir deren Verhältnis zueinander ordnen und zugleich maximale Freiheit erhalten sollen; wie wir jeden Bereich des Lebens unter Gott und zugleich in Zusammenarbeit mit anderen Religionen, Kulturen und Traditionen ordnen sollen. Denn auch diese teilen die grundlegenden Fähigkeit, Prinzipien von richtig und falsch zu erkennen, und leben in Gesellschaften, die auf analogen Sphären des sozialen Lebens aufgebaut sind – auch wenn sie andere Überzeugungen über die letztgültige Rettung haben.

In dieser Sichtweise hat mich die neue Forschungsarbeit von John Nurser bestätigt, der eine bedeutende neue Studie „A Global Ethos for a Global Order. The Ecumenical Movement Churches and Human Rights 1938–48" verfasst hat. Kurz gefasst argumentiert er, dass zur Zeit des Beutezugs von Hitler und Stalin einige weitsichtige ökumenische Kirchenleiter nicht nur erkannten, dass jenen mit Gewalt Einhalt geboten werden musste, sondern dass eine veränderte, nichtterritoriale und zwangfreie Interpretation des „Christentums" nach dem Konflikt dazu beitragen könnte, eine neue globale Ordnung zu formen. Dies ist nicht die bekannte Geschichte, dass einige der berühmtesten theologischen Leitungsfiguren dieser Zeit (Niebuhr, Bonhoeffer, Barth, Tillich) entscheidende Beiträge im Widerstand gegen die Tyrannei geleistet haben. Vielmehr hat eine Gruppe weniger bekannter Menschen – unter der Leitung von Fred Nolde und Searle Bates, gemeinsam mit einem halben Dutzend anderer und in Kooperation mit einigen katholischen und jüdischen Leitern – die grundlegenden Annahmen der Tradition in Begriffe übersetzt, die auf einer interreligiösen, kulturübergreifenden und internationalen Ebene gebilligt werden konnten. Es begann mit den frühen Konsultationen in Dunbarton Oaks, in denen die ersten Pläne für die Vereinten Nationen, die Weltbank, den Internationalen Währungsfonds und die Erklärung

---

[18] Vgl. seine berühmten *Lectures on Calvinism* (Grand Rapids 1931), und die Aufsätze zu deren 100-jährigem Jubiläum in L. LUGO (Hg.), Religion, Pluralism, and Public Life. Abraham Kuyper's Legacy for the Twenty-First Century, Grand Rapids 2000. Vgl. auch gegenwärtig eine der besten Abhandlungen zu diesen Themen: J. SKILLEN / R.M. MCCARTY (Hg.), Political Order and the Plural Structure of Society, Atlanta 1991.

der Menschenrechte der UN gelegt wurden. Seither haben diese Leistungsfiguren die intellektuelle Munition und denjenigen Eifer bereit gestellt, der unermüdlich gläubige Leiter von Diplomatencorps anstachelte und namhafte Personen in religiösen und ökumenischen Institutionen mobilisierte, über die Artikulation einer ethischen Vision und den Aufbau von Institutionen nachzudenken, welche die Welt am ehesten vor dem Terror des neo-paganen Barbarentum des Faschismus und dem über-säkularen Utopismus des Kommunismus bewahren würde. Möglicherweise müssen die von ihnen erdachten Institutionen bereits erneut untersucht und reformiert werden. Und mit Sicherheit haben sie die Herausforderungen durch islamischen und hinduistischen Fundamentalismus nicht vollständig vorhergesehen. Aber sie brachten das grundlegende Design hinter den heute wichtigsten internationalen Institutionen hervor – ihr Schlussstein, die Allgemeine Erklärung der Menschenrechte, ist heute das *ius gentium* in den meisten Teilen der Welt.

Kurzum, Zivilreligion ist grundsätzlich – wie Rousseau auf eine Weise und Durkheim und seine amerikanischen Nachfolger (wie Feuerbach in Deutschland) auf eine andere Weise argumentierte – eine Projektion der Erfahrungen und Werte einer zivilen Ordnung auf eine kosmische Ordnung um der sozialen Solidarität willen. Es ist sozusagen eine Gesellschaft, die ihrem eigenen Bild huldigt, von unten nach oben („bottom up"). Eine Politische Theologie beansprucht – in dieser Hinsicht wie eine Öffentliche Theologie –, göttliche Wurzeln zu haben und keine rein menschliche Konstruktion von Machthungrigen zu sein, sie ist von oben nach unten gedacht („top down"). Trotzdem neigt eine Politische Theologie dazu, die politische Ordnung als einzig umfassende Ordnung zu verstehen. Daher versucht sie, mit der Macht der Regierenden die Strategien der „untergeordneten" Organisationen so zu verändern, dass sie dem Ganzen dienen – wie es von der politischen Ordnung definiert wurde. Das bedeutet jedoch eine immer weiter gehende Ausdehnung der Herrschaft der zentralisierten Macht, die alle politischen, wirtschaftlichen, militärischen, pädagogischen, kulturellen, juridischen und möglicherweise religiösen Autoritäten in ihre eigenen Hände nimmt.

Eine Öffentliche Theologie, wie ich sie verstehe, stimmt mit der Politischen Theologie darin überein, dass es nicht nur um die religiösen Gefühle oder die Erfahrung einer partikularen Gemeinschaft geht, die in das Artefakt einer kulturellen Selbstfeier projiziert werden und sodann als Quelle normativen Denkens und Lebens gelten. Vielmehr handelt es sich um eine Offenbarungsquelle, die als Norm besteht. Trotzdem hat diese „top-down"-Realität nach dem Verständnis der Öffentlichen Theologie nicht in erster Linie Implikationen für die politische Ordnung, sondern zunächst für die persönlichen Überzeugungen, die Glaubensgemeinschaften und die Vereinigungen. Diese bilden in Folge eine offene Gesellschaft, welche unvermeidbar plural und spannungsvoll sein wird. Die von ihnen vertretenen Prinzipien und Ziele bleiben jedoch nicht innerhalb der religiösen Gemeinschaften oder privaten Verbindungen. Sie bahnen sich ihren Weg durch die Überzeugungen der Menschen und die Strategien der vielfältigen Institutionen der Zivilgesellschaft, in denen die Menschen leben, arbeiten und spielen. Aus diesen entsteht der wichtigste öffentliche Bereich. In der Tat ist Öffentliche Theologie überzeugt, dass diese vielfältigen „convictional-commitment-incarnate centers" im Leben der Öffentlichkeit gemeinsam den entscheidenden Kern des zivilisierten Lebens ausmachen. Mit angemessener Pflege und Entwicklung werden sie veredelt, denn sie wirken weder von unten („bottom up") noch von oben („top down"), sondern aus der Mitte heraus („center out"). Sie zeigen sich gelegentlich in der Ausbildung einer begrenzten konstitutionellen politischen Ordnung, die den Menschen dient, ihre Menschenrechte achtet und den vielfältigen Institutionen und Sphären einer pluralistischen Gesellschaft zu blühen erlaubt zur Ehre Gottes. Durch ihre andauernde prophetische, priesterliche und königliche gegenseitige Korrektur dienen sie dem Wohlbefinden einer unvermeidbar sündigen, aber moralisch und spirituell erbauten Gemeinschaft von Gemeinschaften.

Eingeleitet und bearbeitet von Jan-Philip Tegtmeier

III. Stimmen der Befreiung:

**Beverly Wildung Harrison (1932–2012) und
James H. Cone (1938–2018)**

7. Feministische Liebesethik: Beverly W. Harrison (1932–2012)

Einführung

Person und Werk

Beverly Wildung Harrison wurde als jüngstes von vier Kindern einer presbyterianischen Mittelschichtsfamilie in St. Paul/Minnesota geboren. Während ihrer Zeit am Macalaster College von 1950–1954 hatte sie Unterricht bei dem Theologen Robert McAfee Brown. Er ermunterte sie zu einem Theologiestudium am New Yorker Union Theological Seminary, das sie 1956 nach Studien insbes. bei Reinhold Niebuhr und John Bennett mit einem *Master of Religious Education* abschloss. Da die Presbyterianische Kirche keine Frauen ordinierte, ein Hochschulpfarramt aber auch ohne Ordination ausgeübt werden konnte, arbeitete H. anschließend für das *Campus Ministery* der University of California, Berkeley.

1961 kehrte sie ans Union Seminary zurück, um ihre Studien insbesondere im sozialethischen Bereich zu vertiefen. 1963 begann sie ihre akademische Karriere mit der Aufnahme eines Promotionsstudiums unter der Betreuung von Roger Shinn und John Bennett. 1966 wurde sie Dozentin für christliche Ethik und *Assistant Dean of Students*. Dieses Amt richtete ihren Blick besonders auf die Situation von Frauen in der akademischen Welt und wurde damit zum Ausgangspunkt ihrer feministischen Theoriebildung. Bereits vor Abschluss ihrer Promotion im Jahr 1975 war H., inzwischen Studiendekanin und *Assistant Professor*, eine Verstetigung ihrer Professur zugesagt worden. Als die zuständige Kommission 1978 ihre anstehende Berufung verhindern wollte, weil keine Buchpublikation vorlag, wurde diese mit großer Unterstützung der Studierendenschaft gegen viele Stimmen am Union Seminary bis 1980 erstritten und stand damit unter einem konfliktträchtigen Vorzeichen.

1982 wurde H. die erste Präsidentin der Society of Christian Ethics. Ein Jahr später erschien ihr erstes, sehr erfolgreiches Buch (*Our Right to Choose: Toward a New Ethic of Abortion*), mit der H. eine wirkmächtige Debatte über Abtreibung in den USA auszulösen vermochte. Im Verlauf ihrer Karriere publizierte sie darüber hinaus zahlreiche einflussreiche Aufsätze. Hervorgehoben sei ihr Sammelband *Making the Connections: Essays in Feminist Social Ethics* (1985). H. integrierte nun zunehmend eine rassismuskritische Perspektive in ihre Theologie. Sie übte ihre Professur bis 1999 aus, wurde mit Ehrendoktorgraden des Macalester College (2006) und des Chicago Theological Seminary (2010) gewürdigt und starb

2012. Die *Society of Christian Ethics* verlieh ihr im Folgejahr ihren *Lifetime Achievement Award*.

Theologischer Ansatz

H. lässt sich gemäß ihrem theologischen Selbstverständnis als eine christliche feministische Befreiungsethikerin beschreiben. Das christliche Fundament ihrer presbyterianischen Sozialisation und der Theologie Niebuhrs („*neo-orthodoxy*") hat sich durch die feministischen und befreiungstheologischen Einflüsse deutlich von dieser Tradition emanzipiert. H. rezipierte für die Entwicklung ihres differenzfeministischen Ansatzes maßgeblich die feministischen Theologinnen Mary Daly (1928–2010) und Rosemary Radford Ruether (*1936). Daly prägte sie bei der Ausarbeitung eines dynamischen, diesseitig offenen Gottesbildes als Grundlage einer christlichen Ethik: „*Tun* muss in unserer Theologie ebenso grundlegend werden wie *Sein*." Ruether stützte H.s Betonung von Erfahrungshorizonten als Grundlage ethischer Reflexion und die Integration von Körperlichkeit, Emotionen und Sinnlichkeit in Spiritualität und Ethik gegen den klassischen Dualismus von Körper und Geist. Während H. sich anfänglich die Argumentationsmuster der Befreiungstheologie aus feministischer Perspektive angeeignet hatte, entwickelte sie in den 1980er Jahren ein Bewusstsein für die Notwendigkeit eines echten Schulterschlusses verschiedener marginalisierter und unterdrückter Gruppen gegen ökonomische, rassistische, homophobe und patriarchale Ungerechtigkeit. Diese Position schärfte sich durch ihre Mitgliedschaft im sog. *Mud Flower Collective*, einem 1982 formierten Bündnis von weißen und BPOC-Theologinnen. Diese Entwicklung führte zu einer erheblichen Erweiterung ihres thematischen Spektrums. Kern ihres Ansatzes blieb fortwährend die Überzeugung, dass die Wurzeln feministischer Ethik in Praxis und Aktivismus liegen und nicht auf Theoriebildung beschränkt werden dürfen.

Bemerkungen zum Text

Der hier vorgestellte Aufsatz mit dem Originaltitel *The Power of Anger in the Work of Love: Christian Ethics for Women and Other Strangers* ist aus H.s Antrittsvorlesung von 1980 entstanden. Er kann als theologischer Programmentwurf für ihre Ethik gelten. Die deutsche Fassung ist von der Übersetzerin Hildegard Schneck gekürzt und von der Autorin autorisiert worden. Insbesondere die ursprüngliche Einleitung (*Undoing Patriarchal Processions*) fehlt hier. Sie knüpft an den Vortragsanlass, nämlich ihre mit einer akademischen Prozession verbundene Berufung an. H. kritisiert den Brauch von Prozessionen und ihren misogynen Charakter im Diskurs mit Mary Daly (Gyn/Ecology. The Metaethics of Radical Feminism, Boston

1978 [Neuauflage 1990]), die „*processions*" als Mittel zur Machtfixierung des Patriarchats darstellt.

Daly und ihre feministische Kritik am traditionellen Gottesbild stellen auch einen wesentlichen Ausgangspunkt für die Überlegungen des ersten Hauptabschnittes des Aufsatzes dar. H. integriert darin sowohl die natürlichen als auch die kulturell aufgenötigten Erfahrungswirklichkeiten von Frauen als Gebärende, Pflegende und Ernährende in den christlichen Gottesbegriff und die damit verbundene Spiritualität und Ethik. Vor diesem Hintergrund muss von Gott dynamisch und prozesshaft gesprochen werden und nicht statisch und ontologisch. Für die Ethik resultiert daraus die Betonung von der beziehungsstiftenden und lebensgestalterischen Bedeutung des Weiblichen. Sie setzt bei der menschlichen Macht an, durch Akte der Liebe oder Lieblosigkeit Leben buchstäblich zu erschaffen oder zu vernichten. Das erweist sich für H. als grundlegendes Kriterium ethischer Urteilsbildung.

Gegen das Erbe des Leib-Seele-Dualismus betont H. im zweiten Hauptteil die körperliche Dimension dieser Macht der Liebe. Die Verbindung ethischer Reflexionen zu Körperlichkeit und Emotionalität ermöglicht es ihr dabei, den konstitutiven Charakter des Zorns für die Arbeit der Liebe herzuleiten. Zorn wird als ein Indikator für gestörte Beziehungen und als konstruktive Kraftquelle zu positiver Veränderung im menschlichen Leben gewürdigt. Als letzte Grundlage feministischer Ethik hebt H. schließlich das Thema menschlicher Beziehungen hervor. Die christologischen Folgen ihres Ansatzes sind u.a. eine Kritik an der Überbewertung des Opfergedankens im Kreuzesgeschehen und die Hervorhebung von Jesu Aufruf zu einem radikalen Leben und Handeln aus der Kraft der Liebe.

Literatur

E.M. Bounds, Introduction to the Issue [In Honor of Beverly Wildung Harrison], JFSR 9 (1993/ 1 u. 2), 7–16.

G. Dorrien, Social Ethics in the Making. Interpreting an American Tradition, Malden u.a. (2008) 2011, 421–437.

E. Gräb-Schmidt, Ethik kompakt: Beverly W. Harrison, ZEE 66 (4/2022), 304–309.

S. Jäger, Geschlechtergerechtigkeit als Aufgabe evangelischer Ethik. Fürsorge und Beziehungen stärken, in: M. Hofheinz / C. Johnsdorf (Hg.), The Grand International Challenges. Theologisch-ethische Perspektiven, Stuttgart 2021, (179–204) 191–193.

Die Kraft des Zorns in der Arbeit der Liebe.
Grundlagen einer feministischen Moraltheologie (1981)[0]

Eine christliche Moraltheologie muss ein Spiegel dessen sein, was Frauen gelernt haben, während sie darum kämpften, die Gabe des Lebens zu empfangen, zu verinnerlichen und weiterzugeben. Mit diesem Ansatz befinde ich mich in Übereinstimmung mit anderen Befreiungstheologien. Sie alle vertreten die Auffassung, dass das, was in der Geschichte des Glaubens authentisch ist, allein aus der Feuerprobe des menschlichen Kampfes erwächst.[1] Dies halte ich für die zentrale, wenn auch bis heute kontroverse Aussage der heutigen Befreiungstheologien, und sie hat entscheidende Auswirkungen auf die Ethik, denn sie bedeutet, dass der Ort der göttlichen Offenbarung in den konkreten Kämpfen von Gruppen und Gemeinden zu suchen ist, wo die Gabe des Lebens aufgenommen wird und Kräfte, die das Leben leugnen, aufgelöst werden. Was wir über die Liebe wissen müssen, lernen wir also aus dem Kampf für Gerechtigkeit. Frauen waren schon immer in den Kampf um eine lebendige Gemeinde der Liebe und der Gerechtigkeit

---

[0] Dieses Kapitel ist eine erweiterte Fassung von Harrisons Antrittsvorlesung als Professorin für christliche Ethik am Union Theological Seminary in New York 1980. Für die deutsche Ausgabe wurde es gekürzt.
[Anm. d. Hg.: Der deutsche Untertitel ist eine Übersetzung der Abschnittsüberschrift *Basepoints for a Feminist Moral Theology* des Hauptteils des Aufsatzes. Sie steht ursprünglich zwischen der hier nahezu vollständig gestrichenen Einleitung und der Schlussbemerkung bei B.W. HARRISON, The Power of Anger in the Work of Love. Christian Ethics for Women and Other Strangers, in: USQR 36 (1981; Suppl.), 41–57. Der Aufsatz leitet in leichter Überarbeitung unter selbem Titel den folgenden Sammelband ein: DIES., Making the Connections. Essay in Feminist Social Ethics, ed. by C.S. ROBB, Boston 1985, 3–21. Die Übersetzung findet sich in: DIES., Die neue Ethik der Frauen. Kraftvolle Beziehungen statt bloßen Gehorsams, übers. von H. SCHNECK, Stuttgart 1991, 7–30.]

[1] Ich möchte hervorheben, wie ähnlich sich die hermeneutischen Annahmen von Feministinnen und von anderen Befreiungstheologinnen und Befreiungstheologen sind, auch wenn viele von Männern artikulierte Befreiungstheologien sich oft an frauenfeindlichen und maskulinistischen götzendienerischen Theorien begeistern. Siehe beispielsweise J.L. SEGUNDO, The Liberation of Theology, Maryknoll 1976, 37f., Anm. 55. Segundo möchte den Begriff „christlich" für das männliche Element in der Offenbarung Vorbehalten. Vom methodischen Standpunkt der feministischen Theologie her ist es gut, daran zu denken, dass Frauen keine Minderheit sind. Das bedeutet, dass die Befreiungstheologien aller Gemeinden und Gruppen durch die Erfahrung von Frauen in diesen Gruppen verändert werden muss. Wenn die Welt überhaupt überlebt, wird sich in allen Theologien die feministische Theorie durchsetzen, denn die Frauen sind die Unterklasse innerhalb jeder historischen Gruppe. Aber dies bedeutet auch, wie hier bemerkt, dass die Befreiung der Frauen „die längste Revolution" ist.

verwickelt, und ich bin davon überzeugt, dass wir viel mehr von der radikalen Arbeit der Liebe wissen als die herrschende und dabei so andersweltliche Spiritualität des Christentums. Eine feministische Ethik, so behaupte ich, ist zutiefst weltlich, sie ist eine Spiritualität der Sinnlichkeit.[2]

Aktivität als die Methode der Liebe

Es ist schwer, den geschichtlichen Anfangspunkt auszumachen, an dem die Erfahrung von Frauen die herrschende Moraltheologie in Frage stellte, denn er ist verdeckt durch den Dunstschleier, den der erfolgreiche Gegenangriff der Männer im 19. Jahrhundert über die erste Frauenbefreiungsbewegung gelegt hat. Aufgrund dieses Gegenangriffs haben die meisten von uns gebildeten Mittelschichtfrauen eine Ideologie über uns selbst verinnerlicht, die unserer tatsächlichen Geschichte widerspricht. Ich glaube, dass Frauen zu allen Zeiten ein Beispiel für die Macht der Aktivität über die Passivität gegeben haben; sie haben gezeigt, dass Experimentierfreudigkeit über Routine, Kreativität und Risikofreudigkeit über die Konventionalität siegen. Aber seit dem 19. Jahrhundert wurde uns beigebracht zu glauben, Frauen seien von Natur aus passiver und reaktiver als Männer. *Wenn* Frauen sich im Laufe der menschlichen Geschichte so vorsichtig und so konventionell verhalten hätten wie die „guten Frauen", die von der spätbürgerlichen Ideologie erfunden wurden, *wenn* Frauen sich dem „Kult des wahren Frauseins" gefügt hätten und *wenn* sich die gesellschaftliche Machtlosigkeit von Frauen durchgesetzt hätte, die das „Ideal" der europäischen und amerikanischen „begüterten Klassen" ist, dann wäre die Gabe des menschlichen Lebens schon längst ausgelöscht.

Diese sehr moderne Aufforderung an uns Frauen, uns als vornehm, passiv und schwach zu verstehen, blockiert unsere Fähigkeit, eine realistische Vorstellung von der historischen Vergangenheit der Frauen zu entwickeln. Tatsache ist, dass es zwar wenige transkulturelle Konstanten in der Erfahrung von Frauen gibt, dass jedoch die biologische Realität des Gebärens und Nährens oder Stillens (die nicht mit der kulturellen Macht des Pflegens und Ernährens verwechselt werden darf) den Frauen gewöhnlich die Priorität in und die Verantwortung für jene alltäglichen Aktivitäten gab, die in den meisten Gesellschaften für das Le-

---

[2] Der römisch-katholische Theologe Matthew Fox hat dieses Thema von Sinnlichkeit und Spiritualität besonders hervorgehoben. Glücklicherweise nimmt er den Zusammenhang zwischen feministischer Theologie und der Wiederentdeckung einer Spiritualität der Sinnlichkeit zur Kenntnis. M. Fox, On Becoming a Musical Mystical Bear, New York 1972, ix–xxvi. Er geht diesem Thema auch in anderen Büchern nach, beispielsweise in: Ders., A Spirituality Named Compassion, Minneapolis 1979, und in: Ders., Vision vom Kosmischen Christus, Stuttgart 1991.

ben der Menschen notwendig sind. So sind beispielsweise in vielen vorkapitalistischen Gesellschaften die Frauen – nicht die Männer – die Ernährerinnen und Händlerinnen. Wenn wir modernen Frauen uns der verführerischen Aufforderung fügen, uns primär als Zuschauerinnen, als Betrachterinnen oder als diejenigen zu sehen, die an der Seite stehen, während die Männer das ernste Geschäft betreiben, die (öffentliche) Welt zu organisieren, dann sollten wir zumindest erkennen, was für eine Rolle wir uns aufzwingen lassen! Wichtig ist hier jedoch, dass eine Theologie, die statische und passive Eigenschaften als „heilig" überbewertet, die Spiritualität mit Nichteinmischung und *Kontemplation* gleichsetzt, die die Aktivität, das tägliche Leben zu erhalten, als weltlich und für die Religion unwichtig betrachtet, dass eine solche Theologie *nicht von Frauen formuliert sein kann*. Im Gegensatz dazu sprach Sojourner Truth authentisch, also aus der realen, in dieser Welt gemachten Erfahrung von Frauen heraus, als sie ihr Frausein mit folgenden Worten definierte:

> „Niemand hat mir je in den Wagen oder über Schlammpfützen weg geholfen oder mir den besten Platz gegeben. Und bin ich denn keine Frau? Schaut mich an! Schaut meinen Arm an! Ich habe gepflügt und gepflanzt und die Ernte eingefahren, und kein Mann konnte mich übertreffen! Und bin ich denn keine Frau? Ich kann so viel wie ein Mann arbeiten und essen, wenn ich es bekomme, und ich kann die Peitsche genausogut ertragen wie er. Und bin ich denn keine Frau? Ich habe dreizehn Kinder geboren und mußte zusehen, wie die meisten von ihnen in die Sklaverei verkauft wurden, und als ich meinen Schmerz hinausschrie, hörte mich keiner außer Jesus. Und bin ich denn keine Frau?"[3]

Frauen waren diejenigen, die die lebenserhaltenden Dinge getan haben, diejenigen, die „zupackten", diejenigen, die verstanden haben, dass es keine passive Sache ist, die Gabe des Lebens zu empfangen. Sie haben verstanden, dass das Empfangen dieser Gabe bedeutet, sie fortwährend zu pflegen. Ich glaube, dass wir noch einen sehr weiten Weg vor uns haben, bevor *die Aktivität in unserer Theologie über die Passivität die Oberhand gewinnt,* und dass wir sogar noch weiter zu gehen haben, bevor die Liebe in unserer Ethik als *Handlungsweise* verstanden wird. In *Jenseits von Gottvater Sohn und Co.*[4] leitete Mary Daly den notwendigen theologischen Wandel ein, indem sie nachdrücklich betonte, dass ein feministischer Theismus keinen Platz für einen Gott hat, der als statisch und unveränderlich verstanden wird, dass von der Erfahrung der Frauen her das Heilige besser im Sinne von Prozess und Bewegung gesehen wird. Ihr Vorschlag, wir sollten uns Gott als lebendiges Sein vorstellen, als Verb anstatt als Substantiv, machte

---

[3] Die Rede von Sojourner Truth wurde aufgezeichnet in *History of the Women's Suffrage Movement,* Bd. 1, und wieder abgedruckt in A.S. Rossi (Hg.), The Feminist Papers. From Adams to de Beauvoir, New York 1973, 426–429.

[4] M. Daly, Jenseits von Gottvater Sohn & Co. Aufbruch zu einer Philosophie der Frauenbefreiung, München 1980, 49f.

nicht allein auf ihre weiblichen, sondern auch auf ihre männlichen Leser einen tiefen Eindruck.

Dennoch scheint mir Dalys Neuformulierung noch nicht weit genug zu gehen. Susanne K. Langer hat zu Recht festgestellt, dass Seinsphilosophien – die Philosophien, die die Strukturen der Natur zum Ausgangspunkt nehmen – schon seit langem die Vorstellung integriert haben, dass der Prozess *die* grundlegende Struktur der Realität ist.[5] Prozesstheologen wenden zu Recht ein, dass Daly nicht genügend beachtet und gewürdigt hat, dass die moderne Religionsphilosophie diese neuen Ansichten über die Natur integriert hat. Aber viele Prozesstheologinnen und Prozesstheologen – und in der Tat auch Daly – erkennen nicht, wie notwendig es darüber hinaus ist, die Bedeutung des menschlichen Kampfes um das Leben in unser Gottesverständnis zu integrieren. Es ist notwendig, die Metaphern für Gott der Kraft menschlicher Aktivität zu öffnen, sie nicht nur als radikale Kreativität, sondern auch als radikale moralische Kraft aufzuschließen. Es ist sogar notwendig, die klassische Seinsphilosophie noch grundlegender in Frage zu stellen, als Daly es getan hat. Schon oft wurde argumentiert, die katholischen Naturgesetztheologien würden der Tatsache nicht gerecht, dass die Kraft der Natur durch das strömt, was Marx „das Gattungssein" der menschlichen Natur nannte. Unsere Welt und unser Glaube werden zum Guten oder zum Bösen durch menschliches Handeln verändert. Eine feministische Moraltheologie muss ihre Analyse in diesem Bereich radikaler moralischer Kreativität verankern. Eine solche Freiheit wird oft missbraucht, aber die Kraft, eine Welt moralischer Beziehungen zu schaffen, ist ein grundlegender Aspekt der menschlichen Natur selbst. Meiner Meinung nach erlaubt uns die Metapher des Seins nicht, die Radikalität des menschlichen Handelns angemessen einzubeziehen. *Tun* muss in unseren Theologien ebenso grundlegend werden wie *Sein*. Tun und Sein sind natürlich nur Metaphern, um ein Konzept über unsere Welt zu entwerfen. Beide sind nur eine „Sichtweise der Dinge". Aber wir können niemals verstehen, was im Leben von Frauen das Tiefste, das „Ganzheitliche" und auf höchste Weise Geheiligte ist, wenn wir uns nur mit der eher statischen Metapher des Seins identifizieren und außer Acht lassen, wie zentral die Praxis als Grundlage für die Erfahrung von Frauen ist. Wir Frauen haben einen besonderen Grund, die radikale Freiheit der Macht realer, konkreter Taten zu würdigen.

Dabei müssen einige von Männern geäußerte „Theologien der Praxis" von feministischen Theologinnen kritisch beleuchtet werden. Männer stellen sich die Kraft menschlicher Aktivität oft in Bildern vor, die suggerieren, dass Herrschaft und Kontrolle die zentralen Formen menschlichen Handels seien, so als

---

[5] S.K. LANGER, Mind. An Essay on Human Feeling, Bd. 1, Baltimore 1967. Langer verfolgt minutiös die Evolution organischer Struktur vom konstanten Prozess zur motivierten Handlung als Hauptübergangspunkt zwischen Geist und der übrigen Natur.

ob politische oder militärische Eroberung der edelste Ausdruck der menschlichen Kraft zu agieren sei. Aus diesem Grund haben einige Frauen darauf gedrängt, dass feministische Theologien historische Kategorien vermeiden und ausschließlich von naturalistischen Metaphern ausarbeiten sollten. Ich glaube, ein solcher theologischer Schritt hätte verheerende Konsequenzen. Wir dürfen die sehr reale historische Kraft von Frauen, die Architektinnen dessen zu sein, was auf authentische Weise menschlich ist, nicht herunterspielen. Wir dürfen nicht die Tatsache aus den Augen verlieren, dass alle menschliche Würde und Gemeinschaft, die jemals zum Ausdruck kam, vor allem durch uns Frauen aufgebaut wurde. Wir hatten den Hauptanteil daran, und *wir* haben das Recht, vom *Aufbauen* menschlicher Würde und Gemeinschaft zu sprechen.

Ebenso wie das Tun in der feministischen Theologie im Mittelpunkt stehen muss, so dürfen Sein und Tun auch niemals als Polaritäten behandelt werden. Gemeinschaft als Gabe zu empfangen und an der Herstellung von Gemeinschaft zu arbeiten sind zwei Wege, dieselbe Aktivität zu betrachten. Eine feministische Theologie ist keine Theologie des Entweder-Oder.[6] Alle, die in der menschlichen Geschichte am „Platz der Frau" gelebt haben, mussten sich der Verantwortung stellen, wechselseitig Handelnde zu sein. Das Leben von Frauen wurde nicht nur von der Macht geprägt, menschliches Leben auf biologischer Ebene zu gebären, sondern auch von der Macht, das Leben zu pflegen und zu behüten, und dies ist eine gesellschaftliche und kulturelle Macht. Obwohl sich unsere Kultur dahin entwickelt hat, die Rolle von Frauen und damit das Pflegen und Behüten zu entwerten, ist dies in seiner wahren Form eine gewaltige Macht.[7] Dort, wo sie in der menschlichen Geschichte gewirkt hat, geschah dies weitgehend durch das Handeln von Frauen. Frauen müssen der Tatsache ins Gesicht sehen, dass wir nicht nur die Macht haben, persönliche Bindungen zwischen Menschen zu schaffen, sondern, noch grundlegender, das *Personsein selbst* aufzubauen und zu vertiefen. Und „die Person" aufzubauen heißt auch, Beziehung zu vertiefen, das heißt, Gemeinschaft herzustellen.

Wir haben noch keine Moraltheologie, die uns die schreckliche, furchteinflößende Wahrheit lehrt, dass wir die Macht haben, einander durch Akte der Liebe oder der Lieblosigkeit buchstäblich zu erschaffen oder zu vernichten. Ich

---

[6] Vgl dazu B.W. HARRISON, Kreativität und Wechselseitigkeit statt Gehorsams. Sexismus und die Sprache christlicher Ethik, in: DIES., Die neue Ethik der Frauen. Kraftvolle Beziehungen statt bloßen Gehorsams, übers. von H. SCHNECK, Stuttgart 1991, 31–66.

[7] Die beste zur Verfügung stehende Untersuchung über die eigenen Werte und Vorzüge einer feministischen Ethik, welche dieses Thema des Pflegens und Ernährens ebenfalls hervorhebt, ist E.H. HANEY, What is Feminist Ethics? A Proposal for Continuing Discussion, JRE 8 (1980/1), 115–124.

glaube, dass eine adäquate feministische Moraltheologie die Tradition christlicher Ethik dafür zur Verantwortung ziehen muss, dass sie die tiefe Macht des menschlichen Handelns in der Arbeit oder in der Verleugnung der Liebe heruntergespielt hat. Da wir die Liebe nicht als die Macht verstehen, durch unser Handeln gegenseitiges Wohlergehen zu schaffen, begreifen wir auch nicht, wie groß unsere Macht ist, das Leben zunichte und einander zu Krüppeln zu machen. Wir haben die schicksalhafte Wahl, entweder die Macht der Liebe Gottes in der Welt freizusetzen oder einander der schieren Basis des Personseins und der Gemeinschaft zu berauben. Diese Macht des menschlichen Handelns, die für das Drama von Gott und Mensch so entscheidend ist, ist *nicht* die Macht, die Welt zu erobern oder ein Imperium zu errichten, und sie liegt auch nicht in der Herrschaft eines Menschen über einen anderen. Wir sind in unserer menschlichen Macht Gott *nicht* am ähnlichsten, wenn wir von oben herabblicken oder die Haltung von Herrschenden oder von Imperien oder den Standort von Patriarchen einnehmen.

Ich glaube, dass unsere Welt am Rande der Selbstzerstörung und des Todes steht, da die Gesellschaft als ganze das so schwer missachtet hat, was von aller Arbeit der Liebe die menschlichste und wertvollste und grundlegendste ist – die Arbeit der menschlichen Kommunikation, des Sorgens und Behütens, die Arbeit, die persönlichen Bindungen der Gemeinschaft zu pflegen. Diese Aktivität wurde als Aufgabe der Frauen betrachtet und als zu weltlich und zu undramatisch abgewertet, es hieß, sie lenke zu sehr ab vom ernsten Geschäft der Herrschaft über die Welt. Diejenigen, denen beigebracht wurde, sich selbst als die Erbauer der Welt zu sehen, waren zu sehr mit Meisterplänen beschäftigt, um zu sehen, dass die Arbeit der Liebe *darin besteht,* menschliche Beziehungen zu vertiefen und auszuweiten. Diese dringend notwendige Arbeit der Liebe ist schwierig, aber machtvoll und wirksam. Durch Akte der Liebe – das, was Nelle Morton als „einander ins Sprechen hören" bezeichnet hat[8] – bauen wir buchstäblich ineinander die Kraft des Personseins auf. Es liegt in der Macht menschlicher Liebe, Würde und Selbstachtung ineinander aufzubauen oder einander zu Boden zu reißen. Das letztere fällt uns leichter als das erstere. Aber nur durch Akte der Liebe, die auf uns gerichtet sind, werden wir zu Menschen, die sich selbst und andere achten, und wir können das eine nicht ohne das andere tun. Wenn wir keine Selbstachtung haben, dann werden auch wir zu Menschen, die einander weder sehen noch hören können.

Wir wünschen uns vielleicht wie Kinder, dass wir keine so schreckliche Macht zum Guten oder zum Bösen hätten. Aber Tatsache ist, dass wir diese Macht haben. Die Macht, Liebe zu empfangen und zu geben oder sie zu versagen

---

[8] N. MORTON, The Rising of Women's Consciousness in a Male Language Structure, ANQ 12 (1972/4), 177-190.

– das heißt, die Gabe des Lebens zu verweigern – ist weniger dramatisch, aber genauso furchteinflößend wie unsere technologische Macht. Es ist eine zärtliche Macht. Und, wie wir Frauen wahrscheinlich nie vergessen werden, die Ausübung dieser Macht beginnt und ist verankert in *unserem Körper, in uns selbst*.[9]

Unser Körper, wir selbst als Handelnde der Liebe

Ein zweiter grundlegender Punkt für eine feministische Moraltheologie leitet sich daraus ab, dass wir die „Körperlichkeit" der Menschen anerkennen und feiern.[10] Eine Moraltheologie muss nicht nur in einer weltlichen Spiritualität verwurzelt, sondern darauf gerichtet sein, die Trennung zwischen Körper und Geist in unserem intellektuellen und gesellschaftlichen Leben zu überwinden. Die feministische Theologin Rosemary Ruether, die sehr viel im Bereich der Religionsgeschichte gearbeitet hat, und auch mehrere männliche Theologen haben den Zusammenhang zwischen dem Dualismus von Körper und Geist und unseren negativen Ansichten über Frauen aufgezeigt.[11] Ironischerweise wurde keine Dimension unseres westlichen intellektuellen Erbes von dem Dualismus von Körper und Geist so entstellt wie unsere Moraltheologie und unsere Moralphilosophie, und aus diesem Grund ist eine feministische Moraltheologie auch so notwendig. Mehrere männliche Theologen, vor allem mein Kollege Tom Driver[12], haben begonnen, eine christliche Theologie neu zu entwerfen, die die Trennung zwischen Körper und Geist nicht länger zulässt. Aber im Bereich der christlichen Ethik sind es nur wenige Männer, die die Verbindung zwischen dem Dualismus von Körper und Geist und der Annahme vieler Moraltheologen begriffen haben, dass wir am moralischsten sind, wenn wir zum Kampf um das Leben die größte Distanz und die geringste Bindung haben.[13] Bei weitem zu viele christliche Ethiken gehen weiterhin davon aus, dass „Objektivität" und „Distanz" grundlegende

---

[9] Die Formulierung stammt vom BOSTON WOMEN'S HEALTH COLLECTIVE (Hg.), Our Bodies, Ourselves, New York 1973 [dt. Übersetzung: Unser Körper – Unser Leben, Erw. Neuausgabe, 2 Bde., Reinbek bei Hamburg 1980/1988]. Diese Arbeit hat während der vergangenen zehn Jahre die Wandlung des Selbstverständnisses von Frauen und anderen Menschen am meisten beeinflusst.

[10] Eine wichtige Arbeit, die dieses Thema weiter ausführt, ist J.B. NELSON, Embodiment. An Approach to Sexuality and Christian Theology, Minneapolis 1979.

[11] Siehe besonders R. RADFORD RUETHER, Frauen für eine neue Gesellschaft. Frauenbewegung und menschliche Befreiung, München 1979.

[12] Siehe vor allem T.F. DRIVER, Patterns of Grace. Human Experience as Word of God, New York 1977. Auch in den Arbeiten von Theologen wie Charles Davis und Harvey Cox und, wie oben erwähnt, bei Matthew Fox findet dieses Problem Beachtung.

[13] Erfreulicherweise betonten einige neuere Arbeiten von männlichen Kollegen in der christlichen Ethik die Bedeutung von Körper und Gefühl in der moralischen Erkenntnis-

Voraussetzungen für verantwortliches moralisches Handeln seien. Und in der herrschenden ethischen Tradition ist moralische Rationalität allzu oft *körperlose* Rationalität.

Wenn wir, wie es Feministinnen tun müssen, „mit unserem Körper, mit uns selbst" anfangen, erkennen wir, dass unser ganzes Wissen, unser moralisches Wissen eingeschlossen, über den Körper vermitteltes Wissen ist. Alles Wissen wurzelt in unserer Sinnlichkeit. Wir kennen und bewerten die Welt, *wenn* wir sie kennen und bewerten, durch unsere Fähigkeit, zu berühren, zu hören und zu sehen. *Wahrnehmung* ist grundlegend für das *Begreifen*. Ideen hängen von unserer Sinnlichkeit ab. Das Gefühl ist das grundlegende körperliche Element, das unsere Verbundenheit mit der Welt vermittelt. Wenn wir nicht fühlen können, verlieren wir buchstäblich unsere Verbindung zur Welt. Alle Kraft, intellektuelle Kraft eingeschlossen, wurzelt im Gefühl. Wenn das Gefühl zerstört oder abgeschnitten ist, wird unsere Kraft, die Welt zu entwerfen und in sie hinein zu handeln, zerstört, und unsere Rationalität wird geschwächt. Aber es ist nicht einfach die Kraft, die Welt zu begreifen, die verlorengeht. Auch unsere Kraft, die Welt zu schätzen, schwindet. Wenn wir nicht scharfsichtig unsere Gefühle wahrnehmen, oder wenn wir nicht wissen, was wir fühlen, können wir nicht wirksam moralisch handeln. Deshalb muss die Psychotherapie als eine sehr grundlegende Form moralischer Erziehung verstanden werden. Wenn das Gefühl ausgeschaltet ist, gibt es auch keine rationale Fähigkeit zu bewerten, was geschieht. Wenn wir es versäumen, tief in „unserem Körper, in uns selbst" zu leben, zerstören wir die Möglichkeit moralischer Beziehungen zwischen uns.

Heutzutage gibt es viele Analysen über den „Verlust moralischer Werte" in unserer Gesellschaft. Eine feministische Moraltheologie macht deutlich, dass die wachsende moralische Unsensibilität hauptsächlich daher rührt, dass wir die Verbindung zu unserem Körper verloren haben. Viele Menschen leben so sehr in ihren Köpfen, dass sie ihre Verbundenheit zu anderen Lebewesen nicht mehr spüren. Es ist tragisch, dass religiöse Menschen in Bezug auf Sexualität und Sinnlichkeit *repressiver* werden, wenn sie den Verlust moralischer Normen befürchten. Folglich verlieren sie die moralische Sensibilität und tun gerade das, was sie fürchten – sie diskreditieren Beziehungen durch Moralismus. Aus diesem Grund ist die sogenannte „moralische" Mehrheit so gefährlich.

Im Gegensatz dazu legt eine feministische Moraltheologie, die in der Körperlichkeit wurzelt, großen Wert auf das „getting clear", auf das Mit-sich-ins-reine-Kommen. Sie betont, wie wichtig es ist, dass Frauen ihren Mittelpunkt finden und Wege entdecken, die uns fähig machen, die Verbindung zu anderen

---

theorie auf eine Weise, die mit meiner These hier übereinstimmt. Siehe NELSON, Embodiment, und D. MAGUIRE, The Moral Choice, New York 1978.

Menschen und zu unserer natürlichen Umwelt zu bewahren.[14] Wenn wir das Gefühl nicht als die Quelle dieser Vermittlung der Welt schätzen und achten, verlieren wir diese Verbindung. Das Gefühl zu achten heißt nicht, wie manche Leute gemeint haben, subjektiv*istisch* zu werden. Subjektiv*ismus* resultiert nicht daraus, dass der Körper und/oder das Gefühl zu sehr betont werden. Subjektiv*ismus* und Moral*ismus* haben ihren Ursprung vielmehr in der Vernachlässigung des Gefühls, sie entstehen daraus, dass das Gefühl auf der körperlichen Ebene nicht gründlich integriert wird. Damit meine ich jedoch nicht, dass Gefühle Selbstzweck sind. Wir sollten uns niemals um Gefühle bemühen, am wenigsten um liebende Gefühle. Überdies ist und war das Liebesgebot niemals eine Anordnung, *in einer bestimmten Weise zu fühlen*. Das Liebesgebot schafft auch nicht die Kraft, Liebe zu *fühlen*, und dies sollte es auch nie. Das Handeln schafft diese Kraft. Gefühle verdienen unsere Achtung für das, was sie sind. Es gibt keine „richtigen" oder „falschen" Gefühle. Taten, nicht Gefühle haben moralische Qualität, und unsere Gefühle entstehen im Handeln. Die moralische Frage lautet nicht „was fühle ich?", sondern „was tue ich mit dem, was ich fühle?" Da dies nicht verstanden wird, ist das heutige Christentum festgenagelt zwischen einer subjektivistischen, sentimentalen Frömmigkeit, die sich aus der Angst vor starken Gefühlen, besonders vor starken negativen Gefühlen ergibt, und einer objektivistischen, hölzernen Frömmigkeit, die das Gefühl mit anmaßender begrifflicher Distanz unterdrückt. Eine feministische Moraltheologie nimmt das Gefühl an als das, was es ist – als das grundlegende Element in unserer Kommunikation mit der Welt.

Die Bedeutung all dessen wird klar, wenn wir betrachten, welche Beziehung zwischen unseren Akten der Liebe und unserem Zorn besteht. Meine These lautet, dass wir Christinnen und Christen die Liebe beinahe getötet haben, weil wir den Zorn als Todsünde verstanden. Zorn ist nicht das Gegenteil von Liebe. Er ist besser als Gefühlssignal dafür zu verstehen, dass in unserer Beziehung zu anderen Menschen oder Gruppen oder zu der Welt um uns nicht alles in Ordnung ist. Zorn ist eine Form der Verbundenheit mit anderen und immer eine lebendige Form des Interesses und der Sorge. Um es anders auszudrücken: Zorn ist – und er ist es immer – Zeichen des Widerstands in uns gegenüber der Qualität unserer sozialen Beziehungen. Extremer und intensiver Zorn signalisiert eine starke Reaktion auf ein Handeln, das auf uns oder auf andere gerichtet ist, zu denen wir in Beziehung stehen.

Dies zu begreifen – dass Zorn signalisiert, dass in unseren Beziehungen etwas nicht stimmt – ist ein entscheidender erster Schritt hin zum Verständnis der Kraft des Zorns in der Arbeit der Liebe. Wo Zorn wächst, dort ist die Energie

---

[14] Siehe HANEY, What Is Feminist Ethics, und A. KENT RUSH, Getting Clear. Body Work for Women, New York 1978 [dt. Übersetzung: Getting Clear. Frauen finden zu sich, Ein Handbuch mit therapeutischen Übungen, München 1977].

zum Handeln. Im Zorn ist unser körperliches Selbst engagiert, und es sendet das Signal, dass in unseren Beziehungen etwas nicht stimmt. Gewiss führt der Zorn – genauso wenig wie jede andere Gefühlsrichtung – nicht automatisch zu weisem oder humanem Handeln. (Es gehört zur grundlegenderen Aufgabe der Ethik, uns dabei zu helfen, all unsere Gefühle zu durchleben und zu adäquaten Strategien für ein moralisches Handeln zu kommen.) Wir dürfen niemals die Tatsache aus den Augen verlieren, dass alle ernsthafte menschliche moralische Aktivität, vor allem das Handeln für soziale Veränderung, ihre Richtung aus der wachsenden Kraft des menschlichen Zorns bezieht. Dieser Zorn ist ein Signal dafür, dass Veränderung gefordert wird, dass in unseren Beziehungen Veränderung notwendig ist.

Die christliche Frömmigkeit hat den Zorn immer unterdrückt – bestärkt durch eine lange Tradition der Angst vor intensiven Gefühlen in unserer den Körper verleugnenden Tradition. Kann irgend jemand bezweifeln, dass dies ein Hauptgrund dafür ist, dass die Kirche eine solch konservative, schwerfällige Institution ist? Viele von uns haben nur noch wenig Hoffnung auf eine moralische Erneuerung der Kirche in unserer Zeit. Doch meiner Ansicht nach sträuben wir uns dagegen, den Grund für den moralischen *Eskapismus* in der Kirche zu sehen – nämlich die Angst vor dem Gefühl und, genauer, die Angst vor der Kraft des Zorns. Wir müssen erkennen, dass der Zorn nicht weggeht oder verschwindet, wo Gefühle vermieden werden. Im zwischenmenschlichen Leben maskiert er sich vielmehr als Langeweile und als Energiemangel, oder er drückt sich in passiv-aggressiver Aktivität aus oder in moralistischer Selbstgerechtigkeit und Schuldzuweisung. Verleugneter Zorn untergräbt die Gemeinschaft. Direkt ausgedrückter Zorn ist eine Form, den anderen Menschen ernst zu nehmen, eine Form von Interesse. Wichtig ist, dass die Kraft der Liebe, die Kraft zu handeln und Beziehung zu vertiefen, verkümmert und stirbt, wo das Gefühl umgangen wird, wo der Zorn versteckt wird und unbeachtet bleibt und sich maskiert.

Martin Buber hat recht, dass direkter Hass (und Hass ist Zorn, der hart geworden, erstarrt und abgestumpft ist) der Liebe näher ist als dem Fehlen von Gefühlen.[15] Die Gruppe oder Person, die uns im Zorn gegenübersteht, fordert Anerkennung von uns, sie fordert, dass wir ihre Gegenwart, ihren Wert erkennen. In einer solchen Situation haben wir zwei grundlegende Wahlmöglichkeiten. Wir können ignorieren, ausweichen, verdammen, Schuld zuweisen. Oder wir können handeln, um die Beziehung zur Gegenseitigkeit zu verändern, und damit beginnen, wirklich zuzuhören und miteinander zu sprechen. Für eine feministische Moraltheologie hat der Zorn also sehr wohl einen berechtigten Platz innerhalb der Arbeit der Liebe, und sie erkennt seinen zentralen Stellenwert im göttlichen und menschlichen Leben.

---

[15] M. BUBER, Ich und Du (1923), Heidelberg 1958, 19f.

Der letzte und wichtigste grundlegende Punkt für eine feministische Moraltheologie ist der zentrale Stellenwert der Beziehung.

Es ist mir völlig bewusst, dass wir gegenwärtig in das Thema „menschliche Beziehungen" oder „Beziehungsfähigkeit" so vertieft sind, dass manche Menschen erklärt haben, unser modernes Interesse an Beziehung sei lediglich ein Trend oder eine Modeerscheinung. Es ist wahr, dass „Beziehung" wie alles andere im Spätkapitalismus zu einer Ware verwandelt und zu einem bestimmten Preis angeboten und getauscht wird. Wenn wir vom Vorrang der Beziehung in der feministischen Erfahrung und von einer Theologie der Beziehung sprechen, so heißt das jedoch nicht, dass wir nach der letzten kapitalistischen Mode einkaufen. Es bedeutet vor allem, auf der tiefen, totalen Sozialität aller Dinge zu beharren. Alles auf der Welt steht in einem Zusammenhang. Nichts Lebendiges ist unabhängig; wenn es so etwas gäbe wie ein Individuum ohne Beziehung, dann würde niemand von uns es kennen. Die Ökologie hat uns in der letzten Zeit an etwas erinnert, was Menschen, die für andere gesorgt haben, immer wussten – dass wir Teil eines Lebensgefüges sind, das so verschlungen ist, dass es unser Denkvermögen übersteigt.[16] Unser Leben ist Teil eines riesigen kosmischen Netzes, und keine Moraltheologie, die es versäumt, die Realität in dieser Weise zu sehen, wird unser Leben und unser Handeln heute verstehen können.

In einer neueren, packenden und bahnbrechenden Arbeit, die den Grundstein für eine feministische Theologie der Beziehung legte[17], hat Carter Heyward deutlich gemacht, wie weit sich der traditionelle christliche Theismus von dem zentralen Prinzip der Beziehungshaftigkeit entfernt hat, das den Glauben der israelitischen Gemeinde charakterisiert hat und für das Wirken Jesu so zentral war. Sie betont, dass es den grundlegenden Gottesbildern, die von den Kirchenvätern entworfen wurden, an Beziehungshaftigkeit mangelte. Dadurch, dass die christliche Tradition betont, Gott sei das „Sein selbst" oder „der ganz Andere", suggeriert sie, dass ein Mangel an Beziehungshaftigkeit die Quelle göttlicher Stärke sei. Und dieses Bild göttlicher Nichtbeziehungshaftigkeit nährt sicherlich Selbstbilder, die uns dazu verleiten, Isolation und monadische Autonomie zu hoch zu schätzen. Denken unsere dominanten Theologien und intellektuellen Traditionen doch, dass wir als moralisch Handelnde am wirkungsvollsten und kraftvollsten sind, wenn wir ganz autonom und selbstsicher sind, wenn wir am wenigsten die Hilfe oder Unterstützung von anderen brauchen.

---

[16] Siehe beispielsweise B. COMMONER, Wachstumswahn und Umweltkrise, Gütersloh / Wien 1973.

[17] C. HEYWARD, Und sie rührte sein Kleid an. Eine feministische Theologie der Beziehung, Stuttgart 1986.

In seinem brillanten Buch mit dem Titel *About Possession: The Self as Private Property*[18] beschreibt der Philosoph John Wikse den Zusammenhang, der zwischen unseren Metaphern für das Selbst und den Besitzmetaphern besteht, die in der sozioökonomischen Ordnung dominieren. In unserer Gesellschaft ein freier Mensch, ein Selbst zu sein heißt heute, „sich selbst zu besitzen oder zu beherrschen". Wir denken uns wahre Freiheit tatsächlich als „Selbstbeherrschung". Selbstsicherheit und Freiheit von der Abhängigkeit von anderen bedeutet uns alles. Wikse argumentiert sehr plausibel, dass es schwierig ist, zu unterscheiden zwischen der Verhaltensweise, die in dieser Kultur von der „idealen Person" erwartet wird, und dem Verhalten, das wir traditionell Idioten[19] oder wahnsinnigen Menschen zuschreiben. Idioten, so hatten wir immer angenommen, sind Menschen, die von Beziehung abgeschnitten sind, Menschen, die nicht an dem allgemeinen Verständnis von Sinn und Bedeutung teilhaben. Jetzt aber bedeutet für uns Reife, dass sie eben diese Freiheit von Beziehungshaftigkeit einschließt: *Selbst*-bezogenheit ist nun so sehr der höchste Wert, dass wir so tun, als sei das „mit sich selbst eins sein" eine Bedingung für die Beziehung zu anderen anstatt eine Konsequenz daraus. Die Hoffnung, dass wir unsere Identität von innen heraus kontrollieren können, erfüllt den Traum, dass wir „jenseits der Verletzlichkeit" gegenüber anderen leben können.[20]

Es überrascht nicht, dass Wikse eine enge Verbindung sieht zwischen diesen Idealen und der Sozialisation von Männern in dieser Gesellschaft. Dieses Drehbuch der sogenannten „Authentizität als Selbstbeherrschung" zu lernen bedeutet, ein *wahrer* Mann zu sein. Wikse beschreibt, wie er lernte, „es zu nehmen wie ein Mann", wie er verstehen lernte, was es bedeutet, „sich an sich selbst festzuhalten":

> „Mir wurde beigebracht, dass ein wahrer Mann ein Mann mit einer Maske ist; der einsame Wanderer. Wenn andere unter die Maske der Selbstbeherrschung sehen könnten, wenn sie dich in deinen wirklichen Nöten kennenlernen könnten, dann würden sie dich vielleicht ablehnen; ein wahrer Mann sollte keine Nöte haben. Als heldenhafter Fremder führt ein Mann eine Heilsmission aus; Probleme haben andere, Nöte sind deren Nöte, nicht die eigenen [...]. Mir wurde beigebracht [an der Universität], dass ich gegenüber anderen Männern eine Fassade der Unverletzlichkeit zur Schau tragen muss, wenn ich Erfolg haben will, und dass ich meine Arbeit

---

[18] J.R. WIKSE, About Possession. The Self as Private Property, University Park 1977.
[19] [Anm. d. Hg.: Während Schneck vorgeschlagen hat, Harrisons „*idiot*" mit „schwachsinnig" zu übersetzen und damit im Sinne eines Pleonasmus zum folgenden „wahnsinnig" (im Original „*those, who* [...] *suffer madness*"), wird hier trotz seiner deutschen Rezeptionsgeschichte der Begriff Idiot stehen gelassen. Denn Harrisons Paraphrase von Wikse zeigt klar, dass hier das griechische ἰδιώτης, im Sinne des Privatmenschen, der sich politisch und sozial nicht engagieren will, ebenso vor Augen steht, wie die Geisteskrankheit.]
[20] WIKSE, About Possession, 44f.

als fertiges und perfektes Produkt darstellen muss, dass ich ein Darsteller sein muss, der gegen Kritik immun ist und keine Verbindung zu den Menschen hat, mit denen er arbeitet."[21]

Ich behaupte, dass eine theologische Tradition, die sich Gottheit als autonom und ohne Beziehung vorstellte, mit der Zeit einen Humanismus produzieren musste, wie wir ihn hervorgebracht haben und der die Vision vom „prometheischen Menschen" enthält, dem Individuum, das nur möglicherweise in Beziehung tritt, wenn es dies einmal wünscht. Dort, wo uns ein Bild von Transzendenz als Nichtbeziehungshaftigkeit präsentiert wird, als Freiheit von Gegenseitigkeit, dort wird die Erfahrung von Gott als lebendiger Gegenwart kalt und unwirklich. Aber selbst nachdem ein solcher Gott lange tot ist, lebt die Vorstellung noch immer unter uns fort, dass der Mensch als historisch Handelnder ein Wesen sei, das Beziehung wählt oder ablehnt.

Vorstellungen von Liebe, wie sie in einer Welt wie dieser nebenher fortbestehen – seien es nun Bilder göttlicher oder menschlicher Liebe – sind Bilder von heroischen Gesten selbstbeherrschter Einzelner. Es sind Bilder einer herablassenden Liebe, der Liebe der Starken für die Schwachen oder umgekehrt Bilder der weinerlichen Dankbarkeit der Schwachen gegenüber jenen Stärkeren, die „Gunst" gewähren.

Für solche Vorstellungen ist es unwichtig, dass niemand von uns mit dieser Art von Liebe etwas zu tun haben will oder es jemals gewollt hat oder diese Liebe gebraucht hat. Da macht es nichts, dass wir alle wissen, dass die Liebe, die wir brauchen und wollen, eine zutiefst gegenseitige Liebe ist, eine Liebe, die sowohl die Eigenschaft einer Gabe hat, die empfangen wird, als auch einer Gabe, die gegeben wird – es sei denn, dass unser Selbstgefühl durch Sadismus und Brutalität schon fast bis zur Unkenntlichkeit entstellt ist. Der Rhythmus einer wahren, heilenden und kraftschenkenden Liebe ist nehmen und geben, geben und nehmen, frei von der widerlichen Ungleichheit, die zwischen einem aktiven und einem passiven Partner entsteht.

Mich schaudert, wenn ich daran denke, wie oft ich während meines theologischen Studiums auf die Warnung christlicher Ethiker gestoßen bin, wahre, christliche Liebe sei nicht mit „bloßer Gegenseitigkeit" zu verwechseln.[22] Wir spüren, dass Menschen, die so denken können, es noch vor sich haben, die Macht der Liebe als die wahre Freude gegenseitiger Sensibilität zu erfahren, dass sie

---

[21] WIKSE, About Possession, 12f.
[22] Eine Hauptquelle für die Abwertung der Gegenseitigkeit in der protestantischen christlichen Ethik war die Untersuchung von A. NYGREN, Eros und Agape. Gestaltwandlungen der christlichen Liebe, 2 Bde., Studien des apologetischen Seminars, Heft 28 und 39, Gütersloh 1930 und 1937.

erst noch die Erfahrung machen müssen, dass sich jemand wahrhaft um sie kümmert oder dass sie sich aktiv um einen anderen Menschen kümmert. Gegenseitige Liebe, so behaupte ich, ist Liebe in ihrer äußersten Radikalität. Sie ist so radikal, dass viele von uns noch nicht gelernt haben, sie zu ertragen. Um sie zu erfahren, müssen wir offen sein, wir müssen fähig sein, zu geben und zu empfangen. Die Tragödie besteht darin, dass ein maskulinistisch konkretisiertes Christentum uns nicht helfen kann, zu lernen, auf solche Weise Liebende zu sein.

Diese konkretisierte maskulinistische Idolatrie zu durchdringen heißt auch, sich einer Wiederentdeckung des neutestamentlichen Ethos zu nähern. Kann Jesu aktive Verkörperung der Liebe durch dieses Bild der Gegenseitigkeit erhellt werden? Ich glaube ja. Orthodoxe christologische Interpretationen meinen, dass die gesamte Bedeutung des Lebens und Werkes Jesu auf irgendeine Weise in seinem eiligen Gang nach Golgotha, auf die Kreuzigung zu zu finden sei – als ob er das Leiden als Selbstzweck gesucht hätte, um die Lösung des Dramas von Gott und Menschen ein für allemal zu vollenden.[23] Ich glaube, dass dieses Verständnis vom Werk Jesu es seiner – und Jesu – moralischer Radikalität beraubt. Jesus war radikal nicht in seinem Verlangen, sich zu opfern, sondern in seiner Kraft der Gegenseitigkeit. Jesu Tod am Kreuz, sein Opfer war keine abstrakte Übung in moralischer Tugend. Sein Tod war der Preis, den er für seine Weigerung bezahlte, die radikale Aktivität der Liebe aufzugeben – das heißt, die Solidarität und Gegenseitigkeit mit den Ausgeschlossenen in seiner Gemeinde. Das Opfer, so behaupte ich, ist im christlichen Leben kein zentrales moralisches Ziel oder keine zentrale moralische Tugend. Radikale Akte der Liebe – Solidarität mit den Menschen auszudrücken und gegenseitige Beziehung zu wecken – sind die zentralen Tugenden des christlichen moralischen Lebens. Es hat die christliche moralische Tradition in ganz falsche Richtungen gelenkt, dass wir das Opfer zu einer moralischen Tugend gemacht haben.

Wie Jesus sind wir zu einer radikalen Aktivität der Liebe aufgerufen, zu einer Seinsweise in der Welt, die Beziehung vertieft, Gemeinschaft verkörpert und erweitert und die Gabe des Lebens weitergibt. Wie Jesus müssen wir diesen Ruf an einem Ort und in einer Zeit leben, wo die Verzerrungen der Macht ohne Liebe im Konflikt stehen mit der Macht der Liebe. Wir sind aufgerufen, uns wie Jesus dem entgegenzustellen, was die Kraft persönlicher und gemeinschaftlicher Entwicklung durchkreuzt, wir müssen mutig dem begegnen, was Beziehung entstellt, und dem, was so vielen Menschen in unserer Welt Wohlergehen, Gemeinschaft und Solidarität verweigert. Die Nachfolgerinnen und Nachfolger Jesu sind

---

[23] Zu einer hervorragenden Kritik an orthodoxen Christologien siehe C. HEYWARD, Und sie rührte sein Kleid an, und D. SÖLLE, Stellvertretung, Stuttgart 1965, und DIES., Politische Theologie, Stuttgart 1971.

dazu berufen, sich diesen Dingen entgegenzustellen und auf dem Weg der Konfrontation zu bleiben, „die Lügen, die Geheimnisse und das Schweigen"[24] zu durchbrechen, welche die vorhandenen Verzerrungen und Manipulationen in unseren Beziehungen und in der Macht der Beziehung maskieren.

Es ist eine Sache, die Gegenseitigkeit der Liebe zu leben, darin Gottes Nähe zu zeigen und zugleich klarsichtig und realistisch die möglichen Konsequenzen dieser radikalen Liebe zu sehen. Es ist aber etwas ganz anderes, zu tun, was viele Christinnen und Christen getan haben – nämlich die Kreuzigung Jesu aus ihrem gelebten Kontext herauszureißen und das Opfer zu einer abstrakten Norm für das christliche Leben zu machen. Gewiss war Jesus treu bis zum Tod. Er stand zu seiner Sache und starb für sie. Er *akzeptierte* das Opfer. Aber er brachte sein Opfer *für* die Sache der radikalen Liebe, das heißt dafür, Beziehung zu schaffen und sie zu erhalten, und vor allem, falsche Beziehung *gerecht zu machen,* und eben dies nennen wir „Gerechtigkeit schaffen".

Selbstverständlich ist es auch in der günstigsten Zeit und unter den günstigsten Umständen ein Risiko, so zu tun, als sei das Reich des lebendigen Gottes gegenwärtig – das heißt, auf der Basis radikaler Gegenseitigkeit und Umkehrbarkeit zu leben. Die Mächtigen glauben, eine solche Liebe sei „unrealistisch", da die Menschen, die von der Macht solcher Liebe berührt sind, oft Widerstand dagegen entwickeln, irgend etwas zu akzeptieren, was weniger ist als Gegenseitigkeit und Selbstachtung, weniger als Menschenwürde und authentische Beziehung. Dies ist der Grund, weshalb solche Menschen zu einer großen Bedrohung für die bestehenden Verhältnisse werden. Wie Frauen wissen, wie aber auch Männer wie Martin Luther King und Erzbischof Oscar Romero begriffen haben, wie alle wissen müssen, die es wagen, aus der Kraft der Liebe heraus zu handeln, ist radikale Liebe eine gefährliche und ernsthafte Sache. Ohne Beharrlichkeit, ohne die Bereitschaft zum Risiko sogar bis in den Tod würde die Macht radikaler Liebe in unserer Welt nicht weiterleben. Angesichts der Macht des Bösen in der Welt gibt es keinen Weg, um Kreuzigungen herumzukommen. Aber wie uns die Theologin und Dichterin Sandra Browders aus der Befreiungsbewegung der Homosexuellen gemahnt hat, besteht das Ziel der Liebe nicht darin, Kreuzigungen zu perpetuieren, sondern ihnen in einer Welt, in der sie weiter und weiter stattfinden, eine Ende zu machen! Wir tun dies durch ein Handeln in Gegenseitigkeit und Solidarität und nicht, indem wir nach einer Ethik des Opfers streben.

Merken wir uns gut: *Wir sind nicht aufgerufen, die Tugend des Opfers zu praktizieren.* Wir sind aufgerufen, der Gabe des Lebens Ausdruck zu geben, sie zu verkörpern, zu teilen, zu feiern und sie weiterzugeben! Während wir einander in die Kraft des Personseins zurückrufen, sind wir aufgerufen, unsere Hand auszustrecken, Beziehung zu vertiefen oder falsche Beziehungen gerecht zu machen

---

[24] A. RICH, Lies, Secrets and Silence, New York 1979.

– jene Beziehungen, welche die Menschenwürde verweigern, verzerren oder verhindern, dass sie sich entwickelt. Wir sind aufgerufen, diesen Weg zu gehen, in und mit dieser radikalen Macht der Liebe. — Wenn du das für mich tust, dann bin ich oft von deiner Großzügigkeit überwältigt, und ich spreche vielleicht von dem Opfer, das du für mich bringst. Aber wir müssen uns beide völlig klar darüber sein, dass du dadurch nicht die Tugend des Opfers an mir ausübst. Du gibst lediglich die Macht der Liebe weiter, du beschenkst mich, wie andere dich beschenkt haben, du beziehst mich ein in diese Kraft, radikale Liebe zu *tun*.

Schlussbemerkung

Es muss noch viel mehr darüber gesagt werden, wie sich eine feministische Moraltheologie, die sich in ihrem Auftrag vom Tiefsten und Besten im historischen Kampf von Frauen leiten lässt, die Arbeit radikaler Liebe vorstellt. Gewiss muss auch noch mehr über das Ausmaß der Sünde und des Bösen in der Welt gesagt werden. Es ist wichtig, dass wir daran denken, dass eine feministische Moraltheologie wie alle gute Theologie darin utopisch ist, dass sie sich eine Gesellschaft, eine Welt, einen Kosmos *vorstellt,* in dem es, wie Jules Girardi es formuliert, „keine Ausgeschlossenen" gibt.[25] Aber feministische Theologie ist auch sehr realistisch darin, dass sie die radikale Freiheit ernstnimmt, die wir Menschen zum Guten *oder zum Bösen* haben. Da wir erkennen, dass wir buchstäblich die Macht haben, einander in die Liebe – das heißt in die Beziehung hinein – zu Menschen zu entwickeln, können wir auch unsere Macht erkennen, Würde, Achtung, Fürsorge und Interesse an der Menschheit in unserer Welt auszulöschen. All dies *ist* in unserer Macht.

Weit mehr, als wir daran denken wollen, lebt aber das Böse, das wir tun, nach uns weiter. Die Radikalität unserer Vision von Liebe bezieht gerade aus diesem Wissen ihre Dringlichkeit. Die Propheten Israels hatten recht, als sie vor langer Zeit darauf beharrten, dass die Sünden der Väter (und Mütter) in uns weiterleben und die Macht der Beziehung zerfressen und zerstören. Dies ist der Grund, weshalb unsere moralische Aufgabe manchmal überwältigend zu sein scheint. Wir leben in einer Zeit, in der die massive und geballte Ungerechtigkeit, die im Laufe der Zeit hinweg begangen wurde und wird, Antwort findet im wachsenden Zorn der Menschen, deren Würde und Leben von kollektiven Privilegienmustern bedroht werden. Wenn wir die Arbeit der Liebe aktiv tun wollen, so wird dies in einer Welt wie dieser oft bedeuten, dass wir alles tun, was wir können, um die Kreuzigungen zu beenden, dass wir dem Bösen widerstehen, so gut wir können,

---

[25] J. GIRARDI, Class Struggle and the Excluded Ones, trans. and distrib. by New York Circus, from Amor Cristiano y Lucha de Classes, Sigueme, Spain 1975.

oder das Leiden derer mildern, die die Opfer unserer von Menschen verdorbenen Beziehungen sind. Inmitten einer solchen Welt kann die Liebe, die frohe Botschaft Gottes, uns bewahren in der Gewissheit, dass niemand von uns geboren wurde, nur um zu sterben, dass es uns bestimmt war und ist, die Gabe des Lebens zu haben, die Macht der Beziehung zu kennen und sie weiterzugeben.

Ein Hauptzeichen der Gnade Gottes – die immer in, mit und durch andere zu uns kommt – ist diese Kraft, zu kämpfen und Empörung zu erleben. Wir sollten unsere Kraft, gegen das Sterben des Lichtes zu zürnen, nicht auf die leichte Schulter nehmen. Sie ist die Wurzel der Kraft der Liebe. So soll niemand von uns Feministinnen sagen können, wir hätten nur ladylike dabeigestanden, als diese Kraft der Liebe verlangt wurde, oder wir hätten Zuflucht in einer anderen Welt gesucht, als wir hier und jetzt, in vorderster Reihe, gebraucht wurden.

Eingeleitet und bearbeitet von Kai-Ole Eberhardt

8. Schwarze Ethik der Befreiung: James H. Cone (1938–2018)

Einführung

Person und Werk

James Hal Cone wird im Jahr 1938 im Bundesstaat Arkansas im Süden der USA geboren. Als jüngster von drei Brüdern wächst er in der kleinen Gemeinde Bearden auf. Seinen Heimatstaat bezeichnet C. als *lynching state* („Lynchstaat"). In seiner Kindheit und Jugend sind die brennenden Kreuze des Ku Klux Klan, die *racial segregation* der Jim Crow-Ära und die mit ihr einhergehenden psychischen und physischen Gewalttaten an Schwarzen durch die *weiße* Mehrheit im Ort gewohnte Realität. Ein Gegenbild zu dieser Realität ist die Botschaft vom Kreuzestod Jesu Christi, die er in der Macedonia African Methodist Episcopal Church (AME) kennenlernt. Sie wird für ihn zur Botschaft der Selbstermächtigung und des Selbstbewusstseins von Schwarzen im Widerstand gegen eine gewalttätige, rassistische Gesellschaft. In den 60er Jahren wird C., wie auch sein Bruder Cecil, Pfarrer in der AME. Auf dem Weg dorthin erwirbt er zwischen 1954 und 1963 Abschlüsse am Philander Smith College (Little Rock, AR), dem Garrett Theological Seminary (Evanston, IL) und der Nothwestern University (Evanston, IL). 1965 schließt C. eine Dissertation zu K. Barths Anthropologie ab. In den Folgejahren lehrt er am Philander Smith College und dem Adrian College (Adrian, MI).

Als einschneidendes Ereignis in seiner Biographie nimmt C. den 12th Street Riot in Detroit im Juli 1967 wahr. Angesichts der anhaltenden rassistischen Polizeigewalt und fortdauernder Lynchmorde an Schwarzen stellt sich für C. eine Frage, die für ihn zur Lebensaufgabe wird: Was kann seine Theologie für den Schwarzen Befreiungskampf austragen? Ihm wird klar, dass er seine Rede von Gott vor dem Schwarzen Kampf für Gerechtigkeit verantworten muss und mit ihr selbst zu diesem beitragen muss. Ergebnis seiner theologischen Selbstbestimmung in den Zeiten des *Civil-Rights-Movement* und der *Black-Power*-Bewegung ist seine erste Monographie *Black Theology & Black Power* (1969), in welcher er das Evangelium Jesu Christi als gegenwärtig in der Black-Power-Bewegung entfaltet. Wenig später folgt *A Black Theology of Liberation* (1970). C. entwickelt hier die Grundpfeiler seines Entwurfs einer befreiungstheologisch orientierten *black theology*. Zur selben Zeit wechselt er ans Union Theological Seminary (New York City, NY), an dem er wenig später Professor wird und es für mehr als 40 Jahre bleibt.

Nach Jahrzehnten des politischen Einsatzes für Schwarze Gerechtigkeit, diversen Buchveröffentlichungen, die im intensiven Austausch mit Studierenden und theologischen Gelehrten entstanden sind, sowie zahlreichen Vortragsreisen auf dem gesamten Globus erscheint 2011 C.s letzte Monographie *The Cross and the Lynching Tree*, die er sowohl als Kulminationspunkt als auch als Klammer um sein theologisches und politisches Wirken versteht.

Am 28. April 2018 verstirbt James H. Cone im Alter von 79 Jahren.

Theologischer Ansatz

C. selbst sieht die Wurzeln seiner *black theology* bereits in seinen frühsten Kindheits- und Jugenderfahrungen in Bearden. Die Erfahrungen des Leidens von Schwarzen in den USA und ihr Widerstand gegen die *white supremacy* in der Geschichte und Gegenwart werden zum Ausgangspunkt seiner theologischen Hermeneutik. Die spezifischen Erfahrungen von Schwarzen und ihre Verarbeitung in Schwarzer Kultur stehen für ihn in einem dialektischen Verhältnis zur Offenbarung Gottes in Jesus Christus sowie dessen Bezeugung in der Heiligen Schrift und der christlichen Tradition. Seine *black theology* fragt grundlegend, wie Gott sich in den Leidens- und Widerstandserfahrungen von Schwarzen gegenwärtig offenbart und welche Perspektiven das biblische Zeugnis und die christliche Tradition in diesem Zusammenhang eröffnen. Seine Theologie ist als kontextuelle Theologie zu verstehen. Für C. ist ersichtlich, dass das Christentum als Religion der Befreiung gelesen werden muss und Theologie folglich die Aufgabe hat, die Bedeutung von Befreiung im Lichte des Evangeliums zu analysieren, um so auch am Kampf für Befreiung zu partizipieren.

Leitmotive für C.s Theologie werden in diesem Zusammenhang etwa der Exodus sowie der Kreuzestod Jesu Christi. So wie Gott sich in diesen biblischen Überlieferungen den Unterdrückten und Leidenden zugewandt hat, wendet er sich auch den Schwarzen in den USA in ihrem Kampf für Befreiung zu. Im Zuge seiner Ablösung von einer eurozentrischen Theologie und ihrer US-amerikanischen Rezeption werden insbesondere Malcolm X, Martin Luther King, Jr. und James Baldwin Quellen für C.s Denken. Sie sind, wie er selbst sagt, seine intellektuelle Trinität. Auch Schwarze Gebete, Erzählungen, Spirituals und Blues sind fest in seine Darlegungen eingewoben.

Kritische Anfragen an seine Theologie, die mit dem Aufkommen eines zunehmenden Bewusstseins für die Verwobenheit von Unterdrückungsstrukturen im theologischen Forschungsdiskurs erwachsen, nimmt C. beständig in seine theologische Reflexion auf. Etwa seitens womanistischer Theologien werden insbesondere C.s frühe Veröffentlichungen kritisch befragt.

Bemerkungen zum Text

Bei dem vorliegenden Text handelt es sich um ein Kapitel aus C.s Monographie *God of the Oppressed* (1975). Hier vertieft er die Überzeugungen seiner *black theology* und liefert zugleich eine Replik auf Anfragen und Kritik zu seinem Entwurf. C. bespricht die Bedingungen und Dimensionen einer Schwarzen Ethik der Befreiung. Diese Auseinandersetzung wird für C. besonders dringlich im Kontext der Frage nach der Legitimität von Gewalt im Kontext des Strebens nach Befreiung. Als Grundannahme des Kapitels postuliert C., dass die Ausgangsfrage der theologischen Ethik „Was soll ich tun?" nicht davon getrennt werden könne, was Gott in seiner Offenbarung getan hat.

Dass Gott sich als Befreier der Unterdrückten offenbart, werde in der Theologie in Geschichte und Gegenwart jedoch ignoriert. Diese Nichtbeachtung führe zu einer Ethik, die Unterdrückungsstrukturen legitimiert. Die Folgen dessen werden für C. ersichtlich, wenn *weiße* US-amerikanische Ethiker Rassismus nicht als Problemkreis der theologischen Ethik erkennen. Die Theologie stehe auf einem falschen Fundament, wenn sie Gott nicht als Befreier und daraus folgend die Befreiung als Thema der Ethik wahrnimmt.

Eine Schwarze Ethik der Befreiung kann für ihn nicht auf einem derart korrumpierten Fundament aufbauen. C. entwickelt seine Ethik als Prozessethik. Sie bildet sich im Prozess der Befreiung aus und reflektiert diesen stetig am Maßstab des befreienden Handelns Gottes in konkreten Schwarzen Erfahrungen. Gott offenbart sich als befreiender Gott in der Geschichte der Befreiung selbst.

Die Gemeinschaft der Unterdrückten, in der Gottes Wirken in Christus als befreiendes Wirken in der Gegenwart verstanden wird, ist so Ort der ethischen Reflexion, welcher sich in der Befreiung von Schwarzen in ihrer historischen Partikularität konkretisiert. Eine Schwarze Ethik der Befreiung kann die Frage der Gewalt folglich nur im Kontext der Befreiung thematisieren und je neu bewerten.

Literatur

J.H. Cone, Said I wasn't gonna tell nobody. The Making of a Black Theologian, Mayknoll 2018.

K. Brown Douglas, The Black Christ, Maryknoll (1994) 2019.

Chr. Dahling-Sander, Zur Freiheit befreit. Das theologische Verständnis von Freiheit und Befreiung nach Martin Luther, Huldrych Zwingli, James H. Cone und Gustavo Gutiérrez, Frankfurt a.M. 2003.

G. Dorrien, Social Ethics in the Making: Interpreting an American Tradition, Malden 2011, 396–411.

N.K.C. Eleyth / Traugott Jähnichen, James Cone, in: ZEE 66 (1/2022), 62–66.

Befreiung als Thema der christlichen Ethik (1975)[0]

Der Schwarze Befreiungskampf umfasst einen völligen Bruch mit der *weißen* Vergangenheit, „die Umwälzung aller Verhältnisse, die Umgestaltung des Lebens und einen Neuaufbau."[1] Theologisch gesehen heißt das, dass Schwarze bereit sind, auf Gottes eschatologische Zukunft hin zu leben, die durch die Gegenwart Christi in der sozialen Existenz unterdrückter, für ihre historische Befreiung kämpfender Menschen näher bestimmt wird. In dieser Perspektive sehen die Schwarzen ihr Leiden. Sie werden sich darüber klar, dass *Weiße* nicht das letzte Wort über ihre Schwarze Existenz haben werden. Weil die Schwarze Befreiung einen radikalen Bruch mit den existierenden politischen und sozialen Verhältnissen bedeutet und eine Neubestimmung Schwarzen Lebens auf der Grundlage Schwarzer Macht und Selbstbestimmung enthält, lässt sich leicht denken, dass *weiße* Theologen und allerlei Moralisten nach den Mitteln und Wegen zu diesem Ziel fragen. In theologischer und philosophischer Hinsicht wollen sie genau wissen, ob revolutionäre Gewalt als angemessenes Mittel zur Verwirklichung Schwarzer Befreiung zu rechtfertigen sei. Wenn die Schwarze Theologie christliche Theologie ist, wie kann sie Gewalt mit Jesu Gebot, die andere Backe hinzuhalten und eine weitere Meile zu gehen (Mt 5,39), vereinbaren? Ist Gewalt nicht eine Negation des Evangeliums von Jesus Christus?

Das sind Lieblingsfragen der *Weißen*. Es fällt auf, dass sie beinahe immer an die Unterdrückten gerichtet werden und so gut wie nie an die Unterdrücker. Diese Tatsache allein weist schon auf das Motiv hinter den Fragen. Die *Weißen* sind nicht grundsätzlich um Gewalt besorgt, sondern nur dann, wenn sie selbst die Opfer sind. Solange Schwarze niedergeschlagen oder erschossen werden, sind sie erstaunlich schweigsam, als ob sie von der Unmenschlichkeit gegen die

---

[0] [Anm. d. Hg.: Der vorliegende Text stammt aus der deutschsprachigen Übersetzung von Cones Monographie *God of the Oppressed* (1975), die 1982 unter dem Titel *Gott der Befreier. Eine Kritik der weißen Theologie* im Kohlhammer Verlag erschienen ist und von Günter Reese angefertigt wurde. Der Text ist mit vereinzelten Anpassungen an den gegenwärtigen Sprachgebrauch vollständig aus der Erstpublikation übernommen worden. Begriffe, die für Betroffene von (anti-Schwarzem) Rassismus retraumatisierend sein können, sind mit einem * maskiert. Im Kontext der Bezeichnung von Menschen(-gruppen) wird das Adjektiv *weiß* kursiviert, um zu unterstreichen, dass es sich hierbei um eine gesellschaftliche Konstruktion vor dem Hintergrund rassistischer Denkmuster handelt. Die Selbstbezeichnung Schwarz wird im Text großgeschrieben, um die Verwendung des Begriffs im Kontext einer Selbstermächtigung zu verstehen.]

[1] V. BAROXOJ, Why the Gospels Are Revolutionary. The Foundation of a Theology in the Service of Social Revolutions, in: IDO-C (Hg.), Where All Else Fails, Philadelphia 1970, 65.

black community nichts wüssten. Warum haben wir von den sogenannten gewaltlosen Christen nichts gehört, als Schwarze im Namen von Freiheit und Demokratie gewaltsam versklavt, gewaltsam gelyncht und gewaltsam in Ghettos gepfercht wurden? Wenn ich Anfragen über Gewalt und Liebe aus dem Mund der Kinder *weißer* Sklavenhalter höre, deren Identität mit Jesus nicht weiter geht als bis zum sonntäglichen Gottesdienst, dann kann ich verstehen, warum viele Schwarze Brüder und Schwestern sagen, das Christentum sei die Religion des *weißen* Mannes und müsse zusammen mit den *weißen* Unterdrückern zerstört werden. Viele *Weiße* scheitern daran, sich klar zu machen, dass ihre Fragen nach Gewalt und christlicher Liebe nicht nur sehr naiv sind, sondern vor allem heuchlerisch und beleidigend. Wenn *Weiße* mich fragen: „Bist du für Gewalt?", dann frage ich zurück: „Wessen Gewalt? Die Gewalt Richard Nixons oder seiner Opfer? Die der Staatspolizei von Mississippi oder der Studenten der Jackson-Universität? Die der Polizei von New York oder der Insassen von Attica?"[2]

Wenn wir die Frage nach Gewalt und christlicher Liebe stellen, gehört sie in die richtige theologische Perspektive. Gewalt ist nicht in erster Linie eine theoretische Frage, sondern eine praktische. Sie gehört in den Zusammenhang der christlichen Ethik und dort besonders unter das Thema des Befreiungskampfes. In diesem Kapitel möchte ich die theologische Grundlegung der christlichen Ethik im Rahmen des Befreiungshandelns Gottes und des menschlichen Befreiungskampfes in einer ungerechten Gesellschaft in Angriff nehmen. Ich verbinde damit die Hoffnung, ein für alle Mal die obszönen Fragen von *Weißen* zum Verstummen zu bringen, ob wir Schwarzen bei der Verwirklichung unserer Freiheit Gewalt anwenden dürfen.

1. Die Zusammengehörigkeit von Theologie und Ethik

Die ethische Hauptfrage: „Was soll ich tun?" kann von ihrem theologischen Hintergrund nicht getrennt werden, also davon, was Gott getan hat und tut, die Unterdrückten von Sklaverei und Ungerechtigkeit zu befreien. Daher ist im christ-

---

[2] [Anm. d. Hg.: Cone rekurriert hier in der ersten Frage auf die sog. *Jackson State killings*, bei denen am 15. Mai 1970 durch Schüsse von Polizeibeamten auf ein Gebäude des Jackson State College zwei Schwarze Studierende, Phillip L. Gibbs und James E. Green, getötet und zwölf weitere verletzt worden sind. Dem Polizeieinsatz war ein Protest der Studierenden auf dem Campusgelände vorausgegangen, der durch den vermeintlichen Mord an einem lokalen Civil-Rights-Aktivisten ausgelöst worden ist.
Attica ist ein Hochsicherheitsgefängnis im US-Bundesstaat New York, in dem bei einem Aufstand im Jahr 1971 32 Insassen und zehn Bedienstete des Gefängnisses getötet worden sind. Für Aufsehen sorgte insbesondere das brutale Vorgehen der Polizei gegen die überwiegend Schwarzen Insassen. Alle inhaftierten Opfer und auch neun der zehn getöteten Staatsbeamten sind durch Schüsse von Polizeibeamten ums Leben gekommen.]

lichen Glauben die Theologie die Grundlage der Ethik. Theologie ist das Nachdenken der Kirche über die Behauptung des Glaubens, dass Gottes Offenbarung identisch ist mit der historischen Freiheit der Schwachen und Hilflosen. Eine von der Theologie abgeleitete Ethik ist der Teil der Denkbemühung der Kirche, die die Bedeutung des Glaubens an die göttliche Befreiung für das christliche Leben in der Welt untersucht. Formal gesehen fragt die Theologie: „Wer ist Gott?", während die Ethik fragt: „Was sollen wir tun?" Obwohl das in der Theorie zwei getrennte Fragen sind, schließt in der Praxis die Antwort auf die theologische Frage nach Gott diejenige auf die ethische Frage nach dem menschlichen Tun ein.

Diese enge Verbindung zwischen Theologie und Ethik ist nicht nur in heutigen Theologien der Befreiung zu finden, sondern auch in anderen theologischen Entwürfen, auch wenn dies oft genug durch den Einfluss der griechischen Philosophie verdunkelt worden ist. Mit der Hilfe philosophischer Kategorien haben christliche Theologen immer wieder phantastische Behauptungen über den „universalen" Charakter ihrer Darlegungen aufgestellt und prompt die Gefahr einer Loslösung der Theologie von ihrer biblischen Grundlage übersehen. So geschah es leicht, dass der Verbindung zwischen Theologie und Ethik wenig Aufmerksamkeit geschenkt wurde. Während die Schwarze Antwort auf die Gottesfrage sich auf die göttliche Befreiung der Unterdrückten konzentrierte und darin Gottes Erwählung der Unterdrückten zur Teilnahme mit ihm am Befreiungskampf einschloss, wurden in anderen theologischen Konzepten göttliche Offenbarung und christlicher Gehorsam anders dargestellt. In der westlichen Theologiegeschichte finden wir kaum eine Ethik der Befreiung, die sich dem Gott der Freiheit verbunden wüsste, sondern viele Ethiken des Status quo, die der griechischen Philosophie verpflichtet sind und den politischen Interessen einer Kirche, die sich spezieller Gunstbeweise seitens des Staates erfreut. Manchmal pries eine Ethik des Status quo die philosophische Vernunft. Einander Mal lebte sie aus einem Glauben, der entweder als Zustimmung zu überkommenen Wahrheiten oder als inniges Gottesverhältnis verstanden wurde. Welche Unterschiede es im Einzelnen auch gegeben haben mag, Gottes Offenbarung wurde in der Regel in Übereinstimmung mit den Werten und Verhältnissen politischer Unterdrückung interpretiert. So beeinflusste Konstantins Eingreifen in die arianischen Streitigkeiten nicht nur die Kirchenpolitik, sondern auch die Theologie und deren ethische Konsequenzen. Deshalb konnten die frühen Kirchenväter wie selbstverständlich nach dem Verhältnis des Sohnes zum Vater und dann wiederum nach dem des Heiligen Geistes zu beiden fragen, ohne diese Fragen mit der historischen Freiheit der Unterdrückten zu verbinden. Weil die Kirche und die Bischöfe in der Zeit Konstantins und später keine Sklaven waren, fiel es ihnen nicht ein, dass Gottes Offenbarung in Jesus Christus mit der Gegenwart seines Geistes unter Sklaven im Kampf für die Befreiung identisch sein könnte. Sie verstanden Gott statisch und neigten deshalb dazu, den politischen Inhalt des Evangeliums zu übersehen. Dieses Vorgehen entsprach dem Gott des Plotin, aber nicht dem des Mose oder des Amos. Als Folge davon unterschied sich die Ethik der Väter des 4. Jahrhunderts grundlegend von der biblischen Offenbarung. Anstatt unbeirrbar an der Seite der Ausgestoßenen und Niedergetretenen zu stehen, wie es der Gott der Bibel tut, zielte ihre Ethik mehr darauf ab, den Status quo zu erhalten als ihn zu verändern. Was das Evangelium Jesu auch beinhalten mag, mit der etablierten Staatsmacht kann es auf keinen Fall identifiziert werden. Was also christliche Ethik auch im Einzelnen beinhalten mag, sie kann nicht mit dem Tun solcher Menschen identifiziert werden, die den Status quo aufrechterhalten. Das war der entscheidende Irrtum der Alten Kirche. Als das Christentum Staatsreligion wurde und damit die öffentlichen Staatsopfer ersetzte, verwandelte es sich in das Gegenteil dessen, was Jesus gewollt hatte.

Die Ineinssetzung der christlichen Ethik mit dem Status quo findet sich auch bei Augustin und Thomas von Aquin. Während sie Glauben und Vernunft unterschiedlich sehen, stimmen sie doch darin überein, dass der Sklave seine Situation nicht durch politischen Kampf zu verändern suchen sollte. Für Augustin war die Sklaverei eine Folge der Sünde des Sklaven. Deshalb ermahnte er, „Sklaven sollten ihren Herren ergeben sein" und ihnen „von Herzen mit gutem Willen" dienen.[3] Für Thomas war die Sklaverei ein Teil der natürlichen Ordnung der Schöpfung: „Der Sklave ist im Blick auf seinen Herrn ein Werkzeug. Zwischen einem Herrn und seinem Sklaven besteht ein besonderes Recht der Herrschaft."[4]

Die Ineinssetzung des Willens Gottes mit dem Status quo blieb nicht auf die Alte Kirche und das Mittelalter beschränkt. Im Protestantismus findet sich dieser Gedanke wieder in Martin Luthers Verständnis des Staates als Gottes Diener. Deshalb verurteilte er den Bauernkrieg und meinte, „dass es nichts Giftigeres, Schädlicheres, Teuflischeres geben kann als einen aufständischen Menschen ...", dessen Tötung er mit der eines „tollen Hundes" verglich.[5]

Die Ethik des Status quo findet sich auch bei den Calvinisten und Methodisten, obwohl Calvin die Souveränität Gottes betonte und Wesley seine „Gedanken über die Sklaverei" veröffentlichte. Der Calvinismus eignete sich wohl für Amerika mit seinem Hang zu Kapitalismus und Sklaverei besonders gut, und Wesley

---

[3] AUGUSTIN, Gottesstaat, XIX, 15 nach Des heiligen Kirchenvaters Aurelius Augustinus zweiundzwanzig Bücher über den Gottesstaat. Aus dem Lat. übers. von A. SCHRÖDER, BKV 28, Des heiligen Kirchenvaters Aurelius Augustinus ausgewählte Schriften 1–3, Bd. 3 (Buch XVII–XXII), Kempten / München 1916, 236.

[4] Bei R. GARAUDY, From Anathema to Dialogue, New York 1968, 98.

[5] WA 18, 358. Zit. n.d. Übertrag.: M. LUTHER, Wider die räuberischen und mörderischen Rotten der Bauern, 1525, in: Die Hauptschriften, hg. von K. ALAND, Berlin 1951, 300.

zeigte sich trotz seiner Verurteilung der Sklaverei mehr um ein warmes Herz als einen versklavten Leib besorgt.

Natürlich könnte eingewendet werden, dass der Irrtum der Kirche im Blick auf Unterdrückung und Sklaverei in der historischen Begrenztheit des Denkens ihrer jeweiligen Zeit begründet lag und die eigentliche Wahrheit der christlichen Theologie nicht berührt hat. Es sei nicht fair, heißt es dann, als Menschen des 20. Jahrhunderts, nach Marx und Fanon, die Theologie eines Luther oder Wesley dafür zu kritisieren, dass sie in ihrer Erklärung und Befolgung des Evangeliums nicht revolutionär gewesen sei.

Dieser Einwand ist nur zum Teil berechtigt. Richtig daran ist, dass auf die soziale Determination der ethischen Aussagen in der Kirchengeschichte hingewiesen wird. Von Anfang an ist die christliche Ethik immer von der sozialen und politischen Situation der Kirche bestimmt gewesen. Aber falsch daran ist, dass der Eindruck erweckt werden soll, dass die historische Determination der Ethik die eigentliche Wahrheit der Theologie nicht beeinträchtigt habe. Wenn Theologen von der Zeit Konstantins bis heute die ethische Bedeutung des biblischen Gottes für die Befreiung der Unterdrückten übersehen haben, dann kommt dieses Versäumnis aus einer falschen Theologie. Um den ethischen Irrtum der Kirche richtig zu verstehen, müssen wir ihn im Zusammenhang mit einem davor liegenden theologischen Irrtum sehen. Die Grundfragen der theologischen Ethik werden wohl kaum durch eine Diskussion der vorsätzlichen, überkommenen und beziehungsmäßigen Motive ethischer Normen gelöst werden, ebenso wenig wie durch eine Behandlung der institutionellen, operativen und intentionalen Motive in der Ausführung ethischer Entscheidungen,[6] obwohl diese Aspekte für die Ethik wichtig sein mögen. Vielmehr müssen wir den ethischen Irrtum entlarven, indem wir seinen theologischen Grund analysieren. Um was geht es? *Christliche Theologen haben die christliche Ethik nicht als ein Handeln für die Befreiung der Unterdrückten dargestellt, weil ihre Ansichten über die Offenbarung Gottes mehr von der Philosophie und kulturellen Wertvorstellungen bestimmt waren als von dem biblischen Gott, dem Befreier der Unterdrückten.* Wenn amerikanische Theologen und Ethiker die Bibel mit den Augen Schwarzer Sklaven und ihrer Prediger gelesen hätten, dann hätten sie gewiss andere Theorien über „das Gute" aufgestellt. Denn es ist unmöglich, die biblische Geschichte, wie sie in den Liedern und Predigten der Schwarzen erzählt wird, wirklich zu hören, ohne gleichzeitig Gott als diejenige Kraft im Leben der Unterdrückten zu sehen, die sie zur Fülle ihres Menschseins führt. Eine Ethik, die sich auf diesen Gott beruft, muss vom historischen Befreiungskampf bestimmt sein. Sie kann sich nicht mit dem Status quo identifizieren.

---

[6] Vgl. E. Long, A Survey of Christian Ethics, New York 1967.

Man kann nicht sagen, dass Luther, Calvin, Wesley und andere bedeutende Vertreter der kirchlichen Tradition in ihrer Zeit gefangen gewesen seien, als ob ihre ethische Beurteilung der Unterdrückung nichts mit der eigentlichen Wahrheit ihrer Theologie zu tun gehabt hätte. Sie waren ethisch im Unrecht, weil sie theologisch im Unrecht waren. Sie waren theologisch im Unrecht, weil sie es unterließen, auf die Bibel zu hören – mit genügend Offenheit und den Augen der Opfer der politischen Unterdrückung. Es ist eine Ironie, dass ausgerechnet der, der für das sola scriptura als eines der wegweisenden Erkenntnisse seiner Reformation gefochten hat, der wahren Bedeutung seiner Erkenntnis selbst nicht richtig gefolgt ist.

Denn der Botschaft der Schrift zu folgen, heißt, der Wahrheit von Gottes befreiender Gegenwart zugunsten all derer, die ungerechten sozialen Verhältnissen ausgeliefert sind, zu folgen. Luther konnte Gottes befreiendes Wort für die Unterdrückten nicht hören, weil er kein Opfer war. Er konnte Gottes Befreiung nur im Blick auf die individuelle, „religiöse" Unterdrückung durch Sünde und Schuld verstehen. Wo immer Gott nicht im Zusammenhang mit dem biblischen Thema der Befreiung der Unterdrückten gesehen wird, kann man nur erwarten, dass eine christliche Ethik im besten Fall dem Befreiungskampf indifferent gegenübersteht.

Dass Luthers ethischer Irrtum mit etwas Schwerwiegenderem in Verbindung steht als der Tatsache, dass er im 16. und nicht im 20. Jahrhundert lebte, lässt sich durch eine Untersuchung der gegenwärtigen ethischen Diskussion in Amerika zeigen. Wenn Luthers Irrtum aus seiner Zeit zu erklären wäre, müsste man erwarten, dass ähnliche ethische Fehlinterpretationen heute nicht mehr vorkommen. Das Gegenteil ist der Fall. Herbert Edwards hat in seinem Aufsatz „Rassismus und christliche Ethik in Amerika"[7] mit wünschenswerter Klarheit gezeigt, dass *weiße* Ethiker, von Reinhold Niebuhr bis James Gustafson, genau den Rassismus widerspiegeln, der in der Gesellschaft als ganzer anzutreffen ist. Hier begegnet Rassismus in der Form von *Nichtbeachtung*. *Weiße* Theologen und Ethiker übersehen die Schwarzen einfach, indem sie das Problem von Rassismus und Unterdrückung lediglich zu einem unter mehreren sozialen Ausdrucksformen einer viel grundsätzlicheren ethischen Bemühung machen. Es ist eine Ethik des Status quo, die in erster Linie aus einer Identifizierung mit den kulturellen Werten *weißer* Unterdrücker kommt und nicht aus der biblischen Verheißung der Befreiung der Unterdrückten. So kann der große Theologe Reinhold Niebuhr von den Schwarzen und ihrer „kulturellen Rückständigkeit" sprechen und dann

---

[7] H. EDWARDS, Racism and Christian Ethics in America, in: Kagallete, Winter 1971.

fortfahren: „Wir dürfen die Väter der Gründerzeit nicht einfach deshalb für unmoralisch halten, weil sie Sklavenhalter waren."[8] Was kann diese ethische Aussage anderes heißen, als dass Niebuhr seine Ethik an der *weißen* Kultur und nicht an der biblischen Offenbarung orientiert? Trotz Sklaverei, Lynchjustiz, Sit-ins und Boykottaktionen haben *weiße* Ethiker das Problem rassischer Unterdrückung nicht zum zentralen Thema ihrer ethischen Überlegungen gemacht. Die meisten Lehrbücher beschränken sich auf ein oder zwei Abschnitte, gerade so viel wie für das Problem des Diebstahls eines Dauerlutschers. Und wenn sie einmal wirklich mehr sagen wie Paul Ramsay in „Christliche Ethik und das Sit-in", beschäftigen sie sich vorwiegend damit, Schwarze über „den nötigen Respekt für Recht und Ordnung" zu belehren anstatt die herrschende Ordnung systematischer *weißer* Ungerechtigkeit zu entlarven. Deshalb kann Ramsay auch sagen, dass „schlichte und weniger schlichte Ungerechtigkeit allein noch nie eine zureichende Rechtfertigung für revolutionäre Veränderung dargestellt hat."[9] Diese Blindheit christlicher Ethiker ist nicht etwa ein kulturelles Missgeschick. Wie bei Luther und anderen, die in der westlichen theologischen Tradition verwurzelt sind, liegt hier eine *theologische* Blindheit vor. *Weiße* Ethiker orientieren sich an den Forschungsergebnissen ihrer theologischen Kollegen: Weil diese Gott nicht als Befreier verstehen, rücken folgerichtig *weiße* Ethiker die Befreiung auch nicht in das Zentrum ihrer Ethik.

Paul Lehmann ist ein gegenwärtiger Theologe und Ethiker in Amerika, der erkannt hat, dass es ein Problem im Verhältnis zwischen Theologie und Ethik gibt, auch wenn er zu der eigentlichen Lösung nicht findet. Lehmanns Hauptfehler in seinem Buch *Ethik als Antwort* liegt in seiner übersteigerten Abhängigkeit von den Reformatoren des 16. Jahrhunderts, deren theologische Begrenztheit er nicht erkennt. Luther und Calvin haben Gott nicht im Licht der Befreiung der Unterdrückten verstanden, und Lehmann folgt ihnen, obwohl er „Gottes Politik in der Geschichte" betont und dieser Erkenntnis erstaunlich nahekommt. Vielleicht hätte er sie auch ausgesprochen, wenn er weniger auf die Reformatoren und mehr auf die Schrift gehört hätte. Aber weil er der Wahrheit des Evangeliums so nahekommt, spürt er den Widerspruch innerhalb der gegenwärtigen ethischen und theologischen Diskussion in ihrer Zusammenhangslosigkeit:

> „Ohne ethische Analyse und Kritik wird die Dynamik des Handelns Gottes verdunkelt und eben nicht zum Ausdruck gebracht. Das geschieht immer dann, wenn das Interesse der Theologie am Dogma und ihre Sorge um dieses zum Selbstzweck werden und sich zum Dogmatismus verhärten. Das heißt nicht, dass es keine liturgische Handlung, keinen Gottesdienst gäbe, der Gott angemessen wäre, so wie er in sich

---

[8] A.a.O., 19.
[9] P. Ramsay, Christian Ethics and the Sit-in, New York 1961, 48f. Eine bemerkenswerte Ausnahme ist R. McAfee Brown, Religion and Violence, Philadelphia 1973.

selbst ist. Ebenso wenig heißt es, dass es keine systematische Theologie, kein spezifisches und unaufgebbares Interesse am Dogma gäbe. Liturgie und Theologie werden nicht von der Ethik verschlungen. Ohne ethische Analyse und Kritik jedoch wird die politische Stoßkraft des Handelns Gottes, die von der biblischen Geschichte und ihren Bildern bezeugt wird, im liturgischen und theologischen Leben der Koinonia unzureichend erkannt, und auch ihre Antwort darauf bleibt unzureichend."[10]

Lehmanns Gefühl ist richtig, aber seine inhaltliche Bestimmung des Problems ist falsch. Das Fehlen der politischen Stoßkraft innerhalb der theologischen Analyse des Handelns Gottes folgt nicht aus ihrer Trennung von der Ethik. Christliche Ethik ist ein natürlicher Begleiter der Theologie, und die zwei sind niemals wirklich getrennt gewesen. Das Problem ist komplexer, als Lehmann es zuzugeben wagt, denn das würde ihm die Verkürzung sowohl der reformatorischen Theologie als auch seines eigenen theologischen Ansatzes vor Augen führen. Es ist anzuerkennen, dass Lehmann Theologie und Ethik auf ihre christologischen Grundlagen zurückruft, aber er führt das nicht logisch zu Ende. Er macht genau dort Halt, wo er sagen müsste, was um der biblischen Wahrheit willen gesagt werden muss: Dass Gott nicht einfach nur der Gott der Politik ist, sondern der Gott der Politik der Unterdrückten, die er von aller Knechtschaft befreit. Ich möchte behaupten, dass, wenn Lehmann diese biblische Wahrheit klargesehen hätte, er auch gewahr geworden wäre, dass das Problem der Theologie nicht ihre Trennung von der Ethik ist, sondern ihre Trennung von der Schrift. Das Problem der Ethik ist ihre Abhängigkeit von einer Theologie, die den Gott der Unterdrückten nicht kennt.

Das Unvermögen der christlichen Theologie, ihr Verständnis Gottes auf die biblische Geschichte von der göttlichen Befreiung der Unterdrückten zu gründen, hat zu einem ähnlichen Irrtum in der christlichen Ethik geführt. Theologie und Ethik richten sich in der Regel mehr nach Philosophie und Kultur und spiegeln dabei die Interessen der Unterdrücker wider. Leider findet sich dieses Fehlverhalten auch bei meinem Schwarzen Kollegen und Ethiker Preston Williams. In seinem Aufsatz „James Cone und das Problem einer Schwarzen Ethik" plädiert er für ethische Rationalität, die ich, wie er meint, sträflich vernachlässigt hätte. Er schreibt:

„Wer Cones Voraussetzungen und seine Interpretation der Weltereignisse nicht teilt, wird seine Ausführungen nicht sonderlich überzeugend finden. Darauf zu drängen, heute zu wählen, wem ihr dienen wollt, wird Schwarzen und *Weißen* gleichermaßen als verfehlt erscheinen. Wichtiger noch, weder die Schwarzen noch die *Weißen*, die sich dazu affirmativ verhalten, hätten keine andere Möglichkeit, als sich Cones Ansicht über Rasse, Schrift und Gottes Handeln zu eigen zu machen, trotz allem, was sie sehen und hören. Kurz, Cone überzeugt erst, wenn man seine Perspektive

---

[10] P. LEHMANN, Ethik als Antwort. Methodik einer Koinonia-Ethik, übers. von D. LANGE, München 1966, 9.

teilt [...] Vernünftige Dispute und Folgerungen muss man vergessen [...] Wie Cone glaube auch ich, dass im *weißen* Amerika der Rassismus grassiert, aber ich würde es vorziehen, Sieg oder Niederlage durch konkrete Tatsachen entscheiden zu lassen, nicht durch willkürliches Ablesen des Handelns Gottes in der Geschichte. Unser grundlegendes Anliegen ist darum die *rationale Diskussion der Einzelfragen und ein sich auf Fakten gründender Entscheidungsprozess. Unsere Alternative beruht auf den Einstellungen und Werten, die mit dem christlichen Glauben und amerikanischen Verfassungsgrundsätzen verbunden sind [...] Sie ist vom Vertrauen in einige Grundpflichten getragen, die von der Mehrzahl aller Menschen anerkannt werden.*"[11]

Es ist kaum zu begreifen, dass Williams so gründlich irregeführt werden konnte. Ich behaupte, dass diese Entstellung der Sache nicht aus der von ihm geforderten Rationalität kommt, sondern aus seinem Vertrauen in *weiße* Irrationalität. Williams ist der Fehler unterlaufen, dass er *weißen* Theologen und Ethikern wie James Gustafson zugestand, Inhalt und Methode seines Verständnisses von rationalem Denken zu bestimmen. Als ein Schwarzer Mensch und Gelehrter, der innerhalb und außerhalb geheiligter Kirchenräume und akademischer Festsäle ein Opfer des Rassismus geworden ist, sollte Williams es besser wissen. *Weiße* Theologen und Ethiker haben keine Veranlassung, Schwarzen zu sagen, was rationales Denken in der Ethik heißen kann. Was sie „Rationalität" nennen, heißt für Schwarze nämlich noch immer Absurdität, denn unsere Geschichte ist voll von ihrem hochtönenden Gerede von „Freiheit" und „Demokratie", das für unsere Väter und Mütter nur Tod bedeutete. Offenbar hat Preston Williams zu häufig *weiße* Morallehrer gelesen und zu selten die Märchen, Predigten und Lieder der Schwarzen. Hätte er nur auf die Mütter und Väter der Schwarzen Geschichte gehört, dann hätte er den gefährlichen Grund erkannt, auf den er sich begeben hat. Schwester Gans forderte doch eine faire (rationale) Verhandlung von Bruder Fuchs, aber fand nur „Fuchs-Gerechtigkeit", weil alle, die über sie zu Gericht saßen, Füchse waren. Daraus haben die Schwarzen geschlossen: „Nun, Kinderchen, hört auf mich, wenn alle im Gericht Füchse sind, und ihr seid solche einfachen Gänse, da wird wohl nicht viel Gerechtigkeit für euch arme *cullud folks* herausspringen."[12]

Diese Fabel ist heute nicht weniger wahr, wenn *weiße* Theologen und Ethiker für rationales Denken und Unparteilichkeit in der Analyse menschlichen Verhaltens plädieren. Wenn Williams wirklich glaubt, dass „im *weißen* Amerika Rassismus grassiert"[13], warum setzt er sich für eine Form ethischen Nachdenkens ein, die unter *weißen* Rassisten anerkannt ist? Rassismus lebt doch aus Irrationalität, und seine Opfer wären dumm, von einem Rassisten zu erwarten, er könnte

---

[11] The Harvard Theological Review 65 (4/1972), (483–494) 485; 488 (Hervorhebungen J.C.).
[12] L. Hughes / A. Bontemps (Hg.), Book of Negro Folklore, New York 1958, 13.
[13] P.N. Williams, James Cone and the Problem of a Black Ethic, in: The Harvard Theological Review 65 (4/1972), (483–494) 485.

sich für Wertvorstellungen einsetzen, die die Strukturen der Unterdrückung verändern helfen. Preston Williams schlägt den Schwarzen vor, den gleichen Fehler zu machen wie Schwester Gans. Wenn wir das tun, dann werden wir ebenso enden. *Weiße* Theologen und Ethiker werden den Gerichtshof der Rationalität einberufen, uns verurteilen und hinrichten, genauso wie es die Füchse mit Schwester Gans gemacht haben.

Weiße benutzen Begriffe wie „Rationalität" und „Gesetz", wie es ihren Interessen bekommt. Häufig lassen sie ihre Erörterungen wieder fallen oder ignorieren sie, wenn sie auf ihre politischen Interessen nicht länger anwendbar sind. Preston Williams müsste eigentlich schon genug *weiße* akademische Gaunereien erlebt haben, um das zu wissen. Denn selbst wenn er in einer bestimmten Diskussion *Weiße* dazu bringen könnte, sich mit Schwarzen auf ein gemeinsames Verständnis von Gesetz und Rationalität zu einigen, was hält sie davon ab, es mir nichts, dir nichts zu vergessen, wenn es ihnen nicht mehr zum unmittelbaren Vorteil gereicht? Professor Williams sollte wirklich einmal auf die Märchen und Fabeln zurückgreifen, denn dort findet sich die Wahrheit, von der ich rede.

> „Der Fuchs riet der Gans, ‚herunterzukommen und keine Angst zu haben', denn die Tiere hätten ‚ein Gesetz verabschiedet, dass kein Tier einem anderen ein Leid antun dürfe'. Aber ‚als die Gans gerade herunterfliegen wollte, hörte sie im nahen Wald Hundegebell, und der Fuchs schickte sich an, das Weite zu suchen'. Die Gans sagte: ‚Fuchs, du hast doch etwa keine Angst vor diesem Hund, oder? Haben nicht alle Tiere bei jenem Treffen ein Gesetz verabschiedet, sich einander kein Leid mehr anzutun?' ‚Gewiss doch', antwortete der Fuchs, während er sich schnellstens davonmachte, ‚die Tiere haben so ein Gesetz beschlossen. Aber einige Tiere hier haben leider nicht so viel Respekt vor dem Gesetz.'"[14]

Wie treffend beschreibt diese Fabel das Leben der Schwarzen! Doch obwohl wir den Betrug der *Weißen*, der unsere Mütter und Väter zu Tode brachte, zur Genüge erfahren haben, möchte Preston Williams gern, dass wir von unserer ethischen Eindeutigkeit herunterkommen und uns an den Tisch *weißer* Rationalität setzen. Ich bin einfach verwundert, dass er einen solchen Vorschlag machen kann.[15]

Im Gegensatz zu Preston Williams, der bei weißer Rationalität und amerikanischen Verfassungsgrundsätzen beginnt, bin ich dafür, eine Schwarze Ethik mit der Schrift und der Schwarzen Erfahrung einsetzen zu lassen. Wir müssen das eine im Licht des anderen verstehen und uns fragen: „Was soll ich tun?" Wir

---

[14] HUGHES / BONTEMPS, a.a.O., 12.
[15] Ein ähnlich fehlgeleiteter Versuch einer Ethik im Schwarzen Kontext ist die Arbeit von M. JONES, Christian Ethics For Black Theology, Nashville 1974. Auch er steht in der *weißen* akademischen Tradition und zeigt kein wirkliches Interesse an der Befreiung der Schwarzen.

können es uns nicht leisten, *Weiße* die Bedeutung der Schrift für uns herausfinden zu lassen. Unweigerlich werden sie die biblische Geschichte im Interesse ihrer Rasse auslegen. Wir Schwarzen müssen die Bibel auf dem Hintergrund unserer eigenen Überlebensgeschichte lesen und der Verheißung Gottes, die Gefangenen zu befreien. Mit der Bibel in der einen Hand und High John the Conqueror[16] in der anderen müssen wir die ethische Wahrheit unseres eigenen Lebens herausfinden. Wie sollen wir uns in einem Leben verhalten, das christlich und Schwarz zugleich ist? Das ist eine schwierige Frage, bei der James Gustafson und die anderen *weißen* Ethiker uns nicht helfen können, denn sie sind mit der Grund dafür, dass wir dieses Problem überhaupt haben. Sie würden uns nur glauben machen wollen, dass die ethischen Verlegenheiten der Schwarzen ähnlich sind wie die der *Weißen*. Aber wir wissen aus Erfahrung, dass dem nicht so ist. Wenn wir Schwarzen Theologen also die Tiefe Schwarzer Existenz ausloten und eine Ethik schaffen wollen, die mit unserem historischen Bemühen übereinstimmt, „dem Gott unserer beschwerlichen Jahre, den Gott unserer stillen Tränen", der „uns auf unserem Weg bis hierhergebracht hat", treu zu sein, dann müssen wir über James Gustafson hinaus und theologisch etwas riskieren. Alles von *weißen* Theologen und Ethikern bisher über das „Rechte" und „Gute" Gesagte muss in Frage gestellt werden. Wir dürfen uns nicht scheuen, uns auf die „Schwarzen und unbekannten Barden längst vergangener Zeiten" zu berufen, die in ihren Liedern und Erzählungen ethische Verhaltensmaßstäbe schufen, als sie das Risiko eingingen, für die Freiheit zu kämpfen. Ihre Worte mögen nicht so wohlgesetzt sein, um den Ansprüchen und Interessen *weißer* Ethiker in Harvard oder am Union Theological Seminary zu genügen. Aber ihre Wahrheit ist in der Lebenswirklichkeit Schwarzer Menschen enthalten und nicht in philosophischen und theologischen Lehrbüchern. Das Spruchgut und die Märchen, die Lieder und Predigten der Schwarzen sind für den Schwarzen Ethiker der einzig mögliche Ausgangspunkt. Wir müssen diese vorhandenen Schwarzen Lebensäußerungen an die Seite der biblischen Offenbarung stellen und uns dann fragen: „Was sollen wir *Schwarzen* tun?"

2. Auf dem Weg zu einer Schwarzen Ethik der Befreiung

Weil die ethische Frage: „Was soll ich tun?" nicht von ihrem theologischen Grund getrennt werden kann, ist christliche Ethik (mit dem Ausdruck von Paul Lehmann) „Koinonia-Ethik".[17] Aber anders als Lehmann bin ich der Überzeugung, dass die Koinonia auf die Opfer der Unterdrückung beschränkt ist, und die

---

[16] [Anm. d. Hg.: John the Conqueror ist ein Held aus diversen Erzählungen afroamerikanischer Folklore, der als Trickster gilt.]

[17] LEHMANN, a.a.O. (Anm. 10).

Unterdrücker nicht miteinschließt. Das ethische Verhalten von Christen wird darum innerhalb und durch die Gemeinschaft der Unterdrückten bestimmt, die Gott in ein Sein zur Freiheit berufen hat. Wer den historischen Kontext, in dem die Gemeinschaft der Unterdrückten lebt, übersieht und von Gottes Absichten in allgemeinen Worten redet, und nicht die besonderen Taten und Worte der Opfer in Betracht zieht, verfälscht die theologische Arbeit und verzeichnet die ethische Bewegung der Gegenwart Gottes in der Welt, „menschliches Leben menschlich zu machen und zu erhalten" (P. Lehmann). Wir können also sagen, dass christliche Ethik ohne Gottes Erwählung der Unterdrückten zur Freiheit in dieser Welt sinnlos ist. Ja, ohne die göttliche Befreiung gäbe es überhaupt keine Gemeinschaft und darum auch keine christliche Ethik.

Im Gegensatz zu Preston Williams wird das Verhalten der Christen nicht von Vernunftsätzen entschieden, die alle Menschen als gut und richtig anerkennen. Es entscheidet sich an Gottes befreiendem Handeln in Jesus Christus, die Gefangenen zu befreien. Dieses befreiende Handeln Gottes ist der Grund der Möglichkeit und Wirklichkeit menschlicher Freiheit. In Jesus Christus lässt sich unser Verhalten jetzt vom Verhalten Gottes näher bestimmen. Weil Gottes Offenbarung ein Handeln der Befreiung für die Schwachen und Hilflosen darstellt, besteht die Gemeinschaft, die durch dieses Ereignis gestiftet wurde, in ihrem Wesen aus Unterdrückten, die nun wissen, dass die Welt sich in ihrer Meinung über sie irrt. Die Begegnung mit der befreienden Gegenwart Gottes schließt den Ruf ein, dem Anspruch der Freiheit Gottes gehorsam zu sein. Christliches Verhalten kommt seinem Wesen nach aus der Gemeinschaft der Unterdrückten und ist Antwort auf Gottes Ruf, seinem Willen gehorsam zu sein.

Der Wille Gottes ist dabei keine Sammlung von Verhaltensregeln und -grundsätzen, die sich von einer philosophischen Erörterung des „Guten" ableiten. Wir können den Willen Gottes nicht wissen oder vernehmen außerhalb des gesellschaftlichen Kontextes, in dem die Gemeinschaft der Unterdrückten lebt und in dem Jesus als der angetroffen wird, der uns in ein Sein zur Freiheit ruft. Der Wille Gottes begegnet in der Form des Indikativs, nicht des Imperativs. Gott tritt in den gesellschaftlichen Kontext der Unterdrückten und befreit die Menschen für eine neue Existenz. Im gleichen Augenblick, wo Befreiung sich ereignet, wird Gottes Anspruch auf die Unterdrückten aufgerichtet, zu sein, wozu Gott sie gemacht hat. Das ist der Grund, warum „sollen" kein zutreffender Ausdruck im Rahmen christlicher Ethik ist. „Sollen" unterstellt eine Verpflichtung, die unabhängig von der Offenbarung Gottes gelten könnte. Aber nach der Bibel ist es gerade das Ereignis der göttlichen Befreiung im Leben der Unterdrückten, das den Bundesgehorsam ermöglicht. Christsein heißt einfach, das zu sein, wozu Gott uns gemacht hat, nämlich befreite Geschöpfe, die für die Freiheit der Menschheit leben.

Die Antwort auf die Frage: „Was soll ich tun?" kann also nur ganz schlicht heißen: Sei ein Befreier Christi, denn das ist es, was du schon bist! Aber wie wirkt sich das in meinem ganz konkreten Leben aus? Wie kann ich Kriterien für ethisches Urteilen entwickeln? Die Antwort auf diese Fragen liegt in der schon getroffenen Feststellung, die wir noch einmal wiederholen: Weil die Gemeinschaft der Unterdrückten der Ort ist, wo Gottes befreiendes Handeln erfahren wird, ist sie auch der einzige Ort, wo der Wille Gottes vernommen werden kann. Wir können nicht sein, was wir schon sind, unabhängig von dem, was Gott in der Gemeinschaft der Unterdrückten getan hat und tut. Deshalb können die Kriterien ethischen Urteilens nur unter den Opfern der Ungerechtigkeit Gestalt annehmen. Aber weil Gottes Wille nicht in Form absoluter, für alle Situationen anwendbarer Grundsätze auf uns zukommt, ist unser Gehorsam gegenüber dem Willen Gottes mit dem Risiko des Glaubens verbunden. Das Risiko des Glaubens besteht darin, dass die Unterdrückten nicht unfehlbar sind. Den Willen Gottes, der sich ihnen bekannt gemacht hat, tun sie oft nicht, und oft kennen sie den Willen des Gottes, den sie verkünden, nicht einmal. Darum gewährt die Zugehörigkeit zur Gemeinschaft der Unterdrückten keine Immunität vor Irrtum und Sünde. Allerdings ist in ihr das Wissen vorhanden, dass Gott in ihrem Kampf mit ihnen ist trotz ihrer Schwäche. Gott nimmt ihre dürftigen Taten und verwandelt sie in befreiende Zeichen dafür, dass das Reich Gottes kommt. Dieses Wissen gibt den Unterdrückten das Vertrauen, dass ihr Tun nicht vergeblich ist.

Aus der Beziehung zu dem einen Gott und zu den Geringen, die Gott in ihren Kämpfen erfahren haben, wächst Christen das Risiko des Glaubens zu, den christlichen Gehorsam im gesellschaftlichen Kontext zu konkretisieren. Daher liegt der Unterschied zwischen christlicher und nichtchristlicher Ethik nicht in bestimmten Handlungen, sondern in der Quelle, aus der diese Handlungen kommen. Als Christen haben wir in Jesus die Quelle für das, was wir tun. Ohne seine Macht, Leben menschlich zu machen, wäre unser Tun unerheblich. Denn Jesus ist das Kriterium unseres ethischen Ermessens. Wir fragen nicht einfach: „Was würde Jesus tun?", als ob er ein ethisches Prinzip wäre, das sich ohne das Risiko des Glaubens anwenden ließe. Wir fragen: „Was tut er gerade jetzt in Amerika und anderswo, um die Kranken zu heilen und die Gefangenen zu befreien?" Das ist keine leichte Frage. Darum muss unsere Antwort darauf von anderen unterdrückten Menschen im Freiheitskampf erprobt werden. Wir werden die Antwort in jeder neuen Situation neu finden müssen, im Dialog mit Schrift und Tradition und ebenso mit anderen Opfern unserer gesellschaftlichen Situation. Aber nicht einmal dieser Dialog garantiert uns, dass unsere Antwort richtig ist. Die einzige Gewissheit, die wir haben, ist das Zeugnis der Bibel, dass Jesus in unserem Kampf mit uns sein wird. Und denen, die ihm begegnet sind, reicht diese Verheißung aus. Sie hält sie zusammen und ermutigt sie, weiter dafür zu kämpfen, dass diese Welt menschlicher werde.

Die Grundlegung der christlichen Ethik in der Gemeinschaft der Unterdrückten bringt mit sich, dass Unterdrücker nicht entscheiden können, was christliches Verhalten ist. Intuitiv und genährt durch eigene Erfahrungen erkannten Schwarze Sklaven dies schon, weil ihr seelisches und physisches Überleben auf dem Spiel stand. Sie kehrten sich gegen die Moralbegriffe ihrer *weißen* Herren, aber sie kehrten sich nicht gegen Gesetz und Moral. Vielmehr entwickelten sie ein neues Gesetz und eine neue Moral, die dem Schwarzen Ringen um Freiheit entsprach. Schwarze Sklaven hielten das Verhalten für richtig, das notwendig war, trotz Knechtschaft ihr Leben in Würde zu leben. Es hatte wenig mit intellektuellen Erörterungen über Kants kategorischen Imperativ oder John Stuart Mills Utilitarismus gemein. Schwarze Sklaven scherten sich nicht um die Logik einer ethischen Theorie, sondern schufen sich ethische Verhaltensnormen im Kampf um das reine Überleben. Welchen Sinn hätte es wohl gehabt, wenn sie über den Diebstahl in absoluten ethischen Kategorien mit den Menschen geredet hätten, die sie in Afrika gestohlen und in Nordamerika versklavt hatten? Deshalb machten sie einen Unterschied zwischen „Stehlen" und „Nehmen". Stehlen hieß, etwas von einem Mitsklaven zu nehmen, und das war nicht erlaubt. Aber von den *Weißen* etwas zu nehmen, war nicht falsch, denn sie eigneten sich damit ja nur an, was ihnen rechtmäßig zustand. Olmstead berichtet über eine Begebenheit, die diese Unterscheidung erläutert:

> „Eine Hausbedienstete, die als besonders gefügig galt, wurde von ihrer Herrin verdächtigt, aus ihrem Zimmer einige Schmuckstücke gestohlen zu haben. Sie bestritt die Anschuldigung mit Vehemenz. Daraufhin wurde sie beobachtet, und man entdeckte den Schmuck an ihr selbst, als sie zur Kirche ging. Als sie zurückkam, bestritt sie noch immer, ihn gestohlen zu haben, bis ihn eine Durchsuchung schließlich zutage förderte. Als ihre Herrin sie tadelte und sie über die Schlechtigkeit von Lügen und Stehlen belehren wollte, antwortete sie mit dem sicheren Selbstvertrauen derer, die wissen, auf welchem Grund sie stehen: ‚Sagen Sie nicht, ich sei schlecht ... wir armen Schwarzen tun schon recht, wenn wir uns das aneignen, was der Allmächtige uns an Segensgütern der *Weißen* in den Weg legt.'"[18]

Nur wenige Sklaven hielten es für ethisch verwerflich, von *Weißen* etwas zu stehlen, denn die *Weißen* waren nicht Teil ihrer Gemeinschaft. Die *Weißen* waren ja die Feinde, gegen die die Sklaven zu kämpfen hatten, um zu überleben. Schwarze waren nicht der Meinung, sie wären Menschen, die sie in die Sklaverei gezwungen hatten, gegenüber moralisch verpflichtet. Charles Ball, ein ehemaliger Sklave, formulierte es so:

---

[18] Bei J. LESTER, To Be a Slave, New York 1970, 100f.

„Ich habe nie einen Sklaven kennengelernt, der meinte, er würde gegen ein moralisches Gebot verstoßen, wenn er sich etwas für ihn Notwendiges aneignete, das seinem Herrn gehörte. Der Herr mag es Diebstahl genannt und als Verbrechen abgestempelt haben. Aber der Schwarze dachte anders, wenn er ein Stück aus dem Besitz seines Herrn nahm, um seinen Hunger zu stillen, sich zu wärmen oder seine Sehnsucht nach etwas Luxus zu befriedigen."[19]

Die Tatsache, dass viele Sklaven sich der *weißen* Moral nicht verpflichtet fühlten, ist ein herausragendes Thema in der Folklore. Als der Herr des alten John entdeckte, dass ein Jungtier verschwunden war, sagte er dem Schwarzen Prediger, „er solle am nächsten Sonntag der Gemeinde die Hölle heiß machen, so dass der Dieb des Jungtiers sich stellen würde". John offenbarte seine ethische Grundeinstellung gegenüber seinem Herrn, als er sagte:

„,Mr. Preacher, ich habe euch so verstanden, dass ihr sagtet: Jüngstes Gericht, der Mann, der Old Marsters Jungtier gestohlen hat, wird da sein, Old Marster wird da sein, Jungtier wird da sein und Jungtier wird uns ins Gesicht sehen,'
Sagt der Prediger: ,Genau so.'
Und John antwortete: ,Dann soll Old Marster sein Jungtier am Jüngsten Tag haben. Das ist zeitig genug!'"[20]

Ein anderes wesentliches Merkmal der Sklavenethik war die Täuschung. Um in einer unterdrückten Gesellschaft überleben zu können, ist es erforderlich, die Unterdrücker zu überlisten und sie glauben zu machen, man sei, was man in Wirklichkeit nicht ist. Unterdrücker mögen glückliche Sklaven, besonders sogenannte christliche Unterdrücker. Sie mögen keine „aufsässigen" Sklaven, solche, die öffentlich ihr Missfallen an der Sklaverei ausdrücken. Daher hing das Überleben manchmal von der Fähigkeit ab, Sklavenhaltern vorzumachen, sie hätten sich mit ihrer Unfreiheit als einer authentischen Form des Sklavendaseins abgefunden. Henry Bibb hat gesagt: „Die einzige Waffe zur Selbstverteidigung, die ich erfolgreich anwenden konnte, war die Täuschung."[21] Dasselbe Thema finden wir bei Lusford Lane:

„Nachdem mir zum ersten Mal der Gedanke gekommen war, mich selbst zu befreien, musste ich mich anstrengen, mich so zu verhalten, dass ich bei den *weißen* Einwohnern nicht als aufsässig galt. Ich kannte ja ihre Macht und ihre Feindseligkeit gegenüber uns Schwarzen. An zwei Dinge, die in dieser Situation unverzichtbar sind, habe ich mich immer gehalten. Einmal zeigte ich nichts von dem wenigen Eigentum oder Geld, das ich besaß, sondern umgab mich in jeder nur möglichen Weise mit den Kennzeichen der Sklaverei. Zum anderen habe ich mich nie so intelligent aufgeführt, wie ich wirklich war. Das finden alle *colored people* im Süden, Freigelassene wie Sklaven, unbedingt notwendig für ihr Durchkommen und ihre Sicherheit."[22]

---

[19] Ebd.
[20] R.M. Dorson, Negro Folktales in Michigan, Cambridge 1956, 57f.
[21] Bei G. Osofsky (Hg.), Puttin' on Ole Massa, New York 1969, 9.
[22] Bei W.L. Katz (Hg.), Five Slave Narratives, New York 1969, 31.

Das Motiv der Täuschung oder Verstellung findet sich auch in der Folklore und den Liedern der Schwarzen Sklaven. Sie sangen vom Himmel und erzählten sich die Geschichten von Br'er Rabbit[23], aber die wenigsten *Weißen* wussten, dass sie dabei manchmal auf Afrika und Kanada anspielten und auf die Notwendigkeit, die *weißen* Sklavenhalter in ihrer Macht zu überlisten. *Weiße* glaubten, was sie glauben wollten, und sie wollten glauben, dass die Schwarzen zufrieden seien. Ein ehemaliger Missionar sagte: „In erster Linie finden sie sich eben in diesem Land vor und verbringen ihr Leben, ohne dass sie die Gerechtigkeit ihres Schicksals hinterfragen würden, das sie, wenn sie überhaupt denken, als naturgegeben verstehen."[24] Was er nicht verstand: diese Zufriedenheit war eine Form des Überlebens, und Sklaven sagten oft, was ihre Herren zu hören wünschten, während sie etwas ganz anderes dachten.

Dass Schwarze nur in den Grenzen ihrer Gemeinschaft ethisch handeln und gegenüber *weißen* Verstellung anwenden, heißt nicht, dass sie moralisches Verhalten vollkommen relativierten. Es heißt nur, dass Befreiung kein theoretisches Prinzip ist, etwa im engen Rahmen marxistischer Analyse. Befreiung ist eine Wirklichkeit, die im Kampf geschaffen und näher bestimmt werden muss. Manchmal heißt es, sich behaupten und laut rufen, wie Stokely Carmichael es einst tat: „Verdammt noch mal, nein, wir weichen nicht!" Ein andermal mag es wieder ein Satz sein, den viele Sklaven sagten: „Nein, Massa, ich will nicht frei sein, hab' einen guten Massa, sorgt für mich, wenn ich krank bin, nie misshandelt er einen *n*gger*, nein, ich will nicht frei sein."[25] Beide Aussagen können Gültigkeit haben. Die Entscheidung muss bei den Unterdrückten liegen, die in diesem Kampf auf Leben und Tod stehen.

Beide Einstellungen können aber auch falsch sein, wenn sie eigensüchtigen Zielen dienen, ohne Rücksicht auf die Gemeinschaft der Unterdrückten. Das Absolute, auf das diese Aussagen zu beziehen sind, ist die Freiheit der Unterdrückten. Alles andere ist sekundär. Die Aussage eines Sklaven: „Nein, Massa, ich will nicht frei sein!" ist dann wahr, wenn es eine Verstellung ist, ein Trick, um im Moment zu überleben, um später sagen zu können: „Verdammt, nein, wir werden nicht weichen!" Wenn der Sklave es unterlässt, das eine zu sich selbst und seiner Gemeinschaft zu sagen, während er das andere in der Gegenwart von *Weißen* spricht, dann hat er wahrscheinlich schon verinnerlicht, was er seinem Wesen nach nicht ist. Diese Gefahr ist immer vorhanden, denn das Wagnis der Frei-

---

[23] [Anm. d. Hg.: Br'er Rabbit ist die Figur eines sprechenden Hasen aus der afroamerikanischen Folklore, die ursprünglich auf afrikanische Erzählungen über einen Hasen, der seine Gegenspieler im Tierreich austrickst, zurückgeht. Zuweilen wird er als Repräsentation afrikanischer Sklaven verstanden, die sich an ihren Unterdrückern rächen.]
[24] Bei K. STAMPP, The Peculiar Institution, New York 1956, 86f.
[25] Ebd.

heit ist groß. Um also in einer Ethik der Befreiung Gültigkeit zu beanspruchen, muss das „Nein, Massa" eine vorübergehende Verstellung sein und sich auf das beziehen, was folgen soll, nämlich das „Verdammt, nein!". Aber wenn es dann gesagt wird, muss der Sklave „seinen Kram gepackt" haben und bereit sein, gegen die Mächte des Bösen in den Kampf zu ziehen. Denn die Unterdrücker werden die Freiheit nicht lediglich aufgrund lauten Geschreies gewähren. Die Unterdrückten müssen die Macht haben, sie sich zu nehmen.

Was wir tun sollen, wird also nicht von abstrakten Prinzipien bestimmt, sondern von Jesu befreiender Gegenwart in unserer Gemeinschaft. Die Gemeinschaft der Unterdrückten ist der Ort, wo wir aufgerufen sind, die Bedeutung der Gegenwart Jesu für das Verhalten der Christen auszuarbeiten. Dies bleibt ein Wagnis des Glaubens, denn es gibt keine allgemeine Garantie dafür, dass unsere Entscheidung ethisch mit unserer Freiheit in Jesus Christus im Einklang ist. Deshalb brauchen wir den ständigen Dialog miteinander über das, was wir im Kampf tun und lassen sollen. Kein Bruder oder keine Schwester kann von sich aus behaupten, die volle Wahrheit und nichts als die Wahrheit zu besitzen. Menschen können immer nur von der Wahrheit, die sie erkannt haben, Zeugnis geben. Sie müssen offen bleiben für weitere Informationen über die Wahrheit durch andere Brüder und Schwestern. Wenn ein Bruder beansprucht, das abschließende Wort über unseren Kampf zu sagen, ist er mit Sicherheit im Irrtum. Diese Regel ist auf Christen wie Nichtchristen, Integrationalisten und Patrioten anwendbar. Mit und über Unterdrücker dürfen wir in dieser Weise reden, als gäbe es keine Zweifel über das, was wir tun. Sie verdienen unser Vertrauen nicht, auch nicht unseren Respekt. Sie würden es wahrscheinlich nicht einmal merken, wenn wir uns so verhielten. Aber in der Schwarzen Gemeinschaft, wo jeder die Spuren des Kampfes trägt und jeder immer wieder die Konsequenzen einer bestimmten Aktion tragen muss, kann es keine Päpste geben, die *ex cathedra* über die Schwarze Befreiung sprechen. Sicher, es gibt Anführer, aber keine selbsternannten. Sie müssen von der Basis gewählt werden und ihr auch rechenschaftspflichtig sein. Diese Verantwortlichkeit zeigt sich darin, dass der Anführer seine oder ihre Fehlbarkeit zugesteht. Die Aufgabe eines Anführers besteht darin, die Menschen in ein gemeinsames Handeln im gemeinsamen Kampf zu führen. Hierbei entsteht die wahre Ethik der Befreiung. Was wir sein und tun sollen, wird in der Beziehung untereinander im gemeinsamen Kampf um Freiheit deutlich. Es kann sein, dass wir uns im Blick auf den Weg zur Befreiung nicht immer auf ein gemeinsames Handeln einigen können. Aber unser gemeinsames Wissen, dass wir durch ungerechte Verhältnisse geknechtet sind, verbindet uns und zwingt uns, den guten Kampf zu kämpfen, damit unsere Kinder in einer menschlicheren Welt leben können. Wir Schwarzen müssen uns vor Anführern hüten, die ihre Fehlbarkeit nicht zugestehen. Aufgabe der Basis ist es, diese selbsternannten

Propheten daran zu erinnern, dass sie ihre fehlende Offenheit anderen Konzepten der Befreiung gegenüber für den Kampf unbrauchbar macht. Ihre Beschränktheit ist eine beschämende Zurschaustellung ihrer Unfähigkeit, die Humanität der Schwarzen ernst zu nehmen. Es ist eine Form von Verachtung eben der Gemeinschaft, für die sie angeblich auftreten. Wir müssen ihnen sagen, dass sich ihr Verhalten nicht von dem der *Weißen* unterscheidet, die jeweils denken und handeln als wären sie Götter. Ihnen muss klar gemacht werden, dass sie die Gemeinschaft der Schwarzen nicht vertreten. Das können nur Schwarze selbst tun. Anführer erwachsen im Kampf und werden von der für die Befreiung tätigen Gemeinschaft dazu erkoren. Führungsaufgaben werden nicht aufgrund persönlicher Offenbarungen und Visionen übertragen. Die Berufung zu einer bestimmten Aufgabe erfolgt nicht durch einen Apparat, sondern durch die Gemeinschaft selbst, weil sie sieht, ob sich eine bestimmte Person für eine bestimmte Aufgabe besonders eignet.

Wir können unsere Ethik nur dialogisch im Verlauf des Befreiungskampfes entwickeln. Wer von der intellektuellen Kraft des Volkes nichts hält und so tut, als wüsste er aufgrund seiner Universitätsbildung und seiner Titel alles, verdient das Vertrauen des Volkes nicht. Wir Schwarzen Theologen und Prediger müssen an diesem Punkt besonders feinfühlig sein. Wir sind leicht geneigt zu wissen, was für das Volk gut ist, nur weil wir Barth und Tillich oder Henry Gamet und David Walker gelesen haben. Wir sind leicht in der Gefahr zu denken, wir wüssten mehr über das Evangelium Jesu, weil wir mehr über die Sprache und die Entstehungsgeschichte der biblischen Schriften wissen. Nein! Schon immer haben Schwarze gewusst, dass Bildung und christliches Leben nicht miteinander verbunden sind. Das jedenfalls haben sie bei der Beobachtung der *Weißen* gelernt, die viel über Gott wussten, aber deren Verhalten sie als Kinder des Teufels auswies. Wir müssen sorgfältig darauf achten, nicht in die gleichen Fehler zu verfallen wie unsere Unterdrücker, wenn wir uns im Leben unserer Gemeinschaft engagieren. Wir müssen *wirklich* für die Wahrheit offen sein, selbst wenn sie nicht in einer Sprache daherkommt, die wir auf der Universität gelernt haben. Wir müssen unser Sklavendasein verlernen bis in die Begriffe hinein und anfangen, die Schwarze Manifestation der Wahrheit in den Abläufen des Lebens der Schwarzen zu erkennen. Sie kann sich vor uns entfalten, wenn ein Vorsänger einen Hymnus anstimmt oder eine schöne Schwester durch das Kirchenschiff stolziert, wohlwissend, dass Gott in guter Stimmung gewesen sein muss, als er sie schuf. Das ist eine theologische Wahrheit, die man sehen muss, um sie zu würdigen, denn es ist schwer, diese Wirklichkeit in Worten auszudrücken. Wer sieht, wie Schwarze Brüder und Schwestern ihren Gefühlen in der Gemeinschaft Raum geben und wie sie einander liebevoll berühren, begreift auch, dass *weiße* Sexualmoral für uns niemals in Betracht kommen kann. Wir müssen unsere eigene Sexualmoral finden, im gemeinsamen Dialog und wechselseitigem Respekt füreinander. Es kann bei uns keine Herrschaft des Mannes über die Frau geben. Es kann nur Gleichheit geben, eine Gleichheit der Macht auf dem Hintergrund des gemeinsamen Kampfes. Die Aufgabe des Schwarzen Ethikers ist es, unsere Werte zu formulieren, damit wir unser Verhalten an unseren Absichtserklärungen messen können.

Wir müssen auch unsere Geschichte aufarbeiten, bis tief in ihre afrikanischen Wurzeln zurück, und nach dem Zusammenhang zwischen dem afrikanischen Schrei und dem baptistischen Klageruf, dem Jordanfluss der Spirituals und den Flussgeistern der westafrikanischen Religion fragen. Welche Beziehung besteht zwischen afrikanischen Verhaltensmustern und denen von Sklaven? In welchem Sinn war unser Überleben in der Sklaverei abhängig von befreienden Verhaltensstrukturen aus Afrika? In welchem Ausmaß nährt sich unser heutiger Überlebenskampf von der Erkenntnis der wesentlichen afrikanischen Strukturen unseres Lebens und des darauf aufbauenden Befreiungsprogramms? Eine Schwarze christliche Ethik kann die Tatsache nicht übergehen, dass wir ein afrikanisches Volk sind. Diesem Erbe müssen wir uns in unserer ethischen Arbeit stellen, wenn wir Schwarzen Verhaltenshinweise geben wollen, die das ureigene Wesen unseres Seins nicht verletzen. Das genaue Ausmaß, in dem die afrikanische Kultur in einer Schwarzen Ethik berücksichtigt werden sollte, wird noch diskutiert werden müssen.[26] Aber es sollte keine Diskussion mehr darüber geben, dass wir Afrikaner sind und keine Europäer, selbst wenn wir über die letzte Konsequenz dieser Feststellung nicht einig sind. Was es bedeutet, wird sich einmal mehr im gemeinsamen Kampf zeigen.

Ein anderer wichtiger Bestandteil einer Schwarzen Ethik ist die Offenheit gegenüber Menschen, die auch für die Schwarze Freiheit kämpfen, aber auf einem nicht-christlichen oder gar anti-christlichen Hintergrund. Ich glaube, dass Jesus Christus im Zentrum der Schwarzen Erfahrung in Nordamerika ist. Schwarze erzählten es Jesus, wenn ihr „Weg steinig wurde" und ihre „Straße eng wurde". Jesus war der *ethische* Unterschied in ihrem Leben, der ihnen ermöglichte, „weiterzueilen auf festeren Grund". Ich bin sicher, dass er es war, der den Sklavenpredigern die Vollmacht gegeben hat, Freiheit als das Wesen des Evangeliums zu verkünden. „Frei, wirklich frei", zitiert Henry Clay Bruce einen Schwarzen Prediger, „frei von Tod, frei von der Hölle, frei von der Arbeit, frei von den *Weißen*, frei von allem."[27] Allerdings glauben andere Schwarze – Rationalisten, existentialistische Intellektuelle, Marxisten, Moslems, Patrioten und andere –, dass das Christentum den Kampf um die Freiheit nur aufhalte. Sie stel-

---

[26] Über diese Diskussion informiert ausgezeichnet G.S. WILMORE, Black Religion and Black Radicalism, Garden City 1972.
[27] Bei J. BLASSINGAME, The Slave Community, New York 1972, 66.

len mit Recht fest, dass der Name Jesu auch über die Lippen von Sklavenhaltern kam. Aber vom Standpunkt Schwarzer Christen aus begehen diese Gruppen den Fehler, Schwarzes und *weißes* Christentum in denselben Topf zu werfen. Schwarze hielten sich an den Jesus, den die *Weißen* nur beim Namen kannten, und verstanden ihn neu im Licht der Bibel, Afrikas und des Kampfes in Nordamerika. Der Unterschied zwischen Schwarzen Christen und anderen Schwarzen darf nicht dazu führen, den Kampf zu schwächen. Der Dialog über diese Fragen muss offenbleiben. Christen dürfen Patrioten nicht Jesus um die Ohren schlagen, und Patrioten sollten über Christen nicht die Nase rümpfen. *Weißen* Unterdrückern macht es wenig aus, ob wir Patrioten oder Christen sind. Wie Bruder Malcolm X uns lehrte:

> „Was du und ich tun müssen, ist, unsere Differenzen zu vergessen. Wenn wir zusammenkommen, kommen wir nicht als Baptisten oder Methodisten zusammen. Du kommst nicht in die Hölle, weil du ein Baptist bist, und du kommst nicht in die Hölle, weil du ein Methodist bist, und du kommst nicht in die Hölle, weil du ein Demokrat oder Republikaner bist, und du kommst nicht in die Hölle, weil du ein Freimaurer oder Elk bist, und ganz gewiss kommst du auch nicht in die Hölle, weil du ein Amerikaner bist; denn wenn du ein Amerikaner wärest, kämst du nicht in die Hölle. Nein, du kommst in die Hölle, weil du ein Schwarzer bist. Du kommst in die Hölle, alle von uns kommen in die Hölle aus dem gleichen Grund."[28]

Malcolms Botschaft ist auch heute noch wahr. Ausschlaggebend ist, dass wir Schwarz sind, und allein dieser Tatbestand sollte uns füreinander offenhalten, nicht um einander zu bekehren, sondern um im Austausch miteinander den besten Weg für unseren Kampf zu finden. Diese Offenheit ist entscheidend für unsere gegenseitige Anerkennung als Brüder und Schwestern.

Die logische Folge fehlender Offenheit ist eine Erscheinung, die unseren Kampf so sehr belastet und die *Weißen* zutiefst erfreut – nämlich dass Schwarze andere Schwarze umbringen. Wir sind in der Lage, uns gegenseitig geistig und physisch zu vernichten, weil wir Angst haben, uns mit den wirklich unterdrückerischen Kräften in unserer Gemeinschaft anzulegen. Deshalb fügen die Drogenhändler, die Zuhälter und andere eigensüchtigen Personen unserem Kampf schweren Schaden zu. Wenn wir einander mit Drogen und Gewehren töten, dann tun wir die Arbeit der Unterdrücker. Diese Erscheinung ist das Ergebnis einer geistigen Versklavung unter die Werte, die dazu da sind, uns zu vernichten. Während wir also einerseits ethische Strukturen entwickeln müssen, die uns im Kampf gegen die *weißen* Unterdrücker helfen, müssen wir andererseits Wege finden, eine Schwarze Gesellschaft aufzubauen, in der Zuhälter und Drogenhändler der Vergangenheit angehören. Dazu müssen wir die *weißen* unterdrückerischen Strukturen zerstören, die für die Bedingungen verantwortlich sind, dass

---

[28] Malcolm X Speaks, New York 1966, 4.

Schwarze sich gegenseitig töten und verstümmeln. Dabei sind wir auf alle zur Verfügung stehenden Kräfte innerhalb der Schwarzen Gemeinschaft angewiesen, um einen Krieg gegen alle Mächte zu führen, die uns zu zerstören suchen. Der Schwarze Ethiker muss den Dialog in der Schwarzen Gemeinschaft fördern, damit wir der Freiheit näherkommen, die es nur geben wird, wenn wir es wagen, uns auf sie zu berufen.

Weiße Unterdrücker sind von diesem Schwarzen Dialog über ethische Fragen auszuschließen, denn ihnen ist nicht zu trauen. Und den *Weißen*, die fortgesetzt ihren guten Willen betonen, trotz der langen Geschichte des Rassismus, können wir Schwarzen höchstens sagen: „Ihr könnt mitmachen, aber ihr müsst tun, was wir sagen, ohne dass ihr vorgebt, zu wissen, was für unsere Befreiung am besten ist." Wenige *Weiße* können das, wenn überhaupt, akzeptieren. Sie werden sagen, das sei weder fair noch christlich. Aber es besteht kein Anlass, über Fairness oder Christentum mit unseren Unterdrückern zu diskutieren. Denn von allen haben sie das geringste Recht, solche Worte überhaupt zu gebrauchen. Unsere Aufgabe ist es, das zu sein, was wir sind, trotz der *Weißen*, denn wir haben die Vision der Freiheit gesehen und sie hat uns gerufen, der Welt eine neue Gestalt zu geben.

3. Jesus Christus und die ethische Frage der Gewalt

Von einer ursprünglichen, unverfälschten Befreiungsethik aus können wir jetzt auch etwas zur Frage der Gewalt sagen. Weil Unterdrückte selbst Opfer geistiger und physischer Entmenschlichung geworden sind, können wir die Zerstörung der Menschlichkeit nicht zum Ziel haben, auch nicht im Blick auf unsere Unterdrücker. Das würde dem Kampf um Freiheit, die das Ziel unseres Ringens ist, widersprechen. Wir wollen die Unterdrücker nicht zu Sklaven machen, sondern die Menschheit verwandeln oder, mit den Worten Franz Fanons, „einen neuen Menschen auf den Weg bringen". Deshalb haben Hass und Rache keinen Platz im Freiheitskampf. Im Gegenteil, Hass verleugnet die Freiheit und verfremdet den Freiheitskampf. Die Ethik der Befreiung wird von der Liebe unter uns und der Liebe zur Menschheit getragen. Das ist ein wesentlicher Bestandteil der Befreiung. Ohne ihn würde der Kampf sich in eine Negation dessen verwandeln, was göttliche Befreiung meint.

Allerdings bedeutet diese radikale Absage an Hass und Rache nicht, dass wir das bei *Weißen* übliche Verständnis von Gewalt und Gewaltlosigkeit teilen. Wir sind uns sehr wohl bewusst, dass sich ihre Konzeption von einem theologischen und politischen Interesse herleitet, das den Status quo unterstützt, während wir diese Problematik auf dem Hintergrund unseres Kampfes behandeln müssen, also im Zusammenhang mit unserem Wunsch, frei zu sein. Wir können unsere Ansicht der gegen Schwarze verübten Gewalt nicht von *weißer* Rhetorik über Jesus und seine Gewaltlosigkeit trüben lassen. Deshalb muss eine Schwarze Ethik das verworrene und viel diskutierte Problem von Gewalt und Gewaltlosigkeit einer Klärung zuführen. Drei Dinge sind vor allem dazu zu sagen:

(1) Gewalt ist ja nicht nur das, was *Weißen* von Schwarzen angetan wird, wenn die Opfer ihre Lebensverhältnisse zu verändern suchen. Gewalt ist auch, was *Weiße taten*, als sie eine Gesellschaft nur für *Weiße* schufen, und was sie *tun*, um diese zu erhalten. Gewalt fing in Amerika nicht mit *Black Power* oder *Black Panther* an. Sie ist auch nicht etwa auf die *Symbionese Liberation Army*[29] beschränkt. Entgegen der *weißen* öffentlichen Meinung hat Gewalt in Amerika eine lange Geschichte. Dieses Land entstand in einer gewaltsamen Revolution (man denke an 1776) und lebte von der gewaltsamen Vernichtung der *roten* und der gewaltsamen Versklavung der Schwarzen Ethnie. Das hat Rap Brown gemeint, als er sagte: „Gewalt ist so amerikanisch wie Kirschkuchen."

Weiße haben ein völlig verzerrtes Bild von dem, was Gewalt heißt. Unter Gewalt verstehen sie mit Vorliebe das Übertreten der Gesetze ihrer Gesellschaft, eine, wie ich meine, enge und rassistische Sicht. Es gibt eine tödlichere Form von Gewalt. Sie verbirgt sich gerade hinter solchen Parolen wie „Recht und Ordnung", „Freiheit und Demokratie" und der Rede vom „American way of life". Ich rede hier von Schreibtischtäter-Gewalt, der Gewalt der christlichen Mörder und der vaterländischen Bürger, für die das Richtige alles *Weiße* und das Falsche alles Schwarze ist. Ich rede von denen, die Mörder anwerben, ihre Schmutzarbeit zu tun, während sie sich gegenseitig beglückwünschen, „gut" und „gewaltlos" zu sein. Die Mörder sind die Polizisten, die in unseren Straßen patrouillieren und unsere Männer, Frauen und Kinder töten.

Ich behaupte also, dass Gewalt nicht ein Problem einiger Schwarzer Revolutionäre ist, sondern das Problem einer ganzen Gesellschaftsstruktur, die äußerlich einen ordentlichen und ehrwürdigen Eindruck macht, aber innerlich „von psychopathischen Zwangs- und Wahnvorstellungen besessen"[30] ist – nämlich von Rassismus und Hass. Gewalt ist in der amerikanischen Gesetzgebung verankert und wird von den Wächtern der moralischen Heiligtümer abgesegnet. Das ist der Kern des Gewaltproblems, das auch nicht dadurch gelöst wird, dass man die amerikanische Geschichte verklärt und vorgibt, Hiroshima, Nagasaki und Vietnam wären die ersten amerikanischen Verbrechen gegen die Menschlichkeit gewesen. Wenn wir den Gedanken der Menschenwürde ernst nehmen, dann wissen wir, dass die Vernichtung der indigenen Bevölkerung, die Versklavung der Afrikaner und, trotz Reinhold Niebuhr, der Heldenkult um Sklavenhalter wie George Washington und Thomas Jefferson Amerikas erste Verbrechen gegen die

---

[29] [Anm. d. Hg.: Die SLA ist eine zwischen 1973 und 1975 aktive linksextreme Guerillagruppierung gewesen, die für mehrere Banküberfälle, Entführungen und Morde an der US-amerikanischen Westküste verantwortlich gewesen ist.]

[30] TH. MERTON, Faith and Violence, Notre Dame 1968, 3.

Menschlichkeit gewesen sind. Es hilft auch überhaupt nichts, die Sklaverei mit wirtschaftlichen Sachzwängen oder als bedauerlichen Unfall der Geschichte zu erklären. Amerika ist eine ungerechte Gesellschaft, und wir Schwarzen haben das schon immer gewusst.

(2) Wenn Gewalt nicht nur eine Frage an die Unterdrückten, sondern in erster Linie an die Unterdrücker ist, dann ist die Unterscheidung zwischen Gewalt und Gewaltlosigkeit ziemlich illusorisch. „Das sog. Gewaltproblem besteht nicht aus der Alternative Gewalt oder Gewaltlosigkeit, sondern in der Frage nach den Kriterien berechtigten oder unberechtigten Machtgebrauchs."[31] Die Antwort darauf können nur die Opfer der Ungerechtigkeit geben. Es wäre Stumpfsinn in höchster Vollendung, wollten die Opfer der Unterdrückung es den Unterdrückern überlassen, über die Mittel und Wege im Befreiungskampf zu befinden. Es ist wichtig, darauf hinzuweisen, dass in einer ungerechten Gesellschaft niemand gewaltlos sein kann. Der entscheidende Trugschluss in der Diskussion der Gewaltfrage bestand bisher darin, dass die Verfechter der Gewaltlosigkeit von einer Position ausgegangen sind, die auf einer von den Unterdrückern vorgenommenen Definition fußte. Viel zu oft haben christliche Theologen die bestehende Unterscheidung zwischen verordneter und unordentlicher Gewalt (force und violence) angestellt. „Dem Staat ist Gewalt verliehen; er ist ein von Gott eingesetzter und bevollmächtigter Organismus und bleibt dies, selbst wenn er ungerecht ist; selbst seine strengsten Maßnahmen sind nicht dasselbe wie die böse oder brutale Handlung des Individuums. Das Individuum überlässt sich seinen Leidenschaften, es übt Gewalt."[32] Diese Unterscheidung ist grundfalsch und offenbart lediglich eine Identifikation mit der herrschenden Macht statt mit den Opfern dieser Macht. Ich behaupte, dass jeder gewalttätig ist. Zu fragen: „Bist du gewaltlos?" heißt schon, die Werte der Unterdrücker zu übernehmen. Ganz konkret leben wir in einer Situation, wo wir uns lediglich entscheiden können, wessen Gewalt wir unterstützen wollen, die der Unterdrücker oder der Unterdrückten. Entweder stehen wir auf der Seite der unterdrückten Schwarzen und anderer nicht erwünschter Minderheiten in ihrem Versuch, den Sinn ihrer Existenz in einer ungerechten Gesellschaft neu zu bestimmen, oder wir stehen auf der Seite des Präsidenten oder wer sonst das *weiße* Establishment für General Motors und US-Steel verteidigt. Neutralität ist unmöglich, dieser moralische Luxus, auf keiner Seite zu stehen. Weder die existierenden Mächte noch deren Opfer werden das erlauben! Die US-Regierung fordert Unterstützung durch Steuern und die öffentliche Treue zur amerikanischen Fahne. Die Unterdrückten fordern unser Engagement im Freiheitskampf und die Bereitschaft, das Wagnis einzugehen, eine neue Menschheit zu schaffen. Wir wissen, dass wir „manchmal hin- und

---

[31] J. MOLTMANN, Das Experiment Hoffnung, München 1974, 153.
[32] J. ELLUL, Violence, New York 1969, 3, der diese Meinung referiert, aber nicht vertritt.

hergeworfen" sind und „manchmal nicht wissen, wohin uns zu wenden". Aber wir haben „von einer Stadt gehört", in der „Jesus der König ist", und wir kämpfen darum, „sie zu unserem Zuhause zu machen". Manchmal heißt die Stadt „Himmel" und wir reden davon, wenn wir „über den Jordanfluss gehen" wollen, oder sie heißt das „Neue Jerusalem". Diese Vision führt uns in den Kampf, damit diese Welt ein Zeichen ihrer kommenden Wirklichkeit werde. Alle, die in unseren Kampf eintreten wollen, müssen ihre Loyalität gegenüber den Strukturen der Ungerechtigkeit aufgeben. Sie können nicht gleichzeitig für uns und für die Unterdrücker sein.

Natürlich bin ich mir bewusst, dass die Entscheidung für die Unterdrückten schillernd ist. Sind wir nicht, wenn wir Steuern zahlen und in diesem System arbeiten, immer schon auf der Seite der Unterdrücker? Selbstredend! Was ist dann der Unterschied zwischen Gerald Ford und irgendeinem Schwarzen? Der Unterschied ist analog zu dem vom erlösten und unerlösten Sünder. Der unterdrückte Mensch im Kampf um Freiheit ist der eine, Gerald Ford der andere. Der eine erkennt, dass die Welt trotz seiner Beteiligung daran ungerecht ist und er sich für ihre Befreiung engagieren muss. Der andere glaubt die Welt in guten Händen und erfreut sich seiner Beteiligung daran. Diese Unterscheidung ist ausschlaggebend, denn die eine Beteiligung geschieht unter Zwang, die andere freiwillig. Die Hoffnung auf die Schaffung einer neuen Gesellschaft für alle hängt von den Menschen ab, die erkannt haben, dass der Kampf das primäre Mittel ist, durch das ein neues Zeitalter heraufgeführt wird. Wenn sie auch an der Ungerechtigkeit teilhaben, so wissen sie doch, dass es nicht recht ist und dass das System deshalb geändert werden muss. Es wird keine Änderung im System der Ungerechtigkeit geben, wenn wir von denen abhängig bleiben, die es kontrollieren und die Meinung vertreten, die gegenwärtige Unrechtsordnung sei die beste aller möglichen Gesellschaften. Sie wird durch die Opfer verändert werden, die gegen ihren Willen an diesem System teilhaben. Während sie noch unfreiwillig sich daran beteiligen, bereiten sie *freiwillig* bereits seine Zerstörung vor. Sie leben ein Doppelleben, dessen einen Teil sie zu zerstören suchen, weil es dem wahren Selbst widerspricht, das im Kampf neu geboren wird. Jeder feinfühlige Schwarze weiß, was das bedeutet. Es ist die Quelle unseres Seins wie unseres Nicht-Seins. In diesem Kontext ist Ethik ein ungeheures Wagnis, eine historische und existentielle Last, die in der Hitze des Tages getragen werden muss. Diese Last hat unsere Vorfahren veranlasst, Lieder von Leid und Freude zu schaffen. Beides ist in dem folgenden Spiritual vereint:

> „Nobody knows the trouble I've seen
> Nobody knows my sorrow
> Nobody knows the trouble I've seen
> Glory, Hallelujah!"

In der Macedonia-Gemeinde wurde dieses Lied häufig gesungen, als ein Ausdruck des Kampfes der Menschen. Die „Zweiheit", von der Du Bois sprach, der Amerikaner und der *N*gro*, das Leid und die Freude, war unmittelbar im Gefüge ihres Lebens vorhanden. Aber dieser Konflikt führte nicht in die Passivität. Die Menschen griffen ihn als Mittel ihres Kampfes auf. Sie lebten das Sprichwort, nach dem „man nehmen muss, was man hat, und gebrauchen, was man kann". Das taten sie zu jeder sich bietenden Gelegenheit. Diese im Leben der Schwarzen gelebte Wahrheit macht den Vergleich zu Gerald Fords Lebensverständnis äußerst lächerlich. Unterdrückte Schwarze und andere *people of color* sind die einzigen Hoffnungszeichen für die Schaffung einer neuen Humanität in Amerika.

Aus dem hier dargelegten Verständnis von Gewalt und Gewaltlosigkeit geht auch hervor, warum ich Martin Luther Kings Entfaltung der Gewaltfrage nicht folgen kann, obwohl ich dem größten Teil des konkreten Programms unter seiner Führung zugestimmt habe. Seine Verhaftung in der liberalen Theologie im Verständnis von christlicher Liebe und sein Vertrauen, dass „das Universum auf der Seite der Gerechtigkeit"[33] ist, scheint mir *weiße* Gewalt in Amerika nicht wirklich ernst zu nehmen. Ich bin mit seiner Begriffsanalyse von Gewalt und Gewaltlosigkeit nicht einverstanden, weil sie der historischen und soziologischen Vielschichtigkeit der menschlichen Existenz in einer rassistischen Gesellschaft nicht gerecht wird. Deshalb zeigen viele von Kings Arbeiten theologische und philosophische Gedankengänge, die mit seinem tatsächlichen kreativen Denken und Handeln wenig zu tun haben. Er war eben nicht von Ghandi oder dem neuenglischen Personalismus beeinflusst, obwohl King das immer wieder behauptet hat. Sein kreatives Denken, seine ungeheure Potenz im Kampf um Freiheit, stammen aus seinem Schwarzen kirchlichen Erbe. Dieses Erbe hat ihn mit Schmerz und Verzweiflung konfrontiert, aber auch mit Hoffnung und Freude, dass irgendwo im Schoße der Ewigkeit Gottes Gerechtigkeit sich verwirklichen würde „im Land der Freien und in der Heimat der Tapferen". Hier hatte sein „Traum" seinen Ursprung und seine Vorahnung, dass „das Leid nicht für immer währen wird". Im Stil und Rhythmus Schwarzer Predigten und mit großer theologischer Vorstellungskraft versuchte er den Inhalt seiner Vision zu entfalten. „Ich habe einen Traum", sagte er während des Marsches auf Washington 1963, „dass eines Tages meine Kinder nicht länger nach der Farbe ihrer Haut beurteilt werden, sondern nach ihrem Charakter". Und am Vorabend seiner Ermordung in Memphis wiederholte er eine ähnliche Hoffnung: „Mag sein, dass ich nicht zusammen mit euch dorthin gelange. Aber ich möchte, dass ihr wisst, dass wir als Volk das Gelobte Land erreichen werden."

---

[33] M.L. KING, Stride Toward Freedom, New York 1958, 88.

Das Wissen davon, dass Hoffnung wächst, wo Verzweiflung und Unterdrückung sind, hat King zu einem so kreativen Kämpfer und großen Prediger gemacht. Hier berührt sich meine Theologie mit derjenigen Martin Luther Kings, trotz unserer deutlichen Differenzen in der Gewaltfrage. Beide gehen wir davon aus, dass wir im Kampf stehen und dass nicht weniger als das Überleben und die Befreiung der Schwarzen auf dem Spiel stehen. Deshalb brauchen wir auch nicht über die relative Berechtigung solcher akademischer Unterscheidung zwischen verordneter und unordentlicher Gewalt oder zwischen Gewalt und Gewaltlosigkeit zu debattieren. Die Aufgabe ist vielmehr, was King in seinem Leben und Denken so wunderbar demonstriert hat, nämlich Menschlichkeit an die Stelle von Unmenschlichkeit zu setzen.

(3) Wenn nicht Gewalt oder Gewaltlosigkeit zur Entscheidung stehen, sondern die Schaffung einer neuen Menschheit, dann heißt die für Christen maßgebliche Frage nicht, ob Jesus Gewalt angewendet hat oder ob Gewalt mit Liebe und Versöhnung in Einklang zu bringen ist. Noch einmal: Es geht nicht darum, wie Jesus gehandelt hat, als wäre sein Verhalten in Palästina im 1. Jahrhundert die unfehlbare ethische Norm für unser heutiges Handeln. Wir dürfen nicht fragen, *was er tat*, sondern was er *jetzt tut*. Was er tat, wird in dem Maße wichtig, wie es auf sein heutiges Tun weist. Den historischen Jesus als absolute ethische Norm für Menschen von heute zu nehmen, hieße, sich der Geschichte als einem Gesetz zu unterwerfen und sich Gottes eschatologischer Zukunft und ihrem Urteil über die Gegenwart zu verschließen. Es würde das Wagnis der ethischen Entscheidung eliminieren und die Menschen zu Sklaven von Prinzipien machen. Aber das Evangelium von Jesus Christus bedeutet Befreiung. Ein wesentliches Element dieser Befreiung ist die existentielle Zumutung, sich für die Befreiung entscheiden zu müssen, ohne genau zu wissen, was Jesus getan hat oder tun würde. Das ist das Wagnis des Glaubens.

Ich habe Schwierigkeiten, wenn *weiße* Theologen Jesu sogenannte Gewaltlosigkeit in den Evangelien als Hauptbeweis dafür heranziehen, dass die Unterdrückten heute gewaltlos zu sein hätten. Einmal haben R. Bultmann und andere Vertreter der Formkritik nachgewiesen, dass es historische Schwierigkeiten gibt, wenn man hinter das Kerygma der Urgemeinde auf den wirklichen Jesus von Nazareth zurückwill. Zum anderen ist dieses Verfahren auch ethisch fragwürdig, vor allem bei *weißen* Apologeten des Status quo. Es ist bemerkenswert, dass viele *weiße* Forscher Skepsis hinsichtlich der historischen Glaubwürdigkeit praktisch gegenüber der ganzen Jesusüberlieferung der Evangelien anmelden, *ausgenommen* seiner politischen Rolle. Sie sind sich sicher, dass er Liebe gepredigt hat, was sie unweigerlich als Annahme des politischen Status quo deuten. Sein Evangelium, sagen sie, sei spirituell und eschatologisch gewesen, aber habe nichts mit dem politischen revolutionären Kampf zu tun gehabt. Dies ist eine seltsame Logik, besonders da dieselben Forscher strikt der formkritischen Methode folgen und allgemeingültig verkünden, das von Jesus gepredigte Reich Gottes beziehe sich auf das Ganze der Wirklichkeit. Warum halten sie ihre Skepsis nicht aufrecht, wenn sie Jesu politisches Handeln untersuchen? Wie können sie so sicher sein, dass Jesus nicht für Gewalt war? Wie kommt es, dass sie sagen, Jesus habe das Reich gepredigt, eine *allumfassende Wirklichkeit*, aber sich sofort beeilen, festzustellen, dies habe nichts mit Politik zu tun? Wie können sie sagen, der Gott Jesu sei der alttestamentliche Jahwe gewesen, aber zugleich vor seinem politischen Eintreten für die Unterdrückten zurückschrecken? Wie kann Jesus Gottes Bevollmächtigter auf Erden gewesen sein und sich nicht um soziale, ökonomische und politische Ungerechtigkeit gekümmert haben? Ich glaube, die Antwort auf diese Fragen liegt auf der Hand. Die Exegese *weißer* Theologen wird von ihrem Interesse und ihrer Beteiligung an den Strukturen der politischen Unterdrückung bestimmt. Sie können den zentralen Inhalt von Jesu Person und Werk nicht sehen, weil sie den Strukturen verpflichtet sind, die Jesus verworfen hat. Sie sind die heutigen Schriftgelehrten und Gesetzeslehrer, die den grundlegenden Irrtum der Perspektive, in der sie leben, nicht eingestehen können.

Selbst wenn sich zeigen ließe, dass Jesus kein revolutionärer Zelot gewesen ist, würde das noch immer kein Beweis dafür sein, dass der auferstandene Jesus sich nicht am Kampf der Unterdrückten für ihre Freiheit beteiligt. Denn der auferstandene Christus ist nicht mehr den Möglichkeiten des 1. Jahrhunderts unterworfen. Obwohl der Jesus von gestern wichtig ist für unsere ethischen Entscheidungen von heute, müssen wir doch sorgfältig abwägen, worin seine Bedeutung heute liegt. Sie liegt gewiss nicht in einer Nachfolge, die sein Verhalten in Palästina sklavisch nachahmt. Wir müssen vielmehr sein damaliges Handeln als einen Fingerzeig ansehen für das, was er heute tut. Seine Taten waren nicht so sehr Beispiele, als vielmehr *Zeichen* für Gottes eschatologische Zukunft und den Willen Gottes, alle Menschen von Sklaverei und Unterdrückung zu befreien. In den Exorzismen, im Essen und Trinken mit den Unterdrückten, wies Jesus auf den neuen Äon, der bereits in die Gegenwart hereinbrach und die Unrechtsordnung zerschlug. Der neue Äon des kommenden Reiches bedeutet einen revolutionären Angriff auf das gegenwärtige Wertsystem. Die Letzten werden die Ersten sein und die Ersten die Letzten. Hier liegt die ethische Tragweite der Worte und Taten Jesu. Sie stellen konkrete *Zeichen* dar, dass der neue Äon mitten im gesellschaftlichen Kontext, in dem die Menschen leben, anbricht. Für alle, die keine Augen des Glaubens haben, sind die Zeichen bedeutungslos, weil sie nicht sehen können, dass mitten unter den Menschen etwas Revolutionäres sich Bahn bricht. Die Wahrheit der ethischen Gegenwart Jesu kann man nicht durch eine rationale Untersuchung seiner Taten und Worte ausmachen. Sie findet sich in dem, was sie bezeugen, nämlich den Willen Gottes, die Schwachen und Hilflosen zu befreien.

Wenn wir also heute den Sinngehalt von Jesu damaliger Existenz in ihrer Beziehung zu seinem gegenwärtigen Sein mit uns verstehen wollen, dürfen wir das Problem nicht mit einer philosophischen Methode angehen. Es bedarf der Perspektive des Glaubens, die unter den Entrechteten entsteht, denn ihre soziale Existenz legt Zeugnis ab von der Vision einer kommenden neuen Zeit. Als Christen, die die Zeichen des befreienden Gottesreiches gesehen haben, sind wir gewiesen, nicht philosophischen Prinzipien zu folgen, sondern den Willen Gottes in einer bedrückenden und entmenschlichten Welt zu entdecken. Konkret haben wir nicht zwischen gut und böse, richtig und falsch zu entscheiden, sondern zwischen dem alten und dem neuen Äon, zwischen der Welt der Unterdrücker und dem Kampf der Geringen, frei zu werden. Wir müssen die eine Frage stellen und beantworten: „Wessen Handeln steht im Einklang mit Gottes Werk in der Geschichte, das der Unterdrückten oder der Unterdrücker?" Entweder sehen wir Gottes Willen offenbart im Status quo Amerikas oder in den Anstrengungen derer, die ihn zu verändern suchen.

Im Bewusstsein des Glaubenswagnisses und der ethischen Bürde, über Leben und Tod entscheiden zu müssen ohne eine unfehlbare Norm, möchte ich behaupten, dass Gott unter den Armen, den Verachteten und Kranken zu finden ist. „Was vor der Welt töricht ist, hat Gott erwählt, damit er die Weisen zuschanden mache, und was vor der Welt schwach ist, hat Gott erwählt, damit er das Starke zuschanden mache, und was vor der Welt niedriggeboren und was verachtet ist, hat Gott erwählt, das, was nichts gilt, damit er das, was gilt, zunichte mache" (1Kor 1,27f). Darum hat Gott israelitische Sklaven erwählt und nicht ägyptische Sklavenhalter, die Schwachen und Armen in Israel und nicht die Unterdrücker. Das Bild, das die Evangelien von Jesus zeichnen, zeigt, dass der Gott Israels der Gott ist, dessen Willen durch seine Identifizierung mit den Unterdrückten erkannt wird, und seine Tätigkeit ist immer identisch mit denen, die sich für Befreiung und Freiheit einsetzen. Wenn diese Botschaft irgendetwas für unsere Zeit besagt, dann dies, dass Gottes Offenbarung in der Schwarzen Befreiung zu finden ist. Gott hat erwählt, was schwarz ist in Amerika, um die *Weißen* zuschanden zu machen. In einer Gesellschaft, wo „*weiß*" mit gut gleichgesetzt wird und „schwarz" mit schlecht, kann Menschsein und Gottsein nur eine uneingeschränkte Identifizierung mit „Schwarz" heißen. Die göttliche Erwählung der Unterdrückten bedeutet, dass den Schwarzen die Macht gegeben ist, über die hochfahrenden und mächtigen *Weißen* zu richten. Was kann eine christliche Ethik also anderes sagen, als dass die Unterdrückten in ihrem Kampf die konkreten Zeichen der Gegenwart Gottes mit uns heute sind?

Eingeleitet und bearbeitet von Jan-Philip Tegtmeier

IV. Stimmen des Post-Christentums:

**John Howard Yoder (1927–1997)
und Stanley Hauerwas (*1940)**

9. Messianische Nachfolgeethik: John H. Yoder (1927–1997)

Einführung

Person und Werk

John H. Yoder (geb. 29.12.1927 in Smithville, Ohio, gest. am 30.12.1997 in South Bend, Indiana) gilt als der wohl bedeutendste mennonitische Theologe und zugleich als einer der prominentesten Vertreter des christlichen Pazifismus im 20. Jahrhundert. Er war eine Schlüsselfigur in den sog. Puidoux-Konferenzen (1955–1973), den ersten offiziellen Gesprächen zwischen Vertretern der Historischen Friedenskirchen und den protestantischen Mehrheitskirchen. Y. steht herkunftsmäßig und theologisch in der friedenskirchlich-täuferischen Tradition – nicht zuletzt durch seinen Lehrer Harold S. Bender (1897–1962) angeleitet. Viele Jahre war Y. in diversen ökumenischen Gesprächskontexten (u.a. im Rahmen des Ökumenischen Rates der Kirchen) und in der Überseemission beim „Mennonite Board of Missions" (langjährige Aufenthalte in Europa und Afrika) hoch engagiert. Bedeutende US-amerikanische Theologen wie Stanley Hauerwas, James Wm. McClendon, Jr. oder Glen H. Stassen bestätigten, dass sie in ihrem Denken von Y. entscheidende theologische Impulse erhielten.

Man hat Y. als „walking set of contradictions" (so Nancey Murphy / Brad J. Kallenberg) bezeichnet. Er war ein stark konfessionell verwurzelter und geprägter friedenskirchlicher Theologe, der vor allem im reformierten Kontext der Schweiz (primär bei Karl Barth in Basel) studierte und dort im Jahr 1957 in Kirchengeschichte mit einer Arbeit zur den Gesprächen zwischen den Täufern und Reformatoren in der Schweiz (1523–1538) promovierte, dann viele Jahre am mennonitischen Goshen College (später Goshen Biblical Seminary) unterrichtete und am Ende seiner Karriere schließlich an der römisch-katholischen University of Notre Dame (South Bend, Indiana) lehrte. Wenngleich er lebenslang aktiv für Gewaltfreiheit und ein betont christliches Friedenszeugnis eintrat, so praktizierte er jahrelang sexuelle Übergriffe u.a. auf Studentinnen, d.h. einen keineswegs „gewaltfreien", sondern extrem missbräuchlichen Umgang mit Frauen, den er auch pseudotheologisch zu legitimieren versuchte. Die mennonitische Kirche in den USA hat in den letzten Jahren auf verschiedenen Ebenen aktiv eine Aufarbeitung dessen betrieben.

Theologischer Ansatz

Y. entwickelte eine Nachfolgeethik entlang der Gewaltlosigkeit als Kennzeichen der christlichen Lebensform. Die Gewaltlosigkeit repräsentiert Y. zufolge nicht nur ein wichtiges sozialethisches Thema, sondern insofern die eigentliche Essenz der Nachfolge, als dass Gewaltlosigkeit wiederum die Essenz der „Politik Jesu" bildet. Gewaltlosigkeit gleicht bei Y. der Grammatik, die das Denken, Handeln und Verhalten von Christenmenschen leiten soll, weil und insofern sie die Grammatik des Wirkens Jesu Christi bildet, dem nachzufolgen Christenmenschen und christliche Theologie berufen sind. Jesu Weg an das Kreuz sei der Weg konsequenten Gewaltverzichts gewesen. Jesus habe die zelotische Option der Aufrichtung seiner Herrschaft durch Gewaltgebrauch bewusst ausgeschlagen. Jesu Weg ans Kreuz stelle das in Frage, was etwa nach Max Weber die Politik bestimmt, nämlich Gewalt. Jesus nachzufolgen, heißt für Y. dementsprechend, gewaltlos zu leben, und gewaltlos zu leben, wiederum politisch zu sein. Gewaltlosigkeit wolle dabei keineswegs als Kennzeichen einer freischwebenden Existenz religiös oder politisch besonders Begabter verstanden werden. Sie sei vielmehr eingebettet in eine „messianic community", die als freiwillige, geschwisterliche Gemeinschaft der Gläubigen eine Polis *sui generis* repräsentiert: „Ein Lebensstil, dessen Charakteristikum die Gründung einer neuen Gemeinschaft und die Ablehnung jeglicher Gewalt ist: das ist das Thema der neutestamentlichen Verkündigung, vom Anfang bis zum Ende". Jesu Antwort auf die politische Wirklichkeit bestehe in der Aufrichtung einer „neuen sozialen Ordnung", einer „Alternative zu den gängigen Herrschaftsstrukturen". Sie sei weder als ein Rückzug aus dem Bereich des Politischen noch als eine Anpassung an die dort üblicherweise geltenden Regeln zu verstehen. Sie unterhöhle nicht nur die Herrschaft der Gewalt, sondern besiege die ihr verhafteten Mächte: *Vicit agnus noster, eum sequamur* – unser Lamm hat gesiegt, ihm wollen wir folgen.

Anmerkungen zum Text

Beim vorliegenden Text handelt es sich um das erste Kapitel aus Y.s einflussreichstem Werk „Die Politik Jesu" (1972). Y. legt dort dessen Intention offen, indem er die Möglichkeit einer messianischen Ethik exploriert und gegen mögliche Einwände verteidigt. Er spricht von der „Verwegenheit", die Geschichte Jesu aus der Position eines biblischen Realismus heraus sprechen zu lassen, statt sie mit meterhohen hermeneutischen Zäunen zu umstellen. Y. benennt sechs hermeneutische Strategien, die Normativität Jesu in sozialethischen Fragen zu umgehen. Er identifiziert sie als variierende Historisierungsversuche, die einen imitationsethische Ansatz zu untergraben versuchen. Andere normative Gehalte müssten als Surrogate fungieren, um die entstehende Lücke zu schließen. Y.

sieht hierin natürlich-theologische Bemühungen am Werk, den Dispens unter Berufung auf die Natur, die Vernunft, die Schöpfung und/oder Realität auszugleichen. Sein eigenes Vorhaben macht er transparent als Versuch einer Relektüre des Lukasevangeliums und zwar unter der erkenntnisleitenden Fragestellung, ob sich dort so etwas wie eine Sozialethik Jesu abzeichnen würde: „Mit andere Worten, wir testen die den vorherrschenden Annahmen entgegenlaufende Hypothese, dass nämlich Dienst und Anspruch Jesu am besten so verstanden werden, dass Jesus den Menschen nicht die Vermeidung politischer Stellungnahmen empfiehlt, sondern gerade eine bestimmte soziale – politische – ethische Stellungnahme nahelegt". Im weiteren Fortgang der Untersuchung bestätigt sich nach Y.s Urteil diese Hypothese. Er zeichnet diesen Weg nach von der Geburtsankündigung Jesu, die im Magnificat der Maria (Lk 1,46–55) ein politisches Echo finde, über die politisch pointierten Versuchungen Jesu (Lk 4,1–13) und seine (als Ankündigung des politisch hochbrisanten Jubeljahres zu verstehende) Antrittspredigt in Nazareth (Lk 4,14–30) bis zu seiner ebenfalls politisch motivierten Hinrichtung (Lk 23f.). Hier zeige sich: „Jesus war, in seiner von Gott beauftragten […] Prophetenschaft, Priesterschaft und Königschaft, der Träger einer neuen Möglichkeit menschlicher sozialer und daher politischer Beziehungen. Seine Taufe ist die Einsetzung und sein Kreuz der Höhepunkt dieses neuen Regimes; die Jünger sind aufgerufen, daran teilzunehmen".

Literatur

J.H. YODER, Die Politik des Leibes Christi. Als Gemeinde zeichenhaft leben, Schwarzenfeld 2011.
DERS., Die Politik Jesu. Vicit Agnus Noster, Schwarzenfeld ²2012.
DERS., Nachfolge Christi als Gestalt politischer Verantwortung, Weisenheim am Berg 2000.

Zur Biographie Yoders:
H.-J. GOERTZ, John Howard Yoder – radikaler Pazifismus im Gespräch, Göttingen 2013.

Zur Theologie Yoders:
M. HOFHEINZ, „Er ist unser Friede". Karl Barths christologische Grundlegung der Friedensethik im Gespräch mit John Howard Yoder, FSÖTh 144, Göttingen 2014.
H. JECKER (Hg.), Jesus folgen in einer pluralistischen Welt. Impulse aus der Arbeit John Howard Yoders, Weinheim am Berg 2001.

Politik Jesu (1972) – „Die Möglichkeit einer messianischen Ethik"[0]

Das Problem

Unsere Zeit erhebt einerseits den Anspruch, das Christentum hinter sich gelassen zu haben. Man spricht von der nachchristlichen Gesellschaft. Andererseits scheint Jesus, je mehr die traditionelle, kirchlich sanktionierte Auslegung seiner Worte und Werke verblasst, auf viele und besonders auf junge, kritische Menschen eine verstärkte Faszination auszuüben. Vielleicht ist es nur ein Zufall, dass seit Ende der 1960er Jahre viele junge Männer dem Jesus der Sonntagsschulplakate sehr ähnlichsehen. Auch die Rebellen der Studentenrevolte trugen Bart und langes Haar. Ihre Behauptung, Jesus sei ebenfalls ein Sozialkritiker, ein Agitator,[1] ein sozialer DropOut und der Sprecher einer Gegenkultur gewesen, ist sicher nicht zufällig.

Unter den Theologiestudenten der westlichen Welt fiel die „Theologie der Befreiung" auf fruchtbaren Boden, weil sie eben diese Behauptung aufstellt. Kann die christliche Ethik diese These genauso schlagfertig (bzw. leichtfertig) zurückweisen, wie sie oft aufgestellt wird? Könnte der Vorwurf mangelnder Ehrfurcht oder der Vereinnahmung für eigene Ziele nicht leicht auf sie zurückfallen? Oder steckt hinter dieser vielleicht übertriebenen Aussage eine biblische Wahrheit, die nun erst, da Revolution zum Schlagwort unserer Zeit geworden

---

[0] [Anm. d. Hg.: Der Text folgt der deutschen Ausgabe von J.H. YODER, Die Politik Jesu. Vicit Agnus Noster, übers. von W. KRAUß, Schwarzenfeld ²2012, 7–20; engl. Original: DERS., The Politics of Jesus. Vicit Agnus Noster. Second Edition, Grand Rapids / Carlisle 1994 (¹1972), 1–20.]

[1] Anführer dieses Trends ist wohl S. ROSE, Agitating Jesus, in: Renewal (1967), 125. Recht ähnlich J.-M. PAUPERT, The Politics of the Gospel, New York 1969, und J.P. BROWN, The Liberated Zone, Richmond 1969. Paupert und Brown gehen ernsthafter vor als Rose, doch ihr Stil ist immer noch so impressionistisch, dass theologische Leser sich nicht sicher sein können, inwiefern ihre Aussagen über „Mahatma Jesus" als Exegese ernstgenommen werden sollten oder einfach eine neue symbolische Einkleidung sind für etwas, das auch ohne diese gesagt werden könnte.
Näher am Anliegen unserer Studie, wenn auch nur den Tod Jesu betrachtend, dies aber in eingehender Textanalyse, ist W. STRINGFELLOW, Jesus the Criminal, Christianity and Crisis 30 (8/1970), 119ff.
Eine Position, die meiner noch am nächsten kommt, vertreten zwei Autoren aus der Church of the Brethren: D. BROWN, The Christian Revolutionary, Grand Rapids 1971, und A. GISH, The New Left and Christian Radicalism, Grand Rapids 1970. Sie gehen von einer ähnlichen Sicht aus, die sie jedoch nicht ausführlich aus dem Neuen Testament herleiten.

ist, in die allgemeine Wahrnehmung einbricht? Hat die ehrfurchtsvolle und „verantwortliche" christliche Ethik in dieser Beziehung versagt?

Das behauptet diese Arbeit. Sie behauptet nicht nur, dass Jesus dem biblischen Zeugnis nach ein Modell radikalen politischen Handelns darstellt, sondern dass dieser Sachverhalt jetzt in der neutestamentlichen Forschung allgemein sichtbar wird, auch wenn die Neutestamentler ihn bisher nicht so entschieden vertreten haben, dass die Ethiker am anderen Wegrand ihn zur Kenntnis nehmen mussten.[2]

Eben dies zu tun, ist alles, was die vorliegende Arbeit leisten will; die Geschichte von Jesus so sprechen zu lassen, dass jeder, der sich mit Sozialethik befasst, zuhören kann, statt wie bisher mit einer Reihe von Standardausflüchten anzunehmen, Jesus sei nicht oder zumindest nicht *in erster Linie* relevant für gesellschaftliche Angelegenheiten.

Ein solcher Versuch der interdisziplinären „Übersetzung" hat seine spezifischen, ernstzunehmenden Risiken. Er muss beiden Parteien, die er gegenseitig in Hörweite bringen will, übervereinfachend erscheinen, da er damit beginnt, die Grenzen und Axiome der jeweiligen Disziplin nicht zu respektieren. Zudem ist der „Übersetzer" oder Brückenbauer immer irgendwie ein Fremder, in gewisser Weise ein Laie, der außerhalb seines Fachgebietes wildert. Wir können zur Entschuldigung nur geltend machen: Hätten die Experten die dringend benötigte Brücke gebaut, so hätte der Laie dazu nicht antreten müssen.

Unsere Arbeit versucht also die Beziehung zu beschreiben, die das Studium des Neuen Testaments[3] mit der zeitgenössischen Sozialethik verbinden könnte, besonders da die zweite Disziplin sich zurzeit vordringlich mit den Problemen

---

[2] „Trotz einer größeren Bereitschaft, die Probleme nun offen anzugehen, die sich unvermeidlich daraus ergeben, dass eine historische Person als die Inkarnation Gottes betrachtet wird, besteht immer noch eine merkwürdige Abneigung, die Möglichkeit in Betracht zu ziehen, Jesus könnte politische Ansichten gehabt haben", S.G.F. BRANDON, Jesus and the Zealots, Manchester 1967, 24. Unter Neutestamentlern ist Brandon ein Außenseiter. Eine noch treffendere Beschreibung der zeitgenössischen neutestamentlichen Forschung hätte sich wohl ergeben, wenn er gesagt hätte, in einzelnen Texten seien die Fachleute sehr wohl bereit, die politische Dimension des Wirkens Jesu anzuerkennen, aber es bestehe eine Abneigung, die Beobachtungen zu verbinden. Vgl. den Kommentar von E. TROCMÉ, Jésus-Christ et la révolution non violente, Genf 1961.

[3] *In nuce* wurde dieses Material schon vorgetragen auf der zweiten „Puidoux"-Konferenz über Kirche und Frieden in Iserlohn im Juli 1957, und etwas ausführlicher in J.H. YODER, Nachfolge Christi als Gestalt politischer Verantwortung, Basel 1964 [Weisenheim ²2000], 3ff. Seine jetzige Gestalt verdankt es einer streng neutestamentlichen Studie, die am 27. April 1968 vor der *Chicago Society for Biblical Research* vorgetragen und in dieser erweiterten Form zur Veröffentlichung in *BR* freigegeben wurde. Die Vorbereitung profitierte von zahlreichen Vorschlägen von William Klassen und John E. Toews.

der Gewaltausübung und Revolution beschäftigt.⁴ Die Theologen haben lange die Frage nach der Beziehung zwischen Jerusalem und Athen erörtert; hier wird behauptet, dass Bethlehem etwas über Rom – oder Massada – zu sagen hat.

Mit welchem Recht aber darf es einer wagen, ein Seil über den tiefen Graben werfen zu wollen, der gemeinhin die Disziplinen neutestamentlicher Exegese und zeitgenössischer Sozialethik trennt? Normalerweise müsste jedes Bindeglied zwischen diesen beiden Bereichen des Diskurses extrem lang und indirekt sein. Als erstes ist da die enorme Distanz zwischen Vergangenheit und Gegenwart zu überwinden, und zwar mit Hilfe der Hermeneutik von der Exegese zur zeitgenössischen Theologie; sodann muss ein weiterer großer Schritt von der Theologie zur Ethik getan werden, über die Soziologie und Ernst Troeltsch. Aus der Perspektive des Kirchengeschichtlers, der normalerweise auf einer Insel zwischen beiden Abgründen sitzt und daher ein Amateur auf beiden Ufern ist, kann ich es nur aus zwei Gründen rechtfertigen, mich auf so amateurhafte Weise in das Problem zu stürzen. Zum einen scheint es, dass die Experten, die auf die lange Reise gehen, nie am Ziel ankommen. Die Exegeten entwickeln in ihren hermeneutischen Meditationen ausgedehnte Systeme der Kryptosystematik und das Feld der Ethik bleibt, wie es war; oder falls dort etwas Neues geschieht, wird es meist aus anderen Quellen gespeist.⁵

Der zweite Grund für meine Verwegenheit – er könnte selbst Gegenstand einer Debatte in der Exegetengilde sein – ist das radikale protestantische Axiom, das in jüngster Zeit unter dem Namen „biblischer Realismus" wieder mit Leben

---

⁴ Allgemein sichtbar war das Problem, das in diesem Buch behandelt wird, spätestens seit den Schriften der Brüder Niebuhr in den 1930er Jahren; doch ein neuer Höhepunkt intensiven Interesses zeigt sich im Zuge des ökumenischen Nachdenkens über politische Ethik, besonders in Lateinamerika, was starken Ausdruck fand auf der Genfer Konferenz über Kirche und Gesellschaft im Juli 1966. Hier wird „Revolution" zum Schlüsselbegriff (z.B. R. SHAULL, Die revolutionäre Herausforderung an Kirche und Theologie, in: Appell an die Kirchen der Welt. Dokumente der Weltkonferenz für Kirche und Gesellschaft, Stuttgart 1967, 91ff.). In diesem Kontext wird Jesus oft als revolutionäre und politische Figur dargestellt; doch geschieht dies eher formal, schlagwortartig. Es geht nicht einher mit einem inhaltlichen Interesse an der *Art* von Politik, die Jesus verkörperte. Manchmal wird die Relevanz der konkreten Führung Jesu sogar ausdrücklich zurückgewiesen und doch weiter behauptet, in seinem Auftrag zu handeln. Eine solche Haltung ist daher gerade durch die Abwesenheit der Belange gekennzeichnet, denen sich dieses Buch widmet. Anm. 1 weist auf andere mehr journalistische Versuche hin, die sich der Thematik „Jesus als Agitator" widmen, sich jedoch weder ernsthaft mit den Fragen biblischer Hermeneutik noch zeitgenössischer systematischer Sozialethik beschäftigen, die es brauchen würde, ernsthafter Kritik an dieser Parallelisierung standzuhalten.

⁵ Auch heute, 1993, halte ich das noch für eine angemessene „Laiensicht" auf die akademische Landschaft der 1960er Jahre. Die Kommentare zu den folgenden Kapiteln zeigen auf, dass sich inzwischen einiges zum Positiven verändert hat.

gefüllt wurde. Danach ist es sicherer für das Leben der Kirche, das ganze Volk Gottes liest die ganze Breite des biblischen Kanons, als dass es seine Erleuchtung den diversen Filterungsprozessen anvertraut, durch die die Gelehrten der jeweiligen Zeit alle Wahrheit hindurchschicken möchten.[6]

Ich gehe daher im vorliegenden Buch das Risiko der Synthese weder blind noch unverantwortlich ein, indem ich vorschlage, den Jesus der kanonischen Evangelien mit der Gegenwart zu konfrontieren. Dieses gefährliche Wagnis bedeutet keine Respektlosigkeit gegenüber den vielfältigen, durchaus angemessenen historischen Fragen zur Verbindung zwischen dem Jesus der kanonischen Evangelien und den anderen Jesus-Figuren, die die Wissenschaft entwerfen kann.

Die herrschende Ethik: Jesus ist nicht die Norm

Der klassische naive Ansatz sah einst eine direkte Verbindung zwischen dem Werk oder den Worten Jesu und dem, was es heute bedeuten könnte, gläubig „in seinen Fußstapfen zu wandeln".[7] Darauf gibt es in jeder Epoche christlichen Nachdenkens über Gesellschaft eine ebenso klassische nicht-naive Antwort.

---

[6] Die fortdauernde Legitimität theologischen Rückbezugs auf den ganzen Text des Evangeliums in seiner überlieferten Form wurde von F. FILSON, Thinking with the Biblical Writer, Chicago 1966, überzeugend vertreten; und ähnlich von T.O. WEDEL, The Gospel in a Strange, New World, Philadelphia 1963, 17ff. H. CONZELMANN, Die Mitte der Zeit. Studien zur Theologie des Lukas, Tübingen 1954, 4ff. argumentiert ebenso: Obwohl es Teil der Arbeit des Wissenschaftlers sei, die Dokumente zu werten und die Ereignisse dahinter zu rekonstruieren, müsse das Interesse jeglicher Textlektüre darin liegen, die Intention des Autors zu erfassen. Indem er das von Lukas sagt, zitiert Conzelmann ein ähnliches Argument von Dibelius über die Apostelgeschichte. Wir konzentrieren uns für den gegenwärtigen Zweck auf den Text, wie er uns vorliegt; das konzediert jedoch in keiner Weise, dass die tiefer schürfende Forschung nach den Ereignissen hinter dem Text unsere Ergebnisse schwächen würde; vgl. a.a.O., 19; 51; 116.

[7] Der Klassiker des populären Protestantismus der Jahrhundertwende CH. SHELDON, In seinen Fußstapfen, Asslar 2009, ist kein ernstzunehmendes Muster der Vision von Jüngerschaft, wie wir sie hier beschreiben. Die Werte, an die der Held des Buches, Henry Maxwell, gebunden ist, haben keinen *materiellen* Bezug zu Jesus. „Tun, was Jesus tun würde", heißt für Sheldon einfach: „Tu, was recht ist; koste es, was es wolle." Doch *was* recht ist, kann man nach Sheldon auch ohne Jesus wissen. Sheldon ist eher ein Befürworter der hier beschriebenen Betrachtungsweise, die die wesentlichen Normen der Ethik woanders als in den Evangelien findet. Um Modelle zu finden, die ernst machen mit Jesu Vorbildhaftigkeit für die Sozialethik, müssen wir zurückgehen zu den Franziskanern, den Böhmischen Brüdern oder den Täufern. Anfänge einer modernen Neuformulierung dieses Anspruchs finden sich in C.H.G. MACGREGOR, Friede auf Erden. Biblische Grundlagen der Arbeit am Frieden, München 1955. Vgl. auch C.H. DODD, The Epistle of Paul to the Romans. Moffatt Commentary, Doncaster 1932, 109.

Wenn wir diese Antwort der vorherrschenden Richtung formulieren, haben wir den Schauplatz für unsere Erörterung hergestellt. Die erste und schwerwiegendste Feststellung dieser klassischen Verteidigung gegen eine Imitationsethik gründet sich auf die Beobachtung, dass Jesus einfach nicht maßgeblich sei – zumindest nicht direkt – in sozialethischen Fragen. Die große Vielfalt der Versuche, diese negative Feststellung zu belegen, lässt sich vielleicht nicht unfair in drei Thesen zusammenfassen, deren erste die sechsfache Behauptung von Jesu Irrelevanz ist:

1. Jesu Ethik ist eine Ethik für ein „Interim", das sich Jesus sehr kurz vorstellte. Der apokalyptische Bergprediger braucht sich nicht um das Überleben fester Gesellschaftsstrukturen zu kümmern, da er meint, die Welt nähere sich dem Ende. Seine ethische Lehre kümmert sich daher logischerweise nicht um das Überlebensbedürfnis der Gesellschaft und die geduldige Konstruktion dauerhafter Institutionen. Die Ablehnung der Gewalt, der Selbstverteidigung, der Anhäufung von Reichtum zum Zwecke der Sicherheit sowie auch die Unbehaustheit des Propheten, der das Königreich Gottes verkündet, sind keine dauerhaften und zu verallgemeinernden Einstellungen gegenüber sozialen Werten. Sie haben nur Sinn, wenn man davon ausgeht, dass das Ende dieser Werte unmittelbar bevorsteht. Deshalb kann Jesus überall dort keine Hilfe sein, wo die Sozialethik sich mit Problemen der Dauer befassen muss. Wenn die Nichtdauerhaftigkeit der sozialen Ordnung eine Voraussetzung der Ethik Jesu ist, dann hat ganz offensichtlich das jahrhundertelange Überleben seiner Bewegung schon diese Voraussetzung ungültig gemacht. So gewinnt das Überleben der Gesellschaft als Wert an sich ein Gewicht, das Jesus ihm nicht gegeben hat.[8]

2. Jesus war, wie seine franziskanischen und tolstoianischen Nachahmer gesagt haben, eine einfache ländliche Gestalt. Er sprach zu Fischern und Bauern, Aussätzigen und Ausgestoßenen über Spatzen und Lilien. Seine radikale Personalisierung aller ethischen Probleme ist nur in einer Dorf-Gesellschaft möglich, wo die kulturellen Voraussetzungen gegeben sind, dass jeder jeden kennt und als Person behandelt. Das schlichte „Von-Angesicht-zu-Angesicht-Modell" der sozialen Beziehung ist das einzige, das ihn beschäftigte. Es gibt also in der Ethik Jesu keine Intention, Wesentliches zu den Problemen komplexer Organisation, zu Institutionen und Ämtern, über Cliquen, Macht und Massen zu sagen.

---

[8] Die klassische amerikanische Formulierung der Abhängigkeit der Ethik Jesu von seiner Erwartung eines baldigen Endes der Geschichte ist R. NIEBUHR, Interpretation of Christian Ethics, New York 1935; ihr folgen Paul Ramsey und viele andere.

3. Jesus und seine ersten Nachfolger lebten in einer Welt, auf die sie keinen Einfluss hatten. Es ist daher ganz einleuchtend, dass sie sich keine andere Art sozialer Verantwortung vorstellen konnten als die, einfach eine gläubige, bezeugende Minderheit zu *sein*. Nun hat jedoch die Christenheit in der Geschichte große Fortschritte gemacht, was sich symbolisch in der Bekehrung Konstantins und praktisch in den „jüdisch-christlichen" Voraussetzungen manifestiert hat, die unserer ganzen westlichen Kultur zugrunde liegen. Daher müssen Christen Fragen beantworten, die sich Jesus seinerzeit nicht gestellt haben. Als Einzelne oder gemeinsam müssen Christen Verantwortlichkeiten akzeptieren, die in Jesu Situation unvorstellbar waren.[9]

4. Das Wesen der Botschaft Jesu ist ahistorisch per Definition. Sie handelt von geistlichen, nicht von gesellschaftlichen Angelegenheiten, von Existenziellem, nicht von Konkretem. Er verkündete keinen sozialen Wandel, sondern ein neues Selbstverständnis, nicht Gehorsam, sondern Sühne. Was immer er auch von sozialer und ethischer Bedeutung sagte oder tat, darf nicht für sich selbst betrachtet werden, es muss vielmehr als die symbolische oder mythische Einkleidung seiner geistlichen Botschaft verstanden werden.[10] Wenn

---

[9] „Jesus behandelt nur die einfachste moralische Situation ... den Fall einer Person in Beziehung zu nur einer anderen. Er unternimmt es nicht, zu erklären, wie Menschen, die (für sich selbst) keinerlei Widerstand leisten sollen ..., wenn sie allein die Schläge erhalten, in komplizierteren Fällen handeln sollen." P. RAMSEY, Basic Christian Ethics, New York 1950, 167ff. Ein Vertreter der Tendenz, die Lehre Jesu zu enthistorisieren, gerade in der Absicht, sie ernst zu nehmen, ist E.C. COLWELL, Jesus and the Gospel, New York 1963. Obwohl Colwells Buch dahin zielt, die grundsätzliche historische Zuverlässigkeit der Evangelienberichte neu zu bestätigen, meint er, dies dürfe nicht dahingehend verstanden werden, dass damit soziale Konkretheit eingeschlossen sei. Die Versuchungslegende (a.a.O., 47) ist ein dramatisches Gleichnis der Demut, keine Versuchung. Die Häufigkeit wirtschaftlicher Motive in Gleichnissen und ethischer Lehre sollte nicht als Anzeichen einer bestimmten Einstellung zu Reichtum und Arbeit angesehen werden (a.a.O., 60). Habsucht ist falsch, nicht weil sie dem Bruder das Brot wegnimmt, sondern weil sie in geistlicher Hinsicht verderblich ist.

[10] Eine Standardformulierung dieser Auffassung findet sich bei R. MEHL, The Basics of Christian Social Ethics, in: J.C. BENNET (Hg.), Christian Social Ethics in a Changing World, New York 1966, 44ff. Nach Mehl war Jesu Anliegen ausschließlich auf das Individuum bezogen. Er verhielt sich indifferent gegenüber sozialen oder politischen Angelegenheiten, und er stand dem Anliegen der Zeloten fern. Es ist daher eine Neuerung (nach Mehl eine heilsame), dass die christliche Ethik sich erst in moderner Zeit und als Antwort auf die Herausforderung des Sozialismus mit Fragen der Sozialstruktur beschäftigt. Es könnte ausführlicher gezeigt werden, wie dieses Denkmuster sich durchhält, sogar unter dem Deckmantel einer Sprache, die anscheinend ziemlich genau das Gegenteil meint. Wenn z.B. von Jesus als demjenigen gesprochen wird, der „wahre Menschlichkeit enthüllt", oder wenn von der Menschwerdung als Offenbarung gesprochen wird, so könnte das durchaus

auch die Texte der Evangelien in diesem Punkt nicht klar genug sind, so erhalten wir doch definitive Aufklärung in den späteren apostolischen Briefen. Besonders Paulus entfernt uns von der letzten Spur eines allzu sozialen Missverstehens Jesu und bringt uns die Innerlichkeit des Glaubens nahe.

5. Oder, um es ein wenig anders zu sagen: Jesus war ein radikaler Monotheist. Er führte die Menschen weg von den irdischen und zeitlichen Werten, denen sie ihre Aufmerksamkeit geschenkt hatten, und verkündete die Herrschaft des Einzigen, der würdig war, angebetet zu werden. Die Wucht dieser radikalen Diskontinuität zwischen Gott und Mensch, zwischen der Welt Gottes und menschlichen Wertvorstellungen, soll alle menschlichen Wertvorstellungen relativieren. Der Wille Gottes kann nicht mit einer bestimmten ethischen Antwort oder einer gegebenen menschlichen Wertvorstellung in gedankliche Übereinstimmung gebracht werden, da diese alle endlich sind. Praktisch bedeutet diese Relativierung für das Wesen der Ethik jedoch, dass diese Werte sich verselbständigt haben. Denn das Einzige, was nun über ihnen steht, ist das Unendliche.[11]

6. Oder der Grund ist im Ton „dogmatischer". Jesus kam doch wohl, sein Leben für die Sünden der Menschen zu geben. Das Werk der Versöhnung oder das Geschenk der Rechtfertigung, wodurch Gott den Menschen befähigt, wieder Gemeinschaft mit ihm zu haben, ist ein gerichtlicher Akt, eine Gnadengabe. Römische Katholiken mögen diesen Rechtfertigungsakt im Zusammenhang mit den Sakramenten sehen und Protestanten im Zusammenhang mit ihrem Selbstverständnis, in der Antwort auf das verkündigte Wort; doch nie wird er mit der Ethik in Verbindung gebracht. Genauso wie Schuld nicht heißt, Handlungen begangen zu haben, so hat auch Rechtfertigung nichts mit richtigem Verhalten zu tun. Wie der Tod Jesu unsere Rechtfertigung bewirkt, ist ein göttliches Wunder und Geheimnis; wie Jesus starb, oder wie sein Leben aussah, das zu diesem Tod führte, ist daher für die Ethik nicht von Belang.

Aus dieser Ansicht des Denkens und der Lehre Jesu folgt, dass es nicht seine Absicht gewesen sein kann – oder wir können zumindest nicht sagen, dass es sein Verdienst gewesen sei –, präzise Richtlinien auf ethischem Gebiet bereitzustellen. Seine apokalyptische Tendenz und sein Monotheismus können uns lehren,

---

heißen, wir könnten oder sollten zu dem Menschen Jesus in all seiner möglichen Menschlichkeit gehen, um zu sehen, wie Gott den Menschen will. Doch in der tatsächlichen Praxis der zeitgenössischen „Inkarnationstheologie" dient diese Sprache im Normalfall als Präambel oder als Bekräftigung einer Definition wesentlicher oder allgemeiner Menschlichkeit, die aus ganz anderen Quellen abgeleitet wird.

[11] Dies ist das zentrale Anliegen H. Richard Niebuhrs schon in H.R. NIEBUHR, Christ and Culture, New York 1951, besonders 234ff., und weiter in DERS., Radical Monotheism and Western Culture, New York 1960, und in DERS., The Responsible Self, New York 1963.

bescheiden zu sein; sein Personalismus kann uns lehren, die Werte der persönlichen Beziehung zu schätzen; aber wenn es darum geht, wie wir Entscheidungen treffen sollen, müssen wir uns anderswo nach Hilfe umsehen.

Gibt es eine andere Norm?

Die zweite grundsätzliche Behauptung des vorherrschenden ethischen Konsenses folgt aus der ersten. Wie wir gesehen haben, ist Jesus selbst (sowohl seine Lehre als auch sein Verhalten) letztlich nicht ethisch normativ. Es muss also so etwas wie eine Brücke oder einen Übergang in eine andere Denkweise oder Gedankenwelt geben, sobald wir anfangen, über Ethik nachzudenken. Und zwar nicht nur eine Brücke vom ersten Jahrhundert in die Gegenwart, sondern auch von der Theologie zur Ethik oder vom Existenziellen zum Institutionellen. Eine gewisse, recht bescheidene Fracht lässt sich über diese Brücke befördern: vielleicht ein Konzept der absoluten Liebe und Demut, Glaube oder Freiheit. Aber die Fundamente der Ethik müssen auf unserer Seite der Brücke rekonstruiert werden.

Drittens: Die Rekonstruktion einer Sozialethik auf dieser Seite des Übergangs wird darum ihre Richtung vom gesunden Menschenverstand und der Natur der Dinge erhalten. Wir wägen ab, was „passend" und „adäquat" ist; was „relevant" und „effektiv". Wir sind „realistisch" und „verantwortlich". Alle diese Leitsätze verweisen auf eine Erkenntnistheorie mit dem klassischen Etikett *natürliche Theologie*. Die Natur der Dinge meint man in ihrer bloßen Gegebenheit angemessen zu erfassen. Recht ist, was das wesentlich Gegebene respektiert oder seine Verwirklichung fördert. Ob man dieser Ethik in der reformatorischen Form begegnet, wo sie als Ethik der „Berufung" oder des „Standes" bezeichnet wird, oder in der augenblicklich populären Form der „Situationsethik", oder in den älteren katholischen Formen, wo „Natur" in anderer Weise auftaucht – immer ist es der Struktur nach das gleiche Argument: durch die Beobachtung der Realitäten um uns herum, nicht durch das Hören einer Verkündigung Gottes, erkennen wir, was recht ist.[12]

Hat man diese Annahmen über die Quellen relevanter Sozialethik und über die geistliche Natur von Jesu Botschaft einmal akzeptiert, so kann man eine negative Rückkopplung bezüglich der Interpretation des Neuen Testaments selbst

---

[12] Dass diese Quelle der Ethik „eine andere als Jesus" ist, braucht natürlich nicht zu bedeuten, dass sie keinen Bezug hat zur Offenbarung. Man kann sehr gut von ihr sprechen als der Ordnung, die Gott der Vater geschaffen hat, oder als einem Imperativ, der in der jeweiligen Situation durch das Wirken des Heiligen Geistes erkannt wird, oder als dem „kosmischen Christus" oder „Gottes Wirken in der Geschichte". All diese populären Ausdrücke, wie sie gegenwärtig in der ethischen Diskussion gebraucht werden, führen uns weg von der Konkretheit Jesu zu einer anderen Quelle von Normen.

beobachten. Wir kennen nun die Behauptung, Jesu habe keine relevante Sozialethik praktizieren oder lehren können. Dann müssen die jüdischen und römischen Machthaber, die dachten, dass er gerade das täte, und ihn dafür verurteilten, ihn sehr missverstanden haben. Das ist ein Beweis der Verhärtung ihrer Herzen. Auch Matthäus, der die Lehren Jesu so anordnete und interpretierte, als wolle er daraus einen einfachen ethischen Katechismus machen, hat Jesus missverstanden. Aus seinem Missverständnis entwickelte sich das bedauerliche Phänomen, das protestantische Historiker „Frühkatholizismus" nennen.[13]

Glücklicherweise, so fährt die Erklärung fort, wurden die Dinge bald durch den Apostel Paulus richtiggestellt. Er korrigierte die Tendenz zum Neo-Judaismus oder zum Frühkatholizismus durch die Betonung der Priorität der Gnade und der sekundären Bedeutung der Werke, so dass ethische Belange nicht mehr zu ernst genommen werden konnten.

> ... wer eine Frau hat, [soll] sich in Zukunft so verhalten, als habe er keine, wer weint, als weine er nicht, wer sich freut, als freue er sich nicht, wer kauft, als würde er nicht Eigentümer, wer sich die Welt zunutze macht, als nutze er sie nicht.
> 1Kor 7,29ff. (Einheitsübersetzung)

Die zweite paulinische Korrektur klärte die soziale Radikalität von Jesus selbst (nicht nur die judaisierende Fehlinterpretation Jesu) und rückte sie zurecht.[14] Positive Achtung vor den Institutionen der Gesellschaft, sogar vor der Unterordnung der Frauen und vor der Sklaverei; Anerkennung der göttlich sanktionierten Legitimation der römischen Regierung; Anleihen bei stoischen Konzeptionen der Naturethik – das sind einige Elemente der paulinischen Richtigstellung; so dass die Kirche nun in der Lage war, eine Ethik zu konstruieren, zu welcher Person und Charakter Jesu – und besonders sein Lebensweg – keinen besonderen oder entscheidenden Beitrag mehr darstellten.

Angesichts dieses hastig skizzierten Musters der vorherrschenden Strukturen ethischen Denkens wird die systematische und die historische Theologie einige sorgfältige Fragen stellen müssen. Da ist die Frage nach der Autorität dieser hermeneutischen Annahmen.[15] Wenn die Bedeutung Jesu so vom Verständnis seiner Jünger und seiner Feinde in Palästina abweicht, wenn diese einfachen

---

[13] Die ökumenischen Manieren haben sich in den letzten Jahrzehnten etwas gebessert. „Frühkatholizismus" wird heute nicht mehr als abwertende Bezeichnung gebraucht. Doch der Grundgedanke, dass die Entwicklung eines ethischen Katechismus wegführt von der ursprünglichen Radikalität Jesu, ist noch verbreitet.

[14] Vgl. die eingehendere Beschreibung dieser Ansicht in YODER, Die Politik Jesu, 183ff.

[15] G.F. SNYDER, The Continuity of Early Christianity, Princeton Theological Seminary 1961 (unveröffentlicht), 18ff., verdeutlicht in seiner Dissertation, dass die Analyse in vielem von der schon feststehenden hegelianischen Ausrichtung der Tübinger Schule diktiert wurde.

Verständnisse erst durch einen hermeneutischen Filter gepresst und durch eine Ethik sozialen Überlebens und der Verantwortlichkeit ersetzt werden müssen, was ist dann aus dem Konzept der Offenbarung geworden? Gibt es überhaupt so etwas wie eine *christliche* Ethik? Wenn es keine christliche Ethik gibt, sondern nur natürliche menschliche Ethiken, denen Christen wie andere anhängen, bezieht sich dann diese extreme Preisgabe spezifischer Substanz nur auf ethische Wahrheit? Warum nicht auch auf jede andere Wahrheit?

Eine zweite Frage müssen wir stellen: Was wird aus der Behauptung der Menschwerdung, wenn Jesus nicht als *Mensch* normative Bedeutung hat? Wenn er Mensch ist, aber nicht Vorbild, ist das nicht die alte ebionitische Häresie? Wenn er irgendwie Autorität ist, aber nicht in seiner Menschlichkeit, ist das nicht ein neuer Gnostizismus?

Auch die innere Schlüssigkeit ist problematisch. Warum sollten Christen innerhalb der Machtstrukturen soziale Verantwortung ausüben, wenn ihr Handeln dort von denselben Maßstäben geleitet ist wie das der Nichtchristen?

Wollten wir diese Fragen vom systematischen oder historischen Ende aufrollen, so hätte das mit biblischer Forschung nichts zu tun. Wir könnten aber, da wir nun einmal durch diese Fragen sensibilisiert sind, wiederum am Anfang beginnen, und zwar so, dass wir versuchen, einen Teil des Neuen Testaments ohne die üblichen negativen Vorurteile über seine Verbindlichkeit zu lesen. Oder schärfer gesagt: Ich schlage vor, die Evangeliumserzählung mit der dauernd gegenwärtigen Frage zu lesen: „Gibt es hier eine Sozialethik?" Mit anderen Worten, wir testen die den vorherrschenden Annahmen entgegenlaufende Hypothese, dass nämlich Dienst und Anspruch Jesu am besten so verstanden werden, dass Jesus den Menschen nicht die Vermeidung politischer Stellungnahmen empfiehlt, sondern gerade eine bestimmte soziale – politische – ethische Stellungnahme nahelegt.

Diese Studie geht also zwei recht verschiedene Aufgaben an. Die beiden unterscheiden sich in Inhalt und Vorgehensweise. Sie verlangen also auch nach verschiedenen Methoden und Veranschaulichungen.

1. Ich will versuchen, ein Verständnis Jesu und seines Dienstes zu skizzieren, aus dem die direkte Bedeutung Jesu für die Sozialethik ersichtlich wird. Das fällt in das Gebiet neutestamentlicher Forschung innerhalb der exegetischen Wissenschaft.

2. Ich werde außerdem zeigen, dass Jesus, so verstanden, nicht nur relevant, sondern auch normativ ist für eine zeitgenössische christliche Sozialethik.

Wir sollten uns darüber im Klaren sein, dass das Unternehmen nur dann von Bedeutung ist, wenn beide Antworten bejaht werden können. Wenn aus allgemeinen Gründen der systematischen oder philosophischen Theologie, wie sie lange Zeit die theologische Ethik weitgehend beherrschten, Jesus, wer immer er war, kein Modell für die Ethik ist, dann wird es im Detail bedeutungslos, wer er war und was er tat.

Wenn Jesus jedoch, anders als alle anderen Menschen, kein politisches Wesen war, oder wenn er weder Originalität noch Interesse gezeigt hätte, auf die Fragen einzugehen, die seine soziopolitische Umgebung ihm stellte, so wäre es witzlos, nach der Bedeutung seiner Haltung für uns heute zu fragen.

Um die Frage zu vereinfachen und bearbeiten zu können, schlage ich vor, dass wir uns hauptsächlich auf ein Dokument konzentrieren: auf den kanonischen Text des Evangeliums nach Lukas. Lukas' erzählerische Linie bietet uns eine einfache Skizze, und seine redaktionelle Haltung wurde oft als Versuch angesehen, eine Bedrohung der mediterranen Gesellschaft oder der römischen Herrschaft durch die christliche Bewegung zu bestreiten. Dass wir unsere verstreuten Sondierungen auf Lukas konzentrieren, soll die Lektüre nicht lenken. Jeder andere Evangelientext hätte ebenso gut benutzt werden können, und gelegentlich werden wir die Parallelen und Unterschiede in den anderen Evangelien heranziehen.

Auch soll unser einfacher Anfang mit dem kanonischen Text keinen fehlenden Respekt für die Wichtigkeit der kritischen und historischen Probleme, die hinter dem Text liegen, bedeuten. Aber die Distanz zwischen dem kanonischen Text und dem „historischen Jesus", wie er „wirklich war", ist nicht Gegenstand der gegenwärtigen Studie. Die Brücke vom Kanon nach heute ist schon lang genug.[16]

---

[16] Die Vereinfachung der gegenwärtigen Aufgabe im Nichteingehen auf die textkritischen Fragen geschieht nicht, um widersprechendes Material auszuschalten. Textkritische Studien bestätigen im Allgemeinen unsere These; vgl. YODER, Die Politik Jesu, 51, Anm. 77.
Es sollte nicht angenommen werden, dass diese Studie in ihrer Entscheidung, historisch-kritischen Problemen nicht ausführlich nachzugehen, irgendwelche neo-fundamentalistische Vermutungen über die Komposition des Evangelientextes anstellt oder über die Verschiedenheiten in der Entwicklung der frühen Gemeinden und während der Herausbildung der kanonischen Texte. Es werden auch nicht irgendwelche besonderen Vorstellungen entwickelt, wie man hinter den Evangelientexten in ihrer überlieferten Form zu einem Verständnis des „historischen Jesus" kommt. Weitere Diskussion oder die Konstruktion von Hypothesen über dieses Thema werden hier zurückgestellt, nicht weil sie als unwichtig angesehen werden oder weil der Verfasser sich darüber im Klaren wäre, was sie erbringen sollten, sondern nur deshalb, weil eine sorgfältige Lektüre des kanonischen Textes für unsere gegenwärtige These genügt. Es wäre allerdings ein Argument gegen unsere Lesart der Jesus-Geschichte, wenn die historisch-kritischen Forscher solide Beweise auftischten, dass der von ihnen gefundene „wirkliche Jesus" ziemlich unvereinbar mit demjenigen sei, den wir im kanonischen Bericht finden. Wir werden dieser Herausforderung begegnen müssen, wenn sie auftauchen sollte. Aber bisher hat noch kein Forschungsansatz solche Ergebnisse erbracht. Im Gegenteil, je skeptischer die Forscher

Unser Unternehmen hat nicht einmal so sehr mit dem neutestamentlichen Text als solchem zu tun, als mit den modernen Ethikern, die behauptet haben, die einzige Möglichkeit, von der Geschichte der Evangelien zur Ethik zu kommen, von Bethlehem nach Rom oder nach Washington oder Saigon, liege darin, diese Geschichte hinter sich zu lassen. Ich werde mehr die Ereignisse als die Lehre betrachten, mehr die Abfolge als die Substanz. Die nächsten Seiten werden eher Sondierungen als ein eingehendes Gutachten bringen.

Es ist auch nicht das Ziel dieser Arbeit, exegetisch originell zu sein. An keinem Punkt beabsichtige ich, nie gehörte Texterklärungen zu riskieren. Alles was ich hinzufüge, ist der Brennpunkteffekt einer durchgängigen, hartnäckigen Frage. Weil ich in diesem Punkt keinen Anspruch auf Originalität erhebe, kann ich auf einiges an pedantischem Zubehör verzichten, das hilfreich oder notwendig wäre, würde ich ganz neue Behauptungen verfechten.

Eingeleitet und bearbeitet von Marco Hofheinz

---

hinter den Dokumenten nach dem suchen, was sie als „harte Fakten" anerkennen (in der Annahme, den Evangelienschreibern sei es weniger um solche Daten gegangen), und je selbstsicherer sie ihr neues Konzept, wie es tatsächlich war, entwerfen, desto unwahrscheinlicher wird es, dass Interpretationen entstehen könnten, die das traditionelle dogmatische Bild des apolitischen Jesus unterstützen, und desto wahrscheinlicher wird die Bekräftigung der Glaubwürdigkeit jener Elemente des Bildes, mit denen wir uns hier beschäftigen.

Die traditionelle dogmatische Zurückweisung der Relevanz des sozialen Beispiels Jesu für die Ethik war nicht auf eine alternative kritische Rekonstruktion des „wirklich Geschehenen" gegründet, und daher braucht eine Herausforderung dieser Tradition nicht neue anerkannte kritische Resultate abzuwarten.

Doch nachdem ich nun meine ernsthafte Offenheit gegenüber der textkritischen Aufgabe dargelegt habe, sei es mir erlaubt, auch einen gewissen Skeptizismus zu bezeugen, und zwar über das Ausmaß an Klarheit, das die in diesem Forschungsfeld geläufigen Techniken versprechen. Jeder, der den vorliegenden Versuch, ehrlich mit dem kanonischen Text umzugehen, mit den sehr kühnen und kreativen Rekonstruktionen Carmichaels und Schonfields, Brandons oder Hamiltons vergleicht, wird wohl kaum zu dem Schluss kommen, die letzteren zögerten selbstkritisch vor dem Risiko fragwürdiger Hypothesen.

10. Die Kirche als Sozialethik: Stanley Hauerwas (*1940)

Einführung

Person und Werk

Stanley Hauerwas (geb. 24.7.1940 in Dallas, Texas) gilt als der bedeutendste US-amerikanischen Theologe der Gegenwart. Das *Times Magazine* erklärte Stanley ihn im Jahr 2001, als er seine vielbeachteten „Gifford Lectures" unter dem Titel *With the Grain of the Universe* in St. Andrews hielt, zu „Amerikas bestem Theologen". Auch hierzulande wurde H. als der „neue Karl Barth" bezeichnet. Zuletzt erschien etwa eine deutsche Übersetzung von *Resident Aliens* (1989) unter dem programmatischen Titel *Christen sind Fremdbürger. Wie wir werden, wer wir sind: Abenteurer der Nachfolge in einer nachchristlichen Gesellschaft.*

H. studierte von 1958 Theologie und Philosophie an der Southwestern University (Georgetown, Texas) und an der Yale University, wo er 1968 bei James M. Gustafson (1925–2021) promovierte. Er wird im erweiterten Sinne der sog. „Yale School" (Hans W. Frei, George A. Lindbeck etc.) zugerechnet, die eine postliberale Theologie vertritt. Als Anglikaner, der methodistisch in Texas aufwuchs und viele Jahrzehnte der methodistischen Kirche angehörte, zugleich aber vor seiner Zeit an der Duke Divinity School (von 1984 bis zu seiner Emeritierung 2013) viele Jahre in römisch-katholischem Kontext an der University of Notre Dame (South Bend, Indiana) unterrichte (1970–1984), bewegt er sich als Grenzgänger zwischen den Konfessionen. Er bezeichnet sich selbst gerne als einen „High Church Mennonite". Bereits diese eigenwillige konfessionelle Selbstzuschreibung weist darauf hin, dass eine Einordnung seiner theologischen Arbeit und seiner Person im hiesigen Diskurskontext sehr schwer fällt. H.' Hang zur geistreichen und humorvollen Provokation, gepaart mit einer gewissen Selbstironie und einem für manche/n gewöhnungsbedürftigen texanischen Charme, tun hier ein Übriges. H. setzt sich seit vielen Jahren mit der Frage auseinander, was es heißt, Christ und Amerikaner zu sein – wohlgemerkt in dieser Reihenfolge. Er gilt als scharfer Kritiker sowohl von Militarismus, politischem Liberalismus als auch christlichem Fundamentalismus. Im Januar 2017 veröffentliche H. einen Gastbeitrag in der *Washington Post*, in dem er US-Präsident Donald Trump als Beispiel für die amerikanische Zivilreligion anführte, die theologisch völlig unzulänglich sei.

An der Tür seines Büros hängt ein Poster der Mennoniten. Darauf heißt es: „Ein bescheidener Vorschlag für den Frieden: Lasst die Christen der Welt die

Vereinbarung treffen, dass sie sich nicht gegenseitig töten werden." H. berichtet, dass es gelegentlich unter der Tür Zettel mit Reaktionen hindurchgeschoben bekommt: „Wie können Sie es wagen – warum sollten Christen nur darauf verzichten, andere Christen zu töten? Das ist nur ein weiteres Beispiel für die Egozentrik der Christen". Manchmal klopfe sogar jemand an seine Tür und konfrontiere ihn direkt mit diesem Statement. Seine Antwort, so H., sei immer dieselbe: „Ich stimme zu, dass es sicherlich gut wäre, wenn die Christen aufhören würden, irgendjemanden zu töten, aber irgendwo muss man ja anfangen."

Theologischer Ansatz

Einerseits hat H. in starkem Maße den narrativen und tugendethischen Ansatz Alasdair MacIntyres und dessen scharfe Aufklärungs- bzw. Liberalismuskritik theologisch rezipiert und andererseits die friedenskirchlich-pazifistischen Impulse John Howard Yoders (1927–1997). H.' Position sprengt bei weitem die vorschnelle Zuordnung zu einem konservativen kirchlichen Kommunitarismus, der vor allem die Abtreibungspraxis geißelt. Insbesondere seine (gast-)freundschaftsethischen Pointen konterkarieren die ihm vielfach zugeschriebene ghettohafte Wagenburgmentalität bzw. das ihm zum Vorwurf gemachte tribalistische Sektenethos. Die christliche Gemeinde und ihr Gottesdienst erscheinen hier als reale Gegebenheit, die *per se* politisch ist.

H. bestreitet, dass sich eine allgemeine Ethik gleichsam aus einer Helikopterperspektive entwickeln ließe. Ethik sei immer eine perspektivisch bestimmte. Vehement tritt er für eine distinkt christlich-theologische Ethik ein, die an die „story" Gottes, wie sie von der Kirche erzählt und verkörpert wird, rückgebunden sei. H. konzipiert seine theologische Ethik als eine betont *kirchliche* Ethik, insofern die Kirche für ihn der Ort ist, wo anhand dieser „story" erlernt wird, was es heißt, ein Christenmensch zu sein und als solcher zu leben. Die Kirche bildet H. zufolge eine Kontrastgesellschaft zur Welt, wobei die Kirche-Welt-Distinktion im johanneischen Sinne die Proexistenz der Kirche für die Kirche keineswegs aus- sondern einschließe. Das christliche Ethos, das sich im formativen Kontext der Kirche generiert, ist nach H.' Ansatz nicht an Prinzipien orientiert, sondern „nonfoundational" ausgerichtet, d.h. konkret auf die Einübung bestimmter charakterprägender Tugenden gebunden.

Anmerkungen zum Text

Der vorliegende Text stammt aus der deutschen Übersetzung von H.s Einführung in die christliche Ethik von 1983, einer relativ frühen Publikation aus der Zeit an der University of Notre Dame. Sie erschien unter dem auf die messianische Friedensvision in Jes 11 anspielenden Titel *The Peaceable Kingdom: A Primer in Christian Ethics*. Im folgenden Textauszug entfaltet H. die Spitzenaussage seines Entwurfs, wonach die Kirche keine Sozialethik hat, sondern eine Sozialethik ist. Das meint freilich nicht, dass die Kirche für ihr Ethos kein Kriterium kenne. Vielmehr fungiert die „story" Gottes als Kriterium, insofern diese von der Kirche erzählt und erinnert werden müsse. Dass die „story" Gottes nicht in der Kirche aufgeht, sondern eine Externität behält, zeigt sich nach H. zum einen darin, dass auch das Volk Israel zur „story" Gottes gehört, und zum anderen in der Schrift: „Natürlich steht die Bibel über der Gemeinschaft, wobei sie ihr gegenüber eine kritische Funktion ausübt, aber dass sie dies tut, ist ein Aspekt des Selbstverständnisses der Gemeinschaft. Die Bibel ist das Mittel, das die Kirche benutzt, um ihre Erinnerung ständig zu überprüfen". Kirche und Schrift bilden gleichsam einen hermeneutischen Zirkel, der von H. „story"-theologisch interpretiert wird. In der Kirche als Lern- und Interpretationsgemeinschaft prägen sich nach H. bestimmte Tugenden aus, die aufgrund ihrer Kontext- bzw. Situationsgebundenheit kein System im Sinne einer festen Einheit bilden. H. nennt neben den klassischen theologischen Tugenden Glaube, Hoffnung und Liebe (1Kor 13) Gerechtigkeit und die Geduld als Tugenden eines friedfertigen Volkes, das inmitten einer gewalttätigen Welt den gewaltlosen Widerstand lebt und dieses Leben in eschatologischer Ausrichtung als „Leben ohne Kontrolle" vollzieht. Kennzeichnend für die Kirche sind die die „story" Gottes in Jesus darstellenden Sakramente (Taufe und Abendmahl), die gottesdienstlich eingeübt werden und als soziale Werke die „Politik" der Kirche ausmachen. Zu ihnen gehört auch das Gebet und die Predigt, die einmal mehr veranschaulichen, dass H.' kirchlich-ethischer Entwurf beim Gottesdienst ansetzt.

Literatur

S. HAUERWAS / W.H. WILLIMON, Christen sind Fremdbürger, übers. und eingel. von B. WANNENWETSCH, Basel 2016.

S. HAUERWAS, Hannah's Child. A Theological Memoir, Grand Rapids / Cambridge 2010.

S. HAUERWAS, With the Grain of the Universe. The Church's Witness and Natural Theology, Grand Rapids 2001.

Einführend: M. HOFHEINZ, Kirche als „Society of Friends". Überraschende freundschaftsekklesiologische Koinzidenzen bei Jürgen Moltmann und Stanley Hauerwas, in: DERS. / F. MATHWIG / M. ZEINDLER (Hg.), Freundschaft. Zur Aktualität eines traditionsreichen Begriffs, Zürich 2014, 183–235.

R. HÜTTER, Evangelische Ethik als kirchliches Zeugnis. Interpretationen zu Schlüsselfragen theologischer Ethik in der Gegenwart, Evangelium und Ethik Bd. 1, Neukirchen-Vluyn 1993.

Die dienende Gemeinschaft: Christliche Sozialethik (1983)[0]

1. Sozialethik und näher bestimmte Ethik

Dass dieses Kapitel mit „Sozialethik" überschrieben ist, bedeutet nicht, dass wir bisher etwas anderes als Sozialethik betrieben hätten. In der Tat schließt die Behauptung, dass jede Ethik eine nähere Bestimmung erfordert, sozialethische Voraussetzungen ein, denn es bedeutet, dass jede Ethik die Geschichte bestimmter Menschen und ihre Erfahrungen widerspiegelt. Christliche Ethik ist zum Beispiel nicht zu verstehen ohne die Existenz und Erkennbarkeit von Gemeinschaften und deren entsprechenden Institutionen, die in der Lage sind, die Geschichte Gottes weiterzutragen. Der allgemeinste Name, den wir dieser Gemeinschaft geben, ist Kirche, aber in der Geschichte des Christentums hat es dafür auch andere Namen gegeben. Sie ist „der Weg", der Leib Christi, das Gottesvolk und eine Fülle von anderen Bildern, die die soziale Realität des Christseins bezeichnen und was es bedeutet, ein unverwechselbares Volk zu sein, das durch die erzählte Geschichte Gottes geformt worden ist. Wir sollten uns daran erinnern, dass der Name „Kirche" nicht weniger ein Bild ist wie „Gottesvolk". In der Tat ist es eines der zentralen theologischen Fragen, welches dieser Bilder von Kirche das zentrale ist bzw. alle anderen kontrolliert. Aus der Behauptung, dass es keine Ethik ohne eine nähere Bestimmung gibt, folgt daher, dass christliche Ethik immer Sozialethik ist. In der Tat verzerrt die Vorstellung, dass man zwischen einer Individualethik und einer Sozialethik unterscheiden kann, das Wesen christlicher Überzeugungen, denn Christen lehnen es ab, sich darauf einzulassen, dass die „Individual"-Moral ein gemeinschaftliches Anliegen von geringerem Gewicht ist als zum Beispiel Fragen der Gerechtigkeit. „Individuelle" Probleme können natürlich andere Arten von Anfragen an die Gemeinschaft richten als dies Fragen der Gerechtigkeit tun, aber sie sind deshalb als individuelle nicht weniger sozial.

Auf einer allgemeinen Ebene lässt sich viel zugunsten der Behauptung anführen, dass jede Ethik Sozialethik ist. Das Selbst ist im Wesentlichen ein soziales Selbst. Wir sind keine Einzelpersonen, die miteinander in Kontakt kommen und dann über unsere verschiedenen Ebenen, uns sozial aufeinander einzulassen, entscheiden. Wir sind keine „Ichs", die sich entscheiden, sich mit gewissen

---

[0] [Anm. d. Hg: Der Text ist entnommen aus S. Hauerwas, Selig sind die Friedfertigen. Ein Entwurf christlicher Ethik, hg. und eingel. von R. Hütter, übers. von G.M. Clicqué, Evangelium und Ethik Bd. 4, Neukirchen-Vluyn 1995, 155–178. Das englischsprachige Original findet sich bei S. Hauerwas, The Peaceable Kingdom. A Primer in Christian Ethics, Notre Dame 1983, 96–115 (Chapter 6: The Servant Community: Christian Social Ethics).]

„Wirs" zu identifizieren; vor allem sind wir „Wirs", die unsere „Ichs" entdecken, indem wir lernen, die anderen als uns gleich und von uns verschieden zu erkennen. Unsere Individualität ist nur möglich, weil wir vor allem soziale Wesen sind. Wer ich bin, erkenne ich nur in Beziehung zu anderen, und das, was mich ausmacht, ist in der Tat die Beziehung mit anderen.[1]

Die Behauptung, dass christliche Ethik immer Sozialethik ist, ist aber sogar noch stärker als diese inzwischen allgemein bekannten Beobachtungen über das Selbst als Gemeinschaftswesen. Wir haben gesehen, dass der Inhalt der christlichen Ethik Behauptungen über die Gottesherrschaft einschließt. Die ersten Worte über das christliche Leben sind deshalb Worte über das gemeinsame, nicht über das individuelle Leben. Diese Gottesherrschaft setzt den Maßstab für das Leben der Kirche, aber das Leben in der Gottesherrschaft ist sogar weiter als das der Kirche. Denn die Kirche hat Jesus nicht in ihrem Besitz; seine Gegenwart ist nicht auf die Kirche beschränkt. Vielmehr lernen wir in der Kirche, die Gegenwart Christi außerhalb der Kirche zu erkennen.

Die Kirche ist nicht die Gottesherrschaft, sondern sie gibt einen Vorgeschmack auf die Gottesherrschaft. Denn in der Kirche wird die erzählte Geschichte Gottes auf eine Weise gelebt, die die Gottesherrschaft sichtbar macht. Die Kirche muss die sichtbare Verkörperung des Volkes werden, das gelernt hat, mit sich selbst, miteinander, mit den Fremden und natürlich vor allem mit Gott in Frieden zu leben. Ohne ein heiliges Volk kann es keine Heiligung einzelner Menschen geben. Wir brauchen Beispiele und „Meister", und wenn wir ohne beides sind, kann die Kirche nicht als ein Volk existieren, das dazu verpflichtet ist, anders als die Welt zu sein.

Deshalb sehen wir, dass der Behauptung, dass es keine Ethik ohne eine nähere Bestimmung gibt – eine Behauptung, die zu Beginn hauptsächlich eine methodologische zu sein schien –, eine starke substantielle Annahme über den Status und die Notwendigkeit der Kirche als dem Ort der christlichen ethischen Reflexion zugrundeliegt. Christliche Ethik zieht ihre ethische Substanz aus dieser Kirche, und christliche ethische Reflexion richtet sich als erstes an diese Kirche. Christliche Ethik ist nicht für alle geschrieben, sondern für jene Menschen, die durch den Gott Abrahams, Isaaks, Jakobs und Jesu geformt worden sind. Deshalb kann christliche Ethik niemals eine minimalistische Ethik für alle sein, sondern

---

[1] Die klassische Darstellung dieser Sicht ist immer noch G.H. MEAD, Geist, Identität und Gesellschaft aus der Sicht des Sozialbehaviorismus, aus dem Amerik. übers. von U. PACHER, eingeleitet und hg. von C.W. MORRIS, Frankfurt ⁹1993 [die englische Originalausgabe erschien unter dem Titel: Mind, Self and Society, Chicago 1934; Anm. d. Übers.]. Zu einem neueren Versuch, diese Einsicht erneut zur Geltung zu bringen, ohne den Gedanken der Handlungsträgerschaft aufzugeben, vgl. H. HARROD, The Human Center. Moral Agency in the Social World, Philadelphia 1981.

muss ein geheiligtes Volk voraussetzen, das in immer wachsender Treue zu Gottes Geschichte leben will.

Die Tatsache, dass christliche Ethik mit einer Geschichte beginnt und endet, erfordert eine entsprechende Gemeinschaft, die über die Zeit hinweg existiert. Die Geschichte Gottes, wie sie durch die Erfahrung von Israel und der Kirche erzählt worden ist, kann nicht von jenen Gemeinschaften getrennt werden, die am Erzählen und Hören beteiligt sind. Als eine Geschichte kann sie ohne ein geschichtliches Volk nicht existieren, denn sie muss erzählt und erinnert werden, wenn sie überhaupt existieren soll. Gott hat seine Gegenwart einer geschichtlichen und kontingenten Gemeinschaft anvertraut, die sich nie auf ihren vergangenen Erfolgen ausruhen kann, sondern die Generation für Generation erneuert werden muss. Deshalb wird die Geschichte nicht nur erzählt, sondern ist in den Gewohnheiten eines Volkes verkörpert, die durch Gottesdienst, Kirchenleitung und Moral sowohl sich selbst formen als auch geformt werden.

Deshalb hängen die Existenz Israels und der Kirche nicht zufälligerweise mit der Geschichte Gottes zusammen, sondern sind notwendig für unser Wissen von Gott. Man kann nicht die Geschichte Gottes erzählen, ohne die Geschichte Israels und der Kirche dabei einzuschließen. So ist es nicht so erstaunlich, dass wir als Teil unseres Bekenntnisses bekräftigen, dass wir an die eine heilige, katholische und apostolische Kirche glauben. Wir glauben in dem Sinn an die Kirche, dass sie letztlich nicht unsere Schöpfung ist, sondern nur durch Gottes Berufung von Menschen existiert. Zudem geschieht es nur durch ein solches Volk, dass die Welt erkennen kann, dass unser Gott ein Gott ist, der nichts anderes als unser Gutes will. Sicherlich ist die Kirche oft untreu, aber Gott lehnt es ab, diese Untreue das letzte Wort sein zu lassen. Gott schafft und erhält ein friedfertiges Volk in der Welt, Generation für Generation.

In gewisser Hinsicht kann die Stellung der Bibel in dieser Beziehung irreführend sein, weil es den Anschein haben mag, dass die Bibel die Geschichte Gottes ungeachtet der Existenz eines geschichtlichen Volkes vermittelt. Man braucht anscheinend keine die Generationen zwischen damals und heute überspannende Gemeinschaft. Alles, was man braucht, ist eine Geschichte, die in einem Buch richtig erzählt ist. Aber die Bibel ohne die Gemeinschaft, ohne Ausleger, Interpreten und Hörer, ist ein totes Buch.

Natürlich steht die Bibel über der Gemeinschaft, wobei sie ihr gegenüber eine kritische Funktion ausübt, aber dass sie dies tut, ist ein Aspekt des Selbstverständnisses der Gemeinschaft. Die Bibel ist das Mittel, das die Kirche benutzt, um ihre Erinnerung ständig zu überprüfen. Deshalb kann sie sich niemals damit zufriedengeben, nur einen Teil der Bibel zu verwenden. Denn die Geschichte, die die Kirche sowohl erzählen als auch verkörpern muss, ist eine Geschichte mit vielen verschiedenen Aspekten, die uns ständig aus unserer Selbstzufriedenheit und unserem Konventionalismus herausruft. Die Bibel hat in der Kirche nicht deshalb Autorität, weil keiner die Wahrheit kennt, sondern weil die Wahrheit ein Gespräch ist, für das die Bibel die Tagesordnung und die Grenzen setzt.[2] Jene Menschen mit Autorität sind solche, die der Kirche dadurch dienen, dass sie ihr helfen, besser auf die Geschichten von Gott zu hören, wie wir sie in der Bibel finden, und ihnen zu entsprechen. Daher ist uns gesagt:

> „Es erhob sich auch ein Streit unter ihnen, wer von ihnen als der Größte gelten solle. Er aber sprach zu ihnen: Die Könige herrschen über ihre Völker, und ihre Machthaber lassen sich Wohltäter nennen. Ihr aber nicht so! Sondern der Größte unter euch soll sein wie der Jüngste, und der Vornehmste wie ein Diener. Denn wer ist größer: der zu Tisch sitzt oder der dient? Ist's nicht der, der zu Tisch sitzt? Ich aber bin unter euch wie ein Diener." (Lk 22,24–27)

2. Die Kirche als Sozialethik

Was hat dies aber mit Sozialethik zu tun? Dieses Kapitel soll von der christlichen sozialen Verantwortung in der Welt handeln, aber es scheint nicht, als ob wir dies wirklich schon angesprochen hätten. Was sagt uns diese Betonung der Kirche über das, was wir in den Ländern der 3. Welt tun sollen? Oder was wir in unserem Land tun sollten, um soziale Gerechtigkeit zu erreichen? Was sollte der christliche Standpunkt in Bezug auf die Frauenbewegung sein? Was sollte unsere Einstellung zu Krieg sein? Dies sind die Art von Fragen, die man oft für das eigentliche Zentrum der Sozialethik hält, nicht Fragen hinsichtlich des Ortes der Bibel im Leben der Kirche.

Wenn aber solche Fragen erst einmal in das Zentrum gerückt worden sind, um das Programm der Sozialethik zu bestimmen, geraten wir überdies unweigerlich in den Sog des Naturrechts als eines wesentlichen Merkmals christlicher Ethik. Denn um Gerechtigkeit zu erreichen, um sich für eine freiere und gerechtere soziale Ordnung einzusetzen, ist es notwendig, mit Nicht-Christen zusammenzuarbeiten. Wenn christliche Sozialethik auf Grundlagen beruht, die allein für Christen gelten, dann scheint unsere Hoffnung auf Gesellschaften, die der Gerechtigkeit zunehmend näherkommen, geringer zu werden; oder noch

---

[2] Es gibt eine entscheidende, oft nicht wahrgenommene Beziehung zwischen diesem Verständnis von Autorität und der Frage nach der Einheit der Tugenden. Denn ich glaube nicht, dass die Tugenden eine Einheit bilden, weder für einzelne Menschen, noch für Gemeinschaften, da es kein einziges Prinzip gibt, von dem sie her abgeleitet oder geordnet werden können. Unterschiede und mögliche Konflikte können deshalb aus guten Gemeinschaften nicht ausgeschlossen werden. In der Tat ist gerade die Vielfalt der Tugenden und der entsprechenden Lebensformen notwendig, wenn die Kirche die notwendigen Mittel haben soll, um der Geschichte mit ihren vielen verschiedenen Aspekten gegenüber, die die „Bibel" ausmacht, treu zu sein.

schlimmer, scheint daraus zu folgen, dass Christen versuchen werden, christliche Staaten und Gesellschaften zu bilden (und wir kennen bereits solche Gesellschaften, deren Geschichte von Unterdrückung und Zwang eine beschämende Lektüre darstellt). Aber in Fragen der Sozialethik muss es doch wohl in unserem sozialen Wesen begründete allgemeine moralische Prinzipien geben, die die Grundlage allgemeiner moralischer Verpflichtungen und Handlungen bilden. In der Sozialethik sollten wir dann wohl das unverkennbar Christliche herunterspielen und betonen, dass wir alle Menschen guten Willens sind, die versuchen, für eine friedfertigere und gerechtere Welt für alle Menschen einzutreten.

Dennoch ist dies meiner Meinung nach genau das, was wir nicht tun sollten. In der Tat will ich gerade die These bestreiten, dass christliche Sozialethik vor allem den Versuch darstellt, die Welt friedfertiger und gerechter zu machen. Vielmehr ist die erste sozialethische Aufgabe der Kirche diejenige, Kirche zu sein – als Dienstgemeinschaft. Eine solche Behauptung mag wohl selbstbezogen klingen, solange wir uns nicht daran erinnern, dass das, was Kirche zur Kirche macht, die treue sichtbare Verkörperung der Friedensherrschaft Gottes in der Welt ist. Als solche hat die Kirche keine Sozialethik; die Kirche „ist" eine Sozialethik.

Kirche ist dort, wo die Geschichten von Israel und Jesus erzählt, verkörpert und gehört werden, und es ist unsere Überzeugung, dass es buchstäblich nichts Wichtigeres gibt, das wir als christliches Volk tun können. Das Erzählen dieser Geschichte erfordert aber, dass wir eine besondere Art von Volk sind, wenn wir und die Welt die Geschichte der Wahrheit entsprechend hören sollen. Das bedeutet, dass die Kirche niemals aufhören darf, eine Gemeinschaft des Friedens und der Wahrheit in einer Welt der Verlogenheit und der Angst zu sein. Die Kirche darf sich ihr Programm, also das, was eine „Sozialethik" ausmacht, von der Welt nicht vorschreiben lassen, sondern eine Kirche des Friedens und der Gerechtigkeit muss ihr Programm selbst bestimmen. Sie macht dies als Erstes, indem sie die Geduld aufbringt, inmitten der Ungerechtigkeit und Gewalt dieser Welt für die Witwen, Armen und Waisen zu sorgen. Eine solche Fürsorge mag aus der Perspektive der Welt wenig für die Sache der Gerechtigkeit austragen; dennoch ist es unsere Überzeugung, dass weder wir noch die Welt wissen können, was Gerechtigkeit bedeutet, außer wenn wir uns die Zeit für eine solche Fürsorge nehmen.

Indem wir eine derartige Gemeinschaft sind, erkennen wir, dass die Kirche der Welt verstehen hilft, was es bedeutet, Welt zu sein. Denn ohne die Kirche, die auf die Realität der Gottesherrschaft hinweist, gibt es keinen Weg, auf dem die Welt erkennen könnte, dass sie Welt ist. Wie könnte die Welt denn jemals die Beliebigkeit der Trennungen zwischen Menschen erkennen, wenn sie in der Einheit der Kirche nicht ein völlig gegensätzliches Modell vorfinden würde? Nur auf dem Hintergrund der Universalität der Kirche kann die Welt die Möglichkeit erhalten, die Irrationalität der Trennungen und Aufteilungen, aus denen Gewalt und Krieg folgen, als das wahrzunehmen, was sie sind; nämlich der Versuch von ganz beliebigen Gruppen von Menschen, sich vor dem Wissen um ihre Beliebigkeit zu schützen.

Der Skandal der Uneinigkeit der Kirche wird sogar noch schmerzlicher, wenn wir diese soziale Aufgabe der Kirche wahrnehmen. Denn anscheinend können wir selbst, die wir dazu berufen sind, einen Vorgeschmack der Friedensherrschaft Gottes darzustellen, unter uns keine Einigkeit bewahren. Folglich überlassen wir die Welt sich selbst. Und die Trennungen in der Kirche, von denen ich spreche, sind nicht nur jene, die durch Dogmen, die Geschichte oder die Praxis begründet sind, so wichtig sie auch sein mögen. Nein, die tiefsten und schmerzlichsten Trennungen, die die Kirche belasten, sind jene, die durch Klassen, Rassen oder Nationen begründet sind und die wir – was eine Sünde ist – als in das Wesen der Dinge eingeschrieben akzeptiert haben.

Deshalb besteht die erste soziale Aufgabe der Kirche – des Volkes, das fähig ist, die Geschichte Gottes, die wir in Jesus finden, zu erinnern und zu erzählen – darin, Kirche zu sein und daher der Welt zu helfen, sich als Welt zu verstehen. Diese Welt ist ganz gewiss Gottes Welt, Gottes gute Schöpfung, die umso mehr durch die Sünde entstellt worden ist, weil sie immer noch durch Gottes Güte zusammengehalten wird. Kirche zu sein bedeutet für die Kirche deshalb nicht, eine Gegenwelt zu sein, sondern vielmehr ein Versuch zu zeigen, wie die Welt als Gottes gute Schöpfung sein soll.

Wir müssen uns daran erinnern, dass die Bestimmung der „Welt" als Gott entgegenstehende keine ontologische Bestimmung darstellt. Daher ist „Welt" nicht in sich und als solche sündhaft; vielmehr hat sie ihren sündhaften Charakter gemäß ihres eigenen freien Willens. Der einzige Unterschied zwischen Kirche und Welt ist der Unterschied zwischen Handelnden. Wie John Howard Yoder meint, ist der Unterschied zwischen Kirche und Welt kein Unterschied zwischen Bereichen der Realität, zwischen den Ordnungen der Schöpfung und der Erlösung, zwischen Natur und Übernatur, sondern

> „vielmehr zwischen den grundlegenden personalen Haltungen von Menschen, von denen manche bekennen und andere nicht bekennen, dass Jesus der Herr ist. Der Unterschied zwischen Kirche und Welt ist nicht etwas, das Gott der Welt durch eine vorherige metaphysische Definition auferlegt hat, und ebenso wenig ist es etwas, das ängstliche oder pharisäische Christen um sich herum aufgebaut haben. Es sind all jene Geschöpfe, die sich die Freiheit genommen haben, noch nicht zu glauben."[3]

---

[3] J.H. YODER, The Original Revolution, Scottsdale 1971, 116. Die mit „Welt" bezeichnete Realität ist offensichtlich ein äußerst komplexes Phänomen. Im Neuen Testament wird der Begriff oft verwendet, um die Ordnung zu kennzeichnen, die ohne jeden Bezug auf Gottes

Stanley Hauerwas (*1940)

In dieser Hinsicht ist es überdies besonders wichtig, daran zu erinnern, dass die Welt aus jenen besteht, uns eingeschlossen, die sich entschieden haben, Gottes Geschichte nicht zu ihrer Geschichte zu machen. Die Welt in uns lehnt es ab zuzustimmen, dass dies Gottes Welt ist und dass die Sorge Gottes für die Schöpfung – als eines liebenden Herrn – größer ist als unsere Illusion der Kontrolle. Die Welt sind all jene Aspekte unseres individuellen und sozialen Lebens, wo wir nicht der Wahrheit entsprechend leben, indem wir uns weiterhin auf die Gewalt verlassen, um Ordnung zu schaffen.

Kirche und Welt sind daher relationale Konzepte – keines ist ohne das andere zu verstehen. Sie sind Gefährten auf einem Weg, der es für beide unmöglich macht, ohne den jeweils anderen zu überleben, obwohl jeder gerade dies versucht. Daher sind sie einander öfter Feind als Freund, eine Feindschaft, die tragischerweise aus dem Versuch der Kirche entsteht, ihre Berufung und ihren Dienst an der Welt zu verleugnen – dadurch, dass sie die Welt als unerlösbar aufgibt oder indem sie ihren eigenen Status des Dienstes in eine triumphalistische Unterwerfung der Welt umwandelt. Aber Gott hat die Welt wirklich erlöst, auch wenn es die Welt ablehnt, ihre Erlösung anzuerkennen. Die Kirche kann die Welt niemals der Hoffnungslosigkeit überlassen, die ihre Wurzel darin hat, dass die Welt Gott ablehnt, sondern sie muss ein Volk mit einer Hoffnung sein, die leidenschaftlich genug ist, um die Welt wie auch sich selbst zu tragen.

Deshalb können wir als Christen nicht nur entdecken, dass Menschen, die keine Christen sind, Gottes Frieden besser zum Ausdruck bringen als wir selbst, sondern wir müssen fordern, dass es sie gibt. Es ist zu hoffen, dass solche Menschen die Bedingungen für unsere Fertigkeiten, mit anderen an der Sicherstel-

---

Willen organisiert ist und funktioniert. Nichtsdestoweniger wird die Welt trotzdem als Gegenstand der Liebe Gottes beschrieben (Joh 3,16), und im 1. Brief des Johannes wird Jesus sogar der „Erlöser der Welt" genannt (1Joh 4,14). Deshalb wird die Welt sogar im johanneischen Schrifttum nicht als gänzlich frei von Gottes Gegenwart bzw. seiner Ordnung wahrgenommen. Das große Problem wie auch die Versuchung liegen nun darin anzunehmen, dass wir eine klare Vorstellung davon haben, welcher empirische Gegenstand, z.B. Regierung, Gesellschaft usw. der johanneischen Beschreibung entspricht. Meiner Meinung nach macht Yoder gerade deshalb die Basis für die Unterscheidung zwischen Kirche und Welt klugerweise in den Handelnden fest und nicht in ontologischen Ordnungen oder Institutionen. Dadurch wird deutlich: 1. dass die Unterscheidung zwischen Kirche und Welt durch jeden Handelnden hindurchgeht und es daher keinen Grund zur Selbstgerechtigkeit auf der Seite derer gibt, die sich explizit mit der Kirche identifizieren; und 2. dass die „Notwendigkeiten", von denen viele behaupten, dass man sie als inhärente Bestandteile der Tatsache, Welt zu sein, akzeptieren muss, wie z.B. die Gewalt, dies nur aufgrund unserer Untreue sind. Daher kann die Welt, wenn sie sich ihrer Natur als Gottes erlöste Untertanen gegenüber wahrhaftig verhält, ohne Gewaltanwendung geordnet und regiert werden.

lung des Friedens in der Welt zusammenzuarbeiten, schaffen können. Eine solche Zusammenarbeit ist jedoch nicht durch die naturrechtliche Legitimation einer allgemein geteilten natürlichen Moral begründet. Vielmehr weist es auf die Tatsache hin, dass Gottes Herrschaft in der Tat weit ist. Als Kirche haben wir kein Recht, die Grenzen der Gottesherrschaft zu bestimmen, denn es ist unsere freudige Aufgabe, Gottes Macht anzuerkennen, seine Herrschaft an den überraschendsten Orten und auf die erstaunlichsten Weisen Gegenwart werden zu lassen.

Daher dient die Kirche der Welt, indem sie der Welt die Mittel gibt, sich selbst der Wahrheit entsprechend wahrzunehmen. Die Sozialethik der Kirche ist vor allem eine Sache des Verstehens und nicht des Tuns. Die erste Frage, die wir stellen müssen, lautet nicht „Was sollen wir tun?", sondern „Was ist los?".[4] Die anspruchsvolle Aufgabe der Kirche besteht darin zu versuchen, die Welt als Welt richtig zu verstehen, sich dem realistisch zu stellen, was die Welt mit ihrem Irrsinn und ihrer Irrationalität ist.

Deshalb ist die Berufung der Kirche, Kirche zu sein, nicht die Formel einer Ethik des Rückzugs; ebenso wenig ist es ein selbstgerechter Versuch, den Problemen der Welt davonzulaufen; sondern es ist vielmehr der Ruf an die Kirche, eine Gemeinschaft zu sein, die versucht, die notwendigen Mittel zu entwickeln, um in der Welt stehend die Friedensherrschaft Gottes zu bezeugen und daher die Welt richtig zu verstehen. Das Evangelium ist ein politisches Evangelium. Christen engagieren sich in der Politik, aber es ist eine Politik der Gottesherrschaft, die die Unzulänglichkeit aller Politik, die auf Zwang und Unwahrheit gegründet ist, offenbart und die die wahre Quelle der Macht im Dienen statt im Herrschen auffindet.

Das soll nicht heißen, dass die Kirche in irgendeiner Hinsicht weniger eine menschliche Gemeinschaft ist als andere Formen des Zusammenschlusses von Menschen. Genau wie andere Institutionen braucht und stützt sich auch die Kirche auf Autoritätsstrukturen, die aus dem menschlichen Bedürfnis nach Status, Zugehörigkeit und Orientierung herrühren. Die Frage ist nicht, ob die Kirche eine „natürliche" Institution ist, was sie sicherlich ist, sondern, wie sie diese „Natur" gemäß ihren grundsätzlichen Überzeugungen formt.[5] Die „Natur" bietet den Kontext für Gemeinschaft, aber sie bestimmt nicht ihren Charakter.

---

[4] Ich stütze mich hier offensichtlich auf das Werk von H.R. NIEBUHR. Vgl. dazu besonders sein The Responsible Self, New York 1963.

[5] J.M. GUSTAFSON, Treasures in Earthen Vessels, New York 1961, bietet immer noch die beste Analyse der Kirche als einer „natürlichen" Institution. Für die Entwicklung dieser Einsicht in eine normative Richtung ist überdies sein zu oft übersehenes Buch The Church as a Moral Decision-Maker, Philadelphia 1976, besonders wichtig.

Stanley Hauerwas (*1940)

Die Kirche ist deshalb ein Gemeinwesen wie jedes andere, aber sie ist auch *anders* als jedes andere, insofern sie von Menschen geformt wird, die keinen Grund haben, die Wahrheit zu fürchten. Sie sind fähig, in der Welt zu existieren, ohne zu Mitteln des Zwanges und der Gewalt zu greifen, um ihre Präsenz aufrechtzuerhalten. Dass sie sich so verhalten, hängt in weitem Maße von ihrer Bereitschaft ab, sich zu bewegen – sie müssen „eine bewegliche Festgemeinde" sein. Denn es ist sicher der Fall, dass ein großer Teil der Welt sie dafür nur hassen kann, dass sie die Aufmerksamkeit darauf richten, wie die Welt ist. Sie können und sollten nicht die Gewalt der Welt provozieren, aber wenn sie kommt, müssen sie ihr widerstehen, auch wenn dieser Widerstand die Notwendigkeit bedeutet, einen Ort zugunsten eines anderen zu verlassen. Denn als Christen sind wir in keiner Nation zuhause. Unser wahres Zuhause ist die Kirche selbst, wo wir

---

Die grundsätzliche Position, die ich vertreten möchte, wird von K. BARTH gut zusammengefasst: „[D]er entscheidende Beitrag, den die Christengemeinde zum Aufbau, zum Werk und zur Erhaltung der Bürgergemeinde zu leisten hat, besteht in dem Zeugnis, das sie ihr und allen anderen menschlichen Gemeinschaften gegenüber in Gestalt der Ordnung ihres eigenen Aufbaus und Bestandes abzulegen hat. Jesus Christus selbst, der auch ihr Herr und Heiland ist, den Frieden, die Freiheit und die Freude des Reiches Gottes kann sie der Welt freilich *nicht unmittelbar* vor Augen führen, so gewiss sie ja selbst nur eine menschliche Gemeinschaft ist, die seiner Offenbarung mit allen anderen zusammen erst entgegengeht. Sie kann und muss aber der sie umgebenden Menschheit in der Form, in der in ihrer Mitte nun eben sie existiert, *Erinnerung* an das Recht des auf Erden in Jesus Christus schon aufgerichteten Reiches Gottes – sie kann und muss ihr *Verheißung* seiner künftigen Offenbarung sein. Sie kann und soll ihr – de facto, ob sie es bemerkt oder nicht – vor Augen führen, dass es auf Erden jetzt schon eine Rechtsordnung gibt, die auf jene große Veränderung der menschlichen Situation begründet und auf deren Offenbarung hin ausgerichtet ist." (KD IV/2, 818 [Anm. d. Hg.: Kursivierungen im Original im Sperrdruck]). Einige Seiten später meint Barth: „Dass die Tragweite der in Jesus Christus geschehenen Heiligung der Menschheit sich auf sich selbst, auf die Versammlung der an ihn Glaubenden beschränke, dass sie nicht auch *extra muros ecclesiae* ihre Auswirkungen und Entsprechungen habe – das würde ja eine Meinung sein, in der die Gemeinde ihrem eigenen Bekenntnis zu ihrem Herrn allzusehr widersprechen würde." A.a.O., 820.

Dass die Kirche „natürliche" Institution ist, schwächt die Forderung, die die Kirche an jede Gesellschaft richtet, in der sie sich befindet, keineswegs ab – wovon die Forderung nach der freien Verkündigung des Evangeliums nicht die geringste ist. Keine Institution, keine Gesellschaft ist so weit von Gottes Fürsorge entfernt, dass sie die Legitimität dieses Anspruchs grundsätzlich nicht erkennen kann. Natürlich kann die Form der „Freiheit" variieren, und sicherlich legen diese Gesellschaften, die die Notwendigkeit der Freiheit der Kirche in einen besonderen rechtlichen Status der Kirche oder der christlichen Religion umgesetzt haben, nahe, dass aus einem solchen Status gewöhnlich ein bewusst in Kauf genommener Verlust an Freiheit durch die Kirche folgt. Die Forderung der Kirche, frei zu sein, ist immer mehr eine an die Kirche zu stellende Forderung, ein hinreichend unverwechselbares Volk zu sein, das seine „Freiheit" für andere interessant werden lässt, als eine Forderung, die an die Gesellschaft zu stellen ist.

jene finden, die wie wir durch einen Erlöser geformt worden sind, der notwendigerweise immer unterwegs war.

3. Eine Gemeinschaft der Tugenden

Eine Sozialethik zu *sein*, anstatt eine Sozialethik zu *haben*, bedeutet für die Kirche überdies, dass Menschen einer bestimmten Art nötig sind, um sie als eine Institution über die Zeit hinweg zu erhalten. Sie müssen vor allem ein Volk der Tugend sein – nicht einfach irgendeiner Tugend, sondern der Tugenden, die notwendig sind, um die Geschichte des gekreuzigten Erlösers zu erinnern und zu erzählen. Sie müssen fähig sein, den Frieden untereinander und mit der Welt zu bewahren, so dass die Welt erkennt, was es bedeutet, auf die Gottesherrschaft zu hoffen. Ein solches Volk glaubt nicht, dass jeder frei ist zu tun, was er will, sondern dass jeder Einzelne von uns dazu berufen ist, seine besonderen Gaben zu entwickeln, um der Gemeinschaft des Glaubens zu dienen.

Dass die Kirche Gottes Schöpfung ist, bedeutet nicht, dass sie deshalb weniger menschlich ist. Die Kirche trägt die Kennzeichen natürlicher Gemeinschaften, dennoch tut sie dies als eine Gemeinschaft der Gnade. James Gustafson hat zurecht darauf hingewiesen, dass alle menschlichen Gemeinschaften Tugenden benötigen, um bestehen zu können. Menschen in einer Gemeinschaft müssen lernen, einander genau so wie der Gemeinschaft zu vertrauen.[6] Zudem benötigen alle Gemeinschaften ein Bewusstsein der Zukunftshoffnung, und sie bezeugen die Notwendigkeit von Liebe, um Beziehungen aufrechtzuerhalten. Deshalb sind die traditionellen „theologischen Tugenden" des Glaubens, der Hoffnung und der Liebe in einem tiefen Sinn „natürlich". Im gleichen Maße wie jede Institution wird die Kirche durch diese „natürlichen Tugenden" aufrechterhalten.

Dies heißt aber nicht, dass Glaube, Hoffnung und Liebe für Christen das Gleiche wie für andere Menschen bedeuten. Für Christen stammt der Sinn dessen, woran sie glauben, worauf sie hoffen und die Art der Liebe, die sich unter ihnen zeigen muss, aus der Tradition, die ihre Gemeinschaft formt. Wegen des Charakters dieser Geschichte werden die Natur und die Bedeutung der Tugenden in der Tat in ihrem Wesen verändert. Denn Christen sind die Gemeinschaft eines neuen Zeitalters, die auch weiterhin im alten Zeitalter existieren muss. Aufgrund ihrer Existenz zwischen den Zeiten, weil sie ein Volk „auf dem Weg" sind, benötigen

---

[6] Vgl. J.M. GUSTAFSON, Christian Ethics and the Community, Philadelphia 1971, 153-163. Dass alle menschlichen Beziehungen ein gewisses Maß an Vertrauen erfordern und auch erzeugen, ist ein Hinweis darauf, dass die Tugenden eine narrative Entfaltung erfordern. Denn ohne Letzteres können die Fertigkeiten, die wir brauchen, um gut zu sein, dazu verwendet werden, unseren zerstörerischsten Potentialen zu dienen. Weil wir dies spüren, versuchen wir nur all zu oft zu vermeiden, überhaupt jemandem oder etwas zu vertrauen, und unterwerfen uns folglich dem repressivsten Tyrannen überhaupt – uns selbst.

sie, oder vielleicht besser, konzentrieren sie sich auf gewisse Tugenden, was andere Gemeinschaften nicht tun.

Geduld ist zum Beispiel eine der Tugenden, die am notwendigsten sind, wenn wir inmitten dieser gewalttätigen Welt als ein friedfertiges Volk leben sollen. Obwohl wir gelernt haben, die Gegenwart und die Zukunft als Gottes Herrschaft anzusehen, und obwohl wir wissen, dass die Gottesherrschaft in Jesus gekommen und im Brechen des Brotes gegenwärtig ist, muss sie trotzdem immer noch erst kommen. Dadurch getragen, dass sie schon gekommen ist, und genährt durch ihre Gegenwart hoffen wir umso mehr auf ihre vollständige Erfüllung, aber eine solche Hoffnung muss durch Geduld geschult werden. Ansonsten verwandelt sich unsere Hoffnung allzu leicht in Fanatismus oder Zynismus.

Die Kirche muss immer wieder lernen, dass ihre Aufgabe nicht darin besteht, die Welt zur Gottesherrschaft zu *machen*, sondern der Gottesherrschaft gegenüber treu zu sein, indem sie der Welt zeigt, was es bedeutet, eine Gemeinschaft des Friedens zu sein. Deshalb müssen wir geduldig sein und dürfen nie die Hoffnung verlieren. Aber Hoffnung worauf? Ich meine genau die Hoffnung auf den Gott, der versprochen hat, dass die Treue der Gottesherrschaft gegenüber in Gottes Fürsorge für die Welt von Nutzen sein wird. Daher liegt unsere Hoffnung nicht in dieser Welt oder in der Güte der Menschheit oder darin, dass sich immer alles zum Besten auswirkt, sondern in Gott und in Gottes treuer Fürsorge für die Welt.

Nirgendwo ist die Notwendigkeit der Beziehung zwischen Hoffnung und Geduld deutlicher zu sehen als in der Frage der Gerechtigkeit. Denn es ist eine Sache der Gerechtigkeit, dass jene, die hungrig sind, gespeist werden sollen, dass für jene, die verstoßen worden sind, gesorgt werden soll, und dass jene, die unterdrückt und misshandelt worden sind, befreit und geachtet werden sollen. Obwohl Gerechtigkeit all diese Dinge fordert, wissen wir nichtsdestoweniger, dass wir in einer Welt leben, in der Ungerechtigkeit zu dominieren scheint. Die Hungrigen werden anscheinend nur dann gespeist, für die Verstoßenen wird anscheinend nur dann gesorgt, die Unterdrückten werden anscheinend nur dann befreit, wenn es genug Ressourcen gibt, dass Gerechtigkeit geschaffen werden kann, ohne dass es irgendjemand anderem dafür schlechter geht.

Wenn ein Volk, das sich darin geübt hat, nach Gerechtigkeit zu hungern und zu dürsten, mit dieser Realität konfrontiert wird, kann es sich leicht der Gewalt zuwenden, besonders, wenn es nicht mehr länger arm ist. Denn wie können wir weiterhin den Armen gegenübertreten, ohne den Drang zu spüren, Zwang anwenden zu müssen, um damit zu gewährleisten, dass wenigstens ein minimales Stück Gerechtigkeit erreicht wird? Zudem ist es keine Frage, dass Gewalt unter manchen Umständen durchaus bewirkt, dass die Last der Armen erleichtert wird. In der Tat ist Gewalt eine ihrer Hauptwaffen, da sie Menschen sind, die nichts zu verlieren haben – und solche Menschen sind die bedrohlichsten für jene von uns, die etwas zu verlieren haben. Die meisten von uns würden eher einen Teil ihres Besitzes weggeben, als sich mit der Androhung der Gewalt durch die weniger vom Glück Begünstigten konfrontiert zu sehen.

Die Gerechtigkeit, die die Kirche anstrebt, beruht aber nicht auf Neid oder Angst. Vielmehr streben wir eine Gerechtigkeit an, die von einem Volk mit Selbstvertrauen kommt, das weiß, dass alles, was es besitzt, zuallererst einmal ein Geschenk ist. Deshalb können Christen keine Gerechtigkeit mit dem Finger am Abzug eines Gewehres suchen; und wir müssen jener Gerechtigkeit gegenüber misstrauisch sein, die sich auf die Manipulation unserer weniger würdigen Motive verlässt, denn Gott herrscht über seine Schöpfung nicht durch Zwang, sondern durch ein Kreuz. Als Christen streben wir deshalb nicht so sehr nach Effizienz, sondern nach der Treue der Gottesherrschaft gegenüber – daher können wir nicht das tun, was „Ergebnisse" verspricht, wenn die Mittel ungerecht sind. Christen haben sich zurecht in Übereinstimmung mit jenen gefühlt, die wie Immanuel Kant meinten, dass es einige Dinge gibt, die wir nicht tun können, ganz egal wieviel Gutes daraus auch erwachsen würde.

Wir müssen ein Volk sein, das gelernt hat, im Angesicht der Ungerechtigkeit geduldig zu sein. Man mag aber einwenden: Sicher ist dies leicht gesagt, wenn du keiner von denen bist, die unter Ungerechtigkeit leiden. Dieser Einwand ist berechtigt, aber das bedeutet nicht, dass wir den Einsatz von Gewalt legitimieren sollten, um Ungerechtigkeit zu überwinden. Eine solche Legitimation ist oft eine Folge des Versuches, Gerechtigkeit zu erreichen, ohne sich selbst aufs Spiel zu setzen, wenn wir zum Beispiel den „Staat" oder die „Revolution" beauftragen, dafür zu sorgen, dass Gerechtigkeit geschieht, dies aber auf eine Art tun, die unsere eigene materielle Position nur in unbedeutendem Maße betrifft. Wenn wir ein hoffnungsvolles und geduldiges Volk in einer Welt der Ungerechtigkeit sein sollen, können wir uns jedoch nicht nur mit der „Sache" der Armen identifizieren, sondern wir müssen arm und machtlos wie sie werden.

Zu oft sind Ideale und Strategien für „soziale Gerechtigkeit" nur Formeln, die versuchen, es den Armen und Unterdrückten besser gehen zu lassen, ohne dass sie von uns irgendetwas erfordern. Wenn wir aber lesen, dass die Armen, die Barmherzigen, die Friedensstifter, die Sanftmütigen, die Verfolgten und die, die reinen Herzens sind, gesegnet sind, können wir nur annehmen, dass diese Beschreibungen für alle gelten, die Jesus nachfolgen. Die Frage, die wir uns selbst als Christen stellen müssen, lautet: Wie kommt es, dass wir Christen so reich sind? Und mehr noch, wie hat uns unser Reichtum dazu verleitet, das Evangelium als eine im Wesentlichen unpolitische Darstellung der individuellen Erlösung misszuverstehen und nicht als die gute Nachricht von der Schöpfung einer neuen Gemeinschaft des Friedens und der Gerechtigkeit, die durch die Hoffnung geformt worden ist, dass Gottes Herrschaft sich durchgesetzt hat und durchsetzen wird?

Überdies sind die Tugenden der Geduld und der Hoffnung für ein Volk notwendig, das lernen muss, ohne Kontrolle zu leben. „Leben ohne Kontrolle" hat natürlich mehrere Bedeutungen, von denen nicht alle relevant sind, um den Charakter der christlichen Gemeinschaft zu bestimmen. Denn „Leben ohne Kontrolle" ist nur ein Weg, uns nahezubringen, dass wir ein eschatologisches Volk sind, das sein Leben auf das Wissen gründet, dass Gott seine Schöpfung durch das Werk Jesu Christi erlöst hat. Wir leben daher in dem Sinne ohne Kontrolle, dass wir voraussetzen müssen, dass Gott unsere Treue gebrauchen wird, um seine Herrschaft in der Welt Wirklichkeit werden zu lassen.

Ohne Kontrolle zu leben bedeutet jedoch nicht, dass wir nicht planen bzw. versuchen, die Mittel zu finden, um Gerechtigkeit in der Welt voranzubringen, sondern dass ein solches Planen nicht unter der Illusion der Allmacht geschieht. Wir können das Risiko des Planens auf uns nehmen, das nicht Effektivität, sondern Treue zur Gottesherrschaft zu unserem Hauptziel macht. Auf solche Weise zu planen schließt ein, die Selbsttäuschung aufzubrechen, dass Gerechtigkeit nur durch eine Macht und eine Gewalt erreicht werden kann, die ihre Wirksamkeit sicherzustellen sucht.

Denn die Ironie besteht darin, dass niemand unter größerer Kontrolle steht als jene, die annehmen, dass sie Herr ihrer selbst sind oder es gerne sein wollen. Es sind vor allem die Reichen, denen ihr Wohlstand die Illusion der Unabhängigkeit, des Besonderen und des „Herr-ihrer-selbst-Seins" vermittelt. Aber wir alle sind mehr oder weniger bereit, uns der Illusion zu unterwerfen, dass wir unsere Welt von Zufall und Überraschungen befreien können. Doch wenn wir dies tun, wird unsere Welt ärmer, da wir versuchen, sicher statt gut zu leben. Etwas, was zum Beispiel Menschen geschieht, die Macht haben, ist, dass sie durch ihre Untergebenen kontrolliert werden, die ihnen nur das erzählen, was sie hören wollen. Sie haben daher keinerlei Möglichkeit, anders mit dem Unerwarteten umzugehen, als es zu ignorieren, zu unterdrücken oder auszuschalten. Sie verstehen nicht, dass der Trick, gut zu leben, gerade darin besteht zu lernen, das Unerwartete zu unserer größten Ressource zu machen.

Ohne Kontrolle zu leben heißt daher, dass wir nicht annehmen, dass unsere Aufgabe als Christen darin besteht, Sorge dafür zu tragen, dass die Geschichte gut ausgeht.[7] Wir brauchen Sozialethik nicht aus der Perspektive derer zu

---

[7] Daher meint J.H. YODER: „Natürlich ist jeder Verzicht auf Gewalt der Gewaltanwendung vorzuziehen; doch Jesus verzichtete in erster Linie nicht auf Gewalt, sondern auf den Zwang zum guten Zweck, der immer wieder die Mittel heiligt und die Menschen dazu verleitet, die Würde anderer zu verletzen. Es geht nicht darum, all seine gerechten Ziele zu

schreiben, die behaupten würden, Herr ihrer selbst und „an der Macht" zu sein. Vielmehr müssen wir davon ausgehen, dass jene, die uns viel eher eine Ahnung davon geben können, was in der Welt wirklich los ist, diejenigen sind, die „ohne Kontrolle leben". Denn diejenigen, die ohne Kontrolle leben, haben weniger Illusionen über das, was die Welt sicher und ungefährlich macht; und sie misstrauen von Natur aus jenen, die sagen, dass sie durch Macht und Gewalt helfen werden. Christliche Sozialethik wird deshalb am besten nicht aus der Perspektive des Außenministers oder Präsidenten geschrieben, sondern aus der Perspektive jener, die von solchen Personen abhängig sind.

Die Aufgabe des christlichen Volkes besteht nicht darin zu versuchen, die Geschichte zu kontrollieren, sondern der Lebensform der Friedensherrschaft Gottes gegenüber treu zu sein. Ein solches Volk kann nie die Hoffnung auf die Wirklichkeit dieser Gottesherrschaft verlieren, aber es muss sicherlich auch lernen, geduldig zu sein. Denn es muss oft Ungerechtigkeiten erleiden, die durch Gewalt scheinbar schnell zu beseitigen wären. Zudem kann es sich niemals in die Ungerechtigkeit fügen, denn damit würde es den Nächsten nur einfach sich selbst überlassen. Denjenigen, die gewalttätig sind, muss man widerstehen, aber man muss ihnen, da sie auch unsere Nächsten sind, zu unseren Bedingungen widerstehen, weil ihnen nicht zu widerstehen bedeutet, sie der Sünde und der Ungerechtigkeit zu überlassen.

Ein solcher Widerstand mag der Welt als dumm und nutzlos erscheinen, denn es könnte etwas so Geringes zur Folge haben wie die Weigerung, eine Telefonsteuer zu bezahlen, die einen Krieg finanziert, aber dies bedeutet nicht, dass es kein Widerstand ist. Ein solcher Widerstand macht zumindest deutlich, dass ein christliches soziales Zeugnis nie auf eine Weise gegeben werden kann, die die Möglichkeit von Wundern, von Überraschungen oder von Unerwartetem ausschließt. So erklärt Yoder frei heraus: „Christliche Ethik erfordert ein Verhalten, das ohne das Wunder des heiligen Geistes unmöglich ist."[8] Aber dies ist der Weg, der für ein Volk notwendig ist, das glaubt, dass seine eigene Existenz nichts weniger ist als ein fortgesetztes Wunder.

---

erreichen, ohne das Mittel der Gewalt zu gebrauchen. Nur wenn wir auch bereit sind, unsere gerechten Ziele aufzugeben, wenn sie sich nicht mit gerechten Mitteln erreichen lassen, haben wir teil am triumphierenden Leiden des Lammes." (Die Politik Jesu – der Weg des Kreuzes, übers. von W. KRAUß, Maxdorf 1981, 213).

[8] YODER, The Original Revolution, 121. Es ist instruktiv, diese Position mit Michael Novaks Kritik an der Haltung der katholischen Bischöfe hinsichtlich der nuklearen Abrüstung zu vergleichen. NOVAK behauptet explizit, dass der „christliche Glaube uns nicht lehrt, uns auf das Wunder zu verlassen" („Making Deterrence Work", Catholicism in Crisis I,1 [1982], 5).

4. Die Kennzeichen der Kirche

Denn Wunder geschehen hier und da – in der Tat glauben wir, dass die Existenz der Kirche selbst ein Wunder ist. Von der Kirche als einem fortwährenden Wunder zu sprechen, klingt aber einfach nach keiner der Kirchen, in der wir leben oder die wir kennen. Die Kirche ist nicht nur eine „Gemeinschaft", sondern eine Institution, die ihre Etats hat, ihre Gebäude, ihre Parkplätze, ihre Gemeinschaftsmahlzeiten, ihre heißen Debatten darüber, wer der nächste Pfarrer werden soll, und so weiter. Was haben all diese die institutionelle Form der Kirche betreffenden Fragen mit der Kirche als dem Wunder der fortwährenden Gegenwart Gottes in unserer Mitte zu tun?

Das Gottesvolk ist nicht weniger empirische Realität als die Kreuzigung Jesu. Die Kirche ist so real wie sein Kreuz. Es gibt keine ideale Kirche, keine unsichtbare Kirche, keine im Mystischen existierende universale Kirche, die realer ist als die Kirche mit ihren Parkplätzen und Gemeinschaftsmahlzeiten. Nein, es ist die Kirche der Parkplätze und Gemeinschaftsmahlzeiten, aus der die geheiligte Kirche besteht, die durch die fortgesetzte Geschichte Jesu Christi in der Welt geformt worden ist und diese formt. In der Tat ist die Kirche das sich über die Zeit hinweg erstreckende Argument für die Bedeutung dieser Geschichte und wie man diese Geschichte am besten versteht. Sicherlich gibt es Differenzen in der Kirche, die sogar eine Spaltung hervorrufen können, aber gerade deshalb sollte die Kirche lernen, ihre Häretiker zu achten. Wir wissen nie, was wir glauben sollen oder was wir sind, bis wir durch andere daran erinnert werden.

Kein Gespräch über Differenzen ist wichtiger als das zwischen Israel und der Kirche. Denn von Israel lernen wir den Gott kennen, der uns in Leben, Tod und Auferstehung Jesu gegenwärtig ist. Von Israels fortwährender Bereitschaft, auf den Messias zu warten, lernen wir, wie wir auf bessere Weise zwischen den Zeiten warten müssen. Die Kirche und Israel sind zwei Völker, die auf dem Weg unterwegs sind, den Gott bereitet hat; sie können ihn nicht unabhängig voneinander gehen, denn wenn sie es tun, riskieren sie beide, verloren zu gehen.[9]

Die Kirche ist deshalb nicht irgendein Gemeinschaftsideal, sondern ein besonderes Volk, das wie Israel den Weg finden muss, um seine Existenz Generation für Generation zu sichern. In der Tat gibt es klare Kennzeichen, durch die wir erkennen, dass die Kirche Kirche ist. Diese Kennzeichen garantieren nicht die Existenz der Kirche, aber sie sind die Mittel, die Gott uns gegeben hat, um uns auf dem Weg zu helfen. Daher ist die Kirche dort erkennbar, wo die Sakra-

---

[9] Diese Weise, die Sache darzustellen, habe ich von P.M. VAN BUREN, Eine Theologie des christlich-jüdischen Diskurses. Darstellung der Aufgaben und Möglichkeiten, übers. von E. SACKSOFSKY, München 1988, übernommen.

mente gefeiert werden, das Wort Gottes gepredigt wird und ein Leben in Rechtschaffenheit ermutigt und gelebt wird. Gewiss betonen einige Kirchen eines dieser Kennzeichen mehr als die anderen, aber dies bedeutet nicht, dass es ihnen an einer entscheidenden Sache fehlt. Wichtig ist nicht, dass jede christliche Körperschaft alle diese Dinge tut, sondern dass diese Kennzeichen überall von Christen dargestellt werden.

Die Sakramente stellen die Geschichte Jesu dar und formen daher eine Gemeinschaft in seinem Bild. Ohne sie könnten wir nicht Kirche sein. Denn die Geschichte Jesu ist nicht einfach eine, die erzählt wird; sie muss dargestellt werden. Die Sakramente sind entscheidende Mittel, um uns zu formen und uns vorzubereiten, diese Geschichte zu erzählen und zu hören. Daher ist die Taufe jener Ritus der Initiation, den wir brauchen, um Teil von Jesu Tod und Auferstehung zu werden. Durch die Taufe lernen wir nicht einfach die Geschichte, sondern wir werden zu einem Teil dieser Geschichte. Das Abendmahl ist das eschatologische Mahl der fortwährenden Gegenwart Gottes, die ein friedfertiges Volk möglich macht. Bei diesem Mahl werden wir Teil der Herrschaft Christi, weil wir dabei erkennen, dass der Tod ihn nicht festhalten konnte. Seine Gegenwart, sein Frieden sind lebendige Realität in der Welt. Als sein Volk werden wir Teil seines Opfers, Gottes Opfer, so dass die Welt von Sünde und Tod errettet werden kann.

Diese Riten der Taufe und des Abendmahls sind nicht nur „religiöse Dinge", die Christen tun. Sie sind vielmehr die zentralen Rituale unserer „Politik". Durch sie lernen wir, wer wir sind. Für Christen sind diese Liturgien nicht Motive oder Anlässe zum wirksamen sozialen Handeln, sondern sie *sind* unser wirksames soziales Werk. Denn, wenn die Kirche eine Sozialethik *ist*, anstatt nur eine Sozialethik zu haben, stellen diese Handlungen unser wichtigstes soziales Zeugnis dar. In der Taufe und im Abendmahl sehen wir die Zeichen der Gottesherrschaft in der Welt am deutlichsten. Sie stellen unseren Maßstab dar, wobei wir versuchen, jeden Aspekt unseres Lebens ihrer Macht zu unterwerfen.[10]

---

[10] So meint W. WILLIMON, The Service of God. How Worship and Ethics are Related, Nashville 1983, 125: „Das Abendmahl ist ein ‚heiligender Ritus', ein Zeichen der Kontinuität, der Notwendigkeit und der Gegenwart von Gottes ermöglichender, gemeinschaftsstiftender, bestätigender und sorgender Gnade. Unser Charakter wird durch solche Mittel des andauernden göttlichen Handelns in unserem Leben geformt und geheiligt. Heiligung ist die Bereitschaft, unser Leben nur dann als bedeutend anzusehen, wenn wir nach dem Bild Gottes für uns geformt werden. Nach Paulus ist dieses Bild immer gemeindlich, sozial und gemeinschaftlich. In unserer Aufmerksamkeit und Reaktion auf diesen Ruf, Heilige zu sein, entdecken wir unsere Gedanken, Gefühle, Sichtweisen und Taten als durch diese einladende Gnade ausgezeichnet. Wir werden als diejenigen charakterisiert, die der Welt auf eine andere Weise ihre Aufmerksamkeit schenken, als es jene tun, die nicht solchermaßen ausgezeichnet sind. Nach und nach werden wir von unserer egozentrischen, autonomen

Taufe und Abendmahl sind unsere leidenschaftlichsten Gebete und bilden den Maßstab für alle unsere anderen Gebete. Denn das Gebet ist kein Bitten zu einem unbeweglichen oder gefühllosen aber allmächtigen Gott. Vielmehr lernen wir durch das Gebet, uns für Gottes Gegenwart zu öffnen. So hat Enda McDonagh darauf hingewiesen, dass das Gebet die Art ist, mit der wir Gott in der Welt freien Lauf lassen.[11] Deshalb ist das Beten, obwohl es ein ganz gewöhnliches Tun ist, gefährlich, denn Gottes Gegenwart lässt sich nicht leicht kontrollieren. Gott ist eine ungezügelte Gegenwart, die uns auf Wege ruft, die wir nicht für möglich gehalten haben. Durch die Taufe und das Abendmahl öffnen sich die Christen für diese Wildnis. Es ist nicht verwunderlich, dass die Herrscher die Christen am Beten hindern würden, wenn sie es könnten, da es keine größere Herausforderung ihrer Macht gibt.

Christen beten aber nicht nur, sondern sie predigen auch. Wie wir gesehen haben, gibt es keine Geschichte ohne Zeugen, und es geschieht durch die Predigt von Gottes guter Botschaft und unserer Bereitschaft, sie zu hören, dass wir ein Volk des Zeugnisses werden. Predigen ist nicht nur das Erzählen, sondern schließt auch das Hören mit ein. Gerade wie sich große Kunstwerke ein Publikum schaffen, das fähig ist, auf neue Weise zu hören oder zu sehen, so schafft sich die Predigt der Kirche ein Publikum, das in der Lage ist, sich durch die Geschichte von Jesus und seiner Herrschaft herausfordern zu lassen. Unser Predigen kann jedoch nicht auf uns beschränkt bleiben, weil wir jenen zu Zeugen werden, die unsere Geschichte nicht mit uns teilen. In Wirklichkeit erfordert gerade der Inhalt dieser Geschichte, dass wir den Fremden ansprechen. Gott hat uns verheißen, dass das Wort fruchtbar sein wird, wo es richtig gepredigt (und gehört) wird. Durch die Bezeugung der Geschichte von Jesus Christus Generation für Generation wird Gott ein Volk schaffen, das fähig ist, die Geschichte von Jesus Christus und seiner Herrschaft in die Welt zu tragen.

Deshalb ist unser Predigen genau wie die Taufe und das Abendmahl essenziell für die Sozialethik der Kirche. Unsere Verpflichtung zum Zeugnis ist ein Hinweis darauf, dass es für die Christen keine Menschen außerhalb des Machtbereiches von Gottes Wort gibt. Christen kennen keine „Barbaren", sondern nur Fremde, die wir – so hoffen wir – zu unseren Freunden machen können. Wir erweisen der Gottesherrschaft Gastfreundschaft, indem wir den Fremden einladen, unsere Geschichte zu teilen. Natürlich wissen wir, dass der Fremde zu uns nicht als ein Niemand kommt, sondern auch der Fremde eine Geschichte zu erzählen hat. Durch die Art, wie der Fremde die Geschichte von Jesus aufnimmt,

---

Weise, die Welt zu sehen, entwöhnt, bis wir so werden, wie wir es bekennen. Wir sind anders."

[11] Vgl. E. McDonagh, Doing the Truth. The Quest for Moral Theology, Notre Dame 1979, 40-57.

(die oft die Form der Ablehnung annehmen kann), lernen auch wir, die Geschichte von Gott vollständiger zu hören. Ohne die stete Herausforderung des Fremden – der interessanterweise oft nur eine Seite von uns selbst ist – sind wir versucht, die Macht der Geschichte Jesu zu verlieren, weil wir sie unseren Konventionen unterworfen haben.

Aber weder die Kennzeichen der Sakramente noch das Predigen würden ausreichen, wenn die Kirche nicht auch dazu berufen wäre, ein heiliges Volk zu sein – das heißt ein Volk, das fähig ist, das Leben der Nächstenliebe, Gastfreundschaft und Gerechtigkeit aufrechtzuerhalten. Deshalb kann die Kirche der Bedeutung der gegenseitigen Auferbauung und Kritik nicht ausweichen. Wir suchen den Anderen, weil wir vom Anderen lernen, wie gut oder schlecht wir die Geschichte Jesu zu unserer Geschichte gemacht haben. Denn die Kirche kennt man schließlich durch den Charakter der Menschen, die sie bilden, und wenn wir diesen Charakter nicht haben, zieht die Welt daraus mit Recht den Schluss, dass der Gott, den wir anbeten, in Wirklichkeit ein falscher Gott ist.

Überdies wäre es ein Fehler, diese Betonung der Existenz als eines heiligen Volkes von der der Existenz als eines sakramentalen Volkes zu trennen. Denn meiner Meinung nach ist es nicht zufällig, dass einer der klassischen Texte über das Abendmahl im Kontext einer moralischen Ermahnung steht. Im 1. Brief des Paulus an die Korinther sagt Paulus:

> „Dies aber muss ich befehlen: Ich kann's nicht loben, dass ihr nicht zu eurem Nutzen, sondern zu eurem Schaden zusammenkommt. Zum ersten höre ich: Wenn ihr in der Gemeinde zusammenkommt, sind Spaltungen unter euch; und zum Teil glaube ich's. Denn es müssen ja Spaltungen unter euch sein, damit die Rechtschaffenen unter euch offenbar werden. Wenn ihr nun zusammenkommt, so hält man da nicht das Abendmahl des Herrn. Denn ein jeder nimmt beim Essen sein eigenes Mahl vorweg, und der eine ist hungrig, der andere ist betrunken. Habt ihr denn nicht Häuser, wo ihr essen und trinken könnt? Oder verachtet ihr die Gemeinde Gottes und beschämt die, die nichts haben? Was soll ich euch sagen? Soll ich euch loben? Hierin lobe ich euch nicht. Denn ich habe von dem Herrn empfangen, was ich euch weitergegeben habe: Der Herr Jesus, in der Nacht, da er verraten ward, nahm er das Brot, dankte und brach's und sprach: Das ist mein Leib, der für euch gegeben wird; das tut zu meinem Gedächtnis. Desgleichen nahm er auch den Kelch nach dem Mahl und sprach: Dieser Kelch ist der neue Bund in meinem Blut; das tut, sooft ihr daraus trinkt, zu meinem Gedächtnis. Denn sooft ihr von diesem Brot esst und aus dem Kelch trinkt, verkündigt ihr den Tod des Herrn, bis er kommt." (1Kor 11,17–26)

Unser Mahl mit unserem Herrn unterscheidet sich nicht davon zu lernen, seine Jünger, sein heiliges Volk zu sein. Die Art der Heiligkeit, die die Kirche kennzeichnet, ist jedoch nicht die der moralischen Vollkommenheit, sondern die Heiligkeit eines Volkes, das gelernt hat, einander nicht zu fürchten und daher zur Liebe fähig zu sein. Wir gehen nicht einfach mit unseren Mahlzeiten oder unserem Leben voran, sondern wir haben gelernt, in der Gegenwart anderer ohne

Angst und Neid zu leben. Durch das Mahl, das wir mit unserem Herrn teilen, werden wir daher ein vollkommenes Volk. Wir lernen, dass dem Feind zu vergeben – sogar, wenn wir selbst der Feind sind –, den Weg darstellt, auf dem Gott seine Herrschaft erreichen will.

In seinem aufschlussreichen Buch über seine missionarische Arbeit bei den Massai illustriert Vincent Donovan auf überzeugende Weise die inhärente Beziehung zwischen unserer Heiligkeit als Volk Gottes und unseren Abendmahlsfeiern. Eine der wichtigsten Gesten für die Massai ist, einander eine Handvoll Gras als ein Zeichen des Friedens, des Glücks und des Wohlergehens anzubieten. Während eines Streites kann zum Beispiel einem Massai von einem anderen ein Büschel Gras als eine Versicherung dafür angeboten werden, dass aufgrund des Streites keine Gewalt ausbrechen wird. „Kein Massai würde gegen dieses angebotene heilige Zeichen des Friedens verstoßen, weil es nicht nur ein Zeichen des Friedens war; es war der Frieden."[12]

Donovan beschreibt, wie der Beginn einer Messe bei den Massai das ganze Dorf miteinschließt, ebenso wie jede Aktivität des Dorfes vom Beten für die Kranken bis zum Tanzen ein selbstverständlicher Bestandteil der Messe wird. Dennoch sagt er, dass er nie wusste, ob aus all dem eine Abendmahlsfeier entstehen würde. Die Anführer des Dorfes waren diejenigen, die über das „ja" oder „nein" entschieden.

> „Wenn es Egoismus, Achtlosigkeit, Abscheulichkeiten und einen Mangel an Vergebung in der Arbeit, die getan worden war, oder im Leben, das sie hier geführt hatten, gegeben hatte, so sollte aus ihnen kein Frevel gemacht werden, indem man sie den Leib Christi nannte. Und die Anführer entschieden in der Tat gelegentlich, wenn das Weiterreichen des Grases aufhörte, wenn irgendjemand oder irgendeine Gruppe im Dorf abgelehnt hatte, das Gras als das Zeichen des Friedens Jesu anzunehmen, dass es dieses Mal trotz der Gebete, Lesungen und Diskussionen keine Abendmahlsfeier geben würde."[13]

Die Massai verstanden sehr gut die Beziehung zwischen ihrer Abendmahlsfeier und der Forderung, ein heiliges Volk, ein friedfertiges Volk zu sein. Denn das Abendmahl und ihre Taufe sind keine isolierten Handlungen, getrennt von der Art von Volk, die sie sein sollen. Vielmehr ist das Abendmahl möglich, weil sie das geworden sind, was sie, und wir, sein sollen: ein Volk, das fähig ist, Gras weiterzureichen, das vergeben kann in einer Welt, die uns glauben machen will, dass menschliche Beziehungen letztlich durch Manipulation und Gewalt bestimmt sind.

---

[12] V. Donovan, Christianity Rediscovered, Maryknoll / New York 1982, 125. Ich schulde Philip Foubert dafür Dank, dass er meine Aufmerksamkeit auf Donovans faszinierendes Buch gelenkt hat.
[13] A.a.O., 127.

5. Die Sozialethik der Kirche

Man mag einwenden, dass all dies immer noch sehr abstrakt bleibt. Sogar wenn es wahr ist, dass die Kirche selbst eine Sozialethik ist, muss sie sicherlich auch eine Sozialethik haben, die in strategischer Hinsicht in die Gesellschaften, in denen sie sich befindet, hineinwirkt. Dies ist sicher der Fall, aber eine Sozialethik in diesem letzteren Sinn kann man nicht abstrakt betreiben. Denn es gibt keine allgemein gültige soziale Strategie der Kirche, die in unterschiedlichen sozialen Umständen gleichermaßen Anwendung finden könnte. In der Tat bringen unterschiedliche Umstände und soziale Kontexte unterschiedliche Bedürfnisse und Strategien mit sich. Zum Beispiel ist die Haltung der Kirche im Kontext totalitärer Regierungen offensichtlich anders als ihre Haltung in liberal-demokratischen Regimen.

Dennoch bedeutet dies nicht, dass die Kirche eine ihr eigene Staatslehre haben muss, die ihr helfen kann, die unterschiedlichen Arten zu verstehen, mit denen sie auf totalitäre Regime im Gegensatz zu denen des eher liberal-demokratischen Typs reagieren muss. In der Gegenwart nimmt die Kirche allzu oft an, dass sie natürlich „demokratische" Gesellschaften bevorzugen muss, weil solche Gesellschaften die Religionsfreiheit durch die gesetzliche Anerkennung der Gewissensfreiheit institutionalisiert haben. Als Christen sollten wir aber besonders sensibel hinsichtlich der irreführenden Annahme sein, dass Demokratien wesenhaft gerechter sind, weil sie mehr Freiheit bieten als andere Arten von Gesellschaften. Freiheit ist eine Abstraktion, die unsere Aufmerksamkeit leicht davon ablenken kann, als Kirche in demokratischen sozialen Ordnungen in Treue zu dienen. Die entscheidende Frage ist, welche Art von Freiheit wir meinen und was wir damit tun wollen.

Trotzdem mag man vorschlagen, dass sogar wenn es keine dem Selbstverständnis der Kirche immanente Staatslehre gibt, sicherlich einige Werte existieren – die verschiedenartige institutionelle Formen haben können –, an deren Förderung der Kirche gelegen ist. Zum Beispiel spricht Enda McDonagh von den „Werten der Gottesherrschaft" wie Freiheit, Unverletzlichkeit der Person und Gleichheit als den notwendigen Entsprechungen des Christseins. In der Tat folgt die Förderung dieser Werte in weiten Teilen der Gesellschaft aus der christlichen Pflicht, sich für soziale Ordnungen, die der Gerechtigkeit näherkommen, einzusetzen. Nach Enda McDonagh unterstützen Christen diese „Werte" als der Gottesherrschaft immanent, aber sie sind den Christen nicht *per se* eigentümlich. Vielmehr erlaubt das Streben nach Gerechtigkeit nicht nur

> „die Zusammenarbeit mit dem Nicht-Gläubigen, sondern es öffnet den Nicht-Gläubigen und den Gläubigen für ein Gewahrwerden des Menschlichen, für das Geheimnis des Menschseins. ... Auf diese Weise bietet die Wahrnehmung und die Förderung der sozialen Gerechtigkeit eine Pädagogik des Glaubens, eine Lernerfahrung, um unter

der anziehenden Macht des sich selbst gebenden und offenbarenden Gottes, dem wir im Nächsten beggnen, in die explizite Erkenntnis Gottes, in den Glauben verwandelt zu werden. Der Glaube fordert nicht nur soziale Gerechtigkeit, sondern letztlich fordert die soziale Gerechtigkeit den Glauben – denn der Gläubige wächst im Glauben."[14]

Es ist äußerst interessant, McDonaghs Position in dieser Hinsicht mit der von Yoder zu vergleichen. Denn Yoder meint:

„Der letzte und tiefste Grund, über Christus als die Hoffnung der Welt nachzudenken – und nicht über Demokratie oder Gerechtigkeit, Gleichheit oder Freiheit –, ist nicht die negative, hinreichend klare Beobachtung, dass Hoffnungen dieser Art im allgemeinen nur teilweise Wirklichkeit werden und regelmäßig enttäuscht werden, oder dass sie diejenigen, die ihnen vertrauen, zu Stolz oder Brutalität verführen können. Sondern die grundsätzliche Begrenzung dieser Hoffnungen liegt in der Tatsache, dass sie in ihrem Streben nach Macht und der Dringlichkeit, mit der sie Gerechtigkeit zu garantieren suchen, immer noch nicht mächtig genug sind. ... Diejenigen, für die Jesus Christus die Hoffnung der Welt ist, werden aus diesem Grund ihr heutiges soziales Engagement weder an seiner Effektivität für morgen messen noch an seinem Erfolg, tatsächlich Arbeitsplätze zu schaffen, für Freiheit oder Nahrung zu sorgen oder neue soziale Strukturen aufzubauen, sondern an ihrer Identifikation mit dem Herrn, in den sie ihr Vertrauen gesetzt haben."[15]

Yoder wendet sich nicht gegen McDonaghs Sorge um Gerechtigkeit, und ebensowenig will er leugnen, dass Gott verlangt, dass wir Gerechtigkeit für alle Menschen suchen. Seine Frage ist: Was ist mit Gerechtigkeit gemeint und wie hängt sie mit unserem Verständnis von Jesu Verkündigung der Gottesherrschaft zusammen? Wenn „Gerechtigkeit" erst einmal zum Kriterium einer christlichen Sozialstrategie geworden ist, kann sie zu nur allzu leicht eine Bedeutung annehmen und ein Eigenleben entwickeln, das nicht von christlichen Grundüberzeugungen durchdrungen ist. Sie kann zum Beispiel dazu verwendet werden, die Gewaltanwendung von Christen zu rechtfertigen, um eine „annähernde Gerechtigkeit" abzusichern. Aber dann müssen wir fragen, ob dies tatsächlich die Gerechtigkeit ist, die wir als Christen suchen.

Anders gesagt besteht das Problem, die Bedeutung des Evangeliums mit dem Streben nach den „Werten der Gottesherrschaft" wie Freiheit oder Gleichheit zu identifizieren oder zumindest miteinander in eine enge Beziehung zu bringen, darin, dass solchen Werten die Konkretheit, das heißt der materiale Gehalt der Gottesherrschaft fehlt, wie sie in Jesu Leben und Tod gefunden werden kann. Es ist nicht ausreichend, die eschatologische Natur der Freiheit und Gleichheit zu interpretieren, indem man bemerkt – wie McDonagh es macht –, dass sie Ideale

---

[14] E. McDonagh, Church and Politics, Notre Dame 1980, 27.
[15] Yoder, The Original Revolution, 165f. Zu Yoders vollständiger Analyse des theologischen Status der Demokratie vgl. sein The Christian Case for Democracy, JRE 5 (1977), 209–224.

sind, die niemals vollständig verwirklicht werden.[16] Das Problem besteht nicht darin, dass die Gottesherrschaft, die Christus gebracht hat, zu idealistisch ist, um verwirklicht zu werden. Das Problem ist genau das Gegenteil. Die Gottesherrschaft ist in Jesus Christus gegenwärtig. Daher ist es der äußerste Realismus, der unsere vagen Ideale von Freiheit, Gleichheit und Frieden in Frage stellt. Wir lernen nicht, was die Gottesherrschaft ist, indem wir von Freiheit und Gleichheit hören; wir müssen zuerst die Gottesherrschaft erfahren, wenn wir erfahren wollen, welche Art von Freiheit und welche Art von Gleichheit wir uns wünschen sollen. Unsere Freiheit ist die Freiheit des Dienstes, und unsere Gleichheit ist die Gleichheit vor Gott, und keines von beiden kann durch die Zwangsmaßnahmen von Idealisten erreicht werden, die die Welt nach ihrem Bild verwandeln wollen.

In Begriffen ausgedrückt, mit denen wir inzwischen vertraut geworden sind, bedeutet dies, dass „Freiheit" und „Gleichheit" nicht selbstevident sind, sondern eine Tradition erfordern, die ihnen Inhalt gibt. Zum Beispiel ist es ein Gemeinplatz der politischen Theorie, dass die Freiheit des Individuums und eine eher egalitäre Gesellschaft keine miteinander vereinbaren Ideale sind – das heißt, das Streben nach Gleichheit wird notwendigerweise das Verständnis mancher, was es bedeutet, „frei" zu sein, näher bestimmen. In der Tat vermute ich, dass unsere gegenwärtige Konzentration auf diese zwei „Werte" für die angemessenen Ziele einer guten Gesellschaft stark verzerrend sein kann. In unserer gegenwärtigen Situation neigt jeder dieser Werte dazu, eine Sichtweise von Gesellschaft zu legitimieren, die diese im Wesentlichen als eine Ansammlung von Individuen versteht, die in ständige Verhandlungsprozeduren verwickelt sind, um gegenseitige Sicherheit zu erreichen, ohne dass es ihre persönliche Freiheit zu sehr einschränkt. Fragen nach dem gemeinsamen Zweck solcher Gesellschaften können einfach nicht gestellt werden. Unterscheidungen zwischen Gesellschaft und Staat sind empirisch wenig sinnvoll, obwohl sie in einer formalen Art vollkommen verständlich sind, weil der „Gesellschaft" eine hinreichende erzählte Geschichte fehlt, um ihr moralische Substanz zu geben. Die Kirche hat sicher ein Interesse an einem „begrenzten Staat", aber was den Staat begrenzt, ist letztlich nicht eine Theorie über den Ort des Staates in einer Gesellschaft, sondern ein Volk, das die Stärke der Wahrnehmung besitzt und weiß, wann es „nein" sagen muss.[17]

---

[16] Vgl. McDonagh, Church and Politics, 34.

[17] McDonagh, a.a.O., 29–39, betont zurecht die Bedeutung der Unterscheidung zwischen Staat und Gesellschaft, denn zweifellos hat es sich als entscheidend herausgestellt, Ordnungen zu erhalten, die der Gerechtigkeit näherkommen. Überdies gibt es jeden Grund zu der Annahme, dass diese Unterscheidung zwischen Staat und Gesellschaft – das heißt, die Annahme, dass die Gesellschaft eine grundsätzlichere moralische Realität als die Institution der Regierung darstellt, was letztere der ersteren unterordnet und in eine

Zu sagen, dass die Kirche nach gesellschaftlicher Gerechtigkeit streben muss, ist daher gewiss richtig, aber es sagt letztlich nicht sehr viel. Denn Gerechtigkeit muss phantasievoll von einem Volk vor- und dargestellt werden, das so geformt ist, dass es weiß, dass genuine Gerechtigkeit darin gründet, das zu empfangen, was uns nicht zukommt. Ein solches Volk dient der Sache der Gerechtigkeit am besten, indem es in seinem eigenen Leben veranschaulicht, wie man dem anderen hilft – das heißt, wie Güter geteilt werden können, da keiner sie rechtmäßig beanspruchen kann. Denn es kann dort keine Gerechtigkeit geben, wo es kein Gefühl dafür gibt, welche Dinge zurecht gewollt werden. Ansonsten bleibt Gerechtigkeit formal und rein auf die Verfahrensweise beschränkt. Natürlich kann man viel über Verfahrensnormen sagen, aber sie können niemals ausreichen, um das Gespräch aufrechtzuerhalten, was für ein Volk notwendig ist, um als ein gutes Volk zu überleben.

Wenn Freiheit und Gleichheit zu idealen Abstraktionen gemacht werden, führen sie überdies zur Rechtfertigung von Gewalt, weil, wenn diese Werte fehlen oder nur unzureichend institutionalisiert sind, manche daraus schließen, dass sie mit Gewalt durchgesetzt werden müssen. So macht McDonagh darauf aufmerksam, dass „die meisten politischen Ordnungen auf Gewalt gegründet sind und sicherlich Gewalt anwenden, um sich zu behaupten"[18]. Dies ist nicht ohne ethische Rechtfertigung, da, wie McDonagh vorbringt, die staatliche Vormachtstellung hinsichtlich der Gewalt zumindest prinzipiell in der Begründung des gerechten Krieges wurzelt. Der Staat wendet Gewalt an, um jene in Schranken zu halten, die keinen Respekt für Leben und Rechte anderer Menschen in diesem Staat haben. Daher kann der Staat anscheinend behaupten, Gewalt als das notwendige Mittel anzuwenden, um Freiheit und Gerechtigkeit zu bewahren. Und weiter entlang dieser Argumentationslinie folgt dann daraus, dass Christen Gewalt anwenden dürfen, wenn Freiheit und Gerechtigkeit fehlen, damit sie so hergestellt werden können.

Keiner kann die Stärke dieser Position einfach abtun. Überdies macht sie sicherlich deutlich, dass die Frage der Gewalt das zentrale Problem einer jeden christlichen Sozialethik darstellt. Können Christen jemals gerechtfertigterweise zu Waffen greifen, um „etwas Gutes" zu tun? Sind Christen nicht ungerecht, wenn sie zulassen, dass andere Personen verletzt oder sogar getötet werden,

---

Dienstfunktion stellt – das Ergebnis der christlichen Herausforderung der Autorität des römischen Imperiums ist. Dennoch kann man daraus nun nicht schließen, dass die Kirche einen größeren Anteil an den sozialen Ordnungen hat, die in der Theorie einen „begrenzten" Staat zu vertreten scheinen, als an jenen sozialen Ordnungen, die dies nicht vertreten. Denn kein Staat ist gefräßiger in seinem Hunger nach unserer Loyalität als einer, der behauptet, dass er unsere Freiheit gegenüber „staatlicher Kontrolle" beschützt.

[18] A.a.O., 69.

wenn sie dies durch die Anwendung von Gewalt hätten verhindern können? Sollten Christen die staatliche Macht nicht tatsächlich auffordern, ihre Gewaltmittel einzusetzen, um relative Formen der Gerechtigkeit zu sichern? Ein solches Handeln wäre dann keine Frage der Gewaltanwendung, um „in Kontrolle" zu sein, sondern einfach, um ein schlimmeres Übel zu verhindern.

Obwohl ich Verständnis für diese Position habe und obwohl sie als eine Möglichkeit für Christen nicht unberücksichtigt bleiben kann, besteht das Problem mit diesen Versuchen, Christen auf den begrenzten Einsatz von Gewalt festzulegen, darin, dass sie zu oft den Charakter unserer Alternativen verzerren. Gewalt, die im Namen der Gerechtigkeit, der Freiheit oder der Gleichheit angewandt wird, ist selten einfach eine Sache der Gerechtigkeit – es ist eine Sache der Macht von einigen über andere. Wenn Gewalt prinzipiell als eine notwendige Strategie gerechtfertigt wird, um Gerechtigkeit zu sichern, verhindert sie überdies die phantasievolle Suche nach gewaltlosen Wegen des Widerstandes gegen Ungerechtigkeit.[19] Denn wahre Gerechtigkeit wird nie durch Gewalt erreicht, und ebensowenig kann sie auf Gewalt gegründet werden. Sie kann nur in der Wahrheit gründen, die keine Gewaltanwendung nötig hat, um ihre eigene Existenz zu sichern. Eine solche Gerechtigkeit wird in Nationalstaaten bestenfalls sporadisch erreicht, denn von Natur aus sind wir Menschen, die Unordnung und Gewalt fürchten, und daher ziehen wir die Ordnung der Wahrheit vor (selbst wenn diese Ordnung auf Lügen aufgebaut ist, die uns unser Hass, unsere Ängste und unsere Ressentiments eingeflößt haben). Deshalb kann die Kirche als eine Gemeinschaft, die auf der Gottesherrschaft der Wahrheit gegründet ist, alle Herrscher nur zittern lassen, besonders wenn diese Herrscher „das Volk" geworden sind.

Eingeleitet und bearbeitet von Marco Hofheinz

---

[19] In welchem Maße Christen an der Regierung einer Gesellschaft beteiligt sein können, kann prinzipiell nicht bestimmt werden, sondern hängt vom Charakter und dem Wesen der individuellen Gesellschaften und ihrer Regierungen ab. Die meisten Regierungsfunktionen, sogar innerhalb des Militärs, sind nicht auf Zwang und Gewalt angewiesen. Deshalb mag es für einen Christen in einigen Gesellschaften möglich sein, Polizist, Gefängniswärter usw. zu sein. Es ist jedoch entscheidend, dass Christen daran arbeiten, ihren Gesellschaften dabei zu helfen, die Art von Menschen und Institutionen zu entwickeln, die eine Regierung ermöglichen, die ohne Gewaltanwendung gerecht sein kann.

US-amerikanische protestantische Ethik im 21. Jahrhundert: Ein Ausblick

Verfasst von Peter D. Browning und aus dem Amerikanischen übersetzt von Marco Hofheinz

1. Einleitung

Protestantische Ethik in den Vereinigten Staaten zu Beginn des 21. Jahrhunderts setzt die Untersuchung der Methoden und Themen fort, die von den zehn in diesem Sammelband vorgestellten protestantischen Ethiker*innen behandelt wurden. Sie tut dies jedoch in einem anderen historischen Kontext und mit neuen Erkenntnissen. Heute ist die US-amerikanische Kirche institutionell und kulturell längst nicht mehr so stark präsent wie noch vor Jahrzehnten. Im Zuge des Niedergangs und der Neugestaltung des Mainstream-Protestantismus hat sich ihr Einfluss verändert – zum Teil mit weniger Mitgliedern, zum Teil mit diverseren Stimmen und Zuhörer*innen.

Nur wenige Autor*innen haben den demografischen Wandel besser dargestellt als Robert P. Jones, Geschäftsführer (CEO) des „Public Religion Research Institute". In seinem 2016 erschienenen Buch *The End of White Christian America* stellt Jones fest: „Noch 1993 bezeichnete sich eine Mehrheit (51 Prozent) der Amerikan*innen als *weiße* Protestant*innen, aber dieser Prozentsatz fiel 2014 auf 32 Prozent zurück. In der Zwischenzeit blieb die Zahl der ‚Schwarzen' Protestant*innen konstant bei etwa einer*m von zehn Amerikaner*innen, während die hispanischen Protestant*innen an Stärke gewannen und 2014 vier Prozent der Amerikaner*innen ausmachten."[1] Die Umfrage von Jones' Organisation (PRRI) für das Jahr 2020 bezifferte die Zahl der *weißen* Protestant*innen auf 30 Prozent, wobei es zwei Prozent mehr *weiße* Mainline-Protestant*innen in den USA gab als *weiße* Evangelikale.[2]

---

[1] R.P. JONES, The End of White Christian America, New York 2016, 51.
[2] PRRI STAFF, The 2020 Census of American Religion (July 8, 2021), https://prri.org/research/202-census-of-american-religion (Zugriff: 27.12.2022).

Mit zwei Ausnahmen (Cone und Harrison) handelt es sich bei der Auswahl der protestantischen Ethiker*innen für dieses Projekt um *weiße*, männliche, US-amerikanische Wissenschaftler europäischer Herkunft. Wenn es eine Veränderung in der protestantischen Ethik des frühen 21. Jahrhunderts in den Vereinigten Staaten gibt, dann handelt es sich um die Präsenz von christlichen Ethiker*innen, deren Identitäten nicht mehr diesem Profil entsprechen. Dazu gehören Frauen sowie afroamerikanische, lateinamerikanische, asiatisch-amerikanische und LGBTQ+-Ethiker*innen. Diese Ethiker*innen schöpfen sowohl aus den intellektuellen Einflüssen der in diesem Sammelband vorgestellten Persönlichkeiten als auch aus neuen Quellen.

Die explosionsartige Zunahme von Teilbereichen in der US-amerikanischen protestantischen Ethik stellt eine weitere Verschiebung von der christlichen Ethik des 20. Jahrhunderts in ein neues Jahrhundert dar. Diese Bereiche, die oft mit Berufssparten oder Spezialthemen verbunden sind, haben das Feld bereitet, auf dem sie christliche Ethiker*innen mit Spezialist*innen verschiedener Disziplinen dialogisch begegnen. Das Ergebnis ist ein wachsendes Verständnis und neue Verbindungen, die es protestantischen Ethiker*innen ermöglichen, die Berufswelt sowie eine Vielzahl von Spezialthemen in einer komplexen Gesellschaftsordnung zu bearbeiten. Eine unbeabsichtigte Folge dieser Ausdifferenzierung besteht darin, dass die meisten protestantischen Ethiker*innen nicht mehr in der Lage sind, das gesamte Feld zu überblicken. Eine universale Ausrichtung der Disziplin protestantischer Ethik wird allein schon durch den Umfang der Fachliteratur eingeschränkt, so dass die meisten protestantischen Ethiker*innen ihre Arbeit – gewollt oder ungewollt – mehr auf einige Bereiche als auf andere ausrichten.

Ein weiterer neuer Aspekt der Geschichte US-amerikanischer protestantischer Ethik zu Beginn des 21. Jahrhunderts besteht in der religiösen Vielfalt. Viele der in diesem Sammelband vorgestellten Wissenschaftler*innen lebten zu einer Zeit, als Will Herbergs berühmtes Buch *Protestant, Catholic, Jew* (1955) die verbreiteten Konturen der US-amerikanischen Religionsszene widerspiegelte.[3] Die statistische Erhebung von 2020 des „Public Religion Research Institute" verdeutlicht den Wandel. Abgesehen von der wachsenden ethnischen Diversität innerhalb des Protestantismus (7% ‚Schwarze' Protestant*innen; 4% hispanische Protestant*innen) zeigt die Erhebung, dass es auch Personen gibt, die nicht dem Christentum angehören, darunter 1% Jüd*innen, 1% Muslim*innen, 1% Buddhist*innen, 0,5% Hindus und 1%, die sich mit anderen Religionen identifizieren.

---

[3] Vgl. W. HERBERG, Protestant, Catholic, Jew. An Essay in American Religious Sociology, Chicago ^{1}1955, ^{2}1960, ^{3}1983.

Ein Ausblick

Die „Society of Christian Ethics"[4], die führende akademische Organisation auf diesem Gebiet, hält ihre Jahrestagungen jetzt zur gleichen Zeit und am gleichen Ort ab wie die „Society of Jewish Ethics" und die „Society for the Study of Muslim Ethics". Die gegenseitige Befruchtung durch diesen Austausch hat protestantische Wissenschaftler*innen dazu veranlasst, ihre Arbeit in einem neuen Licht zu betrachten.

Schließlich sind sich die US-amerikanischen protestantischen Ethiker*innen der Globalisierung zunehmend bewusst geworden, und das hat die Themen, die sie in Betracht ziehen, und ihre Denkweise als christliche Ethiker*innen geprägt. Die US-Amerikaner*innen haben die Welt durch ihre kulturelle, wirtschaftliche und militärische Macht seit mehr als einem Jahrhundert beeinflusst. Sie sind aber auch beeinflusst worden. Am 11. September 2001 schlug ein entführtes Verkehrsflugzeug in die Türme des World Trade Centers ein.[5] Ein weiteres Flugzeug nahm das Pentagon ins Visier, und ein drittes Flugzeug, das entführt wurde, um das Regierungszentrum in Washington DC zu zerstören, wurde dank der Bemühungen von Passagieren, die die Absichten der Entführer erkannten, in Pennsylvania abgeschossen. Die anschließenden militärischen Aktivitäten der US-Regierung in Afghanistan und im Irak führten zu jahrzehntelangen Feindseligkeiten mit amerikanischer Beteiligung, die soeben von US-Präsident Biden beendet wurden. Die protestantischen Ethiker*innen haben seit 9/11 daran gearbeitet, zu verstehen, was es für Christ*innen in den USA und Kanada bedeutet, in einer Welt radikaler kultureller und politischer Spaltung, in der Konflikte routinemäßig mit Gewalt ausgetragen werden, mit anderen Menschen umzugehen.

Angesichts des Niedergangs der Kirchen, der geschlechtsspezifischen und ethnischen Diversifizierung der protestantischen Ethik in den USA, der Spezialisierung der Fachgebiete, der Zunahme der größtenteils neu zugewanderten Mitglieder anderer Religionen in den Vereinigten Staaten und der Probleme im Zusammenhang mit der Globalisierung empfehlen die neuen Richtungen des Fachgebiets eine sinnvolle Abkehr von den theologischen Methoden, Perspektiven und Themen des 20 Jahrhunderts.

Der folgende Überblick soll bestimmte auffindbare Muster skizzieren. Das ist ein riskantes Unterfangen. Die Konzentration auf ein Thema oder eine Gruppe von Wissenschaftler*innen impliziert, dass die Bedeutung anderer ignoriert

---

[4] [Anm. d. Übers.: Die „Society of Christian Ethics", gegründet 1959, ist die weltweit wohl bedeutendste nicht konfessionsgebundene, akademische Gesellschaft, die den wissenschaftlichen Diskurs in der christlichen Ethik auch in komparativer Ausrichtung fördert. In jährlichem Turnus wird eine Konferenz organisiert.]

[5] Siehe „September 11, 2001 Commemoration", https://www.911memorial.org/connect/commemoration/September-11-2001 (Zugriff: 27.12.2022). 2.983 Personen starben.

oder reduziert wird. Deutsche Lesende werden Gemeinsamkeiten und Unterschiede zwischen dem US-amerikanischen und dem europäischen Kontext finden. Die Fokussierung auf Vielfalt, disziplinäre Spezialisierung und protestantisch-ethische Reflexion im Kontext anderer Religionen und der Globalisierung sollte jedoch ein gewisses Licht auf die sich abzeichnenden Konturen der US-amerikanischen protestantischen Ethik in einer Zeit des raschen Wandels werfen.

2. Auswirkungen des Niedergangs der Kirche

Während viele protestantische Ethiker*innen den Niedergang der Kirche beklagen, sind andere hoffnungsvoller. Robert P. Jones glaubt, dass einer der Gründe, warum Stanley Hauerwas in vielen US-amerikanischen Kirchen so beliebt ist, darin besteht, dass er eine Vision der Kirche anbietet, die die Abwesenheit von schwach engagierten Christ*innen weniger bedeutsam macht. Hauerwas und sein Co-Autor William H. Willimon behaupten in ihrem Bestseller *Resident Aliens: Life in the Christian Colony* (1989): „Der Niedergang der alten konstantinischen Synthese von Kirche und Welt eröffnet uns Christen (in Amerika und anderswo) die Freiheit, unseren Glauben in einer Weise zu leben, die Christsein heute zu einem Abenteuer macht."[6] Diese Perspektive gibt den Ortsgemeinden Hoffnung. Sie können das Leben ihrer Kirchenmitglieder in einer Weise gestalten, die zu mehr sozialer Gerechtigkeit auf lokaler Ebene beiträgt, selbst wenn ihre Mitgliederzahl schrumpft.

Die andere Dimension der Auswirkungen des kirchlichen Niedergangs zeigt sich in den theologischen Seminaren, an denen US-amerikanische protestantische Ethiker*innen in der Vergangenheit ausgebildet und auf ihre berufliche Laufbahn vorbereitet wurden. Mit der sinkenden Zahl der Mitglieder in den protestantischen Konfessionen ging auch ein Rückgang der Einschreibungen an theologischen Seminaren einher sowie eine Verringerung der Zahl der verfügbaren Lehrstühle für Personen, die in christlicher Ethik promoviert haben.[7]

---

[6] S. HAUERWAS / W.H. WILLIMON, Christen sind Fremdbürger. Wie wir wieder werden, wer wir sind: Abenteurer der Nachfolge in einer nachchristlichen Gesellschaft, übers. und eingel. von B. WANNENWETSCH, Basel 2016, 38f. [engl. Original: S. HAUERWAS / W.H. WILLIMON, Resident Aliens. Life in the Christian Colony, 25th Anniversary Edition, Nashville 2014, 11]. Zu Jones' Referenz auf Hauerwas und einer längeren Version dieses Zitats siehe JONES, The End of White Christian America, 214.

[7] Siehe A.T. ROGER / B. WHEELER, Sobering Enrollment Figures Point to Overall Decline, Intrust (Magazine for the Center for Theological Schools), https://www.intrust.org/Magazine/Issues/Spring-2013/Sobering-enrollment-figures-point-to-overall-decline (Zugriff: 1.2.2023).

Hinzu kommt eine allgemeine Verlagerung in der US-amerikanischen Hochschulbildungspolitik mit einer stärkeren Konzentration auf MINT-Studiengänge.[8] Nicht wenige Institute für Theologie und Religion wurden geschlossen oder abgebaut. Dies führte dazu, dass mehr junge Ethiker*innen alternative Möglichkeiten außerhalb der Hochschulbildung in Betracht zogen. Diese Verlagerung weg von der üblichen Praxis, dass protestantische Ethiker*innen Professor*innen werden, könnte in den kommenden Jahren zu einem größeren Einfluss des Fachgebiets auf gemeinnützige Organisationen, Unternehmen und Regierungsstellen führen. Die Entkopplung der protestantischen Ethik von der traditionellen akademischen Ausbildung kann auch dazu führen, dass sich marginalisierte Stimmen in der Disziplin Gehör verschaffen.

3. Das Geschenk wachsender Diversität

Wenn in der US-amerikanischen protestantischen Ethik des frühen 21. Jahrhunderts eine besondere Energie zu spüren ist, dann stammt sie von den diversitären Stimmen, die historisch zum Schweigen gebracht oder an den Rand gedrängt wurden. Ein Teil dieses Wandels bei den Verfasser*innen protestantischer ethischer Literatur geht auf sog. „Gerechtigkeitsbewegungen" zurück. Ein anderer Teil spiegelt eine Veränderung der amerikanischen Demographie wider. Die heutige US-amerikanische Gesellschaft ist ethnisch und kulturell weitaus vielfältiger als noch in der Mitte des 20. Jahrhunderts. 1960 war Amerika zu 88,6% *weiß*, während 2020 die *Weißen* 57,8% der Bevölkerung ausmachten, während der Anteil hispanischer oder lateinamerikanischer Bürger*innen 18,7% und der der Afroamerikaner*innen 12,1% der US-Bevölkerung betrug.[9] Mit der Diversifizierung der Bevölkerung hat sich auch der soziale Standort und die Identität der US-amerikanischen protestantischen Ethiker*innen verändert, die zum Diskurs beitragen.

---

[8] [Anm. d. Übers.: Die Abkürzung MINT steht für Mathematik, Informatik, Naturwissenschaft und Technik. Das englische Äquivalent lautet STEM (science, technology, engineering, mathematics).]

[9] Für die Statistik über die *weiße* Bevölkerung, siehe 1960 Census of the Population: Supplementary Reports: Race of the Population of the United States, by States: 1960, United States Census Bureau 1961, https://census.gov/library,publications/1961/dec/pc-s1-10.html (Zugriff: 27.12.2022). Zu den Mustern der zunehmenden ethnischen Vielfalt in den USA siehe UNITED STATES CENSUS BUREAU, 2020 U.S. Population More Racially and Ethnically Diverse Than Measured in 2010, https://www.censu.gov/library/stories/2021/08/2022-united-states-population-more-racially-ethnically-diverse-than-2010.html (Zugriff: 1.2.2023).

3.1 Afroamerikanische protestantische Ethiker*innen

Afroamerikanische Wissenschaftler*innen wie Katie Cannon, Peter Paris, Darryl Trimiew, Cornel West und viele andere haben die angloamerikanisch dominierte akademische Landschaft christlicher Ethiker*innen in Amerika gezwungen, sich mit Rassismus und *weißen* Privilegien in Kirche und Gesellschaft auseinanderzusetzen. Katie Cannons historischer Band *Black Womanist Ethics* aus dem Jahr 1988 trug dazu bei, ein neues Feld zu bereiten, in dem die Erfahrung der doppelten Diskriminierung (Sexismus und Rassismus) ans Licht gebracht wurde.[10] Cannon legte das Ausmaß der Brutalität offen, die afroamerikanische Frauen von 1600 bis heute ertragen mussten: „Die Schwarze Frau wurde als ‚Zuchtsau' und ‚Arbeitstier' definiert".[11] In der Zeit der Sklaverei wurden ihr die Kinder weggenommen und verkauft. Sie wurde wiederholt von *weißen* „Besitzern" sexuell missbraucht, die für ihr Verhalten keinerlei negativen Konsequenzen erfuhren. Auch ihre Beziehung zu ihrem*r Partner*in wurde ignoriert, und es drohte die Trennung der Familie, je nach Laune der *Weißen*. Vor allem aber lebte sie, wie alle Afroamerikaner*innen in dieser Zeit, in ständiger Angst vor Übergriffen, Schlägen und Tod.

Bezeichnenderweise kam Cannon zu dem Schluss, dass sich die Situation nur geringfügig verbessert hatte: „Die hartnäckigen Hindernisse der Armut, der geschlechtsspezifischen Diskriminierung und der Rassenvorurteile versklaven die Schwarze Frau und ihre Familie weiterhin durch Hunger, Krankheit und die höchste Arbeitslosenquote seit dem Zweiten Weltkrieg."[12] Ausgehend von der Beschäftigung mit dem Leben und den Schriften von Zora Neale Hurston entwarf sie eine „Black Womanist Ethic", in der „unsichtbare Würde", „stille Anmut" und „unausgesprochener Mut" zu Quellen der Kraft und Resilienz gegenüber Unterdrückung wurden.[13] Im Dialog mit Howard Thurman und Martin Luther King, Jr. pries sie diese Ressourcen für ein moralisches Handeln. In Thurmans Konzept des Menschen als *imago dei* sowie in Kings theologischer Ethik, die sich auf „die geliebte Gemeinschaft, den Pragmatismus und eine Praxis des Widerstandes"[14] stützte, fand sie Instrumente für Versöhnung und mehr Gerechtigkeit.

Seit Cannons Schrift haben Schwarze Frauenrechtlerinnen wie Emilie Townes, Karen Baker-Fletcher und Angela D. Sims der Black-Womanist-Bewegung neuen Schwung verliehen. Emilie Townes unterstreicht in ihrem Essay *Ethics as an Art of Doing What Our Souls Must Have*, der 2011 in dem Band *Womanist Theologi-*

---

[10] Vgl. K.G. CANNON, Black Womanist Ethics, AAR Academy Series 60, Eugene 1988.
[11] A.a.O., 31.
[12] A.a.O., 66.
[13] Vgl. a.a.O., 99–157.
[14] So die Überschrift des letzten King gewidmeten Kapitels „Beloved Community, Pragmatism, and a Praxis of Resistance". A.a.O., 160; 169.

cal Ethics: A Reader erschien, Katie Cannons Erkenntnis, dass die Tugend protestantischer Arbeitsethik, die von vielen *weißen* Christen gepriesen wird, nicht zu der Akkreditierung führt, die die dominante Kultur oft erfährt. Wie Townes feststellt, „zwingt die Realität der ‚weißen' Vorherrschaft und der männlichen Übermacht ‚Schwarze' und ‚Weiße', Frauen und Männer, in unterschiedlichen Bereichen der Freiheit zu leben."[15] Karen Baker-Fletchers trinitarische Theologie des „Tanzes *mit* Gott" führt sie zu der Schlussfolgerung, dass „die primäre Aufgabe der Theologie als Glaube, der das Verstehen sucht [*fides quaerens intellectum*][16] und zwar für unsere Zeit, derjenige Glaube ist, der das Verstehen als Antwort auf den göttlichen Aufruf zur Überwindung von Hass und Gewalt sucht."[17] „Mit Gott tanzen" bedeute, Teil der sozialen, innertrinitarischen Beziehungen in Gott zu sein, der sich auf „das Wohlergehen der Schöpfung"[18] zubewegt. Angela D. Sims beruft sich in ihrer frauenethischen Betrachtung auf Ida B. Wells, eine afroamerikanische Journalistin, die die Gräueltaten der Lynchmorde in den späten 1800er Jahren dokumentierte. Die Praxis der Lynchmorde diente dazu, frisch freigelassene Sklav*innen zu terrorisieren, damit sie in der sozialen Hierarchie ganz unten blieben. Sie skizziert Verbindungslinien zwischen dieser Lynchkampagne in der damaligen sog. „Zeit des Wiederaufbaus"[19] und den heutigen Missständen im Strafvollzug, wo eine „Ökonomie des Rassismus" afroamerikanische Gefangene und Kinder in Pflegefamilien in „*schwarzes Gold*" verwandle.[20]

Peter Paris hat vier der großen afroamerikanischen Führungspersönlichkeiten der Moderne zu Wort kommen lassen, darunter Martin Luther King, Jr., Malcolm X, Joseph H. Jackson und Adam Clayton Powell, Jr.[21] Seine Arbeit hat dazu beigetragen zu verdeutlichen, dass zwar alle afroamerikanischen Stimmen gegen den Rassismus eintreten, ihre Strategien zur Bekämpfung des Rassismus jedoch weit gefächert sind. Paris trägt auch dazu bei, die unabhängigen Schwarzen Kirchen als eine Quelle für die Lehre sozialer Gerechtigkeit zu verstehen.[22] In

---

[15] E.M. TOWNES, Ethics as an Art of Doing the Work Our Souls Must Have, in: K.G. CANNON u.a. (Hg.), Womanist Theological Ethics. A Reader, Louisville 2011, (35–50) 37.

[16] [Ergänzung des Übersetzers, um die Anselmsche Tradition der rationalen Vergewisserung christlicher Lehre kenntlich zu machen. Die Formel pointiert Anselm von Canterburys theologisches Programm.]

[17] K. BAKER-FLETCHER, Dancing *with* God. The Trinity *from* a Womanist Perspective, St. Louis 2006, 21.

[18] A.a.O., 49.

[19] [Anm. d. Übers.: Der Wiederaufbau bezieht sich auf den amerikanischen Bürgerkrieg (1861–1865).]

[20] Vgl. A.D. SIMS, The Issue of Race and Lynching, in: K.G. CANNON u.a. (Hg.), Womanist Theological Ethics. A Reader, Louisville 2011, (203–215) 205.

[21] Vgl. P.J. PARIS, Black Religious Leaders. Conflict in Unity, Louisville 1991.

[22] Vgl. P.J. PARIS, The Social Teachings of the Black Churches, Philadelphia 1985, 10–13.

ihnen haben afrikanische Christ*innen die Liebe Gottes und die Pflege der Würde ihres inneren Lebens als Kinder Gottes erfahren. Nach Paris' Einschätzung waren die Schwarzen Kirchen jedoch nicht sehr erfolgreich bei der Verwirklichung des Ziels einer Rassengerechtigkeit in der breiteren Gesellschaft. Paris sieht ein Problem in der „impliziten Soziologie" der Schwarzen Kirchen, die sich auf die Theorie des „Schmelztiegels"[23] stütze.[24] Er kommt zu dem Schluss, dass die Unabhängigkeit der Schlüssel für ein „Empowerment" der „Schwarzen" sei, dass aber die Spannung zwischen der sog. „racial unity" und dem Ziel, die Spaltung von Christ*innen entlang ethnischen Zugehörigkeiten zu beenden, bestehen bleiben wird. Einer der wichtigsten Beiträge von Paris gegen Ende seiner Karriere war die Herausgabe (zusammen mit Julius Crump) und Veröffentlichung des Bandes *African American Theological Ethics: A Reader* (2015), in dem klassische historische und zeitgenössische Aufsätze versammelt sind.[25]

Zu den vorgestellten Essayisten gehört auch Cornel West, Autor von *Race Matters* (1993) und vielen anderen Werken.[26] In seinem Beitrag *Black America's Major Threat: Nihilism in Black America* (2015) weist West auf die existenzielle Herausforderung hin, „mit einem Leben von erschreckender Bedeutungslosigkeit, Hoffnungslosigkeit und (vor allem) Lieblosigkeit zurechtzukommen."[27] Den Schlüssel, um Afroamerikaner*innen angesichts der seit Generationen andauernden Diskriminierung, die zu Armut, begrenzten Möglichkeiten und der Förderung von Selbsthass führt, einen Sinn zu geben, bilde eine Ethik der Liebe und Fürsorge. Neben dem Rassismus weist West mit dem Finger auf die Dominanz des Marktes, der alle Menschen auf solche Wesen reduziere, die ermutigt werden sollen, Vergnügen statt Sinn zu erfahren. Historisch gesehen sieht West in den Traditionen einer Schwarzen Gemeinschaft „Puffer" gegen die Bedrohung durch die Sinnlosigkeit gegeben:[28] „Diese Traditionen bestehen in erster Linie in den religiösen und bürgerlichen Institutionen der ‚Schwarzen', die familiäre und gemeinschaftliche Unterstützungsnetze aufrechterhielten."[29] Da jedoch die gemeinschaftlichen Bindungen in den Armenvierteln ausgefranst und die Beteili-

---

[23] [Anm. d. Übers.: Die Metapher des „Schmelztiegels" umschreibt in Soziologie und Politikwissenschaften die Assimilation und die Integration von Einwanderern*innen in die Kultur eines Landes. Es geht dabei um die Bildung einer gemeinsamen nationalen Kultur aus verschiedenen Kulturen und Werten.]

[24] Vgl. a.a.O., 99–102.

[25] Vgl. P.J. PARIS / J. CRUMP (Hg.), African American Theological Ethics. A Reader, Louisville 2015.

[26] Vgl. C. WEST, Race Matters, New York ^{1}1993, ^{2}1994, ^{3}2001.

[27] C. WEST, Black America's Major Threat. Nihilism in Black America, in: P.J. PARIS / J. CRUMP (Hg.), African American Theological Ethics. A Reader, Louisville 2015, (265–269) 265.

[28] Vgl. a.a.O., 266.

[29] Ebd.

gung an den Schwarzen Kirchen zurückgegangen seien, würden die Ressourcen zur Sinnförderung geschwächt. West glaubt, dass dieses Szenario geändert werden müsse, aber nicht, indem man dem Opfer die Schuld gebe. Im Gegensatz zur neoliberalen Botschaft, die armen Afroamerikaner*innen sage, dass sie arm sind, weil sie nicht hart genug arbeiten – eine Ideologie, die eine Amnesie über die Geschichte der *weißen* Vorherrschaft voraussetzt –, stellt West fest, dass das einzige Heilmittel für die Seele unter den Bedingungen des „Schwarzen" Nihilismus Liebe und Fürsorge seien, die auf der Wiederherstellung alternativer Schwarzer sozialer Unterstützungsstrukturen basieren.[30]

Der afroamerikanische Ethiker der „Disciples of Christ"[31], Darryl Trimiew, unterstreicht diese Betonung von Liebe und Fürsorge anstelle einer individualistischen Ethik der persönlichen Verantwortung in seinem Buch *Voices of the Silenced: The Responsible Self in a Marginalized Community* (1993).[32] Bei seiner Untersuchung von H. Richard Niebuhrs bahnbrechendem Werk *The Responsible Self* (1963)[33] stellt Trimiew eine Schwierigkeit fest. Das „verantwortliche Selbst", das H. Richard Niebuhr sich vorstelle, um auf moralische Umstände durch die Wahl des „Passenden" zu reagieren, weise einen Grad an Autonomie auf, den marginalisierte Menschen nicht genießen würden. Wie Trimiew bemerkt, zeige das von Niebuhr vorgestellte „verantwortliche Selbst" eine Gestalt von Handlungsfähigkeit, die essentiell „frei und nachhaltig" sei: „Das an den Rand gedrängte Selbst besitzt diesen Luxus nicht."[34] Nachdem er sich mit dem Leben der afroamerikanischen Führungspersönlichkeiten Bishop Henry McNeal Turner, Ida B. Wells-Barnett und Frances J. Grimké auseinandergesetzt hat, kommt Trimiew zu dem Schluss, dass die Antwort, die sie verbinde, die Verpflichtung sei, „die Grundbedürfnisse der Menschen in ihrer Gemeinschaft zu sichern."[35] Ein solcher Ansatz mache die Solidarität mit den Unterdrückten unerlässlich.

---

[30] Vgl. a.a.O., 268.
[31] [Anm. d. Übers.: Bei den „Disciples of Christ" handelt es sich um eine in Nordamerika verbreitete kongregationalistische Konfession, die aus der Tradition des sog. „Restoration Movement", einer Erweckungsbewegung des 19. Jahrhunderts, hervorging.]
[32] Vgl. D.M. TRIMIEW, Voices of the Silenced. The Responsible Self in a Marginalized Community, Cleveland 1993.
[33] H.R. NIEBUHR, The Responsible Self. An Essay in Christian Moral Philosophy. With an Introduction by J.M. GUSTAFSON, New York u.a. 1963.
[34] TRIMIEW, Voices of the Silenced, 11.
[35] A.a.O., 66.

3.2 Protestantische Latinx Ethiker*innen

Der Latinx[36] Sozialethiker Miguel A. De La Torre bekräftigt Trimiews Abwandlung des Denkens von H. Richard Niebuhr, indem er die „eurozentrische" Voreingenommenheit in Frage stellt, die er in einem Großteil der US-amerikanischen protestantischen Ethik des 20 Jahrhunderts wahrnimmt. De La Torre eröffnet seinen Band *Latina/o Social Ethics: Moving Beyond Eurocentric Moral Thinking* (2010) mit einer kritischen Betrachtung des eurozentrischen Charakters der theologischen Ethik von Walter Rauschenbusch, Reinhold Niebuhr und Stanley Hauerwas.[37] In Rauschenbuschs „Social Gospel" findet De La Torre mehr als nur einen Aufruf an die Christ*innen, das Reich Gottes in dieser Welt durch verstärkte Aktionen sozialer Gerechtigkeit zugunsten der Armen zu verwirklichen. Traurigerweise findet er dort auch sich manifestierenden Rassismus. Rauschenbusch bekräftige „die soziale Vorherrschaft der arischen Rasse".[38] Er habe die Vorherrschaft der Vereinigten Staaten unterstützt, als er zu dem Schluss kam, dass „Jesus auf der Seite Amerikas steht";[39] und er habe der Missionsbewegung und ihrem Einsatz für „rückständige Menschen" in einer Weise applaudiert, die De La Torre als kolonialistisch empfindet.[40]

So wie De La Torre zwar einerseits bestimmte Züge des Denkens von Rauschenbusch bewundert, er andererseits aber dessen Eurozentrismus sehr kritisch gegenübersteht, beurteilt er auch den „Christian Realism" von Reinhold Niebuhr. De La Torre schätzt vor allem den frühen Niebuhr, der sich mit sozialistischem Nachdruck für die Bekämpfung der sozialen Ungleichheit einsetzt. Weniger beeindruckt ist er von dem Niebuhr aus den Jahren des Kalten Krieges, der die Vereinigten Staaten als Führungsmacht gegen die Ausbreitung des Kommunismus sah. In Niebuhrs Analyse fehle eine angemessene Anerkennung des Ausmaßes, in welchem die US-amerikanische Gesellschaft während des gesamten 20. Jahrhunderts den Charakter eines „Imperiums" aufwies. De La Torre schreibt: „Niebuhr wäre bereit das zu vergessen, was Latina/os nicht vergessen können: Die imperiale Gier der USA nach billigen Arbeitskräften und Rohstoffen

---

[36] [Anm. d. Übers.: Bei der Bezeichnung Latinx handelt es sich um eine Selbstbezeichnung von Menschen lateinamerikanischer Herkunft. Diese Selbstbezeichnung bildet einen Neologismus im amerikanischen Englisch, beginnt sich aber als inklusive und geschlechtergerechte Alternative für Latino / Latina im englischsprachigen Raum zu etablieren, der verwendet wird, um sich auf Menschen mit lateinamerikanischer kultureller oder ethnischer Identität in den USA zu beziehen.]

[37] Vgl. M.A. DE LA TORRE, Latina/o Social Ethics. Moving Beyond Eurocentric Moral Thinking, Waco 2010, 3–32.

[38] A.a.O., 7. De La Torre verweist auf W. RAUSCHENBUSCH, The Church and Social Questions. Conservation of National Ideals (1911), New York 2009, 376.

[39] RAUSCHENBUSCH, The Church and Social Questions, 106.

[40] Vgl. DE LA TORRE, Latina/o Social Ethics, 9–14.

hat im 20. Jahrhundert zu einundzwanzig militärischen Übergriffen und sechsundzwanzig verdeckten Operationen in mittelamerikanischen und karibischen Staaten geführt."[41] De La Torre stellt auch infrage, dass Reinhold Niebuhr zu Recht die zentrale Bedeutung des „Stolzes" als eine Form der Sünde betont. Man müsse indes bedenken, dass Minderheiten oft mehr Stolz und Selbstwertgefühl bräuchten und nicht weniger.

In Hauerwas' Schriften beobachtet De La Torre eine Hinwendung zur Kirche als Zentrum des moralischen Lebens, wo Christ*innen lernen können, Jesus Christus nachzufolgen. Obwohl dieser Weg in einer Welt, in der Konsumdenken, Eigennutz und die Macht der Reichen dominieren, verlockend erscheinen mag, bleibt De La Torre diesbezüglich skeptisch. Die Erlebnisse, die in den Kirchengemeinden gemacht würden, gäben keinen Anlass, optimistisch zu sein, dass sich in den Kirchen der Vereinigten Staaten Befreiungserfahrungen zeigten. Er fragt: „Wie können Latina/os einer Kirche oder der von ihr vertretenen Sozialethik vertrauen, die historisch gesehen eurozentrisch, antisemitisch, rassistisch, sexistisch und kolonialistisch war und in vielen Fällen immer noch ist?"[42]

Als Alternative zu diesen Wegen empfiehlt er, mit dem Titel seines Klassikers *Doing Christian Ethics from the Margins* (2004) gesprochen, christliche Ethik von den Rändern aus zu betreiben.[43] Christliche Ethik von den Rändern aus zu betreiben bedeute, die Machtdynamiken zu erkennen, die eine Gesellschaft durchdringen: Einige sind drin, andere sind draußen. Die einen genießen die Vorteile von Wohlstand, Entfaltungsmöglichkeiten und Freizeit, die anderen schuften an den Rändern. Sie sind die Ersten, die entlassen werden, und die Letzten, die eingestellt werden. Es sind die Armen, die ohne die Gesundheitsversorgung leben müssen, die sie verdient hätten. Sie sind diejenigen, die am ehesten kritisch von der Polizei befragt werden, wenn sie eine Straße entlanggehen. Diese Menschen, die Menschen am Rande der Gesellschaft, seien dem Geist Christi näher als die Mächtigen, doch ihre Stimmen würden selten gehört. De La Torre beklagt die „Ent-Freiung einer Ethik", bei der Christ*innen die „Ethik" in den persönlichen Bereich der „Seele" statt in den des „Körpers" verlegen.[44] Vom Geist erfüllt, aber hungrig, obdachlos und arbeitslos zu sein, sei alles andere als befreiend.

Die „Latina/o"-Sozialethik, die sich De La Torre vorstellt, zeichnet sich durch sieben Komponenten aus. Sie umfassen: 1. eine Ethik *en lo cotidiano* (des täglichen Lebens), 2. eine Ethik *de neplanta* (der Grenze), 3. eine Ethik *para la lucha* (für den Kampf), 4. eine Ethik *en conjunto* (in Verbindung mit anderen), 5. eine

---

[41] A.a.O., 21.
[42] A.a.O., 23.
[43] Vgl. M.A. DE LA TORRE, Doing Christian Ethics from the Margins, Maryknoll 2004.
[44] Vgl. a.a.O., 49f.

Ethik *de accompañamiento* (der Begleitung), 6) eine „christozentrische Ethik" und 7) eine „praxiszentrierte Ethik".[45] Am wichtigsten ist vielleicht seine Überzeugung, dass die Latina/o-Sozialethik den *„weißen* Jesus" zurückweisen müsse, der vom Leiden ungleicher Gesellschaften abgekoppelt und in den Bereich des Privatlebens verlegt werde, weit weg von allen kritischen Kommentaren zu den sozialen Missständen, die bekämpft werden müssten. Nur wenn wir Ethik als einen Kampf (*lucha*) der Menschen an den Rändern und Grenzen verstehen würden, könne die Latina/o-Sozialethik zu einer Grundlage für mehr Gerechtigkeit in der Welt werden. Das grundlegende Versagen der eurozentrischen Ethik sei die Akzeptanz des *status quo* mit der Tendenz, Probleme als kontingent und korrigierbar zu betrachten. Es fehle die Erkenntnis, dass das gesamte System geändert werden müsse. De La Torre sieht dieses Versäumnis am deutlichsten in dem Insistieren darauf ausgeprägt, dass christliche Ethik nicht von der Theorie in die Praxis transformiert werden könne. Diese Orientierung, die das Abstrakte bevorzuge, gehe an den Herausforderungen der alltäglichen Probleme vorbei, denen die Armen, die Entrechteten, die Opfer von Rassismus, Sexismus und wirtschaftlicher Ausbeutung ausgesetzt seien.

In einem bemerkenswerten Nachtrag zu seiner Charakterisierung einer Latina/o-Sozialethik schließt De La Torre mit dem Vorschlag, dass der Weg in die Zukunft eine „disruptive Ethik" erfordert, die den Latina/o-Jesus-Anhängern beibringt, wie sie zu „Trickstern" und „heiligen Joderones" werden können.[46] Er sieht in der „Trickster"-Tradition der Ethik ein hispanisches Symbol für den spielerischer Weg der Weisheit, den Individuen ohne Macht gehen könnten, um jene ungerechten Eliten zu beeinflussen, die mehr Macht haben. Ausgehend von afro-karibischen und mexikanischen Legenden zeigt er, wie Klugheit ein Weg sein kann, um die Hochmütigen und Herrschenden zu stürzen. „Heilige Joderones" zu sein, sei ein Beitrag zu diesem Ansatz.[47] De La Torre übersetzt „joder" mit „verarschen" und betont, dass dies kein höflicher Begriff sei. Wer jedoch eine „disruptive Ethik" praktizieren wolle, müsse lernen, Unterdrückungssysteme mit den Mitteln, die er besitzt, zu „verarschen". Direkte Kämpfe der Schwachen gegen die Starken seien oft wenig erfolgreich, aber geschickte Wege, den ungerechten *status quo* zu stören, könnten solche Veränderungen bewirken, die es der befreienden Vision Gottes ermögliche, Ausdruck zu finden.

Auch wenn De La Torre diesen Ausdruck spielerisch verwendet, ist er der Meinung, dass die Lage todernst sei. Wie er in seinem kürzlich erschienenen Buch *Embracing Hopelessness* (2017) schreibt, werden die derzeitigen Machthaber ihre Kontrolle wohl nicht so bald aufgeben. Von der „enormen Vorherrschaft

---

[45] Vgl. DE LA TORRE, Latina/o Social Ethics, 67–88.
[46] Vgl. a.a.O., 105–118.
[47] Vgl. a.a.O., 117f.

der ‚Weißen' her geurteilt, der ein Neokonservativismus zugrunde liege, der darauf abzielt, das ‚Weißsein' global zu zentrieren"[48], bis hin zu neoliberalen globalen Wirtschaftsstrukturen, die sicherstellen, dass die überwiegende Mehrheit der Ressourcen der Welt an eine eurozentrische Minderheit geht, sei die Wahrscheinlichkeit, dass die Unterdrückung beendet werde, gering. Die „Schwäche Gottes" könne ihren endgültigen Willen nur durch die Unterwanderung des Systems zum Ausdruck bringen. Die Macht werde sich nicht ohne Unannehmlichkeiten und Kämpfe ändern, aber die gegenwärtigen Kämpfe könnten in einer Zukunft jenseits dieser schrecklichen Gegenwart Früchte tragen.

3.3 Asiatisch-amerikanische protestantische Ethiker*innen

Eine wachsende Gruppe asiatisch-amerikanischer protestantischer Ethiker*innen hat ebenfalls Einfluss auf dem Feld theologischer Ethik gewonnen. Im Jahr 2015 veröffentlichten Grace Y. Kao und Ilsup Ahan ihren Sammelband *Asian American Christian Ethics: Voices, Methods, Issues* (2015).[49] Die Aufsatzsammlung bietet neue Einsichten aus der Perspektive einer vielfältigen Gemeinschaft mit einem anderen Ansatz als De La Torre. Wie bei den „Hispanics" gibt es auch bei den asiatischen Amerikaner*innen große Unterschiede in Bezug auf Klasse, Kultur und Engagement. Viele von ihnen sind jedoch nicht ärmer, sondern reicher und verfügen über ein höheres Bildungsniveau als die „Hispanics". Aber als Gemeinschaft haben sie in ihrer Geschichte brutale Unterdrückung erfahren. Von den chinesischen Arbeiter*innen, die Mitte des 18. Jahrhunderts das erste Eisenbahnsystem in Amerika bauten, über die Japaner*innen, die während des Zweiten Weltkriegs interniert wurden, bis hin zu den Vietnames*innen, die nach dem Ende des Vietnamkriegs diskriminiert wurden, sind diese Gruppen heterogen und doch vereint in der Erfahrung des Andersseins.

Unter Verwendung von Julia Kristevas Konzept der „Ablehnung" untersucht Ilsup Ahn in ihrem Kapitel „Virtue Ethics"[50] die traumatischen Erfahrungen der japanischen Amerikaner*innen, die während des Zweiten Weltkriegs nach der Bombardierung von Pearl Harbor interniert wurden. Infolge der tiefen Verunsicherung und des Leids, die durch diese Erfahrungen hervorgerufen wurden, sind japanische Amerikaner*innen – und andere asiatische Amerikaner*innen – zu der Überzeugung gelangt, dass der amerikanischen Gesellschaft nicht zu trauen sei.[51] Aus der chinesischen Tradition der Tugendethik leitet Ahn

---

[48] M.A. DE LA TORRE, Embracing Hopelessness, Minneapolis 2017, 150.
[49] G.Y. KAO / I. AHN (Hg.), Asian American Christian Ethics. Voices, Methods, Issues, Waco 2015.
[50] I. AHN, Virtue Ethics, in: G.Y. KAO / I. AHN (Hg.), Asian American Christian Ethics. Voices, Methods, Issues, Waco 2015, 63–84.
[51] Vgl. a.a.O., 72–74.

die Tugenden „kindliche Pietät (xiao), brüderliche Pflicht (ti), Güte (ci), Großzügigkeit (hui), Loyalität (Zhong) und Einfühlungsvermögen (zhu)"[52] ab. In einer kreativen Interaktion zwischen dem konfuzianischen Konzept des xin (Herz/Geist) und dem hebräischen Ansatz des Herzens kommt er zu dem Schluss, dass es einen Unterschied zwischen den beiden Ansätzen gebe. Während das eher teleologische Verständnis der christlichen Tugendethik, wie es bei Thomas von Aquin zu finden sei, die „Vortrefflichkeit"[53] hervorhebe, konzentriere sich die asiatisch-amerikanische Erfahrung, die auf dem asiatischen philosophischen Denken beruhe, mehr auf „die Gebrochenheit unserer Welt und die Fehler unserer Herzen."[54]

Andere Autor*innen in diesem Band benennen die Themen, die für asiatisch-amerikanische Christ*innen besonders wichtig sind. Sharon M. Tan ermutigt asiatisch-amerikanische Christ*innen, christliche Elternschaft im Licht ihres eigenen kulturellen Erbes zu erforschen. Dieses vom Konfuzianismus geprägte Erbe hat historisch gesehen den tiefen Respekt vor der Autorität der Eltern, Großeltern und Vorfahren betont. Es hat die Kinder auch gelehrt, die Bedürfnisse der größeren Familie und der Gemeinschaft über ihre eigenen zu stellen. Das Spannungsverhältnis zu den amerikanischen Werten war zuweilen sehr groß: „Während die vorherrschende nordamerikanische Kultur Durchsetzungsvermögen, Unabhängigkeit, direkte Kommunikation und Spontaneität lobt [...], werden asiatische Amerikaner*innen, die sich konfuzianischen oder ähnlichen Normen verschrieben haben, von ihren (nicht-asiatischen) Altersgenoss*innen gemeinhin als vergleichsweise zurückhaltend, ruhig, gehorsam gegenüber Autoritätspersonen (einschließlich der Eltern) und zurückhaltend wahrgenommen."[55] In Anlehnung an die biblische Aufforderung, Gastarbeiter*innen gut zu behandeln, schlägt Tan vor, dass die Kirche in Amerika neue asiatische Christ*innen mit Migrationshintergrund mit ihren kulturellen Traditionen willkommen heißen und respektieren sollte.[56]

Suejeanne Koh verweist auf den relativ hohen Prozentsatz asiatischer Amerikaner*innen (18% im Jahr 2010), die keine arbeitgeber*innenfinanzierte Krankenversicherung haben, sowie auf die Krise, mit der sich koreanische Amerikaner*innen konfrontiert sehen (49% ohne arbeitgeber*innenfinanzierte Krankenversicherung).[57] Hak Joon Lee deckt die Geschichte der anti-asiatischen Ein-

---

[52] A.a.O., 75.
[53] A.a.O., 79.
[54] Ebd.
[55] S.M. Tan, Marriage, Family, and Parenting, in: G.Y. Kao / I. Ahn (Hg.), Asian American Christian Ethics. Voices, Methods, Issues, Waco 2015, (41–62) 47.
[56] Vgl. a.a.O., 61.
[57] Vgl. S. Koh, Health Care, in: G.Y. Kao / I. Ahn (Hg.), Asian American Christian Ethics. Voices, Methods, Issues, Waco 2015, (153–176) 167.

wanderungspolitik auf, die die Einwanderung bis zu den Änderungen, die die US-Regierung 1965 vornahm, drastisch einschränkte.[58] Jonathan Tran hat die anhaltende Praxis asiatischer amerikanischer Frauen untersucht, die sich in Asien günstigerer plastischer Chirurgie unterziehen, um sich „weißer" erscheinen zu lassen.[59]

3.4 Protestantische LGBTQ+-Ethiker*innen

Was die Zunahme von protestantischen LGBTQ+-Ethiker*innen und anderen, die sich für Fragen der Sexualethik und -gerechtigkeit interessieren, betrifft, so hat vielleicht kein Thema in den letzten 40 Jahren mehr Aufmerksamkeit in den amerikanisch-protestantischen Hauptkonfessionen erhalten als gleichgeschlechtliche Beziehungen.[60] Die stetige Produktion von Büchern, in denen die Kirchen aufgefordert werden, ihr historisches Verbot gleichgeschlechtlicher Beziehungen zu überdenken, hat zu einem dokumentierten Wandel in der Haltung der Amerikaner*innen gegenüber gleichgeschlechtlichen Partnerschaften geführt. Im Jahr 2017 sagten sieben von zehn Amerikaner*innen, dass gleichgeschlechtliche Beziehungen von der Gesellschaft akzeptiert werden sollte.[61] In den letzten Jahrzehnten hat sich der Fokus über die Diskussion der Moralität von schwulen und lesbischen Beziehungen hinaus auf eine Diskussion der Transgender-Identität und ein Hinterfragen der sexuellen Binarität verlagert. Virginia Ramey Mollenkotts Buch *Omnigender: A Trans-religious Approach* (2001)[62] war ein früher Beitrag zu dieser Diskussion, der zu weiteren Studien von „queeren" Theolog*innen und Bibelwissenschaftler*innen geführt hat, z.B. von Patrick Cheng *Radical Love: An Introduction to Queer Theology* (2011) und Teresa Hornsby und Eryn Guest's *Transgender, Intersex, and Biblical Interpretation* (2016).[63]

Die Zunahme einer identitätszentrierten Ausrichtung der protestantischen Ethik hat den europäisch-amerikanischen christlichen Ethiker*innen und ande-

---

[58] Vgl. H.J. LEE, Immigration, in: G.Y. KAO / I. AHN (Hg.), Asian American Christian Ethics. Voices, Methods, Issues, Waco 2015, (177–202) 181.
[59] Vgl. J. TRAN, Cosmetic Surgery, in: G.Y. KAO / I. AHN (Hg.), Asian American Christian Ethics. Voices, Methods, Issues, Waco 2015, 245–266.
[60] Beispiele für Werke aus der zweiten Hälfte des 20. Jahrhunderts bilden etwa: G.D. COMSTOCK, Gay Theology Without Apology, Cleveland 1993; M.M. ELLISON, Erotic Justice. A Liberating Ethic of Sexuality, Louisville 1996; C.R. GLASER, Coming Out as Sacrament, Louisville 1998.
[61] Siehe PEW RESEARCH CENTER, The Partisan Divide on Political Values Grows Even Wider. 5. Homosexuality, Gender, and Religion (October 5, 2017), pewresearch.org/politics/2017/10/05/5-homosexuality-gender-and-religion/ (Zugriff: 25.1.2023).
[62] V.R. MOLLENKOTT, Omnigender. A Trans-*religious* Approach (2001), Cleveland 2007.
[63] P. CHENG, Radical Love. An Introduction to Queer Theology, New York 2011; T.J. HORNSBY / D. GUEST, Transgender, Intersex, and Biblical Interpretation, Atlanta 2016.

ren geholfen zu verstehen, wie viele Formen der christlichen Ethik des 20. Jahrhunderts keine neutrale Herangehensweise an das Forschungsgebiet zum Ausdruck brachten, sondern eine, die von unterschiedlichen Vorurteilen, Annahmen und Formen von Privilegien geprägt war. Sie hat auch das Verständnis der Kirche für die besonderen sozialen, wirtschaftlichen und moralischen Kämpfe vergrößert, mit denen Einzelpersonen und Gemeinschaften verschiedener Minderheitenidentitäten konfrontiert sind.

4. Spezialisierung und protestantische Ethik

Eine weitere Veränderung des Fachgebiets war in den letzten Jahrzehnten die Diversifizierung in Schwerpunktbereiche. Die Zunahme der Spezialisierung hat sich in der zweiten Hälfte des 20. Jahrhunderts und in den ersten Jahrzehnten des 21 Jahrhunderts fortgesetzt. Viele kirchliche und säkulare Universitäten verlangen heute einen Ethikkurs für den Studienabschluss. Im Gegensatz zu den Ethikkursen von vor mehr als einem Jahrhundert liegt der Schwerpunkt heute weniger auf dem „moralischen Leben" im Allgemeinen als auf spezifischen Formen der angewandten Ethik. Student*innen, die sich auf eine medizinische Laufbahn vorbereiten, wird empfohlen, einen Kurs in medizinischer Ethik zu belegen. Das gleiche Muster ist in vielen anderen Bereichen wie der Wirtschafts- oder der Rechtswissenschaft zu beobachten. Angesichts der zunehmenden Besorgnis über die globale Erwärmung und die ökologische Nachhaltigkeit des Planeten ist Umweltethik ein weiteres beliebtes Studienfach.

Wenn man die Liste der Interessengruppen der „Society of Christian Ethics" durchgeht, findet man mehr als 30 Optionen.[64] Dazu gehören berufliche Belange wie eine Ethik im Gesundheitswesen und des Rechts. Sie bieten christlichen Ethiker*innen die Möglichkeit zu Diskursen mit Kolleg*innen über Tierethik, Behinderungen, Umwelt, Familienleben, Rassengerechtigkeit, Geldpolitik, politische Ökonomie, Sexualethik, LGBTQ+-Identität und Fragen von Krieg und Frieden. Diese Interessengruppen beleuchten auch verschiedene Ansätze der theologischen Ethik, die von der historischen bis zur konfessionellen Ethik reichen, von der anglikanischen und der katholischen Moraltheologie und Soziallehre bis hin zu verschiedenen Treffen zur reformierten Tradition, der Liturgie und der kontemplativen Ethik. Das regelmäßige Hinzukommen neuer Interessengruppen – und das gelegentliche Auflösen älterer Gruppen – verleiht dem gesamten Unternehmen Dynamik. Aus den Kooperationsbeziehungen, die durch diese jährlichen Treffen entstehen, gehen regelmäßig neue Beiträge hervor.

---

[64] Siehe die offizielle Website der „Society of Christian Ethics" unter: www.scethics.org.

5. US-amerikanische protestantische Ethik im Dialog mit dem Weltethos

In dem Maße, in dem andere Religionen in den Vereinigten Staaten sichtbarer geworden sind, vor allem, aber nicht ausschließlich, in den größeren kosmopolitischen Zentren, haben protestantische Ethiker*innen begonnen, sich (oft im Dialog mit katholischen Moraltheolog*innen und Religionswissenschaftler*innen) auf dem Gebiet der vergleichenden Ethik zu tummeln. William Schweiker, ein methodistischer theologischer Ethiker an der University of Chicago Divinity School, gehört zweifellos zu den kreativsten Stimmen. In seinem 2004 erschienenen Band *Theological Ethics and Global Dynamics: In the Time of Many Worlds* entwirft er eine christliche Ethik, die in einer Zeit, in der globale Beziehungen für unser Überleben von entscheidender Bedeutung sind, eine demütige Annäherung an Menschen anderen Glaubens oder ohne Glauben fordert.[65]

In einer „Zeit der vielen Welten" knüpft Schweiker an das Niebuhrsche Denken an und ruft dazu auf, Verantwortung zu übernehmen, d.h. *„in allen Handlungen und Beziehungen die Integrität des Lebens zu achten und zu fördern."*[66] Wesentlich für sein Denken ist die Kritik an reduktionistischen ethischen Paradigmen. Was die Auslegungstheorien zum Verständnis der Heiligen Schrift betrifft, so lehnt er einen Literalismus ebenso wie die historisch-kritische Methode ab. Ersterer ignoriere den historischen Kontext, in dem der Text entstanden sei. Letztere impliziere oft, dass „vergangene Quellen dem heutigen Denken wenig zu sagen haben."[67] Stattdessen zieht er ein pluralistischeres Verständnis der Schrift vor, in dem es konkurrierende Bilder, Erzählungen und Personen gebe, die in verschiedenen Zeiten und Kontexten auf unterschiedliche Weise interpretiert werden können.

Schweiker, dessen Schriften in einer Zeit kurz nach dem 11. September entstehen, ist besonders besorgt über den „moralischen Wahnsinn", der gläubige Menschen dazu verleiten könne, Gewalttaten zu verüben, um ihre religiösen Ziele zu erreichen. Auch die aufkommende Rede vom „Kampf der Kulturen" beunruhigt ihn.[68] Um dem „moralischen Wahnsinn" zu begegnen, empfiehlt er, sich an der „Goldenen Regel"[69] zu orientieren.[70] Diese sei eine wirkmächtige Res-

---

[65] Vgl. W. SCHWEIKER, Theological Ethics and Global Dynamics. In the Time of Many Worlds, Malden u.a. 2004.
[66] A.a.O., xiv.
[67] A.a.O., xx.
[68] Vgl. a.a.O., 156–159.
[69] [Anm. d. Übers.: Vgl. Mt 7,12 (Luther 2017): „Alles nun, was ihr wollt, dass euch die Leute tun sollen, das tut ihnen auch! Das ist das Gesetz und die Propheten."]
[70] Vgl. a.a.O., 190–192.

source, vor allem, weil sie in vielen religiösen Traditionen in positiver oder negativer Form vorhanden ist. Was den „Kampf der Kulturen" angeht, so hält er diese Vorstellung für problematisch, weil Religionen und Kulturen nicht monolithisch seien. Sie würden eine innere Vielfalt aufweisen, die in konkurrierenden und komplexen Erzählungen und Interpretationen zum Ausdruck kämen.

Angesichts der fortschreitenden Globalisierung ist Schweiker davon überzeugt, dass die monotheistischen Traditionen beginnen müssen, Bereiche der Gemeinsamkeit und Übereinstimmung zu erkennen. Dies gelte insbesondere angesichts der Zunahme von gewalttätigen Gruppen innerhalb der meisten Weltreligionen. Er nennt drei kritische Punkte für den Aufbau positiverer interreligiöser Beziehungen innerhalb des Monotheismus. Der erste betrifft die Religionen des Judentums, Christentums und Islam, sofern sie einen moralischen Realismus bekräftigen – d.h. die Vorstellung vertreten, dass die Grundlage der Moral nicht auf menschliche Vorlieben und Wünsche beschränkt ist. Es gibt demnach eine objektive Grundlage für das moralische Leben, die in Gott begründet sei, auch wenn die Fähigkeit einer bestimmten menschlichen oder religiösen Gemeinschaft, diese Grundlage zu erkennen, eine Begrenzung aufweise.[71] Der zweite Punkt besagt, dass alle diese religiösen Traditionen zwei Quellen für ihr moralisches Verständnis haben: „1. die entscheidende Offenbarung des Willens Gottes und 2. den disziplinierten Gebrauch der menschlichen Vernunft in moralischen Angelegenheiten."[72] Eine solche Realität führe zu größerer Demut, da die Wahrheit einer bestimmten religiösen Erkenntnis nicht selbstverständlich sei. Sie erfordere eine Reflexion im Kontext breiterer moralisch urteilsfähiger Gemeinschaften. Individuelle Versuchungen zum „moralischen Schwachsinn" würden verringert, wenn wir kritisch denken und uns dafür öffnen würden, dass unsere Einsichten und Schlussfolgerungen in Frage gestellt werden. Schließlich würden, so Schweikers dritter Punkt, diese Religionen mehrere Werte vertreten, und daher sollte es eine „mehrdimensionale Wertetheorie" geben.[73] Schweiker sieht sich zu dem Vorschlag veranlasst, dass, da jede Tradition ihre eigenen Ambivalenzen habe, die Prüfung der jeweiligen Verantwortung, ja „die Integrität des Lebens", darin bestehen könne, diese Ambivalenzen „in eine Ressource für das Leben zu verwandeln, statt in eine Kraft der fanatischen Zerstörung."[74]

Dieser Beitrag ist besonders hilfreich, wenn es darum geht, die Chancen und Risiken von zwei populären Formen protestantischer Ethik im Kontext der Globalisierung auszuloten. Schweiker bringt sowohl Wertschätzung als auch Kritik hinsichtlich der Traditionen einer „narrativen Ethik" und einer „Ethik der Be-

---

[71] Vgl. a.a.O., 160f.
[72] A.a.O., 160.
[73] Vgl. a.a.O., 163.
[74] A.a.O., 168.

gegnung" zum Ausdruck. Eine narrative Ethik beleuchte die Rolle von Interpretationsgemeinschaften, die den Charakter formen und dem Leben Struktur geben. Eine Ethik der Begegnung, die er u.a. mit Persönlichkeiten wie Karl Barth und Rudolf Bultmann in Verbindung bringt, sei nützlich, um die Menschen daran zu erinnern, dass es ihre Aufgabe ist, vor Gott verantwortlich zu sein und sich um den Nächsten zu kümmern.

Trotz dieser Chancen sieht Schweiker vor allem in einer Zeit der „vielen Welten" Gefahren lauern. Die Schwierigkeit einer narrativen Ethik bestehe darin, dass sie oft eine eigene narrative Gemeinschaft (z.B. die Kirche) mit einer scharfen Trennung zwischen innen und außen schaffe. Er stellt fest, dass die Tradition der narrativen Ethik zwar oft in der Sehnsucht nach einer friedlichen Welt (etwa einem „peaceable kingdom")[75] begründet sei, dass dieser Ansatz aber auch Anlass zu Entfremdung, Distanzierung und sogar Gewalt bieten könne. Diejenigen, die außerhalb der Kirche stünden, würden als „Nicht-Kirche" definiert, bisweilen auch „die Welt genannt oder, noch schlimmer, die Aufklärung!"[76] Diese Herabsetzung des Anderen in einer Zeit zunehmender Globalisierung und zunehmenden Bewusstseins für Vielfalt könne zu größeren Spaltungen und weniger Brücken führen. Auch eine Ethik der Begegnung habe ein Problem: „Indem sie auf der Unmittelbarkeit des Sollens bei der Geburt der moralischen Subjektivität besteht, reduziert diese Ethik die Komplexität der Existenz und läuft Gefahr, die Forderung nach einer kritischen Bewertung aller Ansprüche an uns zu untergraben."[77] Schaden entstehe an dem Punkt, wo Menschen ihren eigenen Willen, ihre Leidenschaften und Wünsche mit Gottes Wort verwechseln würden.

In seinem 2005 erschienenen Sammelband *The Blackwell Companion to Religious Ethics* (2005) versammelte Schweiker eine Gruppe führender Wissenschaftler*innen auf dem Gebiet der religiösen Ethik aus zahlreichen religiösen Traditionen.[78] Ziel war es, die moralischen Traditionen und Themen innerhalb der Weltreligionen zu erforschen und einen methodologischen Rahmen für angemessene Verfahrensweisen religiöser Ethik zu schaffen. In seinem einleitenden Essay betonte Schweiker in Anlehnung an sein Werk *Theological Ethics and Global Dynamics* die Bedeutung der „Reflexivität".[79] Religiöse Traditionen, einschließlich des Christentums, würden nicht in getrennten Sphären agieren. Sie agierten

---

[75] [Anm. d. Übers.: Hierbei handelt es sich um eine Anspielung auf S. HAUERWAS, The Peaceable Kingdom. A Primer in Christian Ethics, Notre Dame / London 1983 (dt. Übersetzung: S. HAUERWAS, Selig sind die Friedfertigen. Ein Entwurf christlicher Ethik, hg. und eingel. von R. HÜTTER. Aus dem amerikanischen Englisch von G.M. CLICQUÉ, Evangelium und Ethik 4, Neukirchen-Vluyn 1995.]
[76] A.a.O., 140.
[77] A.a.O., 141.
[78] Vgl. W. SCHWEIKER (Hg.), The Blackwell Companion to Religious Ethics, Malden u.a. 2005.
[79] Vgl. SCHWEIKER, Theological Ethics and Global Dynamics, 5–9.

in einem Umfeld religiöser, kultureller und politischer Vielfalt, in dem die Handlungen einer Religion und Gesellschaft Auswirkungen auf andere Religionen, Kulturen und Gesellschaftsordnungen haben würden. Selbst ein*e fundamentalistische*r Christ*in, der*die versuche, in einer separaten Kultur im Westen zu leben, wisse, dass es andere Möglichkeiten gebe, und die Existenz dieser anderen Seinsweisen, einschließlich der Existenz von Menschen, die eine fundamentalistische Orientierung teilen und diese auf eine andere Religion anwenden würden, bedeute, dass das vorkritische Denken dieser Fundamentalist*in mit einer gewissen Einschränkung funktioniere.

Schweiker behauptet, dass der beste Ansatz hermeneutischer Natur sei, wobei „Hermeneutik" so viel meint wie „eine Reflexion über die Möglichkeiten und Grenzen des Verständnisses mehrdeutiger Bedeutungen durch den Akt der Interpretation und damit darüber, wie Bedeutungen von einem Bereich in einen anderen übertragen werden."[80] Er kommt auch zu dem Schluss, dass ein*e religiöse*r Ethiker*in innerhalb jeder Glaubenstradition auf der Grundlage von zwei Kriterien zur Verantwortung gezogen werden könne. Er plädiert für eine „mehrdimensionale Untersuchung" und behauptet, dass ein „Verfahrenskriterium" darauf hindeute, dass eine bessere religiöse Ethik in der Lage sein wird, die Kernfragen der religiösen Ethik auf umfassendere Weise anzugehen. In der Einleitung seines Beitrags untersucht er fünf Dimensionen der Religionsethik. Dazu gehören die deskriptive Frage: „Was ist los?", die normative Untersuchung: „Welche Normen und Werte sollten das menschliche Leben leiten?", die praktische Frage: „Was sollen wir tun?", die grundlegende Frage „Was bedeutet es, im größeren Rahmen der Wirklichkeit ein Mensch zu sein?" und die metaethische Untersuchung, die „die Klärung moralischer Konzepte, Strategien zur Validierung von Behauptungen und die Bildung von Urteilen über die relative Bedeutung von Beweisen und Interpretationen aus anderen Forschungsbereichen für die Führung des Lebens einschließt."[81]

Das zweite Kriterium ist „heuristischer" Natur und beinhaltet ein Urteil darüber, inwieweit die Reflexion der*s religiösen Ethiker*in „eine tiefere Einsicht in ein moralisches Problem oder eine Lebensweise"[82] biete. Ein solches Kriterium öffne die Tür für eine Bewertung innerhalb und außerhalb einzelner religiöser Traditionen und biete Analysekategorien, die sowohl die narrative als auch eine Ethik der Begegnung herausfordern. Die beiden Kriterien zusammengenommen, im Kontext einer hermeneutischen Orientierung und unter Beachtung der Re-

---

[80] W. Schweiker, On Religious Ethics, in: Ders. (Hg.), The Blackwell Companion to Religious Ethics, Malden u.a. 2005, (1–15) 13.
[81] Vgl. a.a.O., 5–10.
[82] A.a.O., 13f.

flexivität in einer „Zeit der vielen Welten", würden nahelegen, dass die christliche Ethik nicht länger in einer separaten Sphäre operieren könne. Anstatt andere Religionen als Bedrohung für das Christentum zu betrachten, ermutigt Schweiker Christ*innen, andere Religionen als Quellen der Erkenntnis zu sehen, deren Anhänger*innen als geschätzte Mitglieder der globalen Gemeinschaft respektiert und einbezogen werden sollten.[83]

Wie Schweiker und sein Co-Autor David A. Clairmont in ihrem kürzlich erschienenen Band *Religious Ethics: Meaning and Method* meinen, sollte die religiöse Ethik „das Prinzip integraler Überzeugungen" (The Principle of Integral Convictions) verkörpern, und zwar mit dem „Ziel [...] die Integrität, also die Unversehrtheit des Lebens zu respektieren und zu fördern".[84] Diesem Prinzip zufolge können die Gläubigen in den jeweiligen Religionsgemeinschaften

> „sich nach Belieben religiös und im Kontext ihrer vielfältigen Beziehungen integrieren und somit ihr Leben vervollständigen, solange diese Entscheidung nicht die Erniedrigung und Zerstörung der Integrität des Lebens anderer Menschen mit sich bringt."[85]

Schweiker und Clairmont verbinden damit im Blick auf Christ*innen den biblischen Aufruf zur Nächsten- und Feindesliebe. Das Liebesgebot halten sie für einen notwendigen Rahmen der Selbstkritik, durch den glaubensbasierte Formen moralischer Gewissheit, Arroganz und Intoleranz, die zu „moralischem Wahnsinn" (moral madness im Sinne von Fanatismus)[86] führen können, vermieden würden.

---

[83] Vgl. zu Schweikers hermeneutischem Ansatz auch dessen dreibändige Enzyklopädie W. SCHWEIKER / M. ANTONACCIO, Encyclopedia of Religious Ethics, Bd. 1: Moral Enquiry, Hoboken / Chichester 2022; W. SCHWEIKER / D.A. CLAIRMONT, Encyclopedia of Religious Ethics, Bd. 2: Moral Traditions, Hoboken / Chichester 2022; und W. SCHWEIKER / E. BUCAR, Encyclopedia of Religious Ethics, Bd. 3: Moral Issues, Hoboken / Chichester 2022.
In seiner Darstellung eines hermeneutischen Verständnisses religiöser Ethik kommt Schweiker zu dem Schluss, dass „religiöse Ethik eher zwischen und innerhalb bestimmter Traditionen arbeitet, als dass sie sich auf die Inkommensurabilität von Sprachspielen, unterschiedlichen Handlungsanleitungen oder sogar moralischen Weltanschauungen konzentriert. Und bei neueren Darstellungen der Komparativen Ethik besteht ein hermeneutischer Ansatz darauf, den kulturellen und sozialen Standort der Religionen zu verstehen, auch wenn er versucht, sie als Ressourcen für eine konstruktive ethische und religiöse Ethik zu nutzen." (W. SCHWEIKER, Introduction. On Religious Ethics, in: DERS. / M. ANTONACCIO, Encyclopedia of Religious Ethics, Bd. 1: Moral Enquiry, Hoboken / Chichester 2022, 1–15, 3).

[84] W. SCHWEIKER / D.A. CLAIRMONT, Religious Ethics. Meaning and Method, Hoboken 2020, 264.

[85] Ebd.

[86] SCHWEIKER / CLAIRMONT, Religious Ethics, 262. Vgl. dazu auch a.a.O., 240.

6. Globalisierung

Der Einfluss des „globalen Dorfs" stellt eine weitere wichtige Dynamik in der protestantischen Ethik in den USA zu Beginn des 21. Jahrhunderts dar. Ethiker*innen, die aus den Traditionen des *Social Gospel* (oder zumindest seiner sozialistischen Ausrichtung), des christlichen Realismus, der Befreiungsethik und der postliberalen narrativen Ethik kommen, bieten unterschiedliche Wege an, produktiv mit der Tatsache umzugehen, dass die US-amerikanische protestantische Ethik es sich nicht länger leisten kann, in einer separaten Sphäre zu operieren. Gary Dorrien, Professor am Union Theological Seminar, ist ein lautstarker Verfechter der liberalen theologischen und sozialethischen Tradition. Er ordnet sich selbst dem „explizit antiimperialistischen Flügel der liberalen internationalen Schule"[87] zu und versucht, im Namen von mehr Gerechtigkeit, Gleichheit und Frieden Brücken zu anderen Ländern zu bauen. Dorrien sieht in der Orientierung an einer „Festung Amerika"[88] eine Ideologie, die die christliche Lehre herausfordere.[89] Dorrien, der Rauschenbusch sehr bewundert, obwohl sich der Begründer des *Social Gospel* nicht selbstkritisch mit dem Rassismus und seinem Antikatholizismus auseinandergesetzt hat, ist sozialistisch orientiert und beschreibt den sozialistischen Schriftsteller Michael Harrison als „denjenigen, der – wenn er je einen Mentor oder ein Vorbild gehabt habe – ihm am nächsten käme."[90] Er bringt auch seine Wertschätzung für den frühen Reinhold Niebuhr zum Ausdruck, äußert sich aber besorgt über die Neigung des Realismus, die Ideale der christlichsozialen Gerechtigkeit vom Tisch zu nehmen, weil es angeblich naiv sei, solche Ideale als erreichbar zu betrachten. Dorrien stellt fest: „Ohne eine Vision einer gerechten Gesellschaft, die über die herrschende Ordnung hinausgeht, bleiben Ethik und Politik in der herrschenden Ordnung gefangen und auf marginale Reformen beschränkt. Die Grenzen des Möglichen bleiben unerprobt."[91]

Während sie den Wert christlicher Ideale anerkennen, plädieren christliche Realisten im frühen 21. Jahrhundert weiterhin für die Notwendigkeit pragmatischer, realitätsbezogener Antworten auf moralische Fragen. Zwei Vertreter dieser Richtung sind Ronald H. Stone, ein Schüler Reinhold Niebuhrs Schüler am

---

[87] Vgl. G. Dorrien, Economy, Difference, Empire. Social Ethics for Social Justice, New York 2010, 251.
[88] [Anm. d. Übers.: Diese Ideologie bedient sich des Namens des 1986 entwickelten strategischen Brettspiels „Fortress America". Das Spiel geht von einer geostrategischen Konstellation aus, in der die USA des 21. Jahrhunderts von drei konkurrierenden Weltmächten zugleich angegriffen werden.]
[89] Vgl. a.a.O., 233. Siehe a.a.O. die Kapitel „The Neoconservative Phenomenon: American Power and the War of Ideology" (186–213) und „Imperial Designs" (214–239).
[90] A.a.O., xv.
[91] A.a.O., 63. Siehe auch a.a.O. das Kapitel „The Niebuhrian Legacy" (46–65).

Ein Ausblick

Union Theological Seminary, und Robin W. Lovin, ein methodistischer Ethiker. In seinem Buch *Prophetic Realism: Beyond Militarism and Pacifism in an Age of Terror* (2005) versucht Stone, die Konturen eines Realismus zu zeichnen, der prophetische Ideale einbezieht.[92] Er weiß pazifistisch inspirierte Werke wie den Sammelband *Just Peacemaking: Ten Practices for Abolishing War* (1998) von Glenn Stassen wertzuschätzen, kommt aber zu dem Schluss, dass dieser Ansatz zwar hilfreich, aber letztlich unzureichend ist, um mit internationalen militärischen Konflikten umzugehen.[93] Obwohl Stone alle Bemühungen um einen gerechten Frieden respektiert und unterstützt, gibt er den Verfechter*innen eines „gerechten Friedens"[94] drei Empfehlungen mit auf den Weg. Erstens müssten sie anerkennen, dass viele Staats- und Regierungschef*innen „keine Konfliktlösung, keinen gewaltfreien sozialen Wandel, keine Demokratie und keine stärkeren Vereinten Nationen"[95] wollen. Zweitens sollten die Befürworter*innen des gerechten Friedens den selbstgesteuerten „nationalen Interessen" mehr Aufmerksamkeit widmen.[96] Sie würden nicht verschwinden, sondern innerhalb verschiedenster kultureller und religiöser Rahmenkonstellationen Ausdruck erhalten. Schließlich seien drittens die internationalen Beziehungen nichts anderes als „eine Mischung aus anarchischen und kooperativen Tendenzbildungen."[97] Diese Mischung werde niemals ausschließlich in Richtung Kooperation aufzulösen sein, so erstrebenswert dieses Ziel auch sein möge.

Robin Lovin unterbreitet in seinem Band *Christian Realism and the New Realities* (2008) auf den Arbeiten von Reinhold Niebuhr, Dietrich Bonhoeffer, William Galston und anderen aufbauend, den Vorschlag, dass Ethik theologisch am besten durch die Linse eines „pluralistischen Realismus" zu interpretieren sei.[98] In seiner Argumentation schenkt er einer Form des „Anti-Realismus" besondere Aufmerksamkeit, die in den letzten Jahrzehnten populär geworden ist. Dabei handle es sich um das Modell des „christlichen Zeugnisses"[99], das er insbesondere mit den Schriften von Stanley Hauerwas in Verbindung bringt. Hauerwas

---

[92] Vgl. R.H. STONE, Prophetic Realism. Beyond Militarism and Pacifism in an Age of Terror, New York / London 2005.
[93] Vgl. G. STASSEN, Just Peacemaking. Ten Practices for Abolishing War, Cleveland 1998.
[94] [Anm. d. Übers.: Bei „gerechtem Frieden" handelte es sich um ein Konzept, das versucht zwischen den etablierten friedensethischen Paradigmen des Pazifismus und des gerechten Krieges in der internationalen Friedens- und Sicherheitspolitik einen dritten Weg zu gehen.]
[95] STONE, Prophetic Realism, 119.
[96] Vgl. ebd.
[97] A.a.O., 120.
[98] Vgl. R.W. LOVIN, Christian Realism and the New Realities, Cambridge 2008.
[99] Vgl. dazu a.a.O., 21–27.

behaupte, dass die liberale Demokratie den Menschen keine adäquate Geschichte für ihr Leben bieten könne. Das Christentum tue dies, aber es könne in diesem Unterfangen nur dann treu und erfolgreich sein, wenn es jeweils eine klare Identität als Glaubensgemeinschaft habe, in der Menschen zu Nachfolger*innen Jesu Christi geformt werden, die Tugendhaftigkeit verkörpern. Lovin beschreibt diese Haltung als eine, in der „die entscheidende Aufgabe der christlichen Ethik darin besteht, das christliche Zeugnis aus dem Netz von Verbindungen zu lösen, das die christlichen Realist*innen gewoben haben, um den prophetischen Glauben mit der amerikanischen Demokratie zu verbinden."[100] Lovin sieht die Ursache für dieses Orientierungsangebot, aber er findet es letztlich problematisch.

Das Bemühen, Jesus kompromisslos nachzufolgen, scheint verlockend zu sein, doch könne die Vorstellung von einer sich separierenden Gemeinschaft Anlass zu Selbsttäuschung und zu einem Versagen hinsichtlich der vollen Teilnahme am politischen Leben sein. Anstatt dass Christ*innen Zeug*innen einer alternativen Art des Daseins und Lebens zu sein hätten, ist Lovin überzeugt, dass theologischer Realismus zu Recht anerkenne: Alle menschlichen Entscheidungen für bestimmte Güter seien relativ im Vergleich zum göttlichen Gut. Das bedeute wiederum, das Christ*innen zwangsläufig an der Zweideutigkeit des moralischen Lebens partizipieren würden. Von Bonhoeffer, der sich an einem Attentat zur Ermordung Adolf Hitlers beteiligte, um dem eklatanten Unrecht ein Ende zu setzen, übernimmt Lovin die Überzeugung, dass verantwortungsvoller Gehorsam gegenüber Gottes Willen – in Lovins Worten – „die Bereitschaft beinhaltet, Schuld zu akzeptieren, und nicht die Selbstsicherheit derer bezeichne, die zu wissen meinen, dass sie genau das Richtige getan haben."[101]

Lovin vertritt auch die Ansicht, dass Christ*innen sich nicht als Vertreter*innen einer Gegenideologie zur Moderne verstehen sollten, sondern sich William Galstons Begriff des „Wertepluralismus" zu eigen machen sollten, den Galston auf Isaiah Berlin zurückführt.[102] Wenn totalistische Alternativkonstruktionen für das Funktionieren der Gesellschaft oder einen theologischen Gehorsam erforderlich würden, dann würden Einzelne für die größeren Prinzipien geopfert, was katastrophale Folgen haben könne. Als gläubige Christ*innen in einer komplexen modernen und globalen Gesellschaft zu leben, bedeute, als eine

---

[100] A.a.O., 22.
[101] A.a.O., 99. Um diesen Punkt zu verdeutlichen, führt Lovin D. BONHOEFFER, Ethics, ed. by C.J. GREEN, Dietrich Bonhoeffer Works Bd. 1, Minneapolis 2005, 274–276, an. Dt. Übersetzung: D. BONHOEFFER, Ethik, hg. von I. TÖDT u.a., DBW 6, München 1992, 275–277.
[102] Vgl. W.A. GALSTON, The Practice of Liberal Pluralism, Cambridge (2005), 29–35. Lovin zitiert auch I. BERLIN, Liberty, ed. by H. HARD, Oxford 2002, 212–217. Dt. Übersetzung: I. BERLIN, Freiheit. Vier Versuche, übers. von R. KAISER, Frankfurt a.M. 2006, 250–256.

nach Integrität strebende Person zu leben, deren Identität nicht nur unvermeidlich plural sei (etwa in Bezug auf Arbeit, Regierung, Familie, Kultur und Religion), sondern es auch sein sollte, so Lovin.[103]

Ein*e christliche*r Realist*in zu sein, bedeute in einem solchen Kontext auch anzuerkennen, dass das „Gleichgewicht der Kräfte" zwischen den Nationalstaaten, das Reinhold Niebuhr vorschwebte, nicht mehr in derselben Weise praktiziert werden könne. Reinhold Niebuhr habe auf die Spannungen zwischen den Supermächten USA und Sowjetunion zu einer Zeit reagiert, als die konkurrierenden Ideologien verschiedene Formen der liberalen Demokratie gegen Kommunismus und Totalitarismus ausspielten. Im heutigen internationalen Kontext würden sich die Hauptakteure nicht auf die Nationalstaaten beschränken. Heute seien Unternehmen und religiöse Bewegungen oft genauso mächtig oder sogar mächtiger als Staaten.[104] Diese „neuen Realitäten" müssten anerkannt und bekämpft werden, und zwar nicht durch Rückzug oder Festungsbau, sondern durch eine Arbeit, die darauf ausgerichtet sei, in der Realität vielfältiger individueller und gruppenspezifischer Auffassungen vom Guten zu leben. Ob Lovin nun Recht hat oder nicht, feststeht jedenfalls, dass alle protestantischen ethischen Antworten auf das christliche Leben im Kontext einer neuen globalen Dimension formuliert werden, in der der Pluralismus von Kultur, Politik und Religion eine Selbstverständlichkeit bildet.

7. Fazit

Wo die Zukunft der protestantischen Ethik in der US-amerikanischen Szene liegt, ist noch nicht entschieden. Die Muster des „Social Gospel", des christlichen Realismus, des Liberalismus und der postliberalen narrativen Ethik, die einen Großteil des 20. Jahrhunderts geprägt haben, werden auch weiterhin hilfreiche Linsen sein, durch die man in die Zukunft schauen kann. Der Charakter dieser Bewegungen wird sich jedoch durch die oben beschriebenen Trends verändern. Die anhaltende „Schrumpfung" der Kirche in den Vereinigten Staaten, ergänzt durch das Wachstum des Christentums in Asien und Afrika, wird Folgen haben. Zumindest werden US-amerikanische protestantische Ethiker*innen mit mehr Bescheidenheit schreiben und sprechen und sich bewusster werden müssen, dass sie nicht mehr aus einer Position der unbestrittenen kulturellen Dominanz heraus agieren.

---

[103] Vgl. LOVIN, Christian Realism and the New Realities, 212.
[104] Vgl. a.a.O., 164.

Die Zunahme der Vielfalt der Stimmen, die zur protestantischen Ethik beitragen, ist vielleicht das aufregendste und hoffnungsvollste Merkmal des beginnenden 21. Jahrhunderts. In dem Maße, wie sich die US-amerikanische Kultur ethnisch und kulturell diversifiziert, ist es wahrscheinlich, dass sich neue Denkansätze für die christliche Ethik entwickeln werden. Zumindest werden Fragen, die für traditionell marginalisierte Gruppen von besonderer Bedeutung sind, mehr Aufmerksamkeit erhalten. Es ist zu hoffen, dass diese verstärkte Aufmerksamkeit zu größeren Anstrengungen führen wird, die Ungleichheiten und Ungerechtigkeiten, die diese Gruppen erfahren haben, anzugehen und zu beseitigen.

Die Spezialisierung auf ethische Fragen wird sich in einer zunehmend komplexen globalen Gesellschaft wahrscheinlich nicht verlangsamen. Da die Lehrtätigkeit an traditionellen theologischen Ausbildungsstätten für protestantische Ethiker abnimmt, könnte die Zunahme spezialisierter Formen der Ethik für christliche Ethiker*innen zum Anlass werden, ihre Schriften und Überlegungen in gemeinnützigen Organisationen, Unternehmen und Regierungsstellen sowie in traditionellen kirchlichen und akademischen Organisationen vorzubringen. Die Diversifizierung dieser „Zentren" des protestantischen ethischen Engagements kann den Einfluss der Kirche in der Gesellschaft durchaus stärken.

Was das globale Ethos und die Notwendigkeiten des Dialogs protestantischer Ethiker*innen mit Menschen anderer Glaubenstraditionen anbelangt, so ist es wahrscheinlich, dass Protestanten*innen, die über christliche Ethik schreiben, ihre Aufmerksamkeit verstärkt auf die Bedeutung ihrer Beiträge für Menschen anderer oder keiner Glaubensrichtung richten werden. Die Zunahme der vergleichenden Religionsethik wird wahrscheinlich auch zu einer größeren theologischen Demut führen, da protestantische und andere christliche Ethiker*innen erkennen, dass ihre religiösen Einsichten und Überzeugungen mit anderen Traditionen übereinstimmen.

Und schließlich wird die Globalisierung, die ursprünglich die weltweite Ausbreitung US-amerikanischer/europäischer Ideen wie Freiheit, Demokratie und freie Märkte bedeutete, zunehmend die Übertragung religiöser, kultureller und politischer Ideale auf die Vereinigten Staaten und Europa bedeuten. Zu lernen, wie man zuhört, nachdem man mehr als ein Jahrhundert lang aus einer Position der Macht heraus gesprochen hat, könnte eine der größten Herausforderungen – und eines der Geschenke – sein, die diese neue Ära für protestantische Ethiker*innen im US-amerikanischen Umfeld mit sich bringt.

Mitarbeiterinnen und Mitarbeiter

Prof. Dr. *Peter D. Browning* ist Professor of Philosophy and Religion sowie Chaplain an der Drury University in Springfield, Missouri / USA. Zusammen mit Marco Hofheinz hat er diesen Band konzipiert und durch Einleitung und Ausblick gerahmt.

Dr. *Raphael Döhn* ist wissenschaftlicher Mitarbeiter am Institut für Theologie der Leibniz Universität Hannover. Er verantwortet die Einleitung und Bearbeitung der Texte von Walter Rauschenbusch und Reinhold Niebuhr. Zudem hat er dessen Passagen aus *Moral Man and Immoral Society* ins Deutsche übersetzt und an der Übersetzung der Einleitung von Peter Browning mitgewirkt.

Dr. *Kai-Ole Eberhardt* ist wissenschaftlicher Mitarbeiter am Institut für Theologie der Leibniz Universität Hannover. Auf ihn gehen Einleitung und Bearbeitung der Quellentexte von Paul L. Lehmann und Beverley W. Harrison zurück. Auf der Grundlage der Vorarbeiten von Ingrid Kuhn-Wendland hat er Gustafsons Ethikkapitel übersetzt. An der Übersetzung der Einleitung von Peter Browning hat er ebenso wie an der Projektkoordination und Drucklegung des vorliegenden Buches grundlegend mitgewirkt.

Prof. Dr. *Marco Hofheinz* ist Professor für Systematische Theologie mit dem Schwerpunkt Ethik am Institut für Theologie der Leibniz Universität Hannover. Zusammen mit Peter Browning hat er diesen Band konzipiert und die Übersetzungsarbeiten koordiniert. Auf ihn gehen Einleitung und Bearbeitung der Texte von John H. Yoder und Stanley Hauerwas zurück. Er hat das Ausblickskapitel von Peter Browning übersetzt und an der Übersetzung der Einleitung mitgewirkt.

Ingrid Kuhn-Wendland war Studienrätin für Evangelische Religion und Englisch am Kaiser-Wilhelm- und Ratsgymnasium Hannover und hat sich insbesondere der Erforschung der theologischen Ethik von James M. Gustafson gewidmet. Die Einleitungen in die Quellentexte von ihm und von H. Richard Niebuhr gehen auf sie zurück. Die Übersetzungen beider Quellen hat sie grundlegend vorbereitet.

Jan-Philip Tegtmeier ist wissenschaftlicher Mitarbeiter am Institut für Theologie der Leibniz Universität Hannover. Auf ihn gehen Einleitung und Bearbeitung der Quellentexte von Max L. Stackhouse und James H. Cone zurück. Auf der Grundlage der Vorabreiten von Ingrid Kuhn-Wendland hat er die Übersetzung des Quellentextes von H. Richard Niebuhr erstellt. Auch an der Übersetzung der Einleitung von Peter Browning hat er mitgewirkt.